广东省普通高校人文社科项目特色创新类《推进汕头城市治理法治化研究》

（项目编号：2018GWTSCX069）

法治的
文本与实践

基于汕头的考察

路晓霞　著

TEXT AND PRACTICE OF
THE RULE OF LAW

Based on the Investigation in Shantou

上海人民出版社

前　言

一、问题是时代的格言

每一个时代的法治实践,都必须回应与解决自己时代所面临的问题。2018 年 3 月,中共中央印发《深化党和国家机构改革方案》,组建国家监察委员会、中央全面依法治国委员会等,调整中央组织部、中央统战部、中央政法委员会职责等,统筹设置党政机构。2020 年 11 月,习近平总书记在中央全面依法治国工作会议上就当前和今后一个时期全面依法治国的各项工作提出了"十一个坚持"的要求,这"十一个坚持"构成了习近平法治思想的核心要义。在习近平法治思想的指导下,深化改革之后的党和国家机构如何更有效行使职权,成为推进中国式法治现代化的新问题。

就国家纵向治理而言,我国构建了中央和地方两个层级的制度体系。1982 年《宪法》第 3 条第 4 款即规定"中央和地方的国家机构职权的划分,遵循在中央的统一领导下,充分发挥地方的主动性、积极性的原则"。这一条款至今未做修改。2022 年 3 月,新修改的《地方各级人民代表大会和地方各级人民政府组织法》落实宪法要求,新增第 5 条规制地方人大和地方政府的职责,"遵循在中央的统一领导下、充分发挥地方的主动性积极性的原则,保证宪法、法律和行政法规在本行政区域的实施"。从地方法治建设角度,探索党和国家机构如何更有效行使职权推进中国式法治现代化建设,是本书写作的缘起。

二、地方法治:烫平文本与实践的褶皱

在中国特色社会主义法治理论中,执政权具有奠基性作用和起点性功能。一是党章对执政权进行了哪些规制?除《宪法》序言和总纲第1条对党的执政权进行规制外,党章对党的执政权进行了综合规制。二是不同层级的党组织执政权的内容有何不同?如何行使?中央委员会、地方委员会、党组等组织法规规定了前者,重大事项请示报告条例、党务公开条例等行为法规对后者进行了专门规定。三是检察机关如何实现对公职人员违纪违法监督全覆盖?监察法规作为中国特色社会主义法律体系的"新成员",是在党领导反腐实践中生成的党规国法共治机制,提高了党领导下的反腐统一性、专门性。

经过数十年的发展和法治建设,中国明确确立了建设法治政府的宏伟目标,并形成了涵盖行政管理运作全过程的行政组织法、行政行为法和行政监督救济法体系。应该说,近年来我国的法治政府建设成绩斐然。但仍存在以下问题:一是行政组织法推进速度缓慢问题。改革开放伊始,行政组织立法就先行。1979年制定《地方组织法》,1982年制定《宪法》及《国务院组织法》,建构了我国的行政组织法的框架体系。但与行政行为法相比,我国的行政组织法在推进机构、职能、权限、程序、责任法定化方面均相对发展缓慢。二是重大行政决策程序操作性不强问题。《重大行政决策程序条例》为重大行政决策的有序开展夯实了基础,但由于实施细则至今未予制定,导致实践中存在流于形式和操作性缺陷。三是行政规范性文件审查落实不到位问题。《关于全面推行行政规范性文件合法性

审核机制的指导意见》要求对规范性文件进行内部合法性审核,但有效落实,不仅存在组织保障不足、专业人才缺乏问题,而且存在审查标准亟须细化问题。四是行政处罚机关如何科学执法问题。新修订的《行政处罚法》强调了过罚相当原则,新修订的《海洋环境保护法》强调"用最严格制度最严密法治保护生态环境",对此,海警执法该如何正确理解和科学适用? 五是执法机关面对新制度新要求如何应对问题。新修订的《行政复议法》将交通执法系统内部复议修改为专门行政复议机关复议,给交通执法工作带来了一定挑战,交通执法部门应该如何应对?

2019 年 7 月,习近平总书记在地方人大设立常委会 40 周年之际作出重要指示,要求地方人大及其常委会"创造性地做好立法、监督等工作"。①研究人大立法权、监督权,聚焦以下四个问题:一是总结改革开放以来的宝贵立法经验,有助于站在新时代起点上推进我国立法工作。从改革开放伊始的改革与立法相伴而生到新时代的重大改革于法有据,立法与改革关系的变化反映了法律与社会变迁的变化。二是研究华侨权益保护立法,是我国当前重要的立法实践课题。更广泛地联系海外侨胞是华侨权益保护立法必须面对的问题。不将海外华人纳入保护范围,华侨权益保护法的效用必将大打折扣,但如果直接将海外华人纳入华侨权益立法保护范围,不仅关涉修改《宪法》第 32 条、第 50 条的国本问题,还涉及我国与相关国家,尤其是周边国家关系的政治问题。三是汕头享有双重立法权,总结汕头立法经验,有助于汕头重树信心,在新时代经济特区建设中迎头赶上。自经济特区获得立法权以来,汕头市人大及其常委会共制定、修改、废止法规共 192 件,其中制定 124 件、修改 34 件、废止 34 件。四是研究新《监督法》,有利于推进人民代表大会制度更好地创新发展。人大监督权是一级监督权,高于行政监督、民主监督、监察监督、司法

---

① 立法权、决定权、任免权和监督权"四权"是人大及其常委会职权的通常表述。依据"党管干部"原则,各级党组织在总体上影响着决定权、任免权。

监督、群众监督等其他二级监督权。

事业单位法人概念是我国原《民法通则》的立法创新,将公有制下的"事业单位"与市场经济下的"法人"结合在了一起。事业单位主要分布在教育、科技、文化、卫生等行业,聚集了我国大量专业技术人才。当前我国事业单位改革,需要理清组织治理、人事聘用、内设机构等问题:一是我国公立高校的组织治理是何种样式?《高等教育法》是规制我国公立高校法人治理的基本法规范,《高校基层组织工作条例》是规制我国公立高校党委领导权的专门党规规范。二是我国人事管理制度有哪些要求?以聘用合同单方解除权为视角研究我国事业单位人事制度的规范体系,有助于保证事业单位及其工作人员依法履职。三是如何发挥医事伦理审查委员会的效能?2023 年是我国医事伦理审查制度发展的重要一年。就医疗机构而言,设置伦理审查委员与否,已经成为能否运行并开展生物医学研究的法定前提。

迄今,我国还没有一部社会组织基本法,主要依靠《民法典》《慈善法》及有关社会组织的行政法规、部门规章来规范社会组织。当前,我国正在加快社会组织的立改废释纂,如全国人大社会委正在推动加快《行业协会商会法》制定和《基金会管理条例》《社会团体登记管理条例》《民办非企业单位登记管理暂行条例》修订工作。我国社会组织法存在以下问题:一是社会组织制度建设中公法人、私法人杂糅问题,仍存在"一放就乱、一收就死"的现象。二是如何有效发挥公营社会组织的作用,如群团组织侨联如何有效承担服务经济发展、依法维护侨益、拓展海外联谊、积极参政议政、弘扬中华文化、参与社会建设六大职能?三是如何让高质量的慈善法推进我国慈善事业的发展?我国 2016 年《慈善法》颁布,但实施过程中存在较多问题,于 2023 年进行了修改。新修改的《慈善法》能否承担推进我国慈善事业发展的重任?四是我国私营公益法人的制度建设如何实现节约更多成本、以公益目的为单一导向?

三、权能责一致：地方法治建设的逻辑理路

　　研究党执政权的内容及运行规范,有利于我们建立执政权法治理论体系。一是完整理解党依法依规执政,应将"坚持党的领导""依法执政""党必须遵守宪法和法律"三者连贯统一起来;二是地方党委的"重大问题"与法律中的地方人大的"重大事项"、地方政府发布有关行政工作的"决定和命令"之间缺少明确的界限划分,地方党委与地方人大应共同主导、充分协商以明确三者的界限;三是在国家监察体制改革之后,监察委员会的运行和监察权的行使有着极大的规则需求。这不仅包括《监察法》与《政务处分法》《监察官法》《监督执纪工作规则》等的内部协调,还包括《监察法》与《监督法》《刑事诉讼法》等的外部协调。

　　解决法治政府建设中存在的问题,一是完善职权法定规范。职权包括事权和治权。我国宪法、国务院组织法和地方组织法的规定主要是事权,治权规范较为滞后。事权是目标,治权是手段,二者相辅相成。应依事权而定治权,且以能够保证事权的实现为限:一方面要保证治权授予的充分性,使治权与事权相匹配,保证行政机关能够有效实现事权;另一方面要避免治权授予的过度性,以尽可能消减行政权力滥用的可能性,维护人民合法权益。二是完善行政权行使规范。如我国赋权性行政行为可分侵益性、赋权性、中性三种。侵益性如行政处罚、行政强制,赋权性如行政补贴、行政奖励,中性如行政裁决、行政登记。只有侵益性行政行为的行使须遵循法定原则,其他两种情形则另当别论。还如行政许可权分为设定权和规定权,设定权是创设行政许可的权力,表现为从"无"到"有";规定权是细化、具体化,表现为从"原则"到"具体"。行政规范性文件无权设定行政许可,但有权规定行政许可。三是树立执法为民理念,在力度温度

间寻找平衡点。如海警机构在作出行政处罚时,应严格遵守处罚法定原则、过罚相当原则,并应改变以罚代管观念,养成"纠正"的行政处罚理念。还如交警执法机关应对新行政复议法带来的挑战,须做到遵守执法规范,遵守比例原则"不用大炮打小鸟",恪守正当程序,并有效利用新行政复议法配置的制度工具。

开展、推进人大立法、监督工作,是新时代坚持好完善好运行好人民代表大会制度、发展全过程人民民主应有之义。一是立法应当符合宪法精神是我国立法法的重要原则。比如全国人大常委会法工委在《关于2023年备案审查工作情况的报告》中提到的"连坐"案例。某市辖区议事协调机构发布通告,对涉某类犯罪重点人员采取惩戒措施,其中对涉罪重点人员的配偶、子女、父母和其他近亲属在受教育、就业、社保等方面的权利进行限制。"研究认为,任何违法犯罪行为的法律责任都应当由违法犯罪行为人本人承担,而不能株连或者及于他人,这是现代法治的一项基本原则;有关通告对涉罪人员近亲属多项权利进行限制,违背罪责自负原则。"二是我国对港澳同胞籍贯的处理可以为解决海外华人权益立法保护问题提供启示。修改《国籍法》第5条为"父母双方或一方为中国公民,本人出生在外国,具有中国国籍";修改第9条为"定居外国的中国公民自愿加入或取得外国国籍的,如未注销中国国籍,仍具有中国国籍,可使用外国政府签发的有关证件去其他国家或地区旅行,但在中华人民共和国内不得因持有上述证件而享有外国领事保护的权利"。这样就既兼顾了海外华人的权益保护,也兼顾了我国较为稀缺的国内社会资源;既符合现行宪法的规定,也满足更开放的移民管理政策需求。三是汕头小公园开埠区能够得到较好保护及修复,《华侨房地产权益保护》《汕头经济特区小公园开埠区保护条例》发挥了重要作用:立法保护主体越多,单一主体的保护越不充分,而汕头条例只保护单一主体所有权人的合法权益;通过"代管制度"解决业主无法及时办理过户的问题。四是人大监督权的有效行使,须解决权能不匹配问题。人大监督权包括监督宪法实施权、审查批准权、改变撤销权、罢免权、特定问题调查权、质询权等,地方组织法对此可进行相应规定。但这些权力的行使,必须有强有力的组织保障。而人和物限制严重削弱了人大职能的发挥,亟须党的领导对人大监督权予以支持。

梳理规制公立高校的党规国法可以得出,高校党委行使领导权时应注意不缺位、不越权问题:(1)全面落实领导权,高校党委的领导权与校长、学术委员会、教职工代表大会等机构的职权具有上、下层级属性,高校党委除了做好决策外,还应抓好班子、带好队伍、保证其他机构职责的落实;(2)"教学、科研、行政管理中的一般事项"分属于校长、学术委员会、教职工代表大会等,高校党委应支持相关主体依法独立履行职责;(3)高校党委就教学、科研重大事项行使决定权前应听取学术委员会的意见,就行政管理重大事项行使决定权前应听取教职工代表大会的意见;(4)高校党委应按照《中国共产党重大事项请示报告条例》等有关规定,向批准其设立的党组织请示报告。

我国人事管理制度的显著特色是区分干部与工人。"干部"一词是由法语"cadre"翻译而来,是骨干的意思。我国的人事管理制度的改革应聚焦专业骨干:(1)确定"坚持尊重知识、尊重人才"为人事制度的基本原则;(2)考核制度的制定应当经职工代表大会或者全体职工讨论,提出方案和意见,与工会或者职工代表平等协商确定;(3)违反政治纪律等的违规情形认定标准进一步细化。

我国的医事伦理审查制度尚在建设阶段,还未臻至成熟,存在明显的高位低能甚至是有名无实问题。有效落实医事伦理审查制度,须厘清伦理审查委员会的法律地位。伦理审查委员会的成立依附于具体的研究机构,其独立性自然难有保障。审查委员会拥有审查权限,却难以承担相应的法律职责;不具有法人资格,无法成为民事诉讼的主体,对其成员民事追责没有制度保障。

推进我国社会组织的法制化建设,应以公法人与私法人为标准对社会组织进行划分,公营公益法人按照政治职责与公益职责"双职责"进行法制化建构,私营公益法人按照单一公益职责进行法制化建构。侨联作为公营公益法人中的群团组织,承担"围绕中心、服务大局"政治职能,应在华侨权益保护中更好发挥职能作用,如构建由侨办、侨联牵头,其他机关协助的境内保护体制。未来《慈善法》的修改,除应区分公营与私营外配置监管制度、完善慈善激励制度外,还应强化公开制度,"慈善事业要用玻璃做的口袋"。对于私营公益法人,法律应设置包容性制度,减少对其的制度约束,让其单以公益目的为导向进行出资人为主导的治理,以激发社会人的慈善积极性。

第一章　党执政权的文本与实践

党的领导是我国社会主义法治之魂。2020年11月，中央全面依法治国工作会议正式明确提出了"习近平法治思想"，为新时代全面依法治国、实现美好法治愿景提供了根本遵循。[①]此次会议上，习近平总书记强调："领导干部具体行使党的执政权和国家立法权、行政权、监察权、司法权，是全面依法治国的关键。"[②]在此背景下，如何从法治逻辑出发，界定和阐释中国共产党执政权，无疑是新时代法学理论界的重大命题。

作为"党的领导权"的学理概括，执政权为国法党规所确认和赋予：《宪法》序言和总纲第1条对党的领导的规定；《中国共产党章程》强调"中国共产党的领导是中国特色社会主义最本质的特征，是中国特色社会主义制度的最大优势""党是领导一切的"等党的领导内容。研究党章对党的执政权的规制，不仅可以更好学习贯彻党章的核心要义，而且有利于更完整理解中国特色社会主义法治体系。

依法决策是保障党的重大决策的科学性、民主性的根本前提。除党

---

① 参见新华社：《新华社重磅文章带你深刻领会习近平法治思想》，http://www.xinhuanet.com/politics/2020-11/18/c_1126756837.htm，访问日期：2024年9月14日。
② 习近平：《坚定不移走中国特色社会主义法治道路　为全面建设社会主义现代化国家提供有力法治保障》，载《求是》2021年第5期。

章外,我国党委重大决策权行使的规范逻辑有关于中央委员会、地方委员会以及党组的组织法规,有关于重大事项请示报告、党务公开的行为法规。研究这些文本规范,有利于推进各级党委依法决策。

监察法规作为中国特色社会主义法律体系的"新成员",是在党领导反腐实践中生成的党规国法共治机制,具有显著的中国特色。我国现行的监察法律体系包括"三法一规",即《监察法》《监察法实施条例》《监察官法》,以及《政务处分法》。研究我国监察制度的文本规范,有助于推进我国当前的监察法制建设。

第一节　党章修改及其启示

"国要有国法,党要有党规党法。党章是最根本的党规党法。"[①]全面从严治党必须要学习贯彻好党章。"党的一切制度是从党章开始的,党章是所有党内法规的源头,是制定一切党内法规的基础和依据。"[②]从规范党的执政权角度研究改革开放以来党章的主要内容及新时代以来对党章的修改,不仅可以更好地学习贯彻党章的核心要义,而且有利于更完整地理解中国特色社会主义法治体系。

一、1982 年党章的主要内容

1982 年 9 月,中国共产党第十二次全国代表大会通过改革开放后的首部《中国共产党章程》(以下简称"党章")。1982 年党章共 10 章 50 条,包括党员、党的组织制度、党的中央组织、党的地方组织、党的基层组织、

[①] 邓小平:《解放思想,实事求是,团结一致向前看》,载《邓小平文选(1975—1982)》,人民出版社 1983 年版,第 137 页。

[②] 中共中央办公厅法规局:《中国共产党党内法规体系》,载《人民日报》2021 年 8 月 4 日。

党的干部、党的纪律、党的纪律检查机关、党组以及党和共产主义青年团的关系。

（一）序言规定了党的领导与法治的关系

1982年党章总纲最后一段规定了党的领导与法治的关系：一是党必须制定和执行正确的路线、方针和政策，做好党的组织工作和宣传教育工作，发挥全体党员在一切工作和社会生活中的先锋模范作用；二是党必须在宪法和法律的范围内活动；三是党必须保证国家的立法、司法、行政机关，经济、文化组织和人民团体积极主动地、独立负责地、协调一致地工作。

（二）正文规定了党与人民及上下级党组织的关系

1. 党与人民的关系

1982年党章第2条规定了党与人民的关系："中国共产党党员是中国工人阶级的有共产主义觉悟的先锋战士。中国共产党党员必须全心全意为人民服务，不惜牺牲个人的一切，为实现共产主义奋斗终身。中国共产党党员永远是劳动人民的普通一员。除了制度和政策规定范围内的个人利益和工作职权以外，所有共产党员都不得谋求任何私利和特权。"

2. 上下级党组织的关系

第一，规定了党内的民主集中制原则。1982年党章第10条规定："党是根据自己的纲领和章程，按照民主集中制组织起来的统一整体。它在高度民主的基础上实行高度的集中。党的民主集中制的基本原则是：（一）……下级组织服从上级组织，全党各个组织……服从党的全国代表大会和中央委员会。（二）党的各级领导机关，除它们派出的代表机关和在非党组织中的党组外，都由选举产生。（三）党的最高领导机关，是党的全国代表大会和它所产生的中央委员会。党的地方各级领导机关，是党的地方各级代表大会和它们所产生的委员会。党的各级委员会向同级的代表大会负责并报告工作。（四）党的上级组织要经常听取下级组织……

的意见,及时解决他们提出的问题。党的下级组织既要向上级组织请示和报告工作,又要独立负责地解决自己职责范围内的问题。上下级组织之间要互通情报、互相支持和互相监督。(五)党的各级委员会实行集体领导和个人分工负责相结合的制度。凡属重大问题都要由党的委员会民主讨论,作出决定。(六)党禁止任何形式的个人崇拜。要保证党的领导人的活动处于党和人民的监督之下,同时维护一切代表党和人民利益的领导人的威信。"

第二,规定党组织作出决定的一般原则与特殊安排。1982 年党章第16 条规定:"党组织讨论决定问题,必须执行少数服从多数的原则。对于少数人的不同意见,应当认真考虑。如对重要问题发生争论,双方人数接近,除了在紧急情况下必须按多数意见执行外,应当暂缓作出决定,进一步调查研究,交换意见,下次再议。如仍不能作出决定,应将争论情况向上级组织报告,请求裁决。党员个人代表党组织发表重要主张,如果超出党已有决定的范围,必须提交所在的党组织讨论决定,或向上级党组织请示。任何党员不论职务高低,都不能个人决定重大问题;如遇紧急情况,必须由个人作出决定时,事后要迅速向党组织报告。不允许任何领导人实行个人专断和把个人凌驾于组织之上。"

第三,全国性的重大政策问题由党中央作出决定,下级组织必须坚决执行上级组织的决定并不得公开发表不同意见。1982 年党章第 15 条规定:"有关全国性的重大政策问题,只有党中央有权作出决定,各部门、各地方的党组织可以向中央提出建议,但不得擅自作出决定和对外发表主张。党的下级组织必须坚决执行上级组织的决定。下级组织如果认为上级组织的决定不符合本地区、本部门的实际情况,可以请求改变;如果上级组织坚持原决定,下级组织必须执行,并不得公开发表不同意见,但有权向再上一级报告。党的各级组织的报刊和其他宣传工具,必须宣传党的路线、方针、政策和决议。"

第四，规定了上级党组织在重要问题上征求下级党组织意见及无特殊情况上级党组织不干预下级党组织行使职权。1982年党章第14条规定："党的各级领导机关，对同下级组织有关的重要问题作出决定时，在通常情况下，要征求下级组织的意见。要保证下级组织能够正常行使他们的职权。凡属应由下级组织处理的问题，如无特殊情况，上级领导机关不要干预。"

第五，规定了地方党委具有重大问题决定权并向上级党委定期报告工作。1982年党章第12条规定："党的县级和县级以上委员会在必要时可以召集代表会议，讨论和决定需要及时解决的重大问题。"第25条规定："党的地方各级代表大会的职权是：……（三）讨论本地区范围内的重大问题并作出决议；……"第26条第6款规定："党的地方各级委员会在代表大会闭会期间，执行上级党组织的指示和同级党代表大会的决议，领导本地方的工作，定期向上级党的委员会报告工作。"

第六，规定了基层党组织的重大问题决定权与保证行政负责人充分行使职权的党政关系。1982年党章第33条规定："企业事业单位中党的基层委员会，和不设基层委员会的总支部委员会或支部委员会，领导本单位的工作。这些基层党组织应对重大原则问题进行讨论和作出决定，同时保证行政负责人充分行使自己的职权，不要包办代替他们的工作。基层委员会领导下的总支部委员会和支部委员会，除特殊情况外，只对本单位生产任务和业务工作的正确完成起保证监督作用。各级党政机关中党的基层组织，不领导本单位的业务工作。它应当对包括行政负责人在内的每个党员在执行党的路线、方针、政策，遵纪守法，联系群众，以及他们的思想、作风、道德品质等方面的情况进行监督，协助行政领导改进工作，提高效率，克服官僚主义，并把了解到的机关工作的缺点、问题通知行政负责人或报告党的上级组织。"第46条规定："在中央和地方国家机关、人民团体、经济组织、文化组织或其他非党组织的领导机关中成立党组。党

5

组的任务,主要是负责实现党的方针政策,团结非党干部和群众,完成党和国家交给的任务,指导机关党组织的工作。"

1982年党章规定的上述内容,奠定了当代中国党依法执政的基础:一是党必须在宪法和法律的范围内活动;二是全国性的重大政策问题由党中央作出决定,下级组织必须坚决执行上级组织的决定;三是地方党委具有重大问题决定权,并且保证同级国家机关依法行使职权。

1982年党章后经1987年、1992年、1997年、2002年、2007年、2012年修改。①其中,2002年党章增加"党旗党徽"一章,开始了11章53条体例。

二、2017年党章的主要修改

2017年10月,中国共产党第十九次全国代表大会通过党章的部分修改,修改后的党章有11章55条。②相对于1982年党章,2017年党章修改了以下内容。

(一)序言部分的主要修改

第一,新增坚持从严管党治党的要求。新增第30自然段,规定了"坚持从严管党治党":一是要求全面从严治党永远在路上。新形势下,党面临的执政考验、改革开放考验、市场经济考验、外部环境考验是长期的、复杂的、严峻的,精神懈怠危险、能力不足危险、脱离群众危险、消极腐败危险更加尖锐地摆在全党面前。要把严的标准、严的措施贯穿于管党治党全过程和各方面。二是要求依规治党、标本兼治,坚持把纪律挺在前面,加强组织性纪律性,在党的纪律面前人人平等。三是要求强化管党治党主体责任和监督责任,加强对党的领导机关和党员领导干部特别是主要

---

① 回溯党的建设历史,党的二大制定了第一部党章,从党的三大开始,形成了每次党的全国代表大会修改或者制定新党章的政治惯例。

② 2017年党章增加了第14条巡视巡察制度、第34条关于党支部的规定。

领导干部的监督,不断完善党内监督体系。四是要求深入推进党风廉政建设和反腐败斗争,以零容忍态度惩治腐败,构建不敢腐、不能腐、不想腐的有效机制。

第二,补充党领导一切的内容。修改第31自然段"中国共产党的领导":一是补充规定党是中国特色社会主义最本质的特征,是中国特色社会主义制度的最大优势。党政军民学,东西南北中,党是领导一切的。二是补充规定党要适应改革开放和社会主义现代化建设的要求,坚持科学执政、民主执政、依法执政,加强和改善党的领导。党必须按照总揽全局、协调各方的原则,在同级各种组织中发挥领导核心作用;党必须集中精力领导经济建设,组织、协调各方面的力量,同心协力,围绕经济建设开展工作,促进经济社会全面发展;党必须实行民主的科学的决策,制定和执行正确的路线、方针、政策,做好党的组织工作和宣传教育工作,发挥全体党员的先锋模范作用。

(二)正文部分的主要修改

1. 修改了党的巡视巡察制度

在巡视制度基础上增加了巡察制度。第14条规定:"党的中央和省、自治区、直辖市委员会实行巡视制度,在一届任期内,对所管理的地方、部门、企事业单位党组织实现巡视全覆盖。中央有关部委和国家机关部门党组(党委)根据工作需要,开展巡视工作。党的市(地、州、盟)和县(市、区、旗)委员会建立巡察制度。"

2. 完善了党基层组织的履职要求

第一,新增对国有企业党委、社会组织中党的基层组织的要求。在第33条第2款基础上新增内容:"国有企业党委(党组)发挥领导作用,把方向、管大局、保落实,依照规定讨论和决定企业重大事项。""社会组织中党的基层组织,宣传和执行党的路线、方针、政策,领导工会、共青团等群团组织,教育管理党员,引领服务群众,推动事业发展。"

第二,新增党支部职责规定。新增第 34 条规定:"党支部是党的基础组织,担负直接教育党员、管理党员、监督党员和组织群众、宣传群众、凝聚群众、服务群众的职责。"

3. 完善了党的纪律内容

第一,对党的纪律内容的完善。一是新增党的六项纪律,分别为政治纪律、组织纪律、廉洁纪律、群众纪律、工作纪律、生活纪律(第 40 条第 1 款)。二是新增运用监督执纪"四种形态"的新要求,让党纪处分、组织调整成为管党治党的重要手段,严重违纪、严重触犯刑律的党员必须开除党籍(第 40 条第 3 款)。三是新增对党的委员会委员、候补委员处分的程序。对党的中央委员会委员、候补委员,给以警告、严重警告处分,由中央纪律检查委员会常务委员会审议后,报党中央批准;对地方各级党的委员会委员、候补委员,给以警告、严重警告处分,应由上一级纪律检查委员会批准,并报它的同级党的委员会备案(第 42 条第 2 款)。

第二,完善了党的纪律委员会的职责。党的纪律检查委员会的职责是监督、执纪、问责。一是对党的组织和党员领导干部履行职责、行使权力进行监督,受理处置党员群众检举举报,开展谈话提醒、约谈函询;二是检查和处理党的组织和党员违反党的章程和其他党内法规的比较重要或复杂的案件,决定或取消对这些案件中的党员的处分;三是进行问责或提出责任追究的建议(第 46 条第 2 款)。

第三,新增党的纪律委员会的检查审查程序。党的纪律检查委员会发现同级党委有违反党纪的行为,先初步核实,如果需要立案检查的,应当报同级党委批准,并向上级纪律检查委员会报告;涉及常务委员的,报同级党委后报上级纪律检查委员会,由上级纪律检查委员会初步核实审查(第 46 条第 4 款)。

4. 完善了党组职权

完善了党组职权,将党组职权由五项增至七项。一是负责贯彻执行党的路线、方针、政策;二是加强对本单位党的建设的领导,履行全面从严治党责任;三是讨论和决定本单位的重大问题;四是做好干部管理工作;五是讨论和决定基层党组织设置调整和发展党员、处分党员等重要事项;六是团结党外干部和群众,完成党和国家交给的任务;七是指导领导机关和直属单位党组织的工作。其中,第二项、第五项是新增项。

可见,党的十九大对党章的修改,明确提出了坚持党要管党、全面从严治党这一党的建设指导方针,把政治建设、纪律建设纳入了党的建设总体布局,新增了巡视巡察全覆盖,新增的党纪处分、组织调整成为管党治党的重要手段,新增了党组的工作职责,对推进党的建设发挥了重要指导作用。

三、2022 年党章的主要修改

2022 年 10 月,中国共产党第二十次全国代表大会通过对党章的修改。党的二十大对党章序言进行了大幅修改,正文部分主要是对党的纪律的完善。

(一)序言部分的主要修改

第一,总纲部分新增党和人民精神财富的内容。新增第 10 自然段:"中国共产党自成立以来,始终把为中国人民谋幸福、为中华民族谋复兴作为自己的初心使命,历经百年奋斗,从根本上改变了中国人民的前途命运,开辟了实现中华民族伟大复兴的正确道路,展示了马克思主义的强大生命力,深刻影响了世界历史进程,锻造了走在时代前列的中国共产党。经过长期实践,积累了坚持党的领导、坚持人民至上、坚持理论创新、坚持独立自主、坚持中国道路、坚持胸怀天下、坚持开拓创新、坚持敢于斗争、坚持统一战线、坚持自我革命的宝贵历史经验,这是党和人民共同创造的精神财富,必须倍加珍惜、长期坚持,并在实践中不断丰富和发展。"

第二,总纲部分第 11 自然段"我国正处于并将长期处于社会主义初级阶段"进行了修改。一是新增"以中国式现代化全面推进中华民族伟大复兴"内容;二是新增"把握新发展阶段""加快构建以国内大循环为主体、国内国际双循环相互促进的新发展格局,推动高质量发展"的要求;三是将任务表述修改为"新时代新征程,经济和社会发展的战略目标是,到二〇三五年基本实现社会主义现代化,到本世纪中叶把我国建成社会主义现代化强国"。

第三,总纲部分第 13 自然段"中国共产党在领导社会主义事业中"进行了修改。在"充分发挥科学技术作为第一生产力的作用"之后,增加了"充分发挥人才作为第一资源的作用"的内容。

第四,总纲部分第 17 自然段"中国共产党领导人民发展社会主义民主政治"部分在"坚持党的领导、人民当家作主、依法治国有机统一,走中国特色社会主义政治发展道路"之后增加了"中国特色社会主义法治道路",在"广开言路,建立健全民主选举"之后增加了"民主协商"的内容。

第五,第 23 自然段"独立自主的和平外交政策"部分新增了"弘扬和平、发展、公平、正义、民主、自由的全人类共同价值"的内容,将党在国际事务中的政策修改为"在国际事务中,弘扬和平、发展、公平、正义、民主、自由的全人类共同价值,坚持正确义利观,维护我国的独立和主权,反对霸权主义和强权政治,维护世界和平,促进人类进步,推动构建人类命运共同体,推动建设持久和平、普遍安全、共同繁荣、开放包容、清洁美丽的世界"。

第六,党的建设在原五项基础上新增一项"坚持新时代党的组织路线"要求。新增第 28 自然段:"第三,坚持新时代党的组织路线。全面贯彻习近平新时代中国特色社会主义思想,以组织体系建设为重点,着力培养忠诚干净担当的高素质干部,着力集聚爱国奉献的各方面优秀人才,坚持德才兼备、以德为先、任人唯贤,为坚持和加强党的全面领导、坚持和发展中国特色社会主义提供坚强组织保证。全党必须增强党组织的政治功能和组织功能,培养选拔党和人民需要的好干部,培养和造就大批堪当时代重任的社会主义事业接班人,聚天下英才而用之,从组织上保证党的基本理论、基本路线、基本方略的贯彻落实。"

第七,修改第 31 自然段"坚持从严管党治党"内容。一是在"全面从严治党永远在路上"之后,增加"党的自我革命永远在路上"的要求;二是在"坚持依规治党、标本兼治"之后增加"不断健全党内法规体系"要求。

(二)正文部分主要完善了党的纪律

第一,第 40 条在"执纪必严、违纪必究,抓早抓小、防微杜渐,按照错误性质和情节轻重,给以批评教育、直至纪律处分"基础上增加了"责令检查、诫勉"处分种类。

第二,第 45 条第 4 款在"党的中央和地方纪律检查委员会向同级党和国家机关全面派驻党的纪律检查组"之后增加了"按照规定向有关国有企业、事业单位派驻党的纪律检查组"的规定。

第三,第 46 条第 1 款在"党的各级纪律检查委员会是党内监督专责机关,主要任务是:维护党的章程和其他党内法规,检查党的路线、方针、政策和决议的执行情况,协助党的委员会推进全面从严治党、加强党风建设和组织协调反腐败工作"的基础上,增加了"推动完善党和国家监督体系"的内容。

四、党章修改的重要启示

无论宪法还是党章,都有一个不断规范化、体系化、集成化、科学化的完善过程。现行党章是 1982 年修改制定的,随着形势和任务的发展变化,党的历次大会均对党章进行了修改。梳理改革开放以来党章的主要内容及新时代以来对党章的主要修改,可以得到如下重要启示。

(一)实现坚持党的领导与改善党的领导的有机统一

党章序言指出,中国共产党的领导是中国特色社会主义最本质的特征,是中国特色社会主义制度的最大优势;党必须按照总揽全局、协调各方的原则,在同级各种组织中发挥领导核心作用。党章序言还指出,党必须实行民主的科学的决策,制定和执行正确的路线、方针、政策,做好党的组织工作和宣传教育工作,发挥全体党员的先锋模范作用;党必须在宪法和法律的范围内活动;党必须适应形势的发展和情况的变化,完善领导体制,改进领导方式,增强执政能力等。实现坚持党的领导与改善党的领导的有机统一,就要处理好以下关系。

第一,处理好党和法治的关系。邓小平对党和法治的关系进行了深刻阐述。一方面,他强调法治建设要坚持党的领导。在中国只有中国共产党的领导才能代表和团结人民群众,"没有这样一个党的统一领导,是不可能设想的,那就只会四分五裂,一事无成"①;另一方面,他强调党也要在宪法和法律的范围内活动,并将该原则写进了宪法和党章。1982年宪法序言规定:"全国各族人民、一切国家机关和武装力量、各政党和各社会团体、各企业事业组织,都必须以宪法为根本的活动准则,并且负有维护宪法尊严、保证宪法实施的职责。"1982年党章规定:"党必须在宪法和法律范围内活动。"

第二,处理好党中央与地方党委的关系。一是党的最高领导机关,是党的全国代表大会和它所产生的中央委员会,即党中央。有关全国性的重大政策问题,只有党中央有权作出决定,全党各个组织和全体党员服从党的全国代表大会和中央委员会。党有9 900多万名党员,如此超大规模党的自身思想统一、意志统一和行动统一,对于国家治理至关重要。习近平总书记强调:"党的历史、新中国发展的历史都告诉我们:要治理好我们这个大党、治理好我们这个大国,保证党的团结和集中统一至关重要,维护党中央权威至关重要。"②二是党的地方领导机关,是党的地方代表

---

① 邓小平:《邓小平文选》(第2卷),人民出版社1994年版,第341页。
② 习近平:《习近平谈治国理政》(第2卷),外文出版社2017年版,第188页。

大会和它们所产生的委员会,讨论和决定本区域的重大问题。党的上级组织要保证下级组织能够正常行使他们的职权,凡属应由下级组织处理的问题,如无特殊情况,上级组织不要干预。三是党的上级组织要经常听取下级组织和党员群众的意见,及时解决他们提出的问题;党的下级组织既要向上级组织请示和报告工作,又要独立负责地解决自己职责范围内的问题;上下级组织之间要互通情报、互相支持和互相监督。

第三,处理好党集体与个人的关系。一是党的各级委员会实行集体领导和个人分工负责相结合的制度。凡属重大问题都要按照集体领导、民主集中、个别酝酿、会议决定的原则,由党的委员会集体讨论,作出决定;委员会成员要根据集体的决定和分工,切实履行自己的职责。二是党禁止任何形式的个人崇拜。要保证党的领导人的活动处于党和人民的监督之下,同时维护一切代表党和人民利益的领导人的威信。三是党组织讨论决定问题必须执行少数服从多数的原则,对于少数人的不同意见亦应当认真考虑。如对重要问题发生争论,双方人数接近,除了在紧急情况下必须按多数意见执行外,应当暂缓作出决定,进一步调查研究,也可将争论情况向上级组织报告,请求裁决。

(二)实现依法治党与依规治党有机统一

关于依法治党,《宪法》第 5 条第 4 款、第 5 款规定:"一切国家机关和武装力量、各政党和各社会团体、各企业事业组织都必须遵守宪法和法律。一切违反宪法和法律的行为,必须予以追究。任何组织或者个人都不得有超越宪法和法律的特权。"①除了不违反宪法和法律,即中国共产党必须在宪法和法律范围内活动以外,中国共产党还肩负着实现法治的任务,即要做到领导立法、保证执法、支持司法、带头守法。

关于依规治党,1982 年党章就规定了"党必须在宪法和法律的范围

---

①　如何在法律层面追究这种违宪责任,目前既缺乏体系化的法学理论,也没有相应的司法实践。参见蒋银华:《中国式现代化进程中执政权的复合逻辑》,载《法治社会》2024 年第 1 期。

内活动",2017年修改的党章规定"协调推进全面建成小康社会、全面深化改革、全面依法治国、全面从严治党"。2022年党章新增"不断健全党内法规体系"要求,以实现依法依规双重治理。这些规定主要包括:一要把严的标准、严的措施贯穿于管党治党全过程和各方面。二是不断健全党内法规体系。"党内法规体系以'1+4'为基本框架,即在党章之下分为党的组织法规、党的领导法规、党的自身建设法规、党的监督保障法规四大板块"①,现已成为党内法规体系建设的通说。三是强化全面从严治党主体责任和监督责任,加强对党的领导机关和党员领导干部特别是主要领导干部的监督,不断完善党内监督体系。四是深入推进党风廉政建设和反腐败斗争,以零容忍态度惩治腐败,一体推进不敢腐、不能腐、不想腐。

国家法律与党内法规的关系,是坚持依法治国和依规治党有机统一的重大理论和实践命题。党纪与国法的关系,尤其是纪律处分条例与政务处分法、刑法的关系最具代表性。本文认为,实现依规治党与依法治党有机统一,就须做好以下两个方面的工作:一是严于国法的党纪"立"起来。习近平总书记指出:"我们研究依规治党这一重大问题,坚持纪严于法,纪在法前,实现纪法分开。"②在我们国家,法律是对全体公民的要求,党内法规是对全体党员的要求,纪严于法,是全面从严治党和全面依法治国相结合的根本要求。二是严于国法的党纪"行"起来。党内法规建设应以党和国家机构改革、纪检监察一体化为依托,实现党纪规范与机构职能的贯通性,做到有纪必依、违纪必究。

(三)实现党的领导与国家机关依法履职的有机统一

党章明确规定了党对本地区本领域本单位重大问题的决定权,该权

---

① 中共中央办公厅法规局:《中国共产党党内法规体系》,中国方正出版社2021年版,第16页。

② 习近平:《在第十八届中央纪律检查委员会第六次全体会议上的讲话》,人民出版社2016年版,第3页。

力在事项上涵盖了政治、经济、社会、军队、宣传和意识形态等方面,在范围上涵盖了各地区、各领域、各国家机关,是党"总揽全局、协调各方"领导地位的核心体现。

党章还规定,保证国家的立法、司法、行政、监察、机关,经济、文化组织和人民团体"积极主动地、独立负责地、协调一致地工作":一是地方党委领导本地方的工作,讨论和决定本区域的重大事项;二是地方党委保证立法、司法、行政、监察机关,经济、文化组织和人民团体积极主动地、独立负责地、协调一致地工作,加强对工会、共产主义青年团、妇女联合会等群团组织的领导,使它们保持和增强政治性、先进性、群众性,充分发挥作用;三是地方党委对所管理的地方、部门、企事业单位党组织实现巡察全覆盖。

第二节　党委重大决策的文本与实践

依法决策是保障党的重大决策的科学性、民主性的根本前提。《中央党内法规制定工作规划纲要(2023—2027 年)》拟制定的多项党内法规均涉及重大政策的制定及落实,其中,研究制定《党委(党组)重大决策程序规定》更是被单独提出。研究党委重大决策的现有规范,并阐释其逻辑理路,不仅有利于推进各级党委依法决策,而且是当下党内法规建设的必然要求。

一、党的组织法规规范下的党委重大决策

党的十八大以来,党中央通过修订《党章》《中国共产党地方委员会工作条例》(以下简称"《地方委员会工作条例》")①与《中国共产党党组工作

---

① 　2015 年 12 月中国共产党中央委员会修订《中国共产党地方工作条例》,包括总则、组织和成员、职责、组织原则、议事和决策、监督和追责、附则 7 章 33 条。

条例》（以下简称"《党组工作条例》"）①及制定《中国共产党中央委员会工作条例》（以下简称"《中央委员会工作条例》"）②等建构了新时代我国党委重大决策权行使的党的组织法规规范体系。

（一）《党章》关于重大决策的综合规制

第一，党的重大决策权涉及一切方面。"党政军民学，东西南北中，党是领导一切的"；"党必须按照总揽全局、协调各方的原则，在同级各种组织中发挥领导核心作用"（序言）。

第二，党要科学决策、民主决策、依法决策。一是"党要适应改革开放和社会主义现代化建设的要求，坚持科学执政、民主执政、依法执政，加强和改善党的领导。党必须集中精力领导经济建设，组织、协调各方面的力量，同心协力，围绕经济建设开展工作，促进经济社会全面发展"；二是"党必须实行民主的科学的决策，制定和执行正确的路线、方针、政策"；三是"党必须适应形势的发展和情况的变化，完善领导体制，改进领导方式，增强执政能力"；四是"党必须在宪法和法律的范围内活动"（序言）。

第三，党要保证其他国家机关独立行使职权。一是"党必须保证国家的立法、司法、行政、监察机关，经济、文化组织和人民团体积极主动地、独立负责地、协调一致地工作"；二是"党必须加强对工会、共产主义青年团、妇女联合会等群团组织的领导，使它们保持和增强政治性、先进性、群众性，充分发挥作用"（序言）。

第四，中央与地方关于重大决策的不同权限。一是"有关全国性的重大政策问题，只有党中央有权作出决定"（第 16 条）；二是地方党委"讨论

---

① 2019 年 4 月，中国共产党中央委员会印发修订后的《中国共产党党组工作条例》，包括总则、设立、职责、组织原则、决策与执行、党组性质党委、监督与追责、附则 8 章 45 条。
② 2020 年 9 月中国共产党中央委员会审议批准《中国共产党中央委员会工作条例》，包括总则、领导地位、领导体制、领导职权、领导方式、决策部署、自身建设、附则 8 章 35 条。

本地区范围内的重大问题并作出决议"(第26条);三是党组织对下级组织有关的重要问题作出决定时要征求下级组织的意见,如无特殊情况,凡属应由下级组织处理的问题上级领导机关不要干预(第15条)。

第五,决策实行少数服从多数的原则,但应当考虑少数不同意见。"党组织讨论决定问题,必须执行少数服从多数的原则。决定重要问题,要表决。对于少数人的不同意见,应当认真考虑。如对重要问题发生争论,双方人数接近,除了在紧急情况下必须按多数意见执行外,应当暂缓作出决定,进一步调查研究,交换意见,下次再表决;在特殊情况下,也可将争论情况向上级组织报告,请求裁决"(第17条第1款)。"任何党员不论职务高低,都不能个人决定重大问题;如遇紧急情况,必须由个人作出决定时,事后要迅速向党组织报告。不允许任何领导人实行个人专断和把个人凌驾于组织之上"(第17条第2款)。

(二)《中央委员会工作条例》关于党中央重大决策的规定

第一,明确党中央重大决策权的地位和内容。一是在"涉及全党全国性的重大方针政策问题,只有党中央有权作出决定和解释"基础上,增加了"党中央重大决策部署,是全党全军全国各族人民统一思想、统一意志、统一行动的依据"(第5条第2款);二是规定党中央"全面领导改革发展稳定、内政外交国防、治党治国治军等各领域各方面工作,对党和国家事业发展重大工作实行集中统一领导"(第6条)。

第二,明确了党中央行使决策权的体制。一是"党的最高领导机关,是党的全国代表大会和它所产生的中央委员会"(第2条),在党的全国代表大会闭会期间中央委员会行使讨论和决定关系党和国家事业发展全局的重大问题职权(第14条):二是"中央委员会、中央政治局、中央政治局常务委员会是党的组织体系的大脑和中枢,在推进中国特色社会主义事业中把方向、谋大局、定政策、促改革"(第5条第1款);三是党中央设立若干决策议事协调机构,负责相关重大工作的顶层设计、统筹协调、整体推进、督促落实(第 13 条),党中央决策议事协调机构按照党中央决策部署和中央委员会总书记指示要求,研究决定、部署协调相关领域重大工作(第 29 条)。

第三,规定党中央决策权的落实和执行主体。一是各级人大、政府、政协、监察机关、审判机关、检察机关、武装力量、各民主党派和无党派人士、人民团体、企事业单位、基层群众性自治组织、社会组织等都必须自觉接受党中央领导(第 7 条);二是全党各个组织必须自觉服从党中央,坚决维护党中央权威和集中统一领导(第 8 条)。

第四,规定了党中央决策的规则。一是党中央按照集体领导、民主集中、个别酝酿、会议决定的原则,对党和国家工作的重大问题作出决策;二是党中央对重大问题作出决策,应根据需要分别召开中央委员会全体会议、中央政治局会议、中央政治局常务委员会会议讨论决定;三是党中央作出重大决策部署,必须深入调查研究,广泛听取各方面意见和建议,加强分析论证,凝聚智慧共识,做到科学决策、民主决策、依法决策;四是党中央就党和国家重要方针政策、重大问题、重要人事安排等进行协商,听取各民主党派中央、全国工商联和无党派人士代表的意见和建议,通报重要情况,沟通思想、增进共识(第 23 条、第 30 条)。

(三)《地方委员会工作条例》关于地方党委重大决策的规定

第一,地方党委的重大决策权涉及本地区的全面工作。《地方委员会工作条例》第 3 条规定:"党的地方委员会在本地区发挥总揽全局、协调各方的领导核心作用,按照协调推进'四个全面'战略布局,对本地区经济建设、政治建设、文化建设、社会建设、生态文明建设实行全面领导,对本地区党的建设全面负责。"第 5 条规定:"党的地方委员会主要实行政治、思想和组织领导,把方向、管大局、作决策、保落实:(一)对本地区重大问题作出决策。"

第二,地方党委的重大决策权为"讨论和决定本地区经济社会发展战略、重大改革事项、重大民生保障等经济社会发展重大问题"(第9条)。

第三,规定了地方党委职责清单公开制度。"党的地方委员会应当建立职责清单制度,明确常委会及其成员职责,并在一定范围内公开"(第12条)。

第四,规定了地方党委的决策规则。一是规定党的地方委员会及其常委会应当健全决策咨询机制,重大决策一般应当在调查研究基础上提出方案,充分听取各方面意见,进行风险评估和合法合规性审查,经过全会或者常委会会议讨论和决定(第21条);二是需要提交常委会会议审议的重要事项,可以先召开书记专题会议进行酝酿……书记专题会议不得代替常委会会议作出决策(第25条第1款);三是规定常委会委员可以在其职责范围内主持召开议事协调会议,研究解决有关问题,但不得超越权限作出决策(第25条第2款);四是规定党的地方委员会应当加强对同级人大、政府、政协等的领导,建立健全沟通协调机制,及时通报重要情况,注重通过国家机关、政协组织、民主党派、人民团体、基层单位等渠道就经济社会发展重大问题和涉及群众切身利益实际问题,广泛协商、广集民智、增进共识、增强合力(第25条第3款);五是规定党的地方委员会通过全会作出的决策由常委会负责组织实施,常委会作出的决策由常委会委员分工负责组织实施(第26条第1款);六是规定党的地方委员会应当建立有效的督查、评估和反馈机制确保决策落实,决策执行过程中需做重大调整的应当按照谁决策、谁调整的原则通过召开全会或者常委会会议决定(第26条第2款)。

(四)《党组工作条例》关于党组重大决策的规定

第一,规定党组的地位。党组发挥把方向、管大局、保落实的领导作用,全面履行领导责任,加强对本单位业务工作和党的建设的领导,推动党的主张和重大决策转化为法律法规、政策政令和社会共识,确保党的理论和路线方针政策的贯彻落实(第16条)。

第二,规定了党组决定的重大事项。一是党组讨论和决定本单位下列重大问题:(一)贯彻落实党中央以及上级党组织决策部署的重大举措;(二)制定拟订法律法规规章和重要规范性文件中的重大事项;(三)业务工作发展战略、重大部署和重大事项;(四)重大改革事项;(五)重要人事任免等事项;(六)重大项目安排;(七)大额资金使用、大额资产处置、预算安排;(八)职能配置、机构设置、人员编制事项;(九)审计、巡视巡察、督查检查、考核奖惩等重大事项;(十)重大思想动态的政治引导;(十一)党的建设方面的重大事项;(十二)其他应当由党组讨论和决定的重大问题(第17条)。二是实行双重领导并以上级单位领导为主的单位党组可以讨论和决定本系统工作规划部署、机构设置、干部队伍管理、党的建设等重要事项(第20条第1款)。三是规定国有企业党组讨论和决定重大事项时应当与《公司法》《企业国有资产法》等法律法规相符合并与公司章程相衔接,重大经营管理事项必须经党组研究讨论后再由董事会或者经理层作出决定(第20条第2款)。

第三,规定了党组应向同级党委请示报告工作。第26条规定:"党组应当按照《中国共产党重大事项请示报告条例》等有关规定,向批准其设立的党组织和其他有关党组织请示报告工作。县级以上人大常委会党组、政府党组、政协党组、法院党组、检察院党组应当按照规定,向本级党委请示报告工作。"

二、党的行为法规规范下的党委重大决策

规制重大决策权行为的党的法规主要有2019年制定的《中国共产党重大事项请示报告条例》(以下简称"《请示报告条例》")①、2017年制定的

---

① 2019年1月中国共产党中央委员会印发《中国共产党重大事项请示报告条例》,包括总则、党组织请示报告主体、党组织请示报告事项、党组织请示报告程序、党组织请示报告方式、党员领导干部请示报告、监督与追责、附则8章48条。

《中国共产党党务公开条例(试行)》(以下简称"《党务公开条例(试行)》")①。

（一）重大事项请示报告制度

《请示报告条例》规定了重大事项请示报告制度,包括请示报告主体、请示范围及程序、报告范围及程序、请示报告受理主体等内容。

第一,请示报告主体。第6条规定:"党组织请示报告工作一般应当以组织名义进行,向负有领导或者监督指导职责的上级党组织请示报告。特殊情况下,可以根据工作需要以党组织负责同志名义代表党组织请示报告。请示报告应当逐级进行,一般不得越级请示报告。特殊情况下,可以按照有关规定直接向更高层级党组织请示报告。"

第二,规定了应当向党中央请示报告的事项。第12条规定:"涉及党和国家工作全局的重大方针政策,经济、政治、文化、社会、生态文明建设和党的建设中的重大原则和问题,国家安全、港澳台侨、外交、国防、军队等党中央集中统一管理的事项,以及其他只能由党中央领导和决策的重大事项,必须向党中央请示报告。"

第三,规定了应当向上级党组织请示事项及请示程序。第13条规定:"党组织应当向上级党组织请示下列事项:(一)贯彻落实党中央决策部署和上级党组织决定中的重要情况和问题,需要作出调整的政策措施,需要支持解决的特殊困难;(二)重大改革措施、重大立法事项、重大体制变动、重大项目推进、重大突发事件、重大机构调整、重要干部任免、重要表彰奖励、重大违纪违法和复杂敏感案件处理等;(三)明确规定需要请示的重要会议、重要活动、重要文件等;(四)重大活动、重要政策的宣传报道口径,新闻宣传和意识形态工作中的全局性问题和不易把握的问题;(五)出台重大创新举措,特别是遇到新情况新问题且无明文规定、需要先

---

① 2017年12月,中国共产党中央委员会印发《中国共产党党务公开条例(试行)》,包括总则、公开的内容和范围、公开的程序和方式、监督与追责、附则共5章27条。

行先试,或者创新举措可能与现行规定相冲突、需经授权才能实施的情况;(六)属于自身职权范围内但事关重大或者特殊敏感的事项;(七)重大决策时存在较大意见分歧的情况;(八)跨区域、跨领域、跨行业、跨系统工作中需要上级党组织统筹推进的重大事项;(九)调整上级党组织文件、会议精神的传达知悉范围,使用上级党组织负责同志未公开的讲话、音像资料等;(十)其他应当请示的重大事项。下列事项不必向上级党组织请示:属于自身职权范围内的日常工作;上级党组织就有关问题已经作出明确批复的;事后报告即可的事项等。"第 19 条第 1 款规定:"向上级党组织请示重大事项,必须事前请示,给上级党组织以充足研判和决策时间。情况紧急来不及请示必须临机处置的,应当按照规定履职尽责,并及时进行后续请示报告。"第 20 条规定:"提出请示应当阐明请求事项及相关理由。报送请示应当一文一事,不得在报告等非请示性公文中夹带请示事项。对下级党组织请示的重大事项,受理党组织如需以其名义再向上级党组织请示的,应当认真研究并负责任地提出处理建议,不得只将原文转请示上级党组织。"

第四,规定了应当向上级党组织报告事项及报告程序。第 14 条规定:"党组织应当向上级党组织报告下列事项:(一)学习贯彻习近平新时代中国特色社会主义思想,统筹推进'五位一体'总体布局和协调推进'四个全面'战略布局的重要情况;(二)党中央以及上级党组织重要会议、重要文件、重大决策部署贯彻落实情况,习近平总书记重要指示批示贯彻落实情况,上级党组织负责同志交办事项的研究办理情况;(三)加强党的建设,履行全面从严治党责任,包括集中学习教育活动、意识形态工作、党组织设置及隶属关系调整、民主生活会、党风廉政建设、落实中央八项规定精神、党员干部直接联系群众、巡视巡察整改、发现重大违纪违法问题等情况;(四)全面工作总结和计划;(五)重大专项工作开展情况;(六)重大敏感事件、突发事件和群体性事件应对处置情况;(七)经济社会发展中出现的重要情况和重大舆情;(八)本地区、本部门、本单位工作中具有在更大范围推广价值的经验做法和意见建议;(九)其他应当报告的重大事项。下列事项不必向上级党组织报告:具体事务性工作;没有实质性内容的表态和情况反映等。"第 24 条规定:"报告应当具有实质性内容和参考价值,有助于上级党组织了解情况、科学决策,力戒空洞无物、评功摆好、搞形式主义。报告应当简明扼要、文风质朴,呈报党中央的综合报告一般在5 000 字以内,专项报告一般在 3 000 字以内,情况复杂、确有必要详细报告的有关内容可以通过附件反映。"

第五,规定了重大事项请示报告的受理主体。中央办公厅负责接受办理向党中央请示报告的重大事项;地方党委办公厅(室)负责接受办理向本级党委请示报告的重大事项;县级以上人大常委会党组、政府党组、政协党组、法院党组、检察院党组向本级党委请示报告重大事项。

(二)重大事项公开制度

第一,规定了党务公开的原则。党务公开是全面从严治党的重要内容。①第 7 条规定:"党的组织贯彻落实党的基本理论、基本路线、基本方略情况,领导经济社会发展情况,落实全面从严治党责任、加强党的建设情况,以及党的组织职能、机构等情况,除涉及党和国家秘密不得公开或者依照有关规定不宜公开的事项外,一般应当公开。加强对权力运行的制约和监督,让人民监督权力,让权力在阳光下运行。党务公开不得危及政治安全特别是政权安全、制度安全,以及经济安全、军事安全、文化安全、社会安全、国土安全和国民安全等。"

第二,规定了党务公开目录制度。《党务公开条例》10 条规定:"党的地方组织应当公开以下内容:(一)学习贯彻党中央和上级组织决策部署,坚决维护以习近平同志为核心的党中央权威和集中统一领导情

---

① 《中国共产党党务公开条例(试行)》第 21 条第 1 款规定:"党的组织应当将党务公开工作情况作为履行全面从严治党政治责任的重要内容,对下级组织及其主要负责人进行考核。"

况;(二)本地区经济社会发展部署安排、重大改革事项、重大民生措施等重大决策和推进落实情况,以及重大突发事件应急处置情况;(三)履行全面从严治党主体责任,坚持贯彻民主集中制原则,严肃党内政治生活,全面负责本地区党的建设情况;(四)本地区党的重要会议、活动和重要人事任免情况;(五)党的地方委员会加强自身建设情况;(六)其他应当公开的党务。"第 14 条第 1 款规定:"党的组织应当根据本条例规定的党务公开内容和范围编制党务公开目录,并根据职责任务要求动态调整。党务公开目录应当报党的上一级组织备案,并按照规定在党内或者向社会公开。"

第三,规定了党务公开的审批程序。列入党务公开目录的事项,党的组织应当按照提出、审核、审批、实施的程序及时主动公开。审核是指在党的组织有关部门进行保密审查,并从必要性、准确性等方面审核,审批是指党的组织依照职权审批党务公开方案,超出职权范围的必须按程序报批。

第四,规定了党务公开平台。《党务公开条例》第 17 条规定:"党务公开可以与政务公开、厂务公开、村(居)务公开、公共事业单位办事公开等方面的载体和平台实现资源共享的,应当统筹使用。有条件的党的组织可以建立统一的党务信息公开平台。"

第五,规定了党务公开的形式。《党务公开条例》第 19 条规定:"建立健全党员旁听党委会议、党的代表大会代表列席党委会议、党内情况通报反映、党内事务咨询、重大决策征求意见、重大事项社会公示和社会听证等制度,发展和用好党务公开新形式,不断拓展党员和群众参与党务公开的广度和深度。"

三、党委重大决策权的逻辑理路

综上可见,我国党委重大决策权的文本规范是以党章为基础,以中央委员会、地方委员会及党组的工作条例为主要组织规范,以重大事项请示报告和党务公开为主要行为规范的党规体系。各级党委依规行使重大决策权,应注意以下问题。

(一)党的组织法规与地方组织法形成良好衔接

地方党委的决策事项为"讨论和决定本地区经济社会发展战略、重大改革事项、重大民生保障等经济社会发展重大问题"。依据《地方各级人民代表大会和地方各级人民政府组织法》第 21 条、第 73 条,地方人大的决定事项为"讨论、决定本行政区域内的政治、经济、教育、科学、文化、卫生、生态环境保护、自然资源、城乡建设、民政、社会保障、民族等工作的重大事项和项目";地方人民政府的行政管理事项包括"规定行政措施,发布决定和命令""县级以上地方各级人民政府依照法律规定的权限,管理本行政区域内的经济、教育、科学、文化、卫生、体育事业、城乡建设事业和财政、民政、公安、民族事务、司法行政、计划生育等行政工作"。

党内法规对地方党委决策权的规定是宏观与原则性的。地方党委的"重大问题"与法律中的地方人大的"重大事项"、地方政府发布有关行政工作的"决定和命令"之间尚存在较大模糊性,三者缺少明确的界限划分,容易产生地方人大决定权、甚至地方政府决策权无法有效行使的问题。笔者认为,将来的党内法规修改,应明确党委决策权的界限,并与国家相关法律实现有效衔接。

针对地方党委决策事项与地方政府决策权、地方人大决定权不明确问题,应从党内法规修改和国家立法完善两个层面处理好党内法规与国家法律的衔接与协调,形成一套地方党委决策权和地方政府决策权、地方人大决定权高效协同的公共决策权力体系及动态调整机制。有学者指出:"按照我国权力体系,重大问题分类动态调整机制应由地方人民代表大会负责,地方党委、地方政府、地方政协、地方检察院等共同参与,最终由地方人民代表大会按照决策涉及问题的性质、动用资金、参与人员、对本地区影响等标准加以划分。"①笔者认为,由地方人大主导的决策权力划分模式不符合我国当前的党规国法实践,应由地方党委与地方人大共同主导、充分协商,地方政府、地方政协、地方司法机关、地方监察机关等共同参与。

(二)落实民主集中制原则

《地方委员会工作条例》第 21 条规定:"党的地方委员会及其常委会议事决策应当坚持集体领导、民主集中、个别酝酿、会议决定,健全决策咨询机制,重大决策一般应当在调查研究基础上提出方案,充分听取各方面意见,进行风险评估和合法合规性审查,经过全会或者常委会会议讨论和决定。"据此,应处理好以下关系:

第一,少数意见与多数意见关系。重大决策应全面准确反映民意,认真考虑少数人的不同意见,遇有重要问题发生争论且双方人数接近时,除非紧急情况或突发事件必须按照少数服从多数外,应当暂缓决定。并且,重大决策的决定,要适当地采用三分之二甚至四分之三多数决标准,而不是过半数即通过。

第二,上级党组织决策与基层实践的关系。好的决策,是在认知和掌握事务规律的基础上作出的。没有调查就没有决策权。"坐在办公室,碰到的都是问题,下去调研,看到的全是办法。"普通决策尚且重视对基层实践的调研,重大决策更应从对基层实践的调研中找方案。好的决策,是能够落实的决策。重大决策作出前应多听取群众意见,是保障决策科学与可行的基本条件。

第三,重大事项请示报告与本职职权的关系。重大事项请示报告制度有效纠正了分散主义、各行其是的偏向,确保党的组织内部上下畅通和行动一致,确保党始终总揽全局、协调各方。但是,请示报告制度仅针对

---

① 许玉镇、郝丽:《新时代推进地方党委依法决策路径探析》,载《行政与法》2019 年第 11 期。

"重大事项",而非一般或简单事项。下级党组织对职权范围内一般事项具有领导职能,"该负责的必须负责,该担当的必须担当"。地方党委或党组要提升权力行使的积极性、责任性,做好自身职权范围内的日常工作和事务性工作,不能忙于请示报告或批转文件而不履行本职职责。

第四,党务"一般应当公开"与"不宜公开"的关系。党务公开不仅是科学、民主、依法决策的最好促进剂,也是全面从严治党的重要内容。《党务公开条例》在将来的修改中,应将第 7 条"除涉及党和国家秘密不得公开或者依照有关规定不宜公开的事项外,一般应当公开"中的"一般"二字删除,因为非属"涉及党和国家秘密不得公开或者依照有关规定不宜公开的事项"不公开外,以与本条第 2 款"加强对权力运行的制约和监督,让人民监督权力,让权力在阳光下运行"的规定相因应。并且,属于党务公开目录内的事项,应简化党务公开的审批程序。党务公开应遵循"公开为原则,不公开为例外,例外法定"即"最大限度公开"的基本理念。既然已列入党务公开目录,且不属于按规定不宜公开的事项,过于严苛的审核、审批易使党务公开制度流于形式,《党务公开条例》在将来的修改中,对于属于党务公开目录内的事项应简化审批程序,并应与政务公开使用一个平台,以实现资源共享,并便民便企。

(三)健全重大决策违纪违法处置机制

第一,健全对违纪违法的事前防范机制。应将决策问责与地方党委决策合法性审查相结合,通过合法合规审查加强事前防范,包括对决策职权行使范围的审查、对决策程序的审查、对决策内容合法性的审查。当前,地方党委法律顾问制度推行缓慢,即使已落实的也存在走过场问题,亟须健全。

第二,健全问责启动程序。现行党内法规缺少对问责程序启动的明确规定,仅《关于实行党政领导干部问责的暂行规定》中规定了"问责建议提出、收集材料、听取陈述、集体讨论作出问责决定,入档案,并回复问责建议机关",其中问责建议何时提出、为何提出,问责决定机关如何开展问责等均未涉及,将来的党内法规制定应对此问题予以完善。

第三,遵循过罚相当原则。当前,党委决策责任认定依据主要是"出现重大失误,给党的事业和人民利益造成重大损失或者恶劣影响的"以及"违反议事规则,个人或者少数人决定重大问题的;故意规避集体决策,决定重大事项、重要干部任免、重要项目安排和大额资金使用的",存在追责不力或追责唯结果论的问题。将来不仅需要对违反民主集中制原则的追责,而且需要明确本地区"重大失误""违反议事规则"的具体要求,坚持绩效导向问责与规则导向问责并行。

第四,遵循党纪严于国法原则。习近平总书记指出:"党的性质、宗旨都决定了纪严于法、纪在法前。要把党的纪律和规矩挺在前面,用纪律和规矩管住大多数,使所有党员干部严格执行党规党纪、模范遵守法律法规。"①遵循党纪严于国法原则,必然要求在惩戒起点上党的纪律比国家法律更严格。当党的纪律与国家法律具有同样的调整对象,党的纪律应当对违纪行为规定更严格的惩戒。

第三节　监察制度的文本与实践

2018 年《宪法修正案》新设国家监察机关及其监察权。②作为中国特色社会主义法律体系的"新成员",除了 2018 年《宪法修正案》外,我国的现行监察法律体系还包括"三法一规",即 2019 年《中华人民共和国监察法》(以下简称《监察法》)、2019 年修订的《中华人民共和国监察官法》(以

---

① 习近平:《在中央政治局常委会议审议巡视工作条例修订稿时的讲话》,载中共中央党史和文献研究院:《习近平关于全面从严治党论述摘编》,中央文献出版社 2021 年版,第 440 页。
② 2018 年《宪法修正案》第 127 条规定,"监察委员会依照法律规定独立行使监察权"。

下简称《监察官法》）和 2020 年《中华人民共和国公职人员政务处分法》
（以下简称《政务处分法》）三部法律及 2021 年《监察法实施条例》一部
法规。

监察体制改革使我国国家机关权力配置由"一府两院"架构演进为
"一府一委两院"架构，监察权由原来"行政机关内部监察"演进为"党和国
家权力监督一体化监察"。监察委员会自成立以来形成的纪检监察合署
办公以及对人监督机制是我国在实践中生成的一项党纪国法共治的原创
性制度创新。研究我国监察制度的规范体系，分析其在国家机关中的功
能定位、运行方式和法律责任等，既可以丰富习近平法治思想的研究，也
有利于推进我国当前的监察法制建设。

一、《监察法》的综合规制

《监察法》及其实施条例集组织法、行为法、程序法于一身。《监察法》
共 9 章 69 个条文。《监察法实施条例》共 9 章 287 条。

（一）对监察机关职权的规制

1. 监察机关的职权

根据《监察法》第 11 条规定，"监察委员会依照本法和有关法律规定
履行监督、调查、处置职责"。

第一，具有监督权。《监察法》第 18 条规定，"监察机关行使监督、调
查职权，有权依法向有关单位和个人了解情况，收集、调取证据"。

第二，具有调查权。一是对职务违法或者职务犯罪的专有调查权。
《监察法》第 34 条规定："人民法院、人民检察院、公安机关、审计机关等国
家机关在工作中发现公职人员涉嫌贪污贿赂、失职渎职等职务违法或者
职务犯罪的问题线索，应当移送监察机关，由监察机关依法调查处置。被
调查人既涉嫌严重职务违法或者职务犯罪，又涉嫌其他违法犯罪的，一般
应当由监察机关为主调查，其他机关予以协助。"二是留置权。第 22 条规

定："被调查人涉嫌贪污贿赂、失职渎职等严重职务违法或者职务犯罪,监察机关已经掌握其部分违法犯罪事实及证据,仍有重要问题需要进一步调查,并有下列情形之一的,经监察机关依法审批,可以将其留置在特定场所:(一)涉及案情重大、复杂的;(二)可能逃跑、自杀的;(三)可能串供或者伪造、隐匿、毁灭证据的;(四)可能有其他妨碍调查行为的。对涉嫌行贿犯罪或者共同职务犯罪的涉案人员,监察机关可以依照前款规定采取留置措施。留置场所的设置、管理和监督依照国家有关规定执行。"三是通缉权。第29条规定:"依法应当留置的被调查人如果在逃,监察机关可以决定在本行政区域内通缉,由公安机关发布通缉令,追捕归案。通缉范围超出本行政区域的,应当报请有权决定的上级监察机关决定。"四是对被调查人员财产具有查询冻结权。第23条第1款规定:"监察机关调查涉嫌贪污贿赂、失职渎职等严重职务违法或者职务犯罪,根据工作需要,可以依照规定查询、冻结涉案单位和个人的存款、汇款、债券、股票、基金份额等财产。有关单位和个人应当配合。"

第三,处置权。《监察法》第31条规定:"涉嫌职务犯罪的被调查人主动认罪认罚,有下列情形之一的,监察机关经领导人员集体研究,并报上一级监察机关批准,可以在移送人民检察院时提出从宽处罚的建议:(一)自动投案,真诚悔罪悔过的;(二)积极配合调查工作,如实供述监察机关还未掌握的违法犯罪行为的;(三)积极退赃,减少损失的;(四)具有重大立功表现或者案件涉及国家重大利益等情形的。"第32条规定:"职务违法犯罪的涉案人员揭发有关被调查人职务违法犯罪行为,查证属实的,或者提供重要线索,有助于调查其他案件的,监察机关经领导人员集体研究,并报上一级监察机关批准,可以在移送人民检察院时提出从宽处罚的建议。"

2. 监察对象包括所有履行公职的人员

监察机关依法对所有行使公权力的公职人员进行监察,实现国家监察全面覆盖。《监察法》第 15 条规定："监察机关对下列公职人员和有关人员进行监察：（一）中国共产党机关、人民代表大会及其常务委员会机关、人民政府、监察委员会、人民法院、人民检察院、中国人民政治协商会议各级委员会机关、民主党派机关和工商业联合会机关的公务员，以及参照《中华人民共和国公务员法》管理的人员；（二）法律、法规授权或者受国家机关依法委托管理公共事务的组织中从事公务的人员；（三）国有企业管理人员；（四）公办的教育、科研、文化、医疗卫生、体育等单位中从事管理的人员；（五）基层群众性自治组织中从事管理的人员；（六）其他依法履行公职的人员。"

3. 监察机关和监察人员的法律责任

第一，规定了对监察人员的要求。《监察法》第 56 条规定："监察人员必须模范遵守宪法和法律，忠于职守、秉公执法、清正廉洁、保守秘密；必须具有良好的政治素质，熟悉监察业务，具备运用法律、法规、政策和调查取证等能力，自觉接受监督。"

第二，规定了监察机关及其工作人员的法律责任。《监察法》第 65 条规定："监察机关及其工作人员有下列行为之一的，对负有责任的领导人员和直接责任人员依法给予处理：（一）未经批准、授权处置问题线索，发现重大案情隐瞒不报，或者私自留存、处理涉案材料的；（二）利用职权或者职务上的影响干预调查工作、以案谋私的；（三）违法窃取、泄露调查工作信息，或者泄露举报事项、举报受理情况以及举报人信息的；（四）对被调查人或者涉案人员逼供、诱供，或者侮辱、打骂、虐待、体罚或者变相体罚的；（五）违反规定处置查封、扣押、冻结的财物的；（六）违反规定发生办案安全事故，或者发生安全事故后隐瞒不报、报告失实、处置不当的；（七）违反规定采取留置措施的；（八）违反规定限制他人出境，或者不按规定解除出境限制的；（九）其他滥用职权、玩忽职守、徇私舞弊的行为。"《监察法实施条例》第 278 条增加了两项法律责任"贪污贿赂、徇私舞弊的"

"不履行或者不正确履行监督职责,应当发现的问题没有发现,或者发现问题不报告、不处置,造成严重影响的",即违法责任增至 11 项。

第三,规定了国家赔偿责任。《监察法》第 67 条规定:"监察机关及其工作人员行使职权,侵犯公民、法人和其他组织的合法权益造成损害的,依法给予国家赔偿。"

(二)对监察机关办案的规制

1. 线索处置程序

第一,监察机关对监察对象的问题线索,应当按照有关规定提出处置意见进行分类办理,线索处置情况应当定期汇总、通报,定期检查、抽查(《监察法》第 37 条)。

第二,需要采取初步核实方式处置问题线索的,监察机关应当依法履行审批程序成立核查组,初步核实工作结束后应当撰写初步核实情况报告提出处理建议,初步核实情况报告和分类处理意见报监察机关主要负责人审批(《监察法》第 38 条)。

2. 调查程序

第一,证据收集程序。监察机关依照规定收集的物证、书证、证人证言、被调查人供述和辩解、视听资料、电子数据等证据材料在刑事诉讼中可以作为证据使用,监察机关在收集、固定、审查、运用证据时应当与刑事审判关于证据的要求和标准相一致,以非法方法收集的证据应当依法予以排除,不得作为案件处置的依据,监察机关对职务违法和职务犯罪案件应当收集被调查人有无违法犯罪以及情节轻重的证据以查明违法犯罪事实(第 33 条、第 40 条第 1 款);严禁监察机关以威胁、引诱、欺骗及其他非法方式收集证据,严禁侮辱、打骂、虐待、体罚或者变相体罚被调查人和涉案人员(第 40 条第 2 款)。

第二,调查人员应当严格执行调查方案,不得随意扩大调查范围、变更调查对象和事项,对调查过程中的重要事项应当集体研究后按程序请示报告(《监察法》第42条)。

第三,被调查人逃匿或者死亡后的调查。监察机关在调查贪污贿赂、失职渎职等职务犯罪案件过程中,被调查人逃匿或者死亡,有必要继续调查的,经省级以上监察机关批准,应当继续调查并作出结论(《监察法》第48条第1句)。

第四,对被调查人留置的程序。留置的程序包括:一是监察机关采取留置措施应当由监察机关领导人员集体研究决定;二是设区的市级以下监察机关采取留置措施应当报上一级监察机关批准;三是省级监察机关采取留置措施,应当报国家监察委员会备案《监察法》(第43条)。

3. 监察处置的情形

监察处置包括6种情形:一是对有职务违法行为但情节较轻的公职人员,直接或者委托有关机关、人员,进行谈话提醒、批评教育、责令检查,或者予以诫勉;二是对违法的公职人员依照法定程序作出警告、记过、记大过、降级、撤职、开除等政务处分决定;三是对不履行或者不正确履行职责负有责任的领导人员,按照管理权限对其直接作出问责决定,或者向有权作出问责决定的机关提出问责建议;四是对涉嫌职务犯罪的,监察机关经调查认为犯罪事实清楚,证据确实、充分的,制作起诉意见书,连同案卷材料、证据一并移送人民检察院依法审查、提起公诉;五是对监察对象所在单位廉政建设和履行职责存在的问题等提出监察建议;六是监察机关经调查,对没有证据证明被调查人存在违法犯罪行为的,应当撤销案件,并通知被调查人所在单位(《监察法》第45条)。

4. 对监察机关的监督

对监察机关的内部监督由案件监督管理部门负责:一是监察机关应当建立监督检查、调查、案件监督管理、案件审理等部门相互协调制约的工作机制;二是案件监督管理部门负责对监督检查、调查工作全过程进行监督管理,做好线索管理、组织协调、监督检查、督促办理、统计分析等工作,如果发现监察人员在监督检查、调查中有违规办案行为,应及时督促整改;涉嫌违纪违法的,应根据管理权限移交相关部门处理(《监察法实施条例》第 258 条)。

5. 监察程序与检察程序的衔接

监察程序应与检察程序的有效衔接:一是人民检察院对监察机关移送的案件依照《刑事诉讼法》对被调查人采取强制措施;二是人民检察院经审查认为犯罪事实已经查清,证据确实、充分,依法应当追究刑事责任的,应当作出起诉决定;三是人民检察院经审查,认为需要补充核实的,应当退回监察机关补充调查,必要时可以自行补充侦查;四是人民检察院对于有《刑事诉讼法》规定的不起诉的情形且经上一级人民检察院批准依法作出不起诉的决定,监察机关认为不起诉的决定有错误的,可以向上一级人民检察院提请复议;五是被调查人在通缉一年后不能到案或死亡的,由监察机关提请人民检察院依照法定程序,向人民法院提出没收违法所得的申请(《监察法》第 47 条、第 48 条)。

二、《监察官法》对监察主体的规制

2021 年 8 月,第十三届全国人民代表大会常务委员会第三十次会议通过的《中华人民共和国监察官法》,共 9 章 68 个条文。该法对监察主体作出了如下主要规制。

(一)对监察官任职条件的规制

第一,规定了监察官的法律地位。第 5 条规定:"监察官应当维护宪法和法律的尊严和权威,以事实为根据,以法律为准绳,客观公正地履行职责,保障当事人的合法权益。"第 6 条规定:"监察官应当严格按照规定的权限和程序履行职责,坚持民主集中制,重大事项集体研究。"

第二,规定了监察官的 6 项职责。第 9 条规定:"监察官依法履行下列职责:(一)对公职人员开展廉政教育;(二)对公职人员依法履职、秉公用权、廉洁从政从业以及道德操守情况进行监督检查;(三)对法律规定由监察机关管辖的职务违法和职务犯罪进行调查;(四)根据监督、调查的结果,对办理的监察事项提出处置意见;(五)开展反腐败国际合作方面的工作;(六)法律规定的其他职责。"

第三,规定了监察官的 7 项任职条件。第 12 条:"担任监察官应当具备下列条件:(一)具有中华人民共和国国籍;(二)忠于宪法,坚持中国共产党领导和社会主义制度;(三)具有良好的政治素质、道德品行和廉洁作风;(四)熟悉法律、法规、政策,具有履行监督、调查、处置等职责的专业知识和能力;(五)具有正常履行职责的身体条件和心理素质;(六)具备高等学校本科及以上学历;(七)法律规定的其他条件。本法施行前的监察人员不具备前款第六项规定的学历条件的,应当接受培训和考核,具体办法由国家监察委员会制定。"①这与《法官法》第 12 条规定的法官应当具有"从事法律工作满五年。其中获得法律硕士、法学硕士学位,或者获得法学博士学位的,从事法律工作的年限可以分别放宽至四年、三年""初任法官应当通过国家统一法律职业资格考试取得法律职业资格"的条件不同。

（二）对监察官违纪违法行为的规制

第一,监察官的违纪违法行为由监察机关来处理。第 42 条规定:"监察机关应当规范工作流程,加强内部监督制约机制建设,强化对监察官执行职务和遵守法律情况的监督。"第 43 条规定:"任何单位和个人对监察

---

① 《中华人民共和国法官法》第 12 条规定:"担任法官必须具备下列条件:(一)具有中华人民共和国国籍;(二)拥护中华人民共和国宪法,拥护中国共产党领导和社会主义制度;(三)具有良好的政治、业务素质和道德品行;(四)具有正常履行职责的身体条件;(五)具备普通高等学校法学类本科学历并获得学士及以上学位;或者普通高等学校非法学类本科及以上学历并获得法律硕士、法学硕士及以上学位;或者普通高等学校非法学类本科及以上学历,获得其他相应学位,并具有法律专业知识;(六)从事法律工作满五年。其中获得法律硕士、法学硕士学位,或者获得法学博士学位的,从事法律工作的年限可以分别放宽至四年、三年;(七)初任法官应当通过国家统一法律职业资格考试取得法律职业资格。适用前款第五项规定的学历条件确有困难的地方,经最高人民法院审核确定,在一定期限内,可以将担任法官的学历条件放宽为高等学校本科毕业。"

官的违纪违法行为,有权检举、控告。受理检举、控告的机关应当及时调查处理,并将结果告知检举人、控告人。对依法检举、控告的单位和个人,任何人不得压制和打击报复。"第44条规定:"对于审判机关、检察机关、执法部门等移送的监察官违纪违法履行职责的问题线索,监察机关应当及时调查处理。"可见,对于监察官的违法违纪行为,依赖的是内部监督,外部监督制度仍然欠缺。

第二,规定了监察官的10项违纪违法情形。第52条第1款规定:"监察官有下列行为之一的,依法给予处理;构成犯罪的,依法追究刑事责任:(一)贪污贿赂的;(二)不履行或者不正确履行监督职责,应当发现的问题没有发现,或者发现问题不报告、不处置,造成恶劣影响的;(三)未经批准、授权处置问题线索,发现重大案情隐瞒不报,或者私自留存、处理涉案材料的;(四)利用职权或者职务上的影响干预调查工作、以案谋私的;(五)窃取、泄露调查工作信息,或者泄露举报事项、举报受理情况以及举报人信息的;(六)隐瞒、伪造、变造、故意损毁证据、案件材料的;(七)对被调查人或者涉案人员逼供、诱供,或者侮辱、打骂、虐待、体罚、变相体罚的;(八)违反规定采取调查措施或者处置涉案财物的;(九)违反规定发生办案安全事故,或者发生安全事故后隐瞒不报、报告失实、处置不当的;(十)其他职务违法犯罪行为。"

第三,监察官违纪违法行为的法律后果。第53条规定:"监察官涉嫌违纪违法,已经被立案审查、调查、侦查,不宜继续履行职责的,按照管理权限和规定的程序暂时停止其履行职务。"第54条规定:"实行监察官责任追究制度,对滥用职权、失职失责造成严重后果的,终身追究责任或者进行问责。监察官涉嫌严重职务违法、职务犯罪或者对案件处置出现重大失误的,应当追究负有责任的领导人员和直接责任人员的责任。"

三、《政务处分法》对监察行为的规制

2020 年 7 月,第十三届全国人民代表大会常务委员会第十九次会议通过的《公职人员政务处分法》是新中国成立以来第一部全面系统规范公职人员政务处分工作的国家法律,共 7 章 68 个条文。

（一）对政务人员违纪违法行为处分的规制

《公职人员政务处分法》"第三章违法行为及其适用的政务处分"专章规定了政务人员的 13 类违纪违法情形。一是散布有损宪法权威、中国共产党领导和国家声誉的言论的(第 28 条);二是不按照规定请示、报告重大事项(第 29 条);三是违反民主集中制原则,或拒不执行或者变相不执行、拖延执行上级依法作出的决定、命令的(第 30 条);四是违反规定出境或者办理因私出境证件的(第 31 条);五是违反人事、选举等有关规定的(第 32 条);六是利用本人职权或者职务上的影响谋取私利的(第 33 条);七是收受可能影响公正行使公权力的礼品、礼金、有价证券等财物的或者接受、提供可能影响公正行使公权力的宴请、旅游、健身、娱乐等活动安排(第 34 条);八是违反财经制度规定的(第 35 条);九是违反规定从事或者参与营利性活动,或者违反规定兼任职务、领取报酬的(第 36 条);十是利用宗教或者黑恶势力等欺压群众,或者纵容、包庇黑恶势力活动的(第 37 条);十一是侵犯管理服务对象利益的行为造成不良后果或者影响的(第 38 条);十二是违法行为危害国家利益、社会公共利益或者侵害公民、法人、其他组织合法权益的(第 39 条);十三是严重有损家庭美德、社会公德的行为(第 40 条)。

应予注意的,对于政务人员不考虑其他处分方式,直接予以开除处分的,包括以下两种情形:一是第 28 条第 3 款"公开发表反对宪法确立的国家指导思想,反对中国共产党领导,反对社会主义制度,反对改革开放的文章、演说、宣言、声明等的,予以开除";二是第 40 条第 2 款"吸食、注射毒品,组织赌博,组织、支持、参与卖淫、嫖娼、色情淫乱活动的,予以撤职或者开除"。

公职人员犯罪的,是否予以开除处分? 通常情况下给予开除处分,但对于过失犯轻罪的,或情况特殊的,可以不予开除。《公职人员政务处分法》第14条规定:"因过失犯罪被判处管制、拘役或者三年以下有期徒刑的,一般应当予以开除;案件情况特殊,予以撤职更为适当的,可以不予开除,但是应当报请上一级机关批准。公职人员因犯罪被单处罚金,或者犯罪情节轻微,人民检察院依法作出不起诉决定或者人民法院依法免予刑事处罚的,予以撤职;造成不良影响的,予以开除。"

(二)对从轻、从重处分的规制

第一,规定了从轻处分情形。第11条规定:"公职人员有下列情形之一的,可以从轻或者减轻给予政务处分:(一)主动交代本人应当受到政务处分的违法行为的;(二)配合调查,如实说明本人违法事实的;(三)检举他人违纪违法行为,经查证属实的;(四)主动采取措施,有效避免、挽回损失或者消除不良影响的;(五)在共同违法行为中起次要或者辅助作用的;(六)主动上交或者退赔违法所得的;(七)法律、法规规定的其他从轻或者减轻情节。"第12条规定:"公职人员违法行为情节轻微,且具有本法第十一条规定的情形之一的,可以对其进行谈话提醒、批评教育、责令检查或者予以诫勉,免予或者不予政务处分。公职人员因不明真相被裹挟或者被胁迫参与违法活动,经批评教育后确有悔改表现的,可以减轻、免予或者不予政务处分。"

第二,规定了从重处分情形。第13条规定:"公职人员有下列情形之一的,应当从重给予政务处分:(一)在政务处分期内再次故意违法,应当受到政务处分的;(二)阻止他人检举、提供证据的;(三)串供或者伪造、隐匿、毁灭证据的;(四)包庇同案人员的;(五)胁迫、唆使他人实施违法行为的;(六)拒不上交或者退赔违法所得的;(七)法律、法规规定的其他从重情节。"

(三)对处分程序的规制

第一,听取被调查人的陈述和申辩。作出政务处分决定前,监察机关应当将调查认定的违法事实及拟给予政务处分的依据告知被调查人,听取被调查人的陈述和申辩,并对其陈述的事实、理由和证据进行核实,记录在案;被调查人提出的事实、理由和证据成立的,应予采纳;不得因被调查人的申辩而加重政务处分(第 43 条)。

第二,作出决定。调查终结后,监察机关应当根据下列不同情况,分别作出处理:(一)确有应受政务处分的违法行为的,根据情节轻重,按照政务处分决定权限,履行规定的审批手续后,作出政务处分决定;(二)违法事实不能成立的,撤销案件;(三)符合免予、不予政务处分条件的,作出免予、不予政务处分决定;(四)被调查人涉嫌其他违法或者犯罪行为的,依法移送主管机关处理(第 44 条)。

第三,送达处分决定书。决定给予政务处分的,应当制作政务处分决定书。政务处分决定书应当及时送达被处分人和被处分人所在机关、单位,并在一定范围内宣布。作出政务处分决定后,监察机关应当根据被处分人的具体身份书面告知相关的机关、单位(第 45 条、第 46 条)。

四、监察法规的中国特色

监察法规作为中国特色社会主义法律体系的"新成员",是在党领导反腐实践中生成的党规国法共治机制,具有显著的中国特色。

(一)党纪国法的融合性

作为规制新设国家机关监察委及其权力类型监察权的法律,监察法集党纪国法于一身,集实体法与程序法于一身,依托纪检、拓展监察,对相关国家权力和组织机构做了深度融合。[①]

第一,融合了纪检监察的大量规范。2019 年 10 月 26 日,国家监察

---

① 我国目前公务员系统大概为 700 万人,事业单位大概有 3 000 万人,而如果将受委托和被授权的组织、国企、基层群众性自治组织的监察对象统一加起来,总数可能超过 6 000 万人。参见褚宸舸:《监察法学》,中国政法大学出版社 2020 年版,第 88 页。

委员会才正式享有制定监察法规的权力。①在此之前,中纪委国家监委直接依据党内法规和内部规范性文件行使监察权,如 2018 年 12 月中纪委制定的《中国共产党纪律检查机关监督执纪工作规则》、2018 年 4 月《国家监察委员会与最高人民检察院办理职务犯罪案件工作衔接办法》。

2021 年《监察法实施条例》则整合了纪检监察规范性文件中的大量规则。包括但不限于以下规则:一是《监察法实施条例》第 74 条第 3 款吸收了《监督执纪工作规则》第 48 条②相关要素,确立了"与涉嫌严重职务违法的被调查人进行谈话的,应当全程同步录音录像"的规则;二是《监察法实施条例》第 192 条第 3 款(调查与审理相分离原则)和第 194 条(审理期限)分别移植了《监督执纪工作规则》第 54 条和第 55 条第 3 款③中的相应规定;三是《监察法实施条例》第五章借鉴了《监督执法工作规定》的框架体系,将监察程序明确为线索处置、初步核实、立案、调查、审理、处置、移送审查起诉七个阶段;四是《监察法实施条例》第 220 条、第 221 条第 2 款分别以《工作衔接办法》第 18 条第 1 款、第 19 条④为蓝本,形成了监察机关提前预告移送审查起诉事宜、提前商请指定管辖事宜等监检衔接方面的统一规定。

第二,是对《刑事诉讼法》等其他法律部门进行了外部借鉴。由于职

①　2019 年 10 月 26 日,第十三届全国人大常委会第十四次会议表决通过《全国人民代表大会常务委员会关于国家监察委员会制定监察法规的决定》,明确"国家监察委员会根据宪法和法律,制定监察法规"。

②　《监督执纪工作规则》第 48 条规定:"对涉嫌严重违纪或者职务违法、职务犯罪问题的审查调查谈话、搜查、查封、扣押(暂扣、封存)涉案财物等重要取证工作应当全过程进行录音录像,并妥善保管,及时归档,案件监督管理部门定期核查。"

③　《监督执纪工作规则》第 54 条规定:"坚持审查调查与审理相分离的原则,审查调查人员不得参与审理。"第 55 条第 3 款规定,"审理工作应当在受理之日起 1 个月内完成,重大复杂案件经批准可以适当延长。"

④　《工作衔接办法》第 18 条第 1 款规定:"对被调查人采取留置措施的国家监察委员会应当在正式移送起诉 10 日前书面通知最高人民检察院移送事宜。"第 19 条规定:"国家监察委员会调查的职务犯罪案件需要在异地起诉、审判的,一般应当在移送起诉 20 日前,由最高人民检察院商最高人民法院办理指定管辖事宜,并由最高人民检察院向国家监察委员会通报。"

务犯罪的监察调查活动与刑事侦查具有同质性,《监察法》及其实施条例亦对《刑事诉讼法》等其他部门法进行了外部借鉴。《监察法》第 33 条第 2 款规定,"监察机关在收集、固定、审查、运用证据时,应当与刑事审判关于证据的要求和标准相一致"。《监察法实施条例》更在监察措施及取证程序规制方面大量借鉴相关刑事诉讼法律规范,主动对接以审判为中心的诉讼制度改革"细化监察权运行机制,进一步健全监察法与刑法、刑事诉讼法等对接机制"。①《监察法实施条例》第 65 条第 2 款整体对应《最高人民法院关于适用〈中华人民共和国刑事诉讼法〉的解释》第 123 条的第 1 项和第 2 项;该条第 3 款则直接借鉴了《刑事诉讼法》第 56 条第 1 款第 2 句,因监察委员会并非司法机关,故将"司法公正"改为"公正处理"。《监察法实施条例》中的"已经掌握其部分违法犯罪事实及证据"解释借鉴了《公安机关办理刑事案件程序规定》。

(二)党领导反腐的制度优势

党的领导是社会主义法治最根本的保证。监察体制改革将原本分散的行政监察部门、预防腐败部门和检察机关的反贪污贿赂、失职渎职以及预防职务犯罪等部门合并起来,提高了党领导下的反腐机制统一性、专门性,具有鲜明的中国特色。

第一,提高了党领导下的反腐统一性、专门性。改革前的监察权分散于不同机构之中:行政监察机构主要监察行政机关的工作人员,检察机关主要侦办职务犯罪,职务违法不在监察范围之内。国家监察改革将监察权上升为宪法层面的国家权力,并集中到监察委员会集中行使。通过合署办公使国家监察权在党的直接领导下,"代表党和国家对所有行使公权力的公职人员进行监督,既调查职务违法行为,又调查职务犯罪行为,可

① 赵乐际:《推动新时代纪检监察工作高质量发展以优异成绩庆祝中国共产党成立 100 周年——在中国共产党第十九届中央纪律检查委员会第五次全体会议上的工作报告》(2021 年 1 月 22 日),《人民日报》2021 年 3 月 16 日,第 2 版。

以说依托纪检、拓展监察、衔接司法"。①

第二,"坚持和加强党的全面领导"是监察机关开展工作的首要原则。为实现党对反腐败工作的领导,监察机关在同级党委和上级纪检监察机关的"双重领导"。与这种"双重领导"体制相适应的是,监察机关在权力运行方面,坚持严格执行"请示报告制度"和"民主集中制",即监察机关对线索处置、谈话函询、初步核实、立案审查调查、案件审理等重要事项的决策,应先经集体研究后,报纪检监察机关相关负责人、主要负责人审批。

第三,监察官与法官存在重要差异。监察机关的组织形式类似于"科层制",即"上下级之间属于上命下从、互相隶属的关系,这与具有高度独立自主性的裁判者不同"。②实践中,并不要求监察官如员额法官、检察官一样,独立承办案件,并以个人名义对案件办理结果承担责任,相反,监察官更注重的是服从和执行,由集体承担责任。

第四,监察制度入宪后,我国正式形成了人大对国家机关的监督和监察委员会对公职人员的监督两套权力监督体系。人大将对人的监督授权给了监察委员会这个专门国家机关,监察委开始对各机关公职人员进行全覆盖监察。

五、监察法规的体系优化

在国家监察体制改革之后,监察委员会的运行和监察权的行使有着极大的规则需求。③作为一种全新的国家法律类型,随着我国反腐实践的不断发展,监察法规体系及内容必将得到不断完善。④

---

① 王伟:《为什么将监委定位为行使国家监察职能的"专责机关"——不仅强调职权更突出责任》,载《中国纪检监察》2018年第6期。
② 王希鹏:《完善国家监察领导体制及推进纪检监察一体的思考》,载《湖南社会科学》2018年第2期。
③ 刘怡达:《监察法规在我国法律体系中的定位》,载《行政法学研究》2023年第2期。
④ 2024年9月,第十四届全国人大常委会第十一次会议对《中华人民共和国监察法(修正草案)》进行了审议,预示着《监察法》将进行修改。

（一）监察法规体系的内部协调

《监察法》集组织法、行为法、程序法于一身，却仅有 69 个条文，无法为监察机关提供充分的规范指引。①因此，《监察法》作为监察法领域的基本法，还需其他单行法来进一步充实。目前，监察领域的两部单行法《政务处分法》和《监察官法》分别属于行为法和人员法。《监察法》作为基本法律，是其他监察立法的依据，其他监察立法作为《监察法》的具体化，不能与《监察法》相抵触。《监察法》及相关单行法的未来修改应注意以下问题。

第一，《政务处分法》在对《监察法》进行具体化的过程中，"遗漏"了《监察法》中的复审、复核期限内容。《监察法》第 11 条规定了监察机关的三类活动——对公职人员的监督检查、对职务违法和职务犯罪的调查以及对违法公职人员作出政务处分。全国人大常委会单就政务处分出台了单行法，其他两类行为都交给了国家监察委制定的监察法规《监察法实施条例》来具体化。然而，《政务处分法》第 55 条规定的复审、复核程序原本是对《监察法》第 49 条的具体化，但前者却"遗漏"了《监察法》第 49 条②的期限规定。

第二，《监察法》与《监察官法》关于民主集中制原则的规定出现了立法错位。民主集中制是宪法规定的国家机构的组织和活动原则，一般规定于组织法，也可规定于规范国家机关活动的行为法或程序法。但无论如何，民主集中制也不应规定在个体人员法中。《监察法》没有规定民主

---

① 参见程雷：《监察调查权的规制路径——简评〈监察法实施条例〉》，载《当代法学》2022年第 4 期，第 50 页。

② 《监察法》第 49 条明确规定："监察对象对监察机关作出的涉及本人的处理决定不服的，可以在收到处理决定之日起一个月内，向作出决定的监察机关申请复审，复审机关应当在一个月内作出复审决定；监察对象对复审决定仍不服的，可以在收到复审决定之日起一个月内，向上一级监察机关申请复核，复核机关应当在二个月内作出复核决定。"《政务处分法》第 55 条第 1 款却仅规定："公职人员对监察机关作出的涉及本人的政务处分决定不服的，可以依法向作出决定的监察机关申请复审；公职人员对复审决定仍不服的，可以向上一级监察机关申请复核。"

集中制,但是,《监察官法》第 6 条规定:"监察官应当严格按照规定的权限和程序履行职责,坚持民主集中制,重大事项集体研究。"

第三,《监察法》《政务处分法》《监察官法》和《监察法实施条例》对监察人员违法行使职权的法律责任进行了重复规定,且规定并不完全一致,既造成立法上浪费,也影响实施效果。《监察法》第 65 条列举了监察机关及其工作人员 9 类违法行使职权的情形,《政务处分法》第 63 条列举了监察机关及其工作人员 11 类违反行使职权的情形,《监察官法》第 52 条列举了监察官 10 类违反行使职权的情形,《监察法实施条例》第 278 条又列举了监察人员 11 类违反行使职权的情形。这四处法律责任的规定所针对的主体和事项高度重叠,所列举的情形并不完全一致。从四部法律法规的关系上看,《政务处分法》和《监察官法》两部单行法以及《监察法实施条例》均是对《监察法》的具体化,但目前的相关规定更多的是重复,而未凸显上位规定与下位规定之间的融贯协调。

(二)监察法规与党内纪检法规的协调

党的纪律检查委员会是党内监督专责机关,国家监察委是行使国家监察职能的专责机关,二者虽实行"两块牌子,一套人马"的合署办公模式,但毕竟行使的是不同权力。就执规执法依据而言,二者执行的分别是党规与国法。《中国共产党纪律检查委员会工作条例》是纪检法规体系的基本法,其调整对象是党的纪检部门与党员的关系;《监察法》是监察法体系的基本法,其调整对象是国家监察机关与公职人员的关系。《监察法》及相关单行法在未来修改时应注意处理好与纪检法规的协调问题。

第一,规范表述。《监督执纪工作规则》中唯有"暂扣"在《监察法实施条例》中没有直接对应的监察措施,后者只规定了"扣押"但无"暂扣"。《监督执纪工作规则》第 34 条第 1 款规定,在初核阶段,"对被核查人及相关人员主动上交的财物,核查组应当予以暂扣"。其第 40 条第 1 款规定,在立案之后,审查调查组经审批可进行"扣押(暂扣、封存)"。《监察法实施条例》在"查封、扣押"一节第 135 条规定,"在立案调查之前,对监察对象及相关人员主动上交的涉案财物,经审批可以接收";之后,监察机关"应当根据立案及调查情况及时决定是否依法查封、扣押"。将来修改《监督执纪工作规则》,应在立案调查之前采用"接收"表述,应在立案调查之后采用"查封、扣押"表述。

又如《监督执纪工作规则》第 55 条第 1 款第 4 项规定:"案件审理部门……应当与被审查调查人谈话,核对违纪或者职务违法、职务犯罪事实……"纪检监察机关在实践中亦通常采用"审理谈话"的表述。但为了确保《监察法实施条例》内部概念的统一性,提升监察法规的规范性,有学者建议,"在兼顾语言经济性的前提下,《监察法实施条例》第 195 条可设置为 3 款内容,前 2 款可在现有规定基础上专门针对职务犯罪案件作出规定,但改用'讯问'这一概念,第 3 款则可规定审理职务违法案件时的谈话可参照前 2 款适用"。①

第二,规范制定遵循过责相当原则与纪严于法原则。在规范层面上,《公职人员政务处分法》的未来修改应比对《治安管理处罚法》《行政处罚法》等法律,保证严于法律规定基础上的处分公平。

第三,强化监察信息公开。《中国共产党党务公开条例(试行)》要求"加强对权力运行的制约和监督,让人民监督权力,让权力在阳光下运行"。《监察法》及其实施条例在未来的修改中,应强化信息公开的相关内容,使得监察权的行使展现在全社会的面前,在各类主体的注视和监督下监督。

(三)监察法规与刑诉法的协调

《监察法》及相关单行法的未来修改还应处理好与《刑事诉讼法》的协调问题。

---

① 贾志强:《整合与回应:〈监察法实施条例〉对监察法制困境的纾解》,载《中外法学》2023年第 3 期。

第一,被调查人员的通缉问题。结合被留置条件来看,"严重职务违法"和"职务犯罪"的被调查人都可能成为通缉对象;与刑事诉讼中的通缉对象仅为在逃的"应当逮捕的犯罪嫌疑人"(《刑事诉讼法》第155条)相比,监察通缉则对职务犯罪/严重职务违法案件一体适用,不仅导致与《刑事诉讼法》衔接不畅,而且扩大适用于"违法"案件。将来的《监察法》要么按刑事诉讼法的规定修改,要么对扩大适用的"违法"案件另行设置相应的条件和程序。

第二,被调查人员的留置问题。一是依据《监察法》第44条第1款,"有可能毁灭、伪造证据,干扰证人作证或者串供等有碍调查情形"是监察机关可以豁免通知义务的情形。尽管《监察法实施条例》第98条第2款在此基础上增加了"应当按规定报批"的程序控制规定,但与《刑事诉讼法》仅将"无法通知"作为逮捕后通知义务的豁免情形相比,监察机关的通知义务还是相对宽松。况且2012年《刑事诉讼法》修改时删掉了"有碍侦查",仅保留了"无法通知"。二是被纪监委留置期间律师不能介入会见辩护。我国《刑事诉讼法》第34条规定:"犯罪嫌疑人自被侦查机关第一次讯问或者采取强制措施之日起,有权委托辩护人;在侦查期间,只能委托律师作为辩护人。被告人有权随时委托辩护人。"第39条规定:"辩护律师可以同在押的犯罪嫌疑人、被告人会见和通信。"但是,被监察委留置的人员在被留置期间律师不能介入会见辩护,这与《刑事诉讼法》赋予的对犯罪嫌疑人的会见辩护权明显不同,将来的《监察法》应允许律师介入会见辩护。

第三,《监察法实施条例》在整合纪检监察程序规范时仍有较多规则尚未成为法律程序规定。如《监察法实施条例》在监察措施适用方面仍存在较多"按规定报批""经依法审批""经审批"等模糊性表述。实践中,各项监察措施的具体审批程序以中央纪委国家监委2019年印发的《监督执法工作规定》为准,但该文件仅限内部适用,并不公开。

（四）监察法规与《监督法》的协调

人大及其常委会监督同级监察委员会。《各级人民代表大会常务委员会监督法》第 6 条规定："各级人民代表大会常务委员会对本级人民政府、监察委员会、人民法院和人民检察院的工作实施监督，实行正确监督、有效监督、依法监督，促进依法行政、依法监察、公正司法。各级人民政府、监察委员会、人民法院和人民检察院应当严格依法行使职权、履行职责、开展工作，自觉接受本级人民代表大会常务委员会的监督。"

人大及其常委会如何发挥对监察机关的监督功能，应当是将来制度建设的重要内容。笔者认为，除了听取和审议监察机关的工作报告、询问和质询、组织执法检查、合宪性审查和备案审查等多种方式，可以在人大常委会内部设置监察监督委员会等制度以强化人大监督的刚性。

第二章　政府行政权的文本与实践

　　法治政府建设是全面依法治国的重点任务和主体工程,是推进国家治理体系和治理能力现代化的重要支撑,是构建高水平社会主义市场经济体制的重要制度保障。法治政府建设涉及行政主体、行政执法、行政监督等方面。

　　以行政主体为支点的行政组织法体系,不仅影响着行政机关决策的科学性,而且影响着行政执行的效能。改革开放伊始,行政组织立法就先行。1979 年制定《地方组织法》,1982 年制定宪法及《国务院组织法》,建构了我国的行政组织法的框架体系。可以说,我国行政组织立法发展相对缓慢,相对粗略的行政组织立法难以支撑实践中更为细化的组织管理需要。未来的行政组织法优化,除了应跟进党和国家机构改革实践,完善行政组织的内部制度外,还应协调好组织法与行为法、程序法、人员法的外部关系。

　　规范行政决策行为特别是重大行政决策行为,是规范行政权力的重点,也是法治政府建设的重点。国务院公布的《重大行政决策程序条例》为重大行政决策的有序开展夯实了基础。但实施细则至今未予制定,导致实践中存在流于形式和缺少操作性问题。对重大行政决策的法治化规制,除了依赖行政权力的自我规制外,还应以权利与权力的平衡为目标进行制度完善。

行政规范性文件是行政活动的依据,对其的合法性审查既是依法行政原则的直接落实,也是从源头上保证行政行为合法的必要措施。《监督法》提出了人大常委会对行政规范性文件备案审查要求。《行政诉讼法》规定了行政诉讼的附带规范性文件合法性审查制度。《关于全面推行行政规范性文件合法性审核机制的指导意见》规定了对规范性文件进行内部合法性审核。对行政规范性文件的合法性审查,就是在确保行政相对人合法权益的同时,确保行政机关依法行使行政管理权。在现有规范体系下,应推进人大常委会、司法机关及行政机关不同审查主体的衔接联动审查机制建设,在依据法律、遵循法理的基础上审查。

2021年1月,"行政三法"之首的《行政处罚法》的修改,提高了海警执法对过罚相当原则适用的要求。2024年1月,新修订《中华人民共和国海洋环境保护法》对海警执法提出了落实最严法治理念新要求。海警妥当执法,除应遵循处罚法定原则、过罚相当原则外,还应改变过去以罚代管思维、树立行政处罚的"纠正"思维。

新修订的《中华人民共和国行政复议法》(以下简称《行政复议法》)自2024年1月开始施行。在行政性、准司法性基础上,《行政复议法》又被赋予"化解行政争议的主渠道"的新重任。研究新《行政复议法》所做的重大修改,并思考其对交通执法工作的影响,既有利于落实《行政复议法》,也有利于推进交通执法规范。对于交通执法机关而言,《行政复议法》对执法行为、执法依据、执法裁量权均提出更高要求。交通执法机关防范行政纠纷法律风险,遵守执法规范、恪守正当程序是根本途径,并有效利用行政复核程序、行政复议中的新制度。

第一节　行政组织法的文本与实践

改革开放伊始,行政组织立法就先行。1979 年 7 月,《地方各级人民代表大会和地方各级人民政府组织法》(以下简称《地方组织法》)①就颁布实施。1982 年 12 月,《中华人民共和国宪法》与《中华人民共和国国务院组织法》(以下简称《国务院组织法》)同时颁布实施②,共同建构了我国行政组织法的基本框架。随着改革开放实践不断发展,这些宪法性法律亦随之发展。

一、宪法规制的央地行政权

1982 年《宪法》在第 3 条第 4 款规定了中央政府与地方政府的关系,在"第三章国家机构""第三节国务院"专节规定了国务院职权,"第五节地方各级人民代表大会和地方各级人民政府"专节规定了地方政府的相应职权。

(一)中央政府的职权

1. 国务院的职权

1982 年《宪法》第 85 条规定了国务院的地位,"是最高国家权力机关的执行机关,是最高国家行政机关"。该条款至今未做修改。

1982 年《宪法》第 89 条规定了国务院的 18 项职权:(1)根据宪法和法律,规定行政措施,制定行政法规,发布决定和命令;(2)向全国人民代表大会或者全国人民代表大会常务委员会提出议案;(3)规定各部和各委

---

① 1979 年 7 月,第五届全国人民代表大会第二次会议通过《中华人民共和国地方各级人民代表大会和地方各级人民政府组织法》。

② 1982 年 12 月,《中华人民共和国国务院组织法》,不分章节,仅 11 条。

员会的任务和职责,统一领导各部和各委员会的工作,并且领导不属于各部和各委员会的全国性的行政工作;(4)统一领导全国地方各级国家行政机关的工作,规定中央和省、自治区、直辖市的国家行政机关的职权的具体划分;(5)编制和执行国民经济和社会发展计划和国家预算;(6)领导和管理经济工作和城乡建设;(7)领导和管理教育、科学、文化、卫生、体育和计划生育工作;(8)领导和管理民政、公安、司法行政和监察等工作;(9)管理对外事务,同外国缔结条约和协定;(10)领导和管理国防建设事业;(11)领导和管理民族事务,保障少数民族的平等权利和民族自治地方的自治权利;(12)保护华侨的正当权利和利益,保护归侨和侨眷的合法权利和利益;(13)改变或者撤销各部、各委员会发布的不适当的命令、指示和规章;(14)改变或者撤销地方各级国家行政机关的不适当的决定和命令;(15)批准省、自治区、直辖市的区域划分,批准自治州、县、自治县、市的建置和区域划分;(16)决定省、自治区、直辖市的范围内部分地区的戒严;(17)审定行政机构的编制,依照法律规定任免、培训、考核和奖惩行政人员;(18)全国人民代表大会和全国人民代表大会常务委员会授予的其他职权。

国务院职权条款至今做过两次修改:一是2004年《宪法修正案》将第89条国务院职权"(十六)决定省、自治区、直辖市的范围内部分地区的戒严"修改为"(十六)依照法律规定决定省、自治区、直辖市的范围内部分地区进入紧急状态"。二是2018年《宪法》将第89条"国务院行使下列职权"中"(六)领导和管理经济工作和城乡建设"修改为"(六)领导和管理经济工作和城乡建设、生态文明建设";"(八)领导和管理民政、公安、司法行政和监察等工作"修改为"(八)领导和管理民政、公安、司法行政等工作"。

2. 国务院部委的职权

1982年《宪法》第90条规定:"国务院各部部长、各委员会主任负责本部门的工作;召集和主持部务会议或者委员会会议、委务会议,讨论决定本部门工作的重大问题。各部、各委员会根据法律和国务院的行政法规、决定、命令,在本部门的权限内,发布命令、指示和规章。"

除 1982 年《宪法》第 90 条的一般性规定外,宪法专门规定了国务院的审计机关、公安机关。第 91 条规定:"国务院设立审计机关,对国务院各部门和地方各级政府的财政收支,对国家的财政金融机构和企业事业组织的财务收支,进行审计监督。审计机关在国务院总理领导下,依照法律规定独立行使审计监督权,不受其他行政机关、社会团体和个人的干涉。"第 135 条规定:"人民法院、人民检察院和公安机关办理刑事案件,应当分工负责,互相配合,互相制约,以保证准确有效地执行法律。"

国务院部委是否属于宪法上的"中央"? 从 1982 年《宪法》第三章第三节标题为"国务院"可以得出属于宪法上的"中央"。当然,这亦与国务院部委作为中央的一般社会认知相契合。

(二)地方政府的职权

1. 四级地方政府

1982 年《宪法》第 30 条规定我国的四级"地方":一是居于地方最高层级的省、自治区和直辖市;二是居于地方次高层级的市(较大的市)和自治州;三是居于地方最低层级的乡、民族乡、镇;四是居于二、三层级之间的县、区和市。除此条款外,第 31 条还规定了特别行政区。[①]

可见,我国央地关系呈现"一体多元"特征。[②]所谓"一体",是虽未在宪法文本明确表述、但贯穿国家制度实践的"单一制"国家组织形式。所谓"多元",主要分成三类:一是省、市、县、乡(镇)的一般地方建制;二是基于民族区域自治制度的自治区、自治州和自治县;三是基于一国两制的香港特别行政区和澳门特别行政区。央地关系可被类型化为中央和一般地

---

① 1982 年《宪法》第 31 条规定:"国家在必要时得设立特别行政区。在特别行政区内实行的制度按照具体情况由全国人民代表大会以法律规定。"

② "中央与地方关系的一体多元特征"的提法由熊文钊教授首倡。参见熊文钊:《大国地方:中央与地方关系法治化研究》,中国政法大学出版社 2012 年版,第 114—116 页。

方关系、中央和民族自治地方关系以及中央和特别行政区关系三种面向。

2. 县级以上地方政府的职权

第一，地方政府的法律地位。1982 年《宪法》第 105 条规定："地方各级人民政府是地方各级国家权力机关的执行机关，是地方各级国家行政机关。"该条款至今未做修改。

第二，地方政府的职权。1982 年《宪法》第 107 条规定："县级以上地方各级人民政府依照法律规定的权限，管理本行政区域内的经济、教育、科学、文化、卫生、体育事业、城乡建设事业和财政、民政、公安、民族事务、司法行政、监察、计划生育等行政工作，发布决定和命令，任免、培训、考核和奖惩行政工作人员。乡、民族乡、镇的人民政府执行本级人民代表大会的决议和上级国家行政机关的决定和命令，管理本行政区域内的行政工作。省、直辖市的人民政府决定乡、民族乡、镇的建置和区域划分。"2018年《宪法修正案》将"监察权"从地方政府职权中独立出来。

1982 年《宪法》第 108 条规定："县级以上的地方各级人民政府领导所属各工作部门和下级人民政府的工作，有权改变或者撤销所属各工作部门和下级人民政府的不适当的决定。"该条款至今未做修改。

第三，地方政府双重负责。1982 年《宪法》第 110 条规定："地方各级人民政府对本级人民代表大会负责并报告工作。县级以上的地方各级人民政府在本级人民代表大会闭会期间，对本级人民代表大会常务委员会负责并报告工作。地方各级人民政府对上一级国家行政机关负责并报告工作。全国地方各级人民政府都是国务院统一领导下的国家行政机关，都服从国务院。"该条款至今未做修改。

（三）中央政府与地方政府的关系

1982 年《宪法》第 3 条第 4 款规定："中央和地方的国家机构职权的划分，遵循在中央的统一领导下，充分发挥地方的主动性、积极性的原则。"该条款至今未做修改，成为划分央地国家机构职权所应遵循的原则。

应予注意的是,2022 年《地方组织法》第 5 条的条文表述与《宪法》第 3 条第 4 款存在不同。前者规制的主体是地方各级人大、县级以上地方各级人大常委会和地方各级人民政府,要求地方国家机构必须在坚持中央统一领导的前提下,充分发挥主动性和积极性,并创造性地开展工作。

二、《国务院组织法》规制的中央政府职权

1982 年 12 月通过的《国务院组织法》于 2024 年 3 月第一次修订,由原 11 个条款增至 20 个条款。《国务院组织法》对中央政府职权主要做了如下规制。

（一）中央政府的法律地位

2024 年《国务院组织法》新增第 2 条规定:"中华人民共和国国务院,即中央人民政府,是最高国家权力机关的执行机关,是最高国家行政机关。"①此与《地方组织法》中关于地方政府的性质地位表述相对应。

（二）中央政府行使职权的要求

第一,国务院行使职权的一般要求。一是从立法宗旨角度提出国务院规范行使职权的要求。2024 年《国务院组织法》第 1 条规定:"为了健全国务院的组织和工作制度,保障和规范国务院行使职权,根据宪法,制定本法。"②二是规定国务院依法行使职权与党的领导、人民民主的统一关系。第 3 条规定,国务院"坚决维护党中央权威和集中统一领导,坚决贯彻落实党中央决策部署,贯彻新发展理念,坚持依法行政,依照宪法和法律规定,全面正确履行政府职能。国务院坚持以人民为中心、全心全意为人民服务,坚持和发展全过程人民民主,始终同人民保持密切联系,倾听人民的意见和建议,建设人民满意的法治政府、创新政府、廉洁政府和服务型政府"。③

---

① ③　此条款 1982 年《国务院组织法》没有规定,均是 2024 年《国务院组织法》新增条款。
②　此条款是对 1982 年《国务院组织法》第 1 条的修改。

第二,1982 年《国务院组织法》第 3 条规定:"国务院行使宪法第八十九条规定的职权"。该条款调整为 2024 年《国务院组织法》第 6 条"国务院行使宪法和有关法律规定的职权"。

第三,关于国务院行政决策、行政监督的要求。2024 年《国务院组织法》第 16 条规定:"国务院坚持科学决策、民主决策、依法决策,健全行政决策制度体系,规范重大行政决策程序,加强行政决策执行和评估,提高决策质量和效率。"①第 17 条规定:"国务院健全行政监督制度,加强行政复议、备案审查、行政执法监督、政府督查等工作,坚持政务公开,自觉接受各方面监督,强化对行政权力运行的制约和监督。"②

第四,关于国务院全体会议和国务院常务会议制度的要求。2024 年《国务院组织法》第 7 条、第 8 条规定国务院工作中的重大问题,必须经国务院常务会议或者国务院全体会议讨论决定。一是关于国务院全体会议的规定。国务院全体会议由国务院全体成员组成。国务院全体会议的主要任务是讨论决定政府工作报告、国民经济和社会发展规划等国务院工作中的重大事项,部署国务院的重要工作。二是关于国务院常务会议的规定。国务院常务会议由总理、副总理、国务委员、秘书长组成。国务院常务会议的主要任务是讨论法律草案、审议行政法规草案,讨论、决定、通报国务院工作中的重要事项。

（三）国务院与组成部门的领导关系

2024 年《国务院组织法》第 11 条③、第 14 条④、第 19 条⑤规定国务院与各部委的关系:一是组成部门工作中的方针、政策、计划和重大行政措施,应当向国务院请示报告,由国务院决定;二是组成部门可以在本部门

---

① ② ⑤　此条款 1982 年《国务院组织法》没有规定,是 2024 年《国务院组织法》新增条款。

③　此条款是对 1982 年《国务院组织法》第 8 条的修改。

④　1982 年《国务院组织法》仅规定部委的命令发布权,没有规定规章制定权;规章制定权是 2024 年《国务院组织法》新增条款。

的权限范围内发布命令、指示,可以根据法律和国务院的行政法规、决定、命令,在本部门的权限范围内,制定规章;三是组成部门应当各司其职、各负其责、加强协调、密切配合,确保党中央、国务院各项工作部署贯彻落实;四是组成部门的设立、撤销或者合并,经总理提出,由全国人大或全国人大常委会决定并公布。

(四)中央政府与地方政府的领导关系

2024 年《国务院组织法》新增第 15 条规定:"国务院统一领导全国地方各级国家行政机关的工作。"①本新增条款是对《宪法》第 89 条第四项规定的确认。我国是单一制国家,在行政权的纵向分配方面,国务院统一领导全国地方各级行政机关的工作。以此规定为依据,理论上认为,我国行政权的纵向分配是一种行政分权模式,即由国务院决定行政权在中央与省级地方政府之间的分配。

三、《地方组织法》规制的地方政府职权

1979 年 7 月,第五届全国人民代表大会第二次会议通过的《地方组织法》是改革开放初期制定的七部法律之一。②该法第四章专章规定了"地方各级人民政府"。其后,该法分别于 1982 年、1986 年、1995 年、2004年、2015 年、2022 年进行六次修正,其中 2022 年修正幅度较大。

(一)地方政府的法律地位

1. 地方政府的法律地位

1982 年《地方组织法》第 31 条规定:"地方各级人民政府,是地方各级人民代表大会的执行机关,是地方各级国家行政机关。"2022 年《地方组织

---

① 此条款 1982 年《国务院组织法》没有规定,是 2024 年《国务院组织法》新增条款。

② 1979 年 6 月 18 日至 7 月 1 日,五届全国人大二次会议在北京举行。这场在人民代表大会制度历史上具有标志性意义,制定了《选举法》《地方组织法》《人民法院组织法》《人民检察院组织法》《刑法》《刑事诉讼法》《中外合资经营企业法》七部法律。自此,我国告别了许多领域"无法可依"的局面,进入了社会主义民主法治建设新时期。

法》将地方政府的法律地位前移至第 2 条第 3 款,并修改为"地方各级人民政府是地方各级国家权力机关的执行机关,是地方各级国家行政机关"。

2022 年《地方组织法》修正时增加第 5 条规定,地方各级人民政府"遵循在中央的统一领导下、充分发挥地方的主动性积极性的原则,保证宪法、法律和行政法规在本行政区域的实施"。

2. 地方政府的双重报告职责

1982 年《地方组织法》第 32 条规定:"地方各级人民政府都对本级人民代表大会和上一级国家行政机关负责并报告工作。县级以上的地方各级人民政府在本级人民代表大会闭会期间,对本级人民代表大会常务委员会负责并报告工作。全国地方各级人民政府都是国务院统一领导下的国家行政机关,都服从国务院。"该条于 1995 年修正时增加了第 4 款"地方各级人民政府必须依法行使行政职权"。后该款于 2022 年修改为"地方各级人民政府实行重大事项请示报告制度"。

(二) 县级以上地方政府职权内容的沿革

1. 1982 年《地方组织法》第 35 条关于职权内容的规定

1982 年《地方组织法》第 35 条规定了县级以上地方政府的 10 项职权:(1)执行本级人民代表大会和它的常务委员会的决议,以及上级国家行政机关的决议和命令,规定行政措施,发布决议和命令。省、自治区、直辖市以及省、自治区的人民政府所在地的市和经国务院批准的较大的市的人民政府,还可以根据法律和国务院的行政法规,制定规章;(2)领导所属各工作部门和下级人民政府的工作;(3)改变或者撤销所属各工作部门的不适当的命令、指示和下级人民政府的不适当的决议、命令;(4)依照法律的规定任免和奖惩国家机关工作人员;(5)执行经济计划和预算,管理本行政区域内经济、文化建设和民政、公安等工作;(6)保护社会主义的全民所有的财产和劳动群众集体所有的财产,保护公民私人所有的合法财产,维护社会秩序,保障公民的人身权利、民主权利和其他权利;(7)保障农村集体经济组织应有的自主权;(8)保障少数民族的权利和尊重少数民族的风俗习惯,帮助本省各少数民族聚居的地方实行区域自治,帮助各少数民族发展政治、经济和文化的建设事业;(9)保障妇女同男子有平等的政治权利、劳动权利、同工同酬和其他权利;(10)办理上级国家行政机关交办的其他事项。

2. 1995 年《地方组织法》关于职权内容分列两个条款

1995 年《地方组织法》将职权按一般事项与抽象事项分列两条。

第一,第 59 条规定了县级以上政府的一般职权 10 项。

第二,第 61 条将县级以上政府职权第 1 项中的"省、自治区、直辖市以及省、自治区的人民政府所在地的市和经国务院批准的较大的市的人民政府,还可以根据法律和国务院的行政法规,制定规章"单列,并细化。第 61 条规定:"省、自治区、直辖市的人民政府可以根据法律、行政法规和本省、自治区、直辖市的地方性法规,制定规章,报国务院和本级人民代表大会常务委员会备案。省、自治区的人民政府所在地的市和经国务院批准的较大的市的人民政府,可以根据法律、行政法规和本省、自治区的地方性法规,制定规章,报国务院和省、自治区的人民代表大会常务委员会、人民政府以及本级人民代表大会常务委员会备案。依照前款规定制定规章,须经各该级政府常务会议或者全体会议讨论决定。"

3. 2022 年《地方组织法》修改一般事项规定并增加原则性规定

第一,2022 年修正案第 73 条对县级以上政府职权一般事项做了如下修改:一是将第五项修改为:"(五)编制和执行国民经济和社会发展规划纲要、计划和预算,管理本行政区域内的经济、教育、科学、文化、卫生、体育、城乡建设等事业和生态环境保护、自然资源、财政、民政、社会保障、公安、民族事务、司法行政、人口与计划生育等行政工作";二是新增一项:"(七)履行国有资产管理职责";三是将原第八项修改为:"(九)铸牢中华民族共同体意识,促进各民族广泛交往交流交融,保障少数民族的合法权利和利益,保障少数民族保持或者改革自己的风俗习惯的自由,帮助本行政区域内的民族自治地方依照宪法和法律实行区域自治,帮助各少数民族发展政治、经济和文化的建设事业。"

第二,将第四章"地方各级人民政府"分为四节,增加第一节"一般规定",包括第 61 条至第 69 条。一是新增法治政府的规定。新增第 62 条:"地方各级人民政府应当维护宪法和法律权威,坚持依法行政,建设职能科学、权责法定、执法严明、公开公正、智能高效、廉洁诚信、人民满意的法治政府。"二是新增服务型政府的规定。新增第 63 条:"地方各级人民政府应当坚持以人民为中心,全心全意为人民服务,提高行政效能,建设服务型政府。"三是新增廉洁政府的规定。新增第 64 条:"地方各级人民政府应当严格执行廉洁从政各项规定,加强廉政建设,建设廉洁政府。"四是新增诚信政府的规定。新增第 65 条:"地方各级人民政府应当坚持诚信原则,加强政务诚信建设,建设诚信政府。"五是新增透明政府的规定。新增第 66 条:"地方各级人民政府应当坚持政务公开,全面推进决策、执行、管理、服务、结果公开,依法、及时、准确公开政府信息,推进政务数据有序共享,提高政府工作的透明度。"六是新增科学决策、接受监督、重大事项请示报告的规定。新增第 67 条:"地方各级人民政府应当坚持科学决策、民主决策、依法决策,提高决策的质量。"新增第 68 条:"地方各级人民政府应当依法接受监督,确保行政权力依法正确行使。"新增第 69 条第 3 款:"地方各级人民政府实行重大事项请示报告制度。"

(三)地方政府行使职权的程序

《地方组织法》的六次修改中,一些程序性规范进入了《地方组织法》。

1986 年《地方组织法》新增第 54 条:"县级以上的地方各级人民政府会议分为全体会议和常务会议。全体会议由本级人民政府全体成员组成。省、自治区、直辖市、自治州、设区的市的人民政府常务会议,分别由省长、副省长,自治区主席、副主席,市长、副市长,州长、副州长和秘书长组成。县、自治县、不设区的市、市辖区的人民政府常务会议,分别由县长、副县长,市长、副市长,区长、副区长组成。省长、自治区主席、市长、州长、县长、区长召集和主持本级人民政府全体会议和常务会议。政府工作中的重大问题,须经政府常务会议或者全体会议讨论决定。"本条款规定了地方政府全体会议和常务会议并要求"政府工作中的重大问题,须经政府常务会议或者全体会议讨论通过"。

2023 年《地方组织法》增加了对县级以上政府行使职权的程序要求。一是增加了对设区的市依法立法的要求。在"制定规章"前面增加了"依照法律规定的权限"限定条件,即修改为:"设区的市、自治州的人民政府可以根据法律、行政法规和本省、自治区的地方性法规,依照法律规定的权限制定规章,报国务院和省、自治区的人民代表大会常务委员会、人民政府以及本级人民代表大会常务委员会备案。"二是增加了规范性文件制定程序的要求。新增第 75 条:"县级以上的地方各级人民政府制定涉及个人、组织权利义务的规范性文件,应当依照法定权限和程序,进行评估论证、公开征求意见、合法性审查、集体讨论决定,并予以公布和备案。"

在地方政府的组织立法方面,《地方组织法》规定了从省政府到乡政府的各级地方政府体系,但对于机构、职能和权限的问题都规定得相对简单,对于当下出现的一些新型机构(如开发区管委会、行政审批局等)也缺乏相应规定,央地权力划分的问题尚没有在现有的组织法中得到解决。

四、行政组织法的体系优化

可以说,与行政行为法相比,我国的行政组织法立法相对缓慢。[1]随

---

[1] 如有学者对《国务院组织法》作出如此评介:"虽然当时已认识到国务院各部门的成立、性质、职能、机构设置等需要制定部门组织法来规范,但由于经济体制改革和行政体制改革等正在进行之中,部门设置尚不稳定,且时间匆促,故创造了一种'三定'方式,即定职能、定机构、定人员,使得行政机关的职能界定、内部机构设置和编制规模,都有一个大致的规范可以遵循。沿用至今。"参见应松年:《完善行政组织法制探索》,载《中国法学》2013 年第 2 期。

着实践中更为细化的组织管理需要,亟须完善行政组织相关立法,推进机构、职能、权限、程序、责任法定化,并应协调好组织法与行为法、程序法、人员法的关系。

(一)完善行政组织制度

2021年8月,中共中央、国务院印发的《法治政府建设实施纲要(2021—2025年)》强调:"加强规范共同行政行为立法,推进机构、职能、权限、程序、责任法定化。"由此可见,"推进机构、职能、权限、程序、责任法定化"是当前深入推进依法行政、加快建设法治政府的一项重要举措,甚至是首要举措。

1. 机构法定化

此处的"机构"专指行政机关及其内部构成,是由《国务院行政机构设置和编制管理条例》规定的机构。该条例第6条规定,国务院分国务院办公厅、国务院组成部门、国务院直属机构、国务院办事机构等;第13条规定,国务院办公厅、国务院组成部门、国务院直属机构、国务院办事机构设立司、处两级内设机构。《公共机构节能条例》第2条规定:"本条例所称公共机构,是指全部或者部分使用财政性资金的国家机关、事业单位和团体组织。"

行政机关及其内部构成是行政职权的实际享有者和行使者,是法律责任的承担者,其设置不仅要明确还要科学,其费用也由国家财政负担,故对其应遵循法定原则的认识由来已久。姜明安教授也指出:"公共行政组织必须由宪法和法律予以规范,而不能由行政机关自行其是,即使是出于对现代行政复杂性和机动性的考虑,行政机关也只能在宪法和法律的明确授权之下,对公共行政组织的部分问题作出决定。"[1]

2. 职能法定化

我国《宪法》《国务院组织法》《地方各级人民代表大会和地方各级人

---

[1] 参见姜明安:《法治原则与公共行政组织》,载《行政法学研究》1998年第4期,第18页。

民政府组织法》均未使用"职能"一词。"职能"出现在《国务院行政机构设置和编制管理条例》《地方各级人民政府机构设置和编制管理条例》《中国共产党机构编制工作条例》中,但这三部法规并未界定含义,也未列举内容。例如,《国务院行政机构设置和编制管理条例》第 9 条规定,国务院组成部门及其管理的国家行政机构的设立方案应包括:机构的类型、名称和职能,司级内设机构的名称和职能;与业务相近的国务院行政机构职能的划分。

职权可分为事权和治权。事权即行政机关对事务的管辖权,治权即行政机关为行使事务管辖权采取特定措施的权力。如《传染病防治法》第 5 条规定,"各级人民政府领导传染病防治工作";第 41 条规定,对已发生甲类传染病病例的场所或该场所内的特定区域的人员,所在地的县级以上地方人民政府可实施隔离措施,同时要报上一级人民政府批准。前者相当于赋予事务管辖权(事权),后者相当于赋予措施实施权(治权)。事权是目标,治权是手段。职能法定化,应依事权而定治权,且以能够保证事权的实现为限:一方面要保证治权授予的充分性,使治权与事权相匹配,保证行政机关能够有效实现事权;另一方面要避免治权授予的过度性,以尽可能消减行政权力滥用的可能性,维护人民合法权益。①

3. 权限法定化

虽然我国宪法、国务院和地方组织法未使用"职能"一词,但广泛使用了"职权"。例如,《宪法》第 89 条和《国务院组织法》第 3 条规定,国务院行使"根据宪法和法律,规定行政措施,制定行政法规,发布决定和命令"等职权。《地方组织法》第 59 条规定,地方各级人民政府行使"执行本级人民代表大会及其常务委员会的决议,以及上级国家行政机关的决定和命令,规定行政措施,发布决定和命令""改变或者撤销所属各工作部门的

---

① 杨登峰:《推进"五个法定化"的要义与进路——兼论行政法定原则的整体建构》,载《探索与争鸣》2022 年第 1 期。

不适当的命令、指示和下级人民政府的不适当的决定、命令"等职权。按照上文关于事权与治权的划分来看,《宪法》《国务院组织法》和《地方组织法》的上述规定主要涉及的是政府可以采取的行政措施、手段,属于治权的范畴。

权限指的是职权,则权限遵循法定原则就是题中应有之意。行政法学中,行政措施相当于行政行为。比之于机构和职能,行政行为才直接作用于行政相对人并能对其权益产生直接影响。既然机构和职能都要遵循法定原则,行政行为就不能例外。行政行为可分侵益性、赋权性两种。侵益性行政行为如行政处罚、行政强制;赋权性行政行为如行政补贴、行政奖励,中性行政行为如行政裁决、行政登记。只有侵益性行政行为的行使须遵循法定原则,反之则另当别论。

4. 程序法定化

第一,外部行政程序法定化。外部程序涉及行政机关与行政相对人之间的权利义务关系,是行政法治的首要关注对象,也是行政复议和行政诉讼所审查的主要对象。

第二,义务性程序法定化。义务性程序旨在为行政机关提供方便,提高行政效率,权利性程序则旨在保障行政程序的公正性,维护相对人的实体权利。如果允许行政机关随意设置义务性程序,则会使行政相对人的实体权利难以实现或不能实现。但若禁止行政机关增加权利性程序,则在法定程序有所欠缺时,行政程序就难以达到正当性要求,不能实现程序正义。

第三,基本程序法定化。基本程序是行政程序的纲,是必要且不可或缺的,其中的义务性程序保证了程序的效率,权利性程序保证了程序的公正;而辅助程序则是目,可根据具体情况调整,即便其中的权利性程序有所缺漏或有瑕疵,程序的公正性也未必受到影响。同样,即便其中的义务性程序有所缺漏或有瑕疵,也未必阻滞程序的进行或影响行政效率。

5. 责任法定化

行政责任包括行政主体责任和行政公务人员责任。行政主体承担的法律责任体现在两个方面:一方面体现在行政行为效力制度上,如行政行为违法的会被撤销或确认无效;另一方面是行政赔偿责任,即违法行为给相对人或第三人造成损害的要赔偿。行政公务人员承担的法律责任是行政行为违法时相关公职人员承担的政务或纪律处分。如《行政处罚法》第76条规定,行政机关实施行政处罚没有法定依据的,对直接负责的主管人员和其他直接责任人员依法给予处分。

行政机关承担的法律责任与行政公务人员承担的法律责任在性质、功能上有所不同,法定化的必要性会不同。站在自然人个体权利的角度看,行政主体承担的法律责任,即行政行为的效力制度和行政赔偿制度,旨在维护行政法律秩序,保障行政相对人的合法权益,应以充分维护法律的权威和相对人的合法权益为首要追求,未必严格以法律规定为前提。但是,行政公职人员应承担的法律责任,涉及公职人员的切身利益,应当严格遵循法定原则,即公职人员的政务处分责任应以法律规定为前提。

(二)优化行政组织法律体系

行政机关组织法是比较典型的专门法模式,行政组织法的体系优化应当从做好组织法与行为法、程序法、人员法的分工入手。

1. 行政组织法与行为法的配套

行政组织法与行为法的分工集中在行政机关的组成与行政职权的设置两方面。目前我国的行政组织法相对简陋,仅有《国务院组织法》《地方组织法》和部分城市制定的街道办事处条例。但行政行为法却十分庞杂,除《行政处罚法》《行政许可法》《行政强制法》这三大行政行为法外,公安、交通、市场监管、医疗卫生、教育文化、城乡规划、生态环境、资源保护、社会保障等诸多领域还存在大量的部门行政法。在这些部门行政法领域,政府各部门的组成、职权和行政机关横向和纵向关系,极度依赖行为法上的规定。

第一，行政组织法体系的优化要考虑制定更为全面、系统、精细的组织法。当下还有一些行政机关游离在行政组织法之外，一些重要的内部机构也缺乏组织法上的规定。对此，一方面应充实《国务院组织法》，规定国务院组成部门的名称以及设立、撤销或合并的程序，并授权国务院制定各部委的组织条例，增设国务院议事协调机构条款；另一方面，可尝试在《国务院组织法》的基础上制定《国务院组成部门组织法》或《中央行政机关组织通则》，强化国务院组成部门组织规范的供给，弥补当前"三定"规定的不足。

第二，由于人大与政府的组织、职权和工作程序存在显著差异，地方政府组织法与地方人大组织法应分开立法。将地方代议机关组织法与地方政府组织法合在一起，一般是实行地方自治的国家和地区的做法。[①]在中央集权的单一制国家，地方政府的组织形态与中央政府基本相同，更适合与中央政府组织法合在一起。对此，可考虑拆分《地方组织法》，将其内容独立出来，或与《国务院组织法》合并组成《行政组织法》，未来编入行政法典"行政组织编"。

第三，协调行政组织法上的职权与行为法上的职权之间的关系。虽然组织法和行为法都有规定行政机关的职权，但组织法上的职权与行为法上的职权存在明显区别：一是主体不同，组织法上的职权授予的对象是各级人民政府，而行为法上的职权授予的对象是各级人民政府的职能部门；二是方式不同，组织法的职权授予方式是笼统的，它以"一级政府＋职权范围"的方式划定了各级政府的职权范围，上下级政府职权同构严重，缺少层级分工和事务分工，而行为法上的职权是以"主管部门＋事务范围＋权力类型"的方式授出的，明确规定了不同级别和职能的政府部门的

---

① 陈明辉：《我国国家机构组织法的体系优化》，载《地方立法研究》2024年第3期。

职权;①三是效力不同,组织法上的职权不能作为行政机关作出具体行政行为的法律依据,而行为法上的职权是行政机关执法活动的直接法律依据。最高人民法院的判例认为,组织法上的职权是不针对具体行政领域的、宏观意义上的管理职权,在没有行为法具体规定的情况下,组织法上的职权条款不能作为要求人民政府履行特定职责的请求权基础。②行政组织法上的职权来自宪法的授予,它是对宪法上职权条款的具体化,而行政行为法上的职权则是对组织法规定的职权的进一步具体化。笔者认为,行为法最好不要在组织法之外增设行政机关的职权。

2. 行政组织法与程序法的协调

1979 年《地方组织法》和 1982 年《国务院组织法》仅规定行政机关的组成、职权和机构设置,未涉及行政机关的程序。但在《地方组织法》的六次修改中,一些程序性规范进入《地方组织法》。行政组织法并不需要与程序法截然分离,毕竟行政组织法上的程序性制度需要程序法规范充实,行政组织法上的行政职权也需要程序法规范。但行政组织法与程序法也不宜过度融合,行政机关的内部工作程序宜交给行政机关自我规制,行政机关的外部行为程序则宜通过行为法或专门的行政程序法规定。总体来看,行政组织法与程序法的分工需要处理好以下两个问题。

第一,行政组织法与内部行政程序法的关系。内部行政法是指行政机关内部的工作程序、规程、纪律等程序性规定。目前主要的立法是《国务院工作规则》和各地方政府制定的工作规则。这类政府工作规则由政府全体会议制定通过,其性质属于行政机关内部规范性文件,不具有外部效力。每一届政府都可以重新制定政府工作规则,不受上一届政府所订

---

① 孙波:《中央与地方关系法治化研究》,山东人民出版社 2013 年版,第 226 页。

② 参见"叶胜等诉武昌区人民政府案",最高人民法院(2020)最高法行申 9586 号行政判决书;"林财生诉被福建省建瓯市人民政府案",最高人民法院(2020)最高法行申 11604 号行政裁定书。

立的工作规则的约束。政府组织法与政府工作规则的分工实质上是行政机关组织权如何在立法机关和行政机关之间合理分配的问题。虽然《宪法》第86条和第95条规定国务院和地方人民政府的"组织由法律规定",但不宜据此推论政府的所有组织事项都应当由法律规定。政府组织法应当规定行政机关的基本组织事项,包括建制、职权、主要人员的产生、重大工作制度,其他具体的组织事项、职责分配和工作程序应当交给政府以工作规定的方式自主决定。2023年修改的《国务院工作规则》分工意识非常明显,它大量删减了宪法、法律、行政法规已规定的内容。2024年的《国务院组织法》的修改也注意到了与《国务院工作规则》的分工问题,吸收了2023年《国务院工作规则》关于国务院组成人员的规定,并将《国务院工作规则》中较为成熟的国务院全体会议、常务会议、总理办公会议和国务院专题会议制度纳入《国务院组织法》。

第二,行政组织法与外部行政程序法的关系。与内部程序不同,行政机关外部行政行为的程序应由法律法规规定。目前,外部行政行为的程序主要由《行政处罚法》《行政许可法》《行政强制法》等行为法规定,未来可由专门的行政程序法统一规定。地方人大依照其职权也可对行政机关的外部程序作出规定,但不宜让行政程序法承担过多的组织法功能。2022年,江苏省人大常委会制定的《江苏省行政程序条例》第二章规定的"行政程序主体"明显属于组织法的内容,这种程序法与组织法的错位是行政组织法不完善情况下的"功能代偿"。未来行政程序法的制定应当尽可能避免在程序法中规定过多的组织法内容。

3. 行政组织法与人员法的分工

在《宪法》第89条列举的国务院职权中,有三项属于宪法直接授予国务院的专属职权:一是第3项的"规定各部和各委员会的任务和职责,统一领导各部和各委员会的工作,并且领导不属于各部和各委员会的全国性的行政工作";二是第4项的"统一领导全国地方各级国家行政机关的工作,规定中央和省、自治区、直辖市的国家行政机关的职权的具体划分";三是第 17 项的"审定行政机构的编制,依照法律规定任免、培训、考核和奖惩行政人员"。这三项职权属于国务院行政保留事项。

理清行政组织法与人员法的关系,关键在于处理好行政组织法与《国务院行政机构设置和编制管理条例》《地方各级人民政府机构设置和编制管理条例》两部编制条例的关系。中央编制委员会是党政合一的议事协调机构,统一管理全国党政机关、人大、政协、法院、检察院、各民主党派、人民团体机关及事业单位的机构编制工作。在党政关系维度,编制权属于党的组织权的一项重要权能,各级行政机关的编制权属于中央编制委员会。未来的编制规则更可能纳入党规规制。

第二节 重大行政决策的法治化规制

规范行政决策行为特别是重大行政决策行为,是规范行政权力的重点,也是法治政府建设的难点。《重大行政决策程序暂行条例》为重大行政决策的有序开展夯实了基础,但由于实施细则至今未予制定,实践中存在流于形式和操作性缺陷。完善重大行政决策的实施机制,应完善程序制度、切实保障科学决策、完善决策机关对其他参与主体的监管、完善对重大行政决策效果的有效评估。

一、《重大行政决策程序暂行条例》的规制重点

2019 年 5 月 8 日,国务院发布的《重大行政决策程序暂行条例》(以下简称《暂行条例》)。

(一)重大行政决策的范围

《暂行条例》第 3 条列举了四类重大行政决策,并将制定决策事项的

目录、标准的权限授权给地方政府。该条规定:"本条例所称重大行政决策事项(以下简称决策事项)包括:(一)制定有关公共服务、市场监管、社会管理、环境保护等方面的重大公共政策和措施;(二)制定经济和社会发展等方面的重要规划;(三)制定开发利用、保护重要自然资源和文化资源的重大公共政策和措施;(四)决定在本行政区域实施的重大公共建设项目;(五)决定对经济社会发展有重大影响、涉及重大公共利益或者社会公众切身利益的其他重大事项。法律、行政法规对本条第一款规定事项的决策程序另有规定的,依照其规定。财政政策、货币政策等宏观调控决策,政府立法决策以及突发事件应急处置决策不适用本条例。决策机关可以根据本条第一款的规定,结合职责权限和本地实际,确定决策事项目录、标准,经同级党委同意后向社会公布,并根据实际情况调整。"

从以上可以看出,重大行政决策是指需要投入较多财政资源、涉及人数众多或者对公民、社会组织基本权益可能产生重大影响的行政决策。"重大行政决策的客体指向的是国家利益、社会公共利益、不特定多数人或组织群体的利益。可以说,任何一项重大行政决策,均指向上述三种客体利益之一或多种。所以,重大行政决策行为本身绝不能简单地归入内部行政行为之列,而是一种对人民有直接或间接之重大利益影响的行政活动,必须接受人民的参与、监督与问责。"①

(二)决策参与主体的职责

1.决策机关的职责

第一,由负责合法性审查的部门审查决策草案合法性后才提交决策机关讨论(第 25 条)。

第二,决策机关依据决策承办单位提交决策材料讨论决定。决策材料包括:(1)决策草案及相关材料,决策草案涉及市场主体经济活动的,应

---

① 尹奎杰、王箭:《重大行政决策行为的性质与认定》,载《当代法学》2016 年第 1 期。

当包含公平竞争审查的有关情况;(2)履行公众参与程序的,同时报送社会公众提出的主要意见的研究采纳情况;(3)履行专家论证程序的,同时报送专家论证意见的研究采纳情况;(4)履行风险评估程序的,同时报送风险评估报告等有关材料;(5)合法性审查意见(第29条)。

第三,决策机关的决策程序。决策草案应当经决策机关常务会议或者全体会议讨论,决策机关行政首长在集体讨论的基础上作出决定。讨论决策草案,会议组成人员应当充分发表意见,行政首长最后发表意见;行政首长拟作出的决定与会议组成人员多数人的意见不一致的,应当在会上说明理由;集体讨论决定情况应当如实记录,不同意见应当如实载明(第30条)。

第四,决策机关的请示报告制度。重大行政决策出台前应当按照规定向同级党委请示报告(第31条)。

第五,决策机关应当明确负责重大行政决策执行工作的单位(以下简称决策执行单位),并对决策执行情况进行督促检查(第34条)。

2. 决策承办单位的职责

第一,决策承办单位承担调查研究职责。《暂行条例》第12条规定:"决策承办单位应当在广泛深入开展调查研究、全面准确掌握有关信息、充分协商协调的基础上,拟订决策草案。决策承办单位应当全面梳理与决策事项有关的法律、法规、规章和政策,使决策草案合法合规、与有关政策相衔接。决策承办单位根据需要对决策事项涉及的人财物投入、资源消耗、环境影响等成本和经济、社会、环境效益进行分析预测。有关方面对决策事项存在较大分歧的,决策承办单位可以提出两个以上方案。"

第二,决策承办单位承担听取公众意见及特殊情况下召开听证会的职责。第14条规定:"决策承办单位应当采取便于社会公众参与的方式充分听取意见,依法不予公开的决策事项除外。听取意见可以采取座谈会、听证会、实地走访、书面征求意见、向社会公开征求意见、问卷调查、民意调查等多种方式。决策事项涉及特定群体利益的,决策承办单位应当与相关人民团体、社会组织以及群众代表进行沟通协商,充分听取相关群体的意见建议。"第16条规定:"决策事项直接涉及公民、法人、其他组织切身利益或者存在较大分歧的,可以召开听证会。法律、法规、规章对召开听证会另有规定的,依照其规定。决策承办单位或者组织听证会的其他单位应当提前公布决策草案及其说明等材料,明确听证时间、地点等信息。需要遴选听证参加人的,决策承办单位或者组织听证会的其他单位应当提前公布听证参加人遴选办法,公平公开组织遴选,保证相关各方都有代表参加听证会。听证参加人名单应当提前向社会公布。听证会材料应当于召开听证会7日前送达听证参加人。"

第三,决策承办单位承担采纳公众合理意见的职责。第18条规定:"决策承办单位应当对社会各方面提出的意见进行归纳整理、研究论证,充分采纳合理意见,完善决策草案。"

第四,决策承办单位承担听取专家论证意见的职责。第19条规定:"对专业性、技术性较强的决策事项,决策承办单位应当组织专家、专业机构论证其必要性、可行性、科学性等,并提供必要保障。专家、专业机构应当独立开展论证工作,客观、公正、科学地提出论证意见,并对所知悉的国家秘密、商业秘密、个人隐私依法履行保密义务;提供书面论证意见的,应当署名、盖章。"

第五,规定了决策承办单位的法律责任。第39条规定:"决策承办单位或者承担决策有关工作的单位未按照本条例规定履行决策程序或者履行决策程序时失职渎职、弄虚作假的,由决策机关责令改正,对负有责任的领导人员和直接责任人员依法追究责任。"

3. 风险评估单位的职责

2013年2月国家发展和改革委员会办公厅印发《重大固定资产投资项目社会稳定风险分析篇章和评估报告编制大纲(试行)》。该大纲第1

条规定："为促进科学决策、民主决策、依法决策，预防和化解社会矛盾，建立和规范重大固定资产投资项目社会稳定风险评估机制，制定本办法。"第4条规定："重大项目社会稳定风险等级分为三级：高风险：大部分群众对项目有意见、反应特别强烈，可能引发大规模群体性事件。中风险：部分群众对项目有意见、反应强烈，可能引发矛盾冲突。低风险：多数群众理解支持但少部分人对项目有意见，通过有效工作可防范和化解矛盾。"风险评估，解决的是社会矛盾的问题，不是决策科学的问题。

第一，规定了风险评估的程序。一是应当组织风险评估的情形。《暂行条例》第22条规定："重大行政决策的实施可能对社会稳定、公共安全等方面造成不利影响的，决策承办单位或者负责风险评估工作的其他单位应当组织评估决策草案的风险可控性。按照有关规定已对有关风险进行评价、评估的，不作重复评估。"二是风险评估的具体要求。第23条规定："开展风险评估，可以通过舆情跟踪、重点走访、会商分析等方式，运用定性分析与定量分析等方法，对决策实施的风险进行科学预测、综合研判。开展风险评估，应当听取有关部门的意见，形成风险评估报告，明确风险点，提出风险防范措施和处置预案。开展风险评估，可以委托专业机构、社会组织等第三方进行。"三是风险评估成为可能存在社会风险的重大行政决策的前提条件。第24条规定："风险评估结果应当作为重大行政决策的重要依据。决策机关认为风险可控的，可以作出决策；认为风险不可控的，在采取调整决策草案等措施确保风险可控后，可以作出决策。"

第二，规定了论证评估者的法律责任。《暂行条例》第41条规定："承担论证评估工作的专家、专业机构、社会组织等违反职业道德和本条例规定的，予以通报批评、责令限期整改；造成严重后果的，取消评估资格、承担相应责任。"

4. 决策执行单位的职责

决策执行单位应当依法全面、及时、正确执行重大行政决策，发现重大行政决策存在问题、客观情况发生重大变化,或者决策执行中发生不可抗力等严重影响决策目标实现的,应当及时向决策机关报告(第34条、第35条)。

5. 决策后评估单位的职责

《暂行条例》规定决策机关认为必要时可以组织决策后评估,决策后评估作为调整重大行政决策的依据。第36条规定:"有下列情形之一的,决策机关可以组织决策后评估,并确定承担评估具体工作的单位:(一)重大行政决策实施后明显未达到预期效果;(二)公民、法人或者其他组织提出较多意见;(三)决策机关认为有必要。开展决策后评估,可以委托专业机构、社会组织等第三方进行,决策作出前承担主要论证评估工作的单位除外。开展决策后评估,应当注重听取社会公众的意见,吸收人大代表、政协委员、人民团体、基层组织、社会组织参与评估。决策后评估结果应当作为调整重大行政决策的重要依据。"

(三)决策参与主体的法律职责

第一,规定了决策机关的法律责任。第38条规定:"决策机关违反本条例规定的,由上一级行政机关责令改正,对决策机关行政首长、负有责任的其他领导人员和直接责任人员依法追究责任。决策机关违反本条例规定造成决策严重失误,或者依法应当及时作出决策而久拖不决,造成重大损失、恶劣影响的,应当倒查责任,实行终身责任追究,对决策机关行政首长、负有责任的其他领导人员和直接责任人员依法追究责任。决策机关集体讨论决策草案时,有关人员对严重失误的决策表示不同意见的,按照规定减免责任。"

第二,规定了决策承办单位的法律责任。第39条规定:"决策承办单位或者承担决策有关工作的单位未按照本条例规定履行决策程序或者履行决策程序时失职渎职、弄虚作假的,由决策机关责令改正,对负有责任的领导人员和直接责任人员依法追究责任。"

第三，规定了决策执行单位的法律责任。第40条规定："决策执行单位拒不执行、推诿执行、拖延执行重大行政决策，或者对执行中发现的重大问题瞒报、谎报或者漏报的，由决策机关责令改正，对负有责任的领导人员和直接责任人员依法追究责任。"

第四，规定了评估主体的法律责任。第41条规定："承担论证评估工作的专家、专业机构、社会组织等违反职业道德和本条例规定的，予以通报批评、责令限期整改；造成严重后果的，取消评估资格、承担相应责任。"

二、重大行政决策实施中存在的问题

《暂行条例》制定至今约五年时间，由于实施细则一直未制定，实施中存在的如下问题亟须解决。

（一）决策事项确认仍需细化

《暂行条例》对重大行政决策事项范围的"列举＋排除"式规定仍需细化，如行政规范性文件制定是否应适用重大行政决策程序？笔者认为，行政规范性文件制定作为一种与行政执法相对立的创制性活动，其中一部分亦属于行政决策，其中具有重大性质的应纳入重大行政决策范畴。

并且，由于对重大行政决策事项范围的实体规定不完善，通过制发重大行政决策事项年度目录、在程序上锁定事项范围就显得极为必要。但是，目录制度在众多地方仍未建立或不健全，对目录应包含的内容、公布时间与公众参与目录制定等作出全面规定的较少。[①]

（二）民主参与规则有待厘清

第一，公众方式的选用方式规定模糊。《暂行条例》第14条规定了各种公众参与方式的选用，但受限于《暂行条例》的高位阶，这一规定仍较为模糊。《暂行条例》第15条至第17条已初步规定向社会公开征求意见与

---

① 张莉、姚之远、李泓毅：《国家治理与行政法治｜重大行政决策程序制度与实践调查》，https://fzzfyjy.cupl.edu.cn/info/1021/16592.htm，访问日期：2024年11月1日。

听证会的程序规则,但座谈会、实地走访、问卷调查与民意调查等公众参与方式的制度并不完善,仅停留在第14条列举其名称的层次上。

第二,座谈会、实地走访、问卷调查与民意调查等公众参与的程序欠缺规定。程序规则的缺位,容易导致公众参与在实践中沦为形式主义。

第三,公众意见的反馈机制应予细化。行政机关理应向公众反馈其采纳意见的情况,尤其是必须说明其不采纳意见的理由,否则,公众意见可能无法在决策中得到充分吸纳,亦不利于行政机关化解群众对决策的抵触情绪。

（三）科学决策规则尚不完备

第一,专家论证启动条件模糊。《暂行条例》第19条规定,"专业性、技术性较强的决策事项",应当履行专家论证程序。"专业性、技术性较强"属于典型的不确定法律概念,边界并不清晰,故对其有细化之必要。否则,极易引发有关决策事项溢出专家论证程序控制范围的后果。

第二,专家的权利义务不明确。在重大行政决策程序制度中对专家的权利义务予以明确,有利于行政机关与专家间关系的明晰化,使专家清楚行为的应然模式与范围。但是,只有少数地方专门规定专家的部分权利义务,将专家获得必要信息资料和报酬的权利,以及依法客观公正开展论证和保密的义务予以明确。

第三,专家论证流程不明确。在重大行政决策程序制度中并未对包括专家选任、论证开展、出具论证意见等环节在内的专家论证流程,以及专家论证意见的法律效力进行细化规定,容易导致专家论证形式化。

第四,风险评估的程序规则不明确。对风险评估的对象、流程、评估报告的内容、风险分级等程序制度予以规定,有助于保证风险评估程序发挥实效。但是,《暂行条例》未对风险评估的对象予以明确,未能做到在体系上明晰风险评估的适用条件,并确保各种类型的风险得到全面评估。

（四）合法性审查有待优化

合法性审查是依法决策的主要制度依托。实践中，由决策承办单位的合法性审查机构实施合法性审查，决策机关对此进行监督的制度是缺失的。建议决策机关以清单形式明确规定合法性审查需要的材料，倒逼决策承办单位对标看齐，促进合法性审查制度的开展及其留痕的规范化。

（五）决策后监管规则约束力不足

跟踪反馈与后评估程序制度，是决策得到全面、正确、及时执行，并根据实际情况迅速调整的关键。但是，《暂行条例》关于跟踪反馈与后评估程序制度规定不足，导致行政机关的程序裁量空间过大。

同时，《暂行条例》第33条未规定应归档的材料范围。重大行政决策过程记录和材料归档制度具有倒逼重大行政决策程序制度落实、为重大行政决策责任追究提供客观基础的制度功能。但由于制度的不完善，诸多地方并未主动建立健全过程记录和材料归档制度。

三、重大行政决策程序的完善路径

完善重大行政决策的实施机制，应完善程序制度切实保障科学决策、完善决策机关对其他参与主体的监管、完善对重大行政决策效果的有效评估。

（一）完善程序制度切实保障科学决策

重大行政决策过程是一个复杂的程序链条，在整体上可以划分为决策事项的确定、决策草案的拟定、决策方案的出台三个环节。

1. 重大行政决策事项的确定

第一，重大行政决策事项的确定应做扩大解释。地方政府规章或规范性文件倾向于采取"概括＋列举＋排除"并辅以年度目录的方式来确定重大行政决策的内容，将行政立法、规范性文件制定与紧急行政决策、行政决定行为排除在重大行政决策的范围之外。笔者认为，如果行政决定是为保障重大行政决策得以落实的措施,则应属于重大行政决策。

第二,应根据事项内容设置有区别的决策程序。重大行政决策可以分为经济性规制决策与社会性规制决策。经济性规制决策通常面临经济风险,因此政府应当充分收集成本收益的信息,以确保决策方案的经济稳健可行。社会性规制决策在实施环节尤其需要获得公众的认可与支持,因此应注重更广泛、更有代表性的公众有效参与。

2. 重大行政决策草案的拟定

决策草案拟定阶段,由决策承办单位负责,决策机关应全程对此进行监督。

第一,公众参与制度主要发生在重大行政决策草案的前期起草阶段,决策承办单位在起草决策草案的过程中应通过互联网、实地走访、问卷调查或者组织召开座谈会、听证会等各种便捷路径和方式,充分听取社会公众的意见,并将合理意见融入决策草案。

第二,专家论证制度、风险评估制度、合法性审查制度主要发生在重大行政决策草案的后续审查阶段。

3. 重大行政决策方案的出台

《暂行条例》在重大行政决策方案的出台环节确立了集体讨论决定制度。在此制度的要求下,重大行政决策方案须交由决策机关常务会议或者全体会议讨论。但是,"集体讨论"只是集众人智慧对决策方案的科学化、民主化、法治化等进行充分讨论的过程,而非"集体决定"。[1]"决定"仍然是由行政首长在听取与会人员的意见后作出的,制度上依旧允许行政首长作出同会议多数意见不一致的决定。在行政首长作出决策的过程中,众人的讨论可以对其起到警示作用。对于这种有所"进化"的行政首长负责制,依旧需要党组织加以领导和监督,防止出现独断专权。

---

[1] 关保英:《行政决策集体讨论决定质疑》,载《求是学刊》2017 年第 6 期。

（二）完善决策机关对决策全流程的监管

决策机关是决策第一责任人，是决策权责配置的基础。

第一，完善对决策承办单位的监管。加大对决策承办机关调查研究、公众参与、合法性审查事项的监管。

第二，完善评估单位和执行后评估单位的监管。防范评估流于形式，一方面决策主体不能置身评估事外，另一方面应该对评估单位进行资质等级评定。

第三，完善对执行单位的监管。通常情况下，决策执行单位是决策承办单位。决策机关对决策执行单位的事后监管，可以全链条地以公共利益为目的，防范下级机关或市场主体侵害相对人的权益。

（三）完善重大行政决策的事后评估

事后评估的目的不仅仅是对决策内容的简单评价，还包括分析决策成败的原因，及时反馈调查，为新决策提供"前车之鉴"。《暂行条例》第36条对于事后评估的规定具有概括性，可操作性不强。对于如何开展决策后评估，国家层面目前还没有出具相应的配套管理办法。

目前，在实际进行的事后评估，基本上都是政府内部对决策实施情况的考察，民间或公众的评估基本缺失。可以说，独立的、专业的、经济的评估主体，是重大行政决策事后评估制度建设的关键。

第三节　行政规范性文件审查①研究

行政规范性文件是行政活动的依据，对其的合法性审查既是依法

---

① 　就行政合法性文件合法性审查/审核而言，现行法律法规将外审（人大常委会、司法）表述为审查、内审（内部法制机关）表述为审核。本节出于"除非必要，不增实体"的研究需要，统一将外审、内审表述为审查。

行政原则的直接落实,也是从源头上保证行政行为合法的必要措施。《监督法》提出了人大常委会对行政规范性文件备案审查要求。《行政诉讼法》规定了行政诉讼的附带规范性文件合法性审查制度。《关于全面推行行政规范性文件合法性审核机制的指导意见》规定了对规范性文件进行内部合法性审核。有效"依法治文",不仅需要解决现行多元审查主体衔接不畅问题,而且需要理清行政机关管理权与相对人合法权益界限问题。

一、人大常委会的备案审查

2024 年 11 月,第十四届全国人民代表大会常务委员会第十二次会议通过修改《中华人民共和国各级人民代表大会常务委员会监督法》(以下简称《监督法》)的决定,该法实现了自 2006 年以来的第一次修正。2024 年《监督法》"第五章规范性文件的备案审查"专章规定了对规范性文件审查的要求,是当前规范行政规范性文件的唯一法律依据。就地方人大常委会的备案审查权而言,主要包括以下内容。

(一)人大常委会的撤销权

人大常委会对下级人大及其常委会、同级政府的规范性文件,具有备案审查权。2024 年《监督法》第 39 条①规定:"县级以上地方各级人民代表大会常务委员会对下一级人民代表大会及其常务委员会作出的决议、决定和本级人民政府、监察委员会、人民法院、人民检察院制定的规范性文件,经审查,认为有下列不适当的情形之一的,有权予以撤销:(一)超越法定权限,限制或者剥夺公民、法人和其他组织的合法权利,或者增加公民、法人和其他组织的义务的;(二)同法律、法规规定相抵触的;(三)有其他不适当的情形,应当予以撤销的。"

---

① 即 2016 年《监督法》第 30 条。

（二）备案审查联动机制

备案审查机关与被审查机关实行联动机制。《监督法》新增第 44 条规定："备案审查机关应当建立健全备案审查衔接联动机制,对应当由其他机关处理的审查要求或者审查建议,及时移送有关机关处理。"

（三）纳入年度工作报告

人大常委会的备案审查工作被纳入了年度工作报告。《监督法》新增第 45 条规定："常务委员会应当每年听取和审议备案审查工作情况报告。"

应予注意的是,在行政规范性文件审查范围不断扩大、审查方式强调主动、审查要求趋于全面的基本态势下,人大常委会面临着审查压力增大、审查负担超载的困境。这种困境凸显了机构能力与制度要求之间的悖论,即"完全进行主动审查,现实做不到;完全进行被动审查,则与备案审查的名义相差太远"①。

二、行政诉讼附带的司法审查

（一）司法附带审查权的确立

2015 年实施的《行政诉讼法》新增第 53 条、第 64 条,确立了行政规范性文件一并审查制度。②该法第 53 条规定："公民、法人或者其他组织认为行政行为所依据的国务院部门和地方人民政府及其部门制定的规范性文件不合法,在对行政行为提起诉讼时,可以一并请求对该规范性文件

---

① 段红柳:《论规范性文件备案审查》,载《湖南行政学院学报》2017 年第 1 期。

② 根据 1989 年《中华人民共和国行政诉讼法》的规定,相对人对具体行政行为不服可以向法院起诉;法院审理行政案件的依据是法律和法规,可参照规章;行政规范性文件即除行政法规和规章以外"行政机关制定、发布的具有普遍约束力的决定、命令",不属于行政诉讼的受案范围,也不是法院审理行政案件的依据。根据当时有效的司法解释,行政规范性文件与规章一样可以作为法院审理行政案件的参照。1999 年《行政复议法》第 13 条规定,相对人可以一并请求行政复议机关审查具体行政行为所依据的行政规范性文件。2015 年实施的《行政诉讼法》借鉴了《行政复议法》的规定,在第 53 条规定了行政规范性文件的一并审查。

进行审查。前款规定的规范性文件不含规章。"第 64 条规定:"人民法院在审理行政案件中,经审查认为本法第五十三条规定的规范性文件不合法的,不作为认定行政行为合法的依据,并向制定机关提出处理建议。"

（二）司法附带审查权的细化

2018 年 2 月,最高人民法院发布《关于适用〈中华人民共和国行政诉讼法〉的解释》(法释[2018]1 号),该解释从职权要素、程序要素等方面,对行政规范性文件的合法性审查进行了细化规定。

第一,规定了审查后的处理方式。一是人民法院经审查认为行政行为所依据的规范性文件合法的,应当作为认定行政行为合法的依据;二是经审查认为规范性文件不合法的,不作为人民法院认定行政行为合法的依据,并在裁判理由中予以阐明。作出生效裁判的人民法院应当向规范性文件的制定机关提出处理建议,可以在裁判生效之日起三个月内向规范性文件制定机关提出修改或者废止该规范性文件的司法建议(第 149 条)。

第二,规定了司法审查认为规范性文件不合法的备案制度。人民法院认为规范性文件不合法的,应当在裁判生效后报送上一级人民法院备案;涉及国务院部门、省级行政机关制定的规范性文件,司法建议还应当分别层报最高人民法院、高级人民法院备案(第 150 条)。

第三,规定了规范性文件不合法是生效判决、裁定再审的法定情形。各级人民法院院长对本院已经发生法律效力的判决、裁定,发现规范性文件合法性认定错误,认为需要再审的,应当提交审判委员会讨论;最高人民法院对地方各级人民法院已经发生法律效力的判决、裁定,上级人民法院对下级人民法院已经发生法律效力的判决、裁定,发现规范性文件合法性认定错误的,有权提审或者指令下级人民法院再审(第 151 条)。

实践中,司法判断限于个案效力及后续处理的繁琐程序,法院经常对大量被诉文件进行过滤,能够进入实质审查程序的文件比例较低,且多倾向于避免对行政规范性文件的合法性作出否定性评价。

三、行政机关内部的合法性审核

对规范性文件进行合法性审核是确保行政机关出台的规范性文件合法有效的重要措施。2018 年 12 月,国务院办公厅发布《关于全面推行行政规范性文件合法性审核机制的指导意见》(国办发〔2018〕115 号)(意见简称"《指导意见》"),是当前规制行政规范性文件合法性审核的主要制度依据。

(一)审核范围

《指导意见》要求编制规范性文件制定主体清单,明确规范性文件的公文种类,列明规范性文件管理事项类别;凡涉及公民、法人和其他组织权利义务的规范性文件,均要纳入合法性审核范围①,确保实现全覆盖,做到应审必审。并且规定,行政机关内部执行的管理规范、工作制度、机构编制、会议纪要、工作方案、请示报告及表彰奖惩、人事任免等文件,不纳入规范性文件合法性审核范围。

(二)审核主体

《指导意见》要求各级人民政府及其部门明确具体承担规范性文件合法性审核工作的部门或者机构。

第一,以县级以上人民政府或者其办公机构名义印发的规范性文件,或者由县级以上人民政府部门起草、报请本级人民政府批准后以部门名义印发的规范性文件,由同级人民政府审核机构审核;起草部门已明确专

---

① 2018 年《指导意见》发布前,我国的规章制度对外部行政规范性文件多表述为对相对人具有普遍约束力的文件,对相对人不具有约束力的行政规范性文件就属于内部行政规范性文件;之后,我国的规章制度对外部行政规范性文件多表述为"涉及相对人权利义务"的规范性文件,不涉及相对人权利义务的规范性文件就属于内部行政规范性文件。即当前我国的行政规范性文件的内外部之分,区分标准为是否"涉及相对人权利义务"。外部行政规范性文件属于合法性审核的范围,内部行政规范性文件则不纳入合法性审核范围。

门审核机构的,应当先由起草部门审核机构审核。

第二,县区级政府部门、乡镇人民政府及街道办事处制定的规范性文件,已明确专门审核机构或者专门审核人员的由本单位审核机构或者审核人员审核,未明确专门审核机构或者专门审核人员的统一由县区级政府确定的审核机构审核。

（三）审核程序

第一,材料报送。报送的审核材料应当包括文件送审稿及其说明,制定文件所依据的法律、法规、规章和国家政策规定,征求意见及意见采纳情况,本单位的合法性审核意见,以及针对不同审核内容需要的其他材料等。

第二,程序衔接。起草单位直接将文件送审稿及有关材料报送制定机关办公机构的,制定机关办公机构要对材料的完备性、规范性进行审查。符合要求的转送审核机构审核,不符合要求的或者退回,或者要求起草单位在规定时间内补充材料或说明情况后转送审核机构审核。

第三,审核时限。除为了预防、应对和处置突发事件,或者执行上级机关的紧急命令和决定需要立即制定实施规范性文件等外,合法性审核时间一般不少于5个工作日,最长不超过15个工作日。

（四）审核内容

第一,制定主体是否合法。制定主体是否超越或不具有该项法定职权。

第二,制定内容是否违法。一是制定内容是否符合宪法、法律、法规、规章和国家政策规定;二是制定内容是否违法设立行政许可、行政处罚、行政强制、行政征收、行政收费等事项;三是制定内容是否存在没有法律、法规依据作出减损公民、法人和其他组织合法权益或者增加其义务的情形;四是制定内容是否存在没有法律、法规依据作出增加本单位权力或者减少本单位法定职责的情形。

第三,制定内容是否不合理。制定行政规范性文件,在规定公民、法人和其他组织应当履行的义务的同时,应当规定其相应的权利和保障权利实现的途径;应当体现行政机关的职权与责任相统一的原则,在赋予有关行政机关必要的职权的同时,应当规定其行使职权的条件、程序和应承担的责任。

第四,制定程序是否违法。我国尚未对行政规范性文件的制定程序作出统一规定,实践中参照适用行政法规和规章制定程序。[①]制定程序一般包括起草、审查、决定和公布四个环节。当前影响行政规范性文件质量的突出问题是制定中广泛听取意见,尤其是听取老百姓、基层、行政管理相对人的意见不够、不充分。虽然相关法律法规规范性文件均规定了起草过程中应当广泛听取意见,并可以采取座谈会、论证会、听证会等多种形式,但毕竟听取意见是由起草单位自己组织的,容易受起草人员个人主观意愿的影响,很难贯彻民主立法原则。

(五)审核的法律后果

第一,制定机关应发挥合法性审核机制对确保规范性文件合法有效的作用,不得以征求意见、会签、参加审议等方式代替合法性审核。未经合法性审核或者经审核不合法的文件不得提交集体审议。起草单位应当根据合法性审核意见对规范性文件做必要的修改或者补充。未经合法性审核或者不采纳合法性审核意见导致规范性文件违法,造成严重后果的,依纪依法追究有关责任人员的责任。

第二,审核机构应根据不同情形提出合法、不合法、应当予以修改的书面审核意见。审核机构未严格履行审核职责导致规范性文件违法,造成严重后果的,依纪依法追究有关责任人员的责任。

四、行政规范性文件审查的制度优化

小智治事,中智治人,大智治制。对行政规范性文件的合法性审查,

---

① 2017 年修订的《行政法规制定程序条例》《规章制定程序条例》。

就是在确保行政相对人合法权益的同时,确保行政机关依法行使行政管理权。在现有规范体系下,应推进人大常委会、司法机关及行政机关不同审查主体的衔接联动审查机制建设,在依据法律、遵循法理的基础上审查。

(一)推进审查主体的衔接互动

地方可构建在地方党委领导下的多主体协同审查机制,以实现人大常委会、司法机关及行政机关等审查主体的审查合力。笔者认为,协同审查机制应当包括以下制度内容。

1. 移送审查制度

移送审查制度是审查衔接联动机制的基础工作制度。目前行政规范性文件制定主体向备案审查机构报送备案以及司法行政部门向人大常委会报送备案的程序规定和送审实践相对比较规范,因此存在移送审查需求的文件主要集中在公民所提出的审查建议上,即在收到公众对行政规范性文件合法性的异议时,如果相关文件并非本机关审查的范围,则应通过审查衔接联动机制及时移送。

2. 沟通会商制度

常态化的沟通会商,包括各审查主体之间互相提供文件审查的必要资料、针对具体问题的意见咨询,以及审查结果的送达、执行与情况反馈等。

沟通会商制度的核心在于审查/审核专业意见、观点的沟通,可以采取多种形式,如以函件形式咨询文件制定的背景、基本的考量因素、实际的执行情况等;可以通过召开座谈会、讨论会等形式听取文件起草部门、执行部门以及其他有权主体对文件合法性、合理性的认识;可以针对疑难文件的审查组织专家论证会、咨询会,并邀请各相关部门列席。

3. 联席会议制度

定期召开地方党委领导下的审查联席会议可以增加各主体对审查监

督系统运行情况的了解。在联席会议上,各审查主体应该交流其接收、审查的行政规范性文件的数量、审查过程及结果,包括常规性审查以及专项审查或定期清理的情况,并对审查工作中发现及遇到的主要问题进行交流。参会主体可以就审查工作中的疑难问题进行沟通讨论,特别是对多元主体共同审查的文件应该深入沟通各自审查的重点、基本的观点、发现的问题并探讨审查工作的开展方向。

联席会议可以人大、政府、法院轮流召集,并可根据需要邀请部分文件制定机关、专家学者等列席。

4. 信息共享机制

信息共享是审查衔接联动机制的必要条件。在信息技术高度发达的当下,备案审查的整体信息化水平不断提高,衔接联动机制的建构应该充分利用数字化平台展开,特别是常态化的移送审查制度和沟通会商制度更要借助统一的审查监督平台,助力形成互联、互通、互动的审查监督工作格局。

(二)依据宪法法律进行合宪、合法审查

实现有效"依法治文",还应跟进改革实践,理清改革实践中行政机关管理权与相对人合法权益界限,应当依据法律进行合宪、合法审查。

1. 是否违法设定或变更行政许可

第一,识别是否属于行政许可。判定一个条文是否为行政许可的规定,不能仅审视是否使用了"许可"字样,如果使用的是"批准""报批""审查同意""备案通过"等字样,但达到了"非经准予,不得行为"的实质效果,亦为行政许可。①

第二,识别是行政许可设定权还是规定权。行政许可设定权是创设行政许可的权力,表现为从"无"到"有";行政许可规定权是立法对行政许

---

① 罗培新:《论地方立法与上位法"不抵触"原则》,载《法学》2024 年第 6 期。

可予以细化和具体化,并不创设新的行政许可,表现为从"原则"到"具体"。根据《中华人民共和国行政许可法》(以下简称《行政许可法》)第14条、第15条的规定,只有法律、行政法规、地方性法规及省级人民政府的规章才有行政许可设定权,部门规章和设区的市政府的规章没有行政许可设定权;而根据《行政许可法》第17条的规定,规范性文件一律不得设定行政许可。据此可以合理推出规范性文件可以在法律法规设定的行政许可事项范围内对实施作出具体规定,但不得增设违反上位法的其他条件。

第三,识别是否针对的是同一事项。一般而言,对于法律法规没有作出规定的管理事项,应当理解为不需要用设定行政许可的方式管理。《行政许可法》第13条规定了不需要设定行政许可的情况,即"通过下列方式能够予以规范的,可以不设行政许可:(一)公民、法人或者其他组织能够自主决定的;(二)市场竞争机制能够有效调节的;(三)行业组织或者中介机构能够自律管理的;(四)行政机关采用事后监督等其他行政管理方式能够解决的"。但是,应予注意的是,"规定的管理事项"是同一事项而非不同事项。如国务院公布的《城镇燃气管理条例》第15条规定,国家对燃气经营实行许可证制度,从事燃气经营活动的企业,应当具备法定条件,即"(一)符合燃气发展规划要求;(二)有符合国家标准的燃气气源和燃气设施;(三)有固定的经营场所、完善的安全管理制度和健全的经营方案;(四)企业的主要负责人、安全生产管理人员以及运行、维护和抢修人员经专业培训并考核合格;(五)法律、法规规定的其他条件"。如某地基于人口高度密集增设"燃气供气站点许可证"的条件,则此两个事项属于不同管理事项:国务院公布的《城镇燃气管理条例》设定的是企业主体资格的许可,这是市场监管部门向相关企业主体核发营业执照的前提;某地在保留这一行政许可的基础上,就燃气供应站点的布点设定增设城市管理的许可,针对的是不同的管理事项。

第四,识别是不是对许可条件的具体化。在法律法规设定行政许可时,有时没有规定许可条件,有时仅对许可条件做原则性规定,这就需要具体规定。但在具体规定时,不得增设违反法律法规的其他条件。如《城市市容和环境卫生管理条例》第 11 条第 2 款规定:"大型户外广告的设置必须征得城市人民政府市容环境卫生行政主管部门同意后,按照有关规定办理审批手续。"如果规定了大型户外广告的规格,则属于"许可条件的具体化",如果规定了其他须经许可的情形,则属于增设了许可情形。

2. 是否违法设定行政处罚

第一,识别是否扩张了行政处罚主体。一是行政处罚主体只能由法律和行政法规规定。《中华人民共和国行政处罚法》(以下简称《行政处罚法》)第 22 条规定:"行政处罚由违法行为发生地的行政机关管辖。法律、行政法规、部门规章另有规定的,从其规定。"对于上述规定,有些规范性文件作出扩张规制,规定"法律、法规、规章另有规定的,从其规定",从而将地方政府规章设定为变动行政处罚管辖权的依据。应当说,《行政处罚法》在将规定违法行为管辖权例外情形的权力保留为国家事权的情况下,将该权力扩张至地方性法规和地方政府规章的做法显然违法。二是行政处罚主体委托处罚可以由地方性法规或地方规章规定。如果确因实际情况需要变更执法管辖,可以通过合法的委托方式来处理。如根据《行政处罚法》第 20 条的规定,行政机关依照法律、法规、规章的规定,可以在其法定权限内书面委托符合《行政处罚法》第 21 条规定条件的组织实施行政处罚。据此可知,行政规范性文件不仅无权设定行政处罚主体,也无权规定委托行政处罚的内容。

第二,关于违法设定和变更行政处罚的问题。一是行政规范性文件无权补充设定行政处罚。根据《行政处罚法》第 13 条的规定,国务院部门规章的定位是执行法律和行政法规,有权在法律和行政法规规定的违法行为、处罚种类和幅度范围内对法律、行政法规规定的行政处罚作出具体规定。在尚未制定法律、行政法规的情况下,国务院部门规章可以设定警告、通报批评或者一定数额罚款的行政处罚,但不得设定其他行政处罚种类。关于行政处罚设定权限,2021年《行政处罚法》赋予了地方性法规补充设定行政处罚的权限①,但《行政处罚法》没有赋予规章补充设定行政处罚的权限,行政规范性文件更无权涉及。二是行政规范性文件也无权设定警告等处罚。《行政处罚法》第14条第2款,即"尚未制定法律、法规的,地方政府规章对违反行政管理秩序的行为,可以设定警告、通报批评或者一定数额罚款的行政处罚"。但是,地方规范性文件仍不可以设定警告等处罚,法律依据是《行政处罚法》第16条,即"除法律、法规、规章外,其他规范性文件不得设定行政处罚"。

第三,关于违法调整行政处罚幅度的问题。一是不得逾越限度。《中华人民共和国固体废物污染环境防治法》第111条规定,有在运输过程中沿途丢弃、遗撒生活垃圾行为的,单位处5万元以上50万元以下罚款、个人处100元以上500元以下罚款。如某市城市市容和环境卫生管理办法对上述行为仅笼统规定处200元以上1 000元以下罚款。这种与上位法处罚数额不一致且没有区分单位和个人的地方立法显然违背了"不抵触原则"。二是可以在限度内调整。《中华人民共和国种子法》第86条针对违法行为设定的罚款数额为2 000元以上5万元以下,上下限的倍数为25,与通常最高10倍限的做法不符,行政规范性文件可否在此限度内作出调整,设定5 000元以上5万元以下的罚款数额?《中华人民共和国反垄断法》第56条对于相关违法行为设定了500万元以下的罚款,但未设

---

① 2021年《行政处罚法》第12条第3款规定:"法律、行政法规对违法行为未作出行政处罚规定,地方性法规为实施法律、行政法规,可以补充设定行政处罚。拟补充设定行政处罚的,应当通过听证会、论证会等形式广泛听取意见,并向制定机关作出书面说明。地方性法规报送备案时,应当说明补充设定行政处罚的情况。"

定下限,对此,行政规范性文件可否设定一个下限？笔者认为,这属于地方自由裁量权限范围,只要在法律法规规定的行政处罚幅度范围内即可。

3. 是否违法增设义务或减损权利

第一,在没有上位法依据情况下,应审查增设义务或减损权利是否超越制定权限。根据《立法法》的规定,没有法律、行政法规、地方性法规的依据,地方政府规章不得设定减损公民、法人和其他组织权利或者增加其义务的规范。如 2021 年 2 月施行的《江苏省工业企业安全生产风险报告规定》明确要求建立工业企业安全生产重大风险报告制度,而《中华人民共和国安全生产法》《江苏省安全生产条例》对企业报告安全生产风险均未做规定,地方政府规章做此规定即存在增设义务的问题。根据《中华人民共和国安全生产法》《江苏省安全生产条例》的规定,负有安全生产监督管理职责的部门有权对企业进行监督检查,生产经营单位拒绝、阻碍实施监督检查的要承担相应的法律责任,生产经营单位应当承担的是配合监督检查的义务。政府可以倡导,但无权增设义务,不能以罚代管、懒政不作为。

第二,在存在上位法依据的情况下,应审查增设义务或减损权利是否对上位法抵触。根据《中华人民共和国森林法》第 37 条规定,各类工程建设应当不占或者少占林地,确需占用林地的,应当经县级以上人民政府林业主管部门审核同意,依法办理建设用地审批手续,占用林地的单位应当缴纳森林植被恢复费。也就是说,占用林地的,既要获得批准,还要缴纳费用。如地方规范性文件实行"占用补建、无法补建的再缴费"模式,以确保森林资源不减量,则是细化《森林法》的规定,不构成对上位法的抵触,因为缴纳费用目的就是实现"占补平衡"。

4. 是否属于国家专属立法权的"基本民事制度"

判断受影响的民事权利对应的规范是否属于"基本民事制度"是制定

者必须面对的问题。根据《立法法》，民事基本制度属于国家专属立法事项，地方立法不得触碰，何况行政规范性文件。

行政规范性文件如何既实现管理目的又不侵害民事权益？对此问题，《上海市单用途预付消费卡管理规定》的制定提供了经验启示：一方面，合同的订立、履行属于民事基本制度，地方立法无权触碰；另一方面，政府可以且必须从维护公共利益的角度出发对此类行为施加行政监管，如"信息报送""资金存管"与"信用惩戒"等。可见，行政规范性文件如果保护的是不特定多数人的公共利益，而不是单个民事主体的权益，则不被归属于"基本民事制度"这一国家专属立法权范畴。

（三）遵循法理进行合规、适当性审查

审查标准是规范性文件备案审查制度中的必要规范。当前，行政规范性文件合法性审核标准暂付阙如。笔者认为，未来行政规范性文件合法性审核标准的制定，可以借鉴全国人大常委会制定的《法规、司法解释备案审查工作办法》（以下简称《工作办法》），对行政规范性文件审查除应按行政法基本原则进行合法性审查外，还应遵循法理进行合规性、适当性审查。

1. 合宪性标准

作为审查主体，应关注待审规范性文件是否侵害了受宪法保护的更有价值的法益。即规范性文件所保护的法益在价值位阶上应当优先于为保护该法益而限制或者牺牲的法益，不能为了保护一个价值较低的法益而牺牲另一个价值较之更高的法益。

2. 合规性标准

当前实务界通常表述为"合政治性"标准，笔者认为"合规性"表述更能彰显其是否合党规的审查意旨。

合规性标准包括三个方面：一是规范性文件的规定是否与党的理论、路线、方针、政策等保持一致，是否含有对党的理论、路线、方针、政策故意曲解或者理解不够准确的问题；二是对党中央作出的重大决策部署，规范性文件的规定是否予以贯彻落实，是否存在不予落实、变相抵制或者落实不够到位的问题；三是规范性文件的规定是否同国家的重大改革方向保持一致，是否主动适应改革要求，是否存在同国家重大改革方向相背离或相偏离的问题。①

如"《某市农家乐管理办法》"（以下简称《办法》）关于处理饮用水源二级保护区内农家乐建设项目的规定即是典型的不符合政治性标准的案例。审查者认为："《办法》仅要求'将污水排入公共污水管网'，属于放松了限制，违反了上位法规定。中央对生态环境保护高度重视，因此，涉及环境保护内容的规范性文件应从严把握，严格执行上位法的规定，切实保证中央令行禁止。"②

3. 适当性标准

《工作办法》第 39 条以"列举 + 兜底"的形式规定了适当性标准的具体内容：一是明显违背社会主义核心价值观和公序良俗；二是对公民、法人或者其他组织的权利和义务的规定明显不合理，或者为实现立法目的所规定的手段与立法目的明显不匹配；三是因现实情况发生重大变化而不宜继续施行；四是变通明显无必要或者不可行，或者不适当地行使制定经济特区法规、自治条例、单行条例的权力。

制定关于行政处罚的规范性文件时，应进行如下适当性判断：一是科学适用过罚相当原则。过罚相当原则的裁量因素应包括"过"和"相当"两个方面，在根据违法行为的性质、情节、社会危害程度而准确判断"过"的大小后，还需要全面考虑过罚"相当"的相关因素。比例原则是近现代行

① 全国人大常委会法制工作委员会法规备案审查室：《规范性文件备案审查理论与实务》，中国民主法制出版社 2020 年版，第 115 页。
② 全国人大常委会法制工作委员会法规备案审查室：《规范性文件备案审查案例选编》，中国民主法制出版社 2020 年版，第 202 页。

政法的一项基本原则,学界通说认为,比例原则是指行政权力的行使除了有法律依据这一前提外,行政主体还必须选择对人民侵害最小的方式进行。"不可用大炮打小鸟",是比例原则非常精练的比喻。如"《某市禁止乱贴乱画乱挂规定》关于对行为人设定行政处罚的规定",审查者认为对产权所有人或者使用人设置行政处罚,不符合公正、过罚相当等行政处罚原则。①二是正确理解处罚与教育相结合原则。行政处罚的最终目的在于纠正,惩罚只是手段。当行政处罚与其他柔性执法方式可以选择适用时,法院应给予相对人充分的尊重,以善意的方式对待相对人,在相对人充分认识到错误并悔改后,选择损害较小的方式处罚,避免"一罚了之"。三是贯通融合法理、事理与情理。适当性判断不仅要追求合法,更要契合情理。处罚幅度的设定要重视人民群众普通的情感认知和基本的道德诉求,重视对弱者权利的保护。

第四节　行政处罚法的文本与实践②

2021年1月,《中华人民共和国行政处罚法》(以下简称《行政处罚法》)修订通过。位居"行政三法"③之首的《行政处罚法》的修改,强调了过罚相当原则的适用,对于规范海警执法提出新要求。2024年1月,以"用最严格制度最严密法治保护生态环境"为立法宗旨的《中华人民共和国海洋环境保护法》(以下简称《海洋环境保护法》)修订后施行,亦对海警执法提出新要求。研究《行政处罚法》《海洋环境保护法》对行政执法的不

---

① 全国人大常委会法制工作委员会法规备案审查室:《规范性文件备案审查案例选编》,中国民主法制出版社2020年版,第156页。

② 本节内容来自本人于2024年4月面向汕头市海警局的法治讲座《从海警执法角度解读新修订〈海洋环境保护法〉》。

③ 《行政处罚法》《行政许可法》《行政强制法》的合称。

同要求,思考海警执法如何应对,对于地方海警执法具有十分重要的理论意义与实践价值。

一、《行政处罚法》强调过罚相当

2021年修订的《行政处罚法》完成了该法自1996年施行以来的首次大修,条款由原64条增至86条,补充完善了一系列行政处罚制度,推动了过罚相当原则在行政处罚法中的应用。

(一)关于行政处罚设定的修改

第一,增加了行政处罚定义。新增第2条规定:"行政处罚是指行政机关依法对违反行政管理秩序的公民、法人或者其他组织,以减损权益或者增加义务的方式予以惩戒的行为。"行政处罚概念立足于惩戒性,并对惩戒性作出适度限制。

第二,补充了行政处罚种类。新引入了行为罚"降低资质等级""限制开展生产经营活动、责令停产停业、责令关闭、限制从业",新引入了资格罚"通报批评"(第9条)。

第三,新增了定期修改或废止不适当行政处罚的规定。新增第15条规定:"国务院部门和省、自治区、直辖市人民政府及其有关部门应当定期组织评估行政处罚的实施情况和必要性,对不适当的行政处罚事项及种类、罚款数额等,应当提出修改或者废止的建议。"

(二)关于行政处罚实施机关的修改

第一,增加规定相对集中行政处罚权。新增第18条第1款规定:"国家在城市管理、市场监管、生态环境、文化市场、交通运输、应急管理、农业等领域推行建立综合行政执法制度,相对集中行政处罚权。"

第二,规定行政处罚委托书应予公开。新增第20条第2款规定:"委托书应当载明委托的具体事项、权限、期限等内容。委托行政机关和受委托组织应当将委托书向社会公布。"

（三）关于行政处罚管辖的修改

第一，新增基层政府承接行政处罚权的规定。新增第 24 条规定："省、自治区、直辖市根据当地实际情况，可以决定将基层管理迫切需要的县级人民政府部门的行政处罚权交由能够有效承接的乡镇人民政府、街道办事处行使，并定期组织评估。决定应当公布。承接行政处罚权的乡镇人民政府、街道办事处应当加强执法能力建设，按照规定范围、依照法定程序实施行政处罚。有关地方人民政府及其部门应当加强组织协调、业务指导、执法监督，建立健全行政处罚协调配合机制，完善评议、考核制度。"

第二，新增行政处罚区域协助制度。新增第 26 条规定："行政机关因实施行政处罚的需要，可以向有关机关提出协助请求。协助事项属于被请求机关职权范围内的，应当依法予以协助。"

（四）关于行政处罚适用的修改

第一，新增对违法所得予以没收的规定。新增第 28 条第 2 款规定："当事人有违法所得，除依法应当退赔的外，应当予以没收。"

第二，新增应当从轻或者减轻行政处罚的情形"主动供述行政机关尚未掌握的违法行为的"（第 32 条）。

第三，新增不予处罚的情形。新增第 33 条规定："违法行为轻微并及时改正，没有造成危害后果的，不予行政处罚。初次违法且危害后果轻微并及时改正的，可以不予行政处罚。当事人有证据足以证明没有主观过错的，不予行政处罚。法律、行政法规另有规定的，从其规定。对当事人的违法行为依法不予行政处罚的，行政机关应当对当事人进行教育。"

第四，新增行政处罚裁量基准制度。新增第 34 条规定："行政机关可以依法制定行政处罚裁量基准，规范行使行政处罚裁量权。行政处罚裁量基准应当向社会公布。"

第五,完善了行政处罚时效制度。新增了"涉及公民生命健康安全、金融安全且有危害后果的,上述期限延长至五年"(第 36 条第 1 款)的规定。

第六,新增"从旧兼从轻"的法律适用原则。新增第 37 条规定:"实施行政处罚,适用违法行为发生时的法律、法规、规章的规定。但是,作出行政处罚决定时,法律、法规、规章已被修改或者废止,且新的规定处罚较轻或者不认为是违法的,适用新的规定。"

第七,新增行政处罚无效制度。新增第 38 条规定:"行政处罚没有依据或者实施主体不具有行政主体资格的,行政处罚无效。违反法定程序构成重大且明显违法的,行政处罚无效。"

(五)关于行政处罚决定的修改

第一,新增处罚公开制度。新增第 39 条规定:"行政处罚的实施机关、立案依据、实施程序和救济渠道等信息应当公示。"新增第 48 条规定:"具有一定社会影响的行政处罚决定应当依法公开。公开的行政处罚决定被依法变更、撤销、确认违法或者确认无效的,行政机关应当在三日内撤回行政处罚决定信息并公开说明理由。"

第二,新增证据方面的规定。新增第 41 条规定:"行政机关依照法律、行政法规规定利用电子技术监控设备收集、固定违法事实的,应当经过法制和技术审核,确保电子技术监控设备符合标准、设置合理、标志明显,设置地点应当向社会公布。电子技术监控设备记录违法事实应当真实、清晰、完整、准确。行政机关应当审核记录内容是否符合要求;未经审核或者经审核不符合要求的,不得作为行政处罚的证据。行政机关应当及时告知当事人违法事实,并采取信息化手段或者其他措施,为当事人查询、陈述和申辩提供便利。不得限制或者变相限制当事人享有的陈述权、申辩权。"新增第 46 条规定:"证据包括:(一)书证;(二)物证;(三)视听资料;(四)电子数据;(五)证人证言;(六)当事人的陈述;(七)鉴定意见;

（八）勘验笔录、现场笔录。证据必须经查证属实，方可作为认定案件事实的根据。以非法手段取得的证据，不得作为认定案件事实的根据。"新增第 47 条规定："行政机关应当依法以文字、音像等形式，对行政处罚的启动、调查取证、审核、决定、送达、执行等进行全过程记录，归档保存。"

第三，新增执法人员行为规范的规定。新增第 42 条规定："行政处罚应当由具有行政执法资格的执法人员实施。执法人员不得少于两人，法律另有规定的除外。执法人员应当文明执法，尊重和保护当事人合法权益。"新增第 43 条规定："执法人员与案件有直接利害关系或者有其他关系可能影响公正执法的，应当回避。当事人认为执法人员与案件有直接利害关系或者有其他关系可能影响公正执法的，有权申请回避。当事人提出回避申请的，行政机关应当依法审查，由行政机关负责人决定。决定作出之前，不停止调查。"

第四，新增突发事件从快、从重处罚的规定。新增第 49 条规定："发生重大传染病疫情等突发事件，为了控制、减轻和消除突发事件引起的社会危害，行政机关对违反突发事件应对措施的行为，依法快速、从重处罚。对于违法所得，新修订的行政处罚法明确要求除依法退赔外予以没收。"

第五，新增行政处罚决定书载明事项的规定。新增第 59 条规定："行政机关依照本法第五十七条的规定给予行政处罚，应当制作行政处罚决定书。行政处罚决定书应当载明下列事项：（一）当事人的姓名或者名称、地址；（二）违反法律、法规、规章的事实和证据；（三）行政处罚的种类和依据；（四）行政处罚的履行方式和期限；（五）申请行政复议、提起行政诉讼的途径和期限；（六）作出行政处罚决定的行政机关名称和作出决定的日期。行政处罚决定书必须盖有作出行政处罚决定的行政机关的印章。"

第六，新增处罚时限要求。新增第 60 条规定："行政机关应当自行政处罚案件立案之日起九十日内作出行政处罚决定。法律、法规、规章另有规定的，从其规定。"

如果说 1996 年颁布的《行政处罚法》的核心原则是处罚法定,2021 年修订的《行政处罚法》则是将处罚法定原则与过罚相当原则均作为行政处罚法的原则:一是进一步完善了处罚法定制度,如增加处罚无效的条款,增加处罚类型;二是完善了过罚相当原则,如增加对责令改正、一事不二罚、不予处罚、从轻减轻处罚、追责期限、行刑衔接等行政处罚规则的规定。

当然,关于过罚相当,2021 年修订的《行政处罚法》重视从轻处罚规范,存在对从重处罚规范不足问题。1996 年颁布的《行政处罚法》没有规定从重处罚情形,2021 年修订时只明确了一种从重处罚情形,即第 49 条的规定"对违反突发事件应对措施的行为,依法快速、从重处罚",很明显无法囊括所有应当或可以从重的主要情形,如被处罚后一定期限内再次发生相同违法行为,还如胁迫、诱骗或教唆未成年人实施违法行为等。

二、《海洋环境保护法》落实最严法治理念

近年来,我国通过了一系列有关环境治理领域的法律法规,用最严格的法治保障生态环境和自然资源,其中包括《海洋环境保护法》的修订。

(一)加大对原有违法行为的处罚力度

新修订的《海洋环境保护法》对于所有行为均加大了处罚力度,仅举以下两例。

1. 加大对向海洋倾倒废弃物的处罚力度

2023 年新修订的《海洋环境保护法》第 93 条规定:"违反本法规定,有下列行为之一,由依照本法规定行使海洋环境监督管理权的部门或者机构责令改正或者责令采取限制生产、停产整治等措施,并处以罚款;情节严重的,报经有批准权的人民政府批准,责令停业、关闭:(一)向海域排放本法禁止排放的污染物或者其他物质的;(二)未依法取得排污许可证排放污染物的;(三)超过标准、总量控制指标排放污染物的;(四)通过私

设暗管或者篡改、伪造监测数据,或者不正常运行污染防治设施等逃避监管的方式违法向海洋排放污染物的;(五)违反本法有关船舶压载水和沉积物排放和管理规定的;(六)其他未依照本法规定向海洋排放污染物、废弃物的。有前款第一项、第二项行为之一的,处二十万元以上一百万元以下的罚款;有前款第三项行为的,处十万元以上一百万元以下的罚款;有前款第四项行为的,处十万元以上一百万元以下的罚款,情节严重的,吊销排污许可证;有前款第五项、第六项行为之一的,处一万元以上二十万元以下的罚款。个人擅自在岸滩弃置、堆放和处理生活垃圾的,按次处一百元以上一千元以下的罚款。"

原 2017 年修正的《海洋环境保护法》第 73 条则规定:"违反本法有关规定,有下列行为之一的,由依照本法规定行使海洋环境监督管理权的部门责令停止违法行为、限期改正或者责令采取限制生产、停产整治等措施,并处以罚款;拒不改正的,依法作出处罚决定的部门可以自责令改正之日的次日起,按照原罚款数额按日连续处罚;情节严重的,报经有批准权的人民政府批准,责令停业、关闭:(一)向海域排放本法禁止排放的污染物或者其他物质的;(二)不按照本法规定向海洋排放污染物,或者超过标准、总量控制指标排放污染物的;(三)未取得海洋倾倒许可证,向海洋倾倒废弃物的;(四)因发生事故或者其他突发性事件,造成海洋环境污染事故,不立即采取处理措施的。有前款第(一)、(三)项行为之一的,处三万元以上二十万元以下的罚款;有前款第(二)、(四)项行为之一的,处二万元以上十万元以下的罚款。"

对于海洋倒废弃物对海洋环境污染损害,与 2017 年修正的《海洋环境保护法》相比,2023 年修订的《海洋环境保护法》大幅提高了处罚力度:一是增加了两种违法行为"(四)通过私设暗管或者篡改、伪造监测数据,或者不正常运行污染防治设施等逃避监管的方式违法向海洋排放污染物的""(五)违反本法有关船舶压载水和沉积物排放和管理规定的";二是大幅提高了罚款金额。如"向海域排放本法禁止排放的污染物或者其他物质的",过去罚款幅度是"处三万元以上二十万元以下的罚款",新法罚款幅度是"二十万元以上一百万元以下的罚款",原法的上限成为新法的下限。

2. 加大对阻挠执法行为的处罚力度

2023 年修订的《海洋环境保护法》第 95 条规定:"违反本法规定,拒绝、阻挠调查和现场检查,或者在被检查时弄虚作假的,由依照本法规定行使海洋环境监督管理权的部门或者机构责令改正,处五万元以上二十万元以下的罚款;对直接负责的主管人员和其他直接责任人员处二万元以上十万元以下的罚款。"

原 2017 年修正的《海洋环境保护法》第 73 条则规定:"违反本法规定,拒绝现场检查,或者在被检查时弄虚作假的,由依照本法规定行使海洋环境监督管理权的部门予以警告,并处二万元以下的罚款。"

对于阻挠调查或检查的行为,与原 2017 年修正的《海洋环境保护法》相比,2023 年修订的《海洋环境保护法》加大了处罚力度:一是增加了"拒绝、阻挠调查"的行为;二是规定了双主体处罚。新法不仅处罚机构,还处罚直接责任人;三是大大提高了罚款幅度。新法处罚起点是五万元,原法的处罚上限是二万元。

(二)新增多项违法情形

新修订的《海洋环境保护法》新增多种违法情况,包括但不限于以下七例。

第一,新增海岸线活动违法情形。新增规定"(一)占用、损害自然岸线的;(二)在严格保护岸线范围内开采海砂的;(三)违反本法其他关于海砂、矿产资源规定的","处每米五百元以上一万元以下的罚款;有前款第二项行为的,处货值金额二倍以上二十倍以下的罚款,货值金额不足十万元的,处二十万元以上二百万元以下的罚款;有前款第三项行为的,处五万元以上五十万元以下的罚款"(第97条)。

第二,新增海水养殖活动违法情形。新增第98条规定:"违反本法规定,从事海水养殖活动有下列行为之一,由依照本法规定行使海洋环境监督管理权的部门或者机构责令改正,处二万元以上二十万元以下的罚款;情节严重的,报经有批准权的人民政府批准,责令停业、关闭:(一)违反禁养区、限养区规定的;(二)违反养殖规模、养殖密度规定的;(三)违反投饵、投肥、药物使用规定的;(四)未按照有关规定对养殖尾水自行监测的。"

第三,新增工程建设项目违法情形。新增第104条规定:"违反本法规定,工程建设项目有下列行为之一,由依照本法规定行使海洋环境监督管理权的部门或者机构责令其停止违法行为、消除危害,处二十万元以上一百万元以下的罚款;情节严重的,报经有批准权的人民政府批准,责令停业、关闭:(一)使用含超标准放射性物质或者易溶出有毒有害物质的材料的;(二)造成领海基点及其周围环境的侵蚀、淤积、损害,或者危及领海基点稳定的。"

第四,增加向海洋倾倒的违法类型。新增第107条规定:"违反本法规定,有下列行为之一,由国务院生态环境主管部门及其海域派出机构、海事管理机构或者海警机构责令改正,处以罚款,暂扣或者吊销倾倒许可证,必要时可以扣押船舶;情节严重的,报经有批准权的人民政府批准,责令停业、关闭:(一)未按照国家规定报告倾倒情况的;(二)未按照国家规定安装使用海洋倾废在线监控设备的;(三)获准倾倒废弃物的单位未依照本法规定委托实施废弃物海洋倾倒作业或者未依照本法规定监督实施的;(四)未按照倾倒许可证的规定倾倒废弃物的。有前款第一项行为的,按次处五千元以上二万元以下的罚款;有前款第二项行为的,处二万元以上二十万元以下的罚款;有前款第三项行为的,处三万元以上三十万元以下的罚款;有前款第四项行为的,处二十万元以上一百万元以下的罚款,被吊销倾倒许可证的,三年内不得从事废弃物海洋倾倒活动。以提供虚假申请材料、欺骗、贿赂等不正当手段申请取得倾倒许可证的,由国务院生态环境主管部门及其海域派出机构依法撤销倾倒许可证,并处二十万元以上五十万元以下的罚款;三年内不得再次申请倾倒许可证。"

第五,新增船舶未按规定作业的违法情形。新增第 112 条规定:"违反本法规定,有下列行为之一,由依照本法规定行使海洋环境监督管理权的部门或者机构责令改正,处一万元以上五万元以下的罚款:(一)载运具有污染危害性货物的船舶未经许可进出港口或者装卸作业的;(二)装卸油类及有毒有害货物的作业,船岸双方未遵守安全防污操作规程的;(三)船舶进行散装液体污染危害性货物的过驳作业,未编制作业方案或者未按照有关规定报经批准的。"

第六,增加未按规定向海域排放、倾倒、处置的违法情形。新增第113 条规定:"企业事业单位和其他生产经营者违反本法规定向海域排放、倾倒、处置污染物、废弃物或者其他物质,受到罚款处罚,被责令改正的,依法作出处罚决定的部门或者机构应当组织复查,发现其继续实施该违法行为或者拒绝、阻挠复查的,依照《中华人民共和国环境保护法》的规定按日连续处罚。"

第七,新增未按规定缴纳倾倒费的违法情形。新增第 117 条规定:"未依照本法规定缴纳倾倒费的,由国务院生态环境主管部门及其海域派出机构责令限期缴纳;逾期拒不缴纳的,处应缴纳倾倒费数额一倍以上三倍以下的罚款,并可以报经有批准权的人民政府批准,责令停业、关闭。"

三、海警行政处罚应注意的问题

依据《海洋环境保护法》第 4 条第 6 款规定,海警机构承担海洋环境保护的职责,"对海洋工程建设项目、海洋倾倒废弃物对海洋环境污染损害、自然保护地海岸线向海一侧保护利用等活动进行监督检查,查处违法行为,按照规定权限参与海洋环境污染事故的应急处置和调查处理"①。为有效应对新修订《行政处罚法》《海洋环境保护法》的新要求,海警机构执法中应注意以下问题。

(一)遵循处罚法定原则

第一,防范执法依据错误。根据新修订的《海洋环境保护法》,中国海警局修订印发《海警机构海上行政执法事项指导目录(2024年版)》,将2022年版365项海洋环境保护执法事项增至429项。海警执法中,应依据新的指导目录,细分执法事项,防范执法依据出现错误。

第二,防范僭越职权。对于海洋环境保护执法,自然资源局、交通运输主管部门、渔业部门、海警机构、海事机构等均享有相应的执法权,在实际执法中,海警局应防范不要僭越其他机关的执法权。

第三,遵循取证规定。海警机构快速办理程序中实施行政处罚的,可以使用执法记录仪等设备代替书面询问笔录。但应予注意的是,应遵循《行政处罚法》第55条第2款之规定"询问或者检查应当制作笔录"来细化录音录像的规范。

应予注意的是,录音录像必须完整涵盖书面询问笔录的要素:一是起止时间,具体到分,并采用24小时制。凡进行2次以上调查(询问)的,第2次以后的调查(询问)应当注明"第×次调查(询问)";二是"地点"呈现调查(询问)的具体地点,注明具体门牌号或具体位置;三是"调查(询问)人"呈现调查(询问)人的姓名及执法证件号。调查(询问)人应当是2名及以上行政执法人员;四是"记录人"呈现执法记录仪拍摄人的姓名和执法证件号,可以是调查(询问)人中的1名人员;五是呈现被调查(询问)人的姓名、性别、民族、国籍、出生年月、政治面貌、文化程度、联系电话、身份

---

① 依据2024年《海洋环境保护法》,中国海警局2024年3月印发《海警机构海上行政执法事项指导目录(2024年版)》,与海洋环境保护相关的事项由2021年版的365项增至429项。

证或者其他有效证件号码、工作单位或者住址,并注明与本案的关系;六是调查(询问)采用一问一答方式进行,调查(询问)人提出一个问题后,应当要求被调查(询问)人回答,如被调查(询问)人不回答或拒绝回答的应当注明,调查(询问)人的提问应当围绕查清可能涉嫌违法行为的事实进行,重点调查人、时间、地点、行为、该行为如何实施并造成了怎样的危害后果,记录人应当如实记录不得随意增删和更改;七是调查(询问)结束后,应当要求被调查(询问)人核对,被调查(询问)人发现有误的可以要求修改并确认,修改内容不能遮盖原记录内容,被调查(询问)人做较大修改的可以重新录音录像。

（二）遵循过罚相当原则

"毒芹菜"案暴露出的过罚严重失当问题可为海警执法提供警戒。2019 年 9 月 11 日,陈依伯从王某处花 122.5 元买了 70 斤芹菜,转卖给某蔬菜批发商行,赚了 14 元。当天,某便民超市从该蔬菜批发商行采购了一批果蔬,包括陈依伯卖给商行的 7.5 斤芹菜。隔天,该超市当地的市场监管局在日常监督执法中,抽检了该批芹菜,经送检,发现毒死蜱项目不符合 GB2763-2016《食品安全国家标准食品中农药最大残留限量》要求,该批次芹菜检验结论为不合格。2021 年 2 月 8 日,陈依伯因涉嫌销售不合格芹菜被市场监管部门依法立案调查。2022 年 4 月 22 日,市场监管部门作出行政处罚决定书,采纳了陈依伯的立功表现行为,责令陈依伯改正并对其给予警告,没收违法所得 14 元,处以罚款 5 万元。陈依伯没有在法定期限内申请行政复议,也没提起诉讼。因其未主动缴纳罚款,市场监管部门于 2022 年 12 月 19 日依法向陈依伯催告,督促陈依伯及时缴纳罚款 5 万元并加处罚款 5 万元。经催告,陈依伯无力履行,市场监管局于2023 年 2 月 14 日向法院申请强制执行。

法院经审理认为,陈依伯并非职业菜贩,系首次违法,案涉不合格芹菜货值 136.5 元,获利仅 14 元,金额显属较小,其本人并不知晓销售芹菜不合格,且案发后配合调查,如实说明不合格芹菜来源,积极举报他人无照经营,具有立功行为,应当依法予以减轻或不予处罚、市场监管局作出"处以罚款5万元"的处罚畸重。且在行政程序方面,市场监管局于2021年2月8日予以立案调查,于2022年4月22日作出案涉行政处罚决定书时也已超过法定办案期限,程序亦违法。故对市场监管局作出的行政处罚决定,裁定不准予强制执行。

"毒芹菜"案背后是《食品安全法》第124条规定"生产经营致病性微生物、农药残留、兽药残留、生物毒素、重金属等污染物质以及其他危害人体健康的物质含量超过食品安全标准限量的食品、食品添加剂的,货值不足一万元,并处五万元以上十万元以下罚款"。这明显违反《行政处罚法》第5条规定的行政处罚"与违法行为的事实、性质、情节以及社会危害程度相当"及第33条"违法行为轻微并及时改正,没有造成危害后果的,不予行政处罚"的规定。①

新修订的《海洋环境保护法》对无证倾废行为的处罚由3万元至20万元提升到20万元至200万元,对未按照倾倒许可证的规定倾倒废弃物行为的处罚由3万元至20万元提升到20万元至100万元,处罚金额大幅度提升。海警在行政处罚时,除应遵循处罚法定原则外,还应遵循过罚相当原则,如注意从轻、减轻、免予或者不予处罚的以下情节:(1)涉嫌的生态环境违法行为轻微的;(2)受他人胁迫或者不可抗力影响的;(3)证明没有主观过错的;(4)及时改正违法行为的;(5)配合主管部门查处生态环境违法行为有立功表现的;(6)积极采取整改措施,主动消除或者减轻生态环境危害后果的;(7)危害后果轻微,或者没有造成危害后果的;(8)证明违法事实不能成立的。

---

① "毒芹菜"案引发了社会各界对《食品安全法》设定的相关行政处罚是否过罚相当、罚款数额设定是否合理与适度的讨论。参见刘浩:《关于地方立法合理与适度的思考》,载《地方立法研究》2024年第1期。

（三）树立行政处罚的"纠正"思维

2023 年生态环境部《生态环境行政处罚办法》第 3 条明确规定"实施生态环境行政处罚，纠正违法行为，应当坚持教育与处罚相结合"，第 42 条第 1 款规定"初次违法且生态环境危害后果轻微并及时改正的，可以不予行政处罚"，亦间接表明了立法机关倡导生态环境执法应遵循教育与处罚相结合的原则。

行政处罚的最终目的在于纠正，惩罚只是手段。"以罚代管"的执法方式是通过增加行政相对人的犯错成本进而倒逼行政相对人自我约束。对于行政机关而言，单一的罚金方式省力省时，但这却直接造成公民、企业财产权益减损。相较于行政处罚而言，行政教育则是通过警示、说理等方式，感化和督促行为人进行内在改造与自我纠错，可在一定程度上弥补"命令—控制"式行政处罚制度之不足。

"行政执法工作面广量大，一头连着政府，一头连着群众，直接关系群众对党和政府的信任、对法治的信心。"[①]有效应对新修订《行政处罚法》《海洋环境保护法》的新要求，海警机构在执法中还应融合处罚与教育两种手段，以有助于实现制裁违法和预防再犯之双重功效，实现"纠正"行政处罚的目的。

第五节　行政复议法的文本与实践[②]

新修订的《行政复议法》将中央确立的行政复议作为化解行政争议主

---

① 习近平:《坚定不移走中国特色社会主义法治道路　为全面建设社会主义现代化国家提供有力法治保障》，载《求是》2021 年第 5 期，第 12 页。

② 本节部分内容来自本人于 2020 年 6 月在汕头市交警"廉政教育暨业务技能培训"上的法治讲座《交警执法依据与执法规范》。

渠道的政策定位转化为立法目的。①研究新《行政复议法》所做的重大修改,并思考其对交通执法工作的影响,既有利于落实《行政复议法》,也有利于推进交通执法规范。

一、《行政复议法》的重大修改

在"发挥行政复议化解行政争议的主渠道作用"这一修法目标下,《行政复议法》进行了重大修改。

（一）关于总则的主要修改

第一,立法宗旨增加了"发挥行政复议化解行政争议的主渠道作用,推进法治政府建设"的内容。第 1 条立法宗旨修改为:"为了防止和纠正违法的或者不当的行政行为,保护公民、法人和其他组织的合法权益,监督和保障行政机关依法行使职权,发挥行政复议化解行政争议的主渠道作用,根据宪法,制定本法。"

第二,增加了行政复议"为民"原则的规定。第 3 条第 2 款修改为:"行政复议机关履行行政复议职责,应当遵循合法、公正、公开、高效、便民、为民的原则,坚持有错必纠,保障法律、法规的正确实施。"

第三,新增行政复议调解制度。新增第 5 条规定:"行政复议机关办理行政复议案件,可以进行调解。调解应当遵循合法、自愿的原则,不得损害国家利益、社会公共利益和他人合法权益,不得违反法律、法规的强制性规定。"

---

① 2020 年 2 月,中央全面依法治国委员会审议通过了《行政复议体制改革方案》(以下简称《方案》),该时正为司法部和国务院制定《行政复议法(修改草稿)》的重要时间点。《方案》第一句话便对行政复议制度进行了定性:行政复议制度是政府内部纠错的监督制度,是"民告官"的救济制度。该定性展示了行政复议的行政性与司法性。中央还明确指出,行政是第一性的,准司法是第二性的。除行政性和准司法性这两个特性之外,中央的文件中还明确指出行政复议是化解行政争议的主渠道,修改后的《行政复议法》也全面贯彻了以上三个特性。参见杨科雄《〈行政复议法〉的修改》,载《知行学刊》2023 年第 2 期。

第四，完善了行政复议队伍建设的规定。一是新增第 6 条规定："国家建立专业化、职业化行政复议人员队伍。行政复议机构中初次从事行政复议工作的人员，应当通过国家统一法律职业资格考试取得法律职业资格，并参加统一职前培训。国务院行政复议机构应当会同有关部门制定行政复议人员工作规范，加强对行政复议人员的业务考核和管理。"二是新增第 7 条规定："行政复议机关应当确保行政复议机构的人员配备与所承担的工作任务相适应，提高行政复议人员专业素质，根据工作需要保障办案场所、装备等设施。县级以上各级人民政府应当将行政复议工作经费列入本级预算。"三是新增第 9 条规定："对在行政复议工作中做出显著成绩的单位和个人，按照国家有关规定给予表彰和奖励。"

（二）关于行政复议申请的主要修改

第一，扩大了行政复议的受案范围。一是修改第 11 条规定："有下列情形之一的，公民、法人或者其他组织可以依照本法申请行政复议：（一）对行政机关作出的行政处罚决定不服；（二）对行政机关作出的行政强制措施、行政强制执行决定不服；（三）申请行政许可，行政机关拒绝或者在法定期限内不予答复，或者对行政机关作出的有关行政许可的其他决定不服；（四）对行政机关作出的确认自然资源的所有权或者使用权的决定不服；（五）对行政机关作出的征收征用决定及其补偿决定不服；（六）对行政机关作出的赔偿决定或者不予赔偿决定不服；（七）对行政机关作出的不予受理工伤认定申请的决定或者工伤认定结论不服；（八）认为行政机关侵犯其经营自主权或者农村土地承包经营权、农村土地经营权；（九）认为行政机关滥用行政权力排除或者限制竞争；（十）认为行政机关违法集资、摊派费用或者违法要求履行其他义务；（十一）申请行政机关履行保护人身权利、财产权利、受教育权利等合法权益的法定职责，行政机关拒绝履行、未依法履行或者不予答复；（十二）申请行政机关依法给付抚恤金、社会保险待遇或者最低生活保障等社会保障，行政机关没有依法给付；

（十三）认为行政机关不依法订立、不依法履行、未按照约定履行或者违法变更、解除政府特许经营协议、土地房屋征收补偿协议等行政协议；（十四）认为行政机关在政府信息公开工作中侵犯其合法权益；（十五）认为行政机关的其他行政行为侵犯其合法权益。"二是新增第 13 条规定："下列事项不属于行政复议范围：（一）国防、外交等国家行为；（二）行政法规、规章或者行政机关制定、发布的具有普遍约束力的决定、命令等规范性文件；（三）行政机关对行政机关工作人员的奖惩、任免等决定；（四）行政机关对民事纠纷作出的调解。"

第二，扩大了可附带审查的行政规范性文件范围。修改了第 13 条规定："公民、法人或者其他组织认为行政机关的行政行为所依据的下列规范性文件不合法，在对行政行为申请行政复议时，可以一并向行政复议机关提出对该规范性文件的附带审查申请：（一）国务院部门的规范性文件；（二）县级以上地方各级人民政府及其工作部门的规范性文件；（三）乡、镇人民政府的规范性文件；（四）法律、法规、规章授权的组织的规范性文件。前款所列规范性文件不含规章。规章的审查依照法律、行政法规办理。"

第三，新增了申请人代表制度。新增第 15 条规定："同一行政复议案件申请人人数众多的，可以由申请人推选代表人参加行政复议。代表人参加行政复议的行为对其所代表的申请人发生效力，但是代表人变更行政复议请求、撤回行政复议申请、承认第三人请求的，应当经被代表的申请人同意。"

第四，完善了被申请人制度。修改第 19 条规定："公民、法人或者其他组织对行政行为不服申请行政复议的，作出行政行为的行政机关或者法律、法规、规章授权的组织是被申请人。两个以上行政机关以共同的名义作出同一行政行为的，共同作出行政行为的行政机关是被申请人。行政机关委托的组织作出行政行为的，委托的行政机关是被申请人。作出行政行为的行政机关被撤销或者职权变更的，继续行使其职权的行政机关是被申请人。"

第五，完善了行政复议权利的申请期限的规定。一是新增第 20 条第 3 款规定："行政机关作出行政行为时，未告知公民、法人或者其他组织申请行政复议的权利、行政复议机关和申请期限的，申请期限自公民、法人或者其他组织知道或者应当知道申请行政复议的权利、行政复议机关和申请期限之日起计算，但是自知道或者应当知道行政行为内容之日起最长不得超过一年。"二是新增第 21 条规定："因不动产提出的行政复议申请自行政行为作出之日起超过二十年，其他行政复议申请自行政行为作出之日起超过五年的，行政复议机关不予受理。"

第六，完善了行政复议前置的规定。完善了第 23 条规定："有下列情形之一的，申请人应当先向行政复议机关申请行政复议，对行政复议决定不服的，可以再依法向人民法院提起行政诉讼：（一）对当场作出的行政处罚决定不服；（二）对行政机关作出的侵犯其已经依法取得的自然资源的所有权或者使用权的决定不服；（三）认为行政机关存在本法第十一条规定的未履行法定职责情形；（四）申请政府信息公开，行政机关不予公开；（五）法律、行政法规规定应当先向行政复议机关申请行政复议的其他情形。对前款规定的情形，行政机关在作出行政行为时应当告知公民、法人或者其他组织先向行政复议机关申请行政复议。"

第七，修改了行政复议管辖机关。修改第 24 条规定："县级以上地方各级人民政府管辖下列行政复议案件：（一）对本级人民政府工作部门作出的行政行为不服的；（二）对下一级人民政府作出的行政行为不服的；（三）对本级人民政府依法设立的派出机关作出的行政行为不服的；（四）对本级人民政府或者其工作部门管理的法律、法规、规章授权的组织作出的行政行为不服的。除前款规定外，省、自治区、直辖市人民政府同时管辖对本机关作出的行政行为不服的行政复议案件。省、自治区人民政府依法设立的派出机关参照设区的市级人民政府的职责权限，管辖相关行政复议案件。对县级以上地方各级人民政府工作部门依法设立的派出机构依照法律、法规、规章规定，以派出机构的名义作出的行政行为不服的行政复议案件，由本级人民政府管辖；其中，对直辖市、设区的市人民政府工作部门按照行政区划设立的派出机构作出的行政行为不服的，也可以由其所在地的人民政府管辖。"

（三）关于行政复议受理的主要修改

第一，完善了行政复议的受案条件。修改第30条："行政复议机关收到行政复议申请后，应当在五日内进行审查。对符合下列规定的，行政复议机关应当予以受理：（一）有明确的申请人和符合本法规定的被申请人；（二）申请人与被申请行政复议的行政行为有利害关系；（三）有具体的行政复议请求和理由；（四）在法定申请期限内提出；（五）属于本法规定的行政复议范围；（六）属于本机关的管辖范围；（七）行政复议机关未受理过该申请人就同一行政行为提出的行政复议申请，并且人民法院未受理过该申请人就同一行政行为提起的行政诉讼。对不符合前款规定的行政复议申请，行政复议机关应当在审查期限内决定不予受理并说明理由；不属于本机关管辖的，还应当在不予受理决定中告知申请人有管辖权的行政复议机关。行政复议申请的审查期限届满，行政复议机关未作出不予受理决定的，审查期限届满之日起视为受理。"

第二，规定了特定情形下可以通过行政处罚机关提交行政复议申请。新增第32条规定："对当场作出或者依据电子技术监控设备记录的违法事实作出的行政处罚决定不服申请行政复议的，可以通过作出行政处罚决定的行政机关提交行政复议申请。行政机关收到行政复议申请后，应当及时处理；认为需要维持行政处罚决定的，应当自收到行政复议申请之日起五日内转送行政复议机关。"

（四）关于行政复议审理的主要修改

第一，新增行政复议证据的规定。新增第43条规定："行政复议证据包括：(一)书证；(二)物证；(三)视听资料；(四)电子数据；(五)证人证言；(六)当事人的陈述；(七)鉴定意见；(八)勘验笔录、现场笔录。以上证据经行政复议机构审查属实，才能作为认定行政复议案件事实的根据。"

第二，新增被申请人的举证责任规定。新增第44条规定："被申请人对其作出的行政行为的合法性、适当性负有举证责任。有下列情形之一的，申请人应当提供证据：(一)认为被申请人不履行法定职责的，提供曾经要求被申请人履行法定职责的证据，但是被申请人应当依职权主动履行法定职责或者申请人因正当理由不能提供的除外；(二)提出行政赔偿请求的，提供受行政行为侵害而造成损害的证据，但是因被申请人原因导致申请人无法举证的，由被申请人承担举证责任；(三)法律、法规规定需要申请人提供证据的其他情形。"

第三，新增行政复议机构应当听取当事人意见的规定。一是新增第49条规定："适用普通程序审理的行政复议案件，行政复议机构应当当面或者通过互联网、电话等方式听取当事人的意见，并将听取的意见记录在案。因当事人原因不能听取意见的，可以书面审理。"二是新增第50条规定："审理重大、疑难、复杂的行政复议案件，行政复议机构应当组织听证。行政复议机构认为有必要听证，或者申请人请求听证的，行政复议机构可以组织听证。听证由一名行政复议人员任主持人，两名以上行政复议人员任听证员，一名记录员制作听证笔录。"

第四，新增行政复议委员会规定。新增第52条规定："县级以上各级人民政府应当建立相关政府部门、专家、学者等参与的行政复议委员会，为办理行政复议案件提供咨询意见，并就行政复议工作中的重大事项和共性问题研究提出意见。行政复议委员会的组成和开展工作的具体办法，由国务院行政复议机构制定。审理行政复议案件涉及下列情形之一的，行政复议机构应当提请行政复议委员会提出咨询意见：(一)案情重大、疑难、复杂;(二)专业性、技术性较强;(三)本法第二十四条第二款①规定的行政复议案件;(四)行政复议机构认为有必要。行政复议机构应当记录行政复议委员会的咨询意见。"

第五,新增行政复议机关审查规范性文件的规定。一是新增规定行政复议机关有权处理有关规范性文件或者依据的,行政复议机构应当自行政复议中止之日起三日内书面通知规范性文件或者依据的制定机关就相关条款的合法性提出书面答复,制定机关应当自收到书面通知之日起十日内提交书面答复及相关材料,行政复议机构认为必要时可以要求规范性文件或者依据的制定机关当面说明理由,制定机关应当配合(第58条)。二是行政复议机关认为相关条款合法的在行政复议决定书中一并告知,认为相关条款超越权限或者违反上位法的则决定停止该条款的执行并责令制定机关予以纠正(第59条)。

(五)关于行政复议决定的主要修改

第一,完善了行政复议决定作出的依据。一是新增第61条第2款规定:"经过听证的行政复议案件,行政复议机关应当根据听证笔录、审查认定的事实和证据,依照本法作出行政复议决定。"二是新增第61条第3款规定:"提请行政复议委员会提出咨询意见的行政复议案件,行政复议机关应当将咨询意见作为作出行政复议决定的重要参考依据。"

第二,新增简易复议程序的期限规定。新增第62条第2款:"适用简易程序审理的行政复议案件,行政复议机关应当自受理申请之日起三十日内作出行政复议决定。"

第三,新增了"变更"的行政决定形式。新增第63条规定:"行政行为有下列情形之一的,行政复议机关决定变更该行政行为:(一)事实清楚,证据确凿,适用依据正确,程序合法,但是内容不适当;(二)事实清楚,证

---

① 《行政复议法》(2023年修订)第24条第2款规定:"除前款规定外,省、自治区、直辖市人民政府同时管辖对本机关作出的行政行为不服的行政复议案件。"

据确凿,程序合法,但是未正确适用依据;(三)事实不清、证据不足,经行政复议机关查清事实和证据。行政复议机关不得作出对申请人更为不利的变更决定,但是第三人提出相反请求的除外。"

第四,完善了"撤销"的行政决定规定。修改第64条规定:"行政行为有下列情形之一的,行政复议机关决定撤销或者部分撤销该行政行为,并可以责令被申请人在一定期限内重新作出行政行为:(一)主要事实不清、证据不足;(二)违反法定程序;(三)适用的依据不合法;(四)超越职权或者滥用职权。行政复议机关责令被申请人重新作出行政行为的,被申请人不得以同一事实和理由作出与被申请行政复议的行政行为相同或者基本相同的行政行为,但是行政复议机关以违反法定程序为由决定撤销或者部分撤销的除外。"

第五,完善了确认行政行为"违法"的规定。修改第65条规定:"行政行为有下列情形之一的,行政复议机关不撤销该行政行为,但是确认该行政行为违法:(一)依法应予撤销,但是撤销会给国家利益、社会公共利益造成重大损害;(二)程序轻微违法,但是对申请人权利不产生实际影响。行政行为有下列情形之一,不需要撤销或者责令履行的,行政复议机关确认该行政行为违法:(一)行政行为违法,但是不具有可撤销内容;(二)被申请人改变原违法行政行为,申请人仍要求撤销或者确认该行政行为违法;(三)被申请人不履行或者拖延履行法定职责,责令履行没有意义。"

第六,新增了确认行政行为"无效"的规定。新增第67条规定:"行政行为有实施主体不具有行政主体资格或者没有依据等重大且明显违法情形,申请人申请确认行政行为无效的,行政复议机关确认该行政行为无效。"

第七,新增关于行政协议的处理规定。新增第71条规定:"被申请人不依法订立、不依法履行、未按照约定履行或者违法变更、解除行政协议的,行政复议机关决定被申请人承担依法订立、继续履行、采取补救措施或者赔偿损失等责任。被申请人变更、解除行政协议合法,但是未依法给予补偿或者补偿不合理的,行政复议机关决定被申请人依法给予合理补偿。"

第八,新增了行政调解制度。新增第73条规定:"当事人经调解达成协议的,行政复议机关应当制作行政复议调解书,经各方当事人签字或者签章,并加盖行政复议机关印章,即具有法律效力。调解未达成协议或者调解书生效前一方反悔的,行政复议机关应当依法审查或者及时作出行政复议决定。"

第九,新增了行政复议中的和解制度。新增第74条规定:"当事人在行政复议决定作出前可以自愿达成和解,和解内容不得损害国家利益、社会公共利益和他人合法权益,不得违反法律、法规的强制性规定。当事人达成和解后,由申请人向行政复议机构撤回行政复议申请。行政复议机构准予撤回行政复议申请、行政复议机关决定终止行政复议的,申请人不得再以同一事实和理由提出行政复议申请。但是,申请人能够证明撤回行政复议申请违背其真实意愿的除外。"

第十,规定了行政复议文书的强制效力。一是新增规定被申请人不履行或者无正当理由拖延履行行政复议决定书、调解书、意见书的,行政复议机关或者有关上级行政机关应当责令其限期履行,并可以约谈被申请人的有关负责人或者予以通报批评(第77条第2款);二是新增规定行政复议调解书由行政复议机关依法强制执行,或者申请人民法院强制执行(第78条第(三)项);三是新增规定行政复议机关按照国家有关规定将行政复议决定书向社会公开,县级以上地方各级人民政府办理以本级人民政府工作部门为被申请人的行政复议案件应当将发生法律效力的行政复议决定书、意见书同时抄告被申请人的上一级主管部门(第79条)。

(六)关于法律责任的主要修改

第一,新增规定拒绝、阻挠行政复议人员调查取证的相关人员的法律责任。新增第84条规定："拒绝、阻挠行政复议人员调查取证,故意扰乱行政复议工作秩序的,依法给予处分、治安管理处罚;构成犯罪的,依法追究刑事责任。"

第二,新增规定行政复议机关有权将行政机关及其工作人员的违法材料移送相关机关。新增第85条规定:"行政机关及其工作人员违反本法规定的,行政复议机关可以向监察机关或者公职人员任免机关、单位移送有关人员违法的事实材料,接受移送的监察机关或者公职人员任免机关、单位应当依法处理。"

第三,新增规定行政复议机关发现公职人员违法或者犯罪的线索应当移送监察机关的义务。新增第86条规定:"行政复议机关在办理行政复议案件过程中,发现公职人员涉嫌贪污贿赂、失职渎职等职务违法或者职务犯罪的问题线索,应当依照有关规定移送监察机关,由监察机关依法调查处置。"

二、《行政复议法》修改对交通执法的影响

《行政复议法》修改以行政复议成为化解行政争议为的主渠道为立法目的,以"便民、为民"为基本原则,对交通执法机关的执法行为、执法依据、执法裁量权均提出更高要求。

（一）行政复议体制的变化对交通执法行为的影响

第一,交通执法不再出现"自己复议自己作出的行政处罚决定"。新修订的《行政复议法》管辖制度的修改主要体现在除垂直领导等特殊情形外,申请人对县级以上地方各级人民政府工作部门及其派出机构、授权组织等作出的行政行为不服的,统一向本级人民政府申请行政复议。

第二,由于作出维持的行政复议决定将意味着复议机关将与处罚机关同时坐上被告席。为了避免和减少当事人不服其维持复议决定而造成败诉的情形,行政复议机关作出维持行政复议决定时往往会在对有争议

的交通行政处罚复核中妥善处理。

第三,由于复议机构是以政府名义对交通执法部门行政处罚作出复议决定,政府各部门即使不服行政复议决定,基本上也不会申诉。

第四,当事人提出行政复议申请不需要缴纳任何费用。

(二)大幅增加行政复议受案范围对交通执法行为的影响

新修订的《行政复议法》第11条规定,除了传统的交通行政处罚、行政强制和变更、中止、撤销有关行政许可决定不服等情形外,下列与行政执法相关的行政行为也被纳入复议受理范围。

第一,认为行政机关不依法订立、不依法履行、未按照约定履行或者违法变更、解除政府特许经营协议的。交通运输行业中(如巡游出租汽车、公共汽车客运、班线客运及高速公路经营等)的特许权经营,可能纳入行政复议的受案范围。

第二,申请行政许可,行政机关拒绝或者在法定期限内不予答复,或者对行政机关作出的有关行政许可的其他决定不服。交通运输部通报的有关网约车许可的"玻璃门"和"旋转门"等类似行政许可难的问题,也可能因此纳入行政复议受理范围。

第三,对行政机关作出的征收征用决定及其补偿决定不服的。交通运输行业中如疫情之下征用客车、船舶运输民众或者物资等征用及补偿决定不服的,可能因此纳入行政复议受理范围。

第四,认为行政机关滥用行政权力排除或者限制竞争的。交通运输行业中如部分城市限制网约车经营者必须是本市户籍,以及限制中小企业进入等管理措施,可能因此纳入行政复议受理范围。

第五,申请行政机关履行保护人身权利、财产权利、受教育权利等合法权益的法定职责,行政机关拒绝履行、未依法履行或者不予答复,如申请打击非法营运保护特许经营权的问题。

第六,对行政机关作出的赔偿决定或者不予赔偿决定不服的。如行政强制、行政处罚败诉涉及的行政赔偿案件。

第七，认为行政机关在政府信息公开工作中侵犯其合法权益的。如涉及行政处罚公示和公布重点监管名单的问题，当然也可能涉及事故通报和对外宣传中涉及的当事人合法权益问题。总之，一些以前不可能发生的偏门行政行为可能会被当事人申请行政复议，需要交通执法部门引起注意。

（三）规范性文件附带审查对交通执法规范的影响

新修订的《行政复议法》第56条规定，申请人提出对有关规范性文件的附带审查申请，行政复议机关有权处理的，应当在30日内依法处理；无权处理的，应当在7日内转送有权处理的行政机关依法处理。第59条规定，行政复议机关认为相关条款超越权限或者违反上位法的，决定停止该条款的执行，并责令制定机关予以纠正。

如某交通行政处罚个案被复议机关受理后，申请人可以同时就该案所涉行政处罚裁量权基准一并申请审查。实践中，虽然行政规范性文件的备案审查和后期复议机构理论上同属于一个部门，但是两者的侧重点明显不同。备案性审查主要从总则、结构和全局角度审查，而复议机构则侧重审查个案所涉某一条具体行政处罚自由裁量权基准。在新《行政复议法》增加可以聘请律师、基层法律服务工作者或者其他代理人代为参加行政复议的情况下，几乎附带提出行政处罚裁量权基准审查成为必然。

（四）将行政处罚适当性纳入复议范围对交通执法自由裁量权的影响

新修订的《行政复议法》第44条规定，被申请人对其作出的行政行为的合法性、适当性负有举证责任。将行政处罚的适当性纳入复议审理范围，基本与行政诉讼审理范围保持一致。第63条规定，行政行为事实清楚、证据确凿、适用依据正确、程序合法但是内容不适当的，行政复议机关决定变更该行政行为。

以前某个违法行为的处罚复议机关一般只考虑定性是否准确,处罚的幅度是否在法律规定的上下限之间,偶尔会考虑上限处罚等畸重畸轻的情况。但是,现在如果不适用行政处罚裁量权基准,就可能被行政复议机关以"过罚不相当"等适当性理由予以撤销、变更或者调解。

三、交通执法机关的有效应对

《行政复议法》的修订不仅给交通执法机构带来了挑战,也新增了许多新制度,为交通执法机关解决行政纠纷提供更多制度工具。当然,遵守执法规范并恪守正当程序,是交通执法机关防范行政纠纷的根本途径。

（一）有效利用行政复核程序,前端截停行政复议

原理上,当事人对行政机关的行为不服的,可以直接向该行政机关申请复核。《道路交通事故处理程序规定》第 71 条规定:"当事人对道路交通事故认定或者出具道路交通事故证明有异议的,可以自道路交通事故认定书或者道路交通事故证明送达之日起三日内提出书面复核申请。"行政机关应在发现错误时即刻纠正、自我纠错,实现行政复议的前端截停。笔者协助申请人办理的以下案例,即是典型的行政机关发现自身错误,前端截停行政复议的典型事例。

事实和理由:S 市 2024 年 10 月某日上午 9 时 25 分,申请人驾驶小型汽车,在某立交方向入口处正常行驶时,被第三人驾驶的小型汽车变道超速行驶别停,发生交通事故。第三人报警,申请人与第三人双方均有行车记录仪,且均在现场拍照并传给各自机动车保险理赔专员。申请人的理赔专员回复"对方全责"。9 时 51 分,交警和保险理赔人员仍未到达事故现场,现场严重堵车,第三人建议双方将车挪离现场,申请人同意。在申请人挪车时发现自己车辆只是刮伤,不影响正常行驶,因急着上班,就向第三人建议交换电话后,自己先驶离现场去上班,由第三人在现场等待处理。申请人驶离现场后,一直在线配合事故组调查。且申请人上午下班

后,立即到交警大队配合处理该交通事故。

其后,交警大队作出的道路交通事故认定书,以申请人"发生交通事故后,没有保护好现场"来认定申请人对事故负有全部责任。笔者以地方法治建设研究者的身份,向交警部门了解为何在行车记录仪、现场照片、申请人及第三人笔录均能查清事故责任时,还要让去正常上班的申请人承担全部责任,交警部门回复称在该交通事故已报案情况下,申请人驶离现场时应电话联系交警却没有联系。

申请人不服该事故认定,提交复核申请,明确指出不存在因申请人离开现场而导致现场被破坏或无法确定事故责任的情况:一是两部车的行车记录仪足以清晰显示是由第三人为躲避右侧快速行驶的车辆碰撞而向左侧加速超车导致的事故;二是申请人在事故发生后立即报警报保险,且按保险理赔人员指示从多个角度拍照以保护现场,多角度的照片更足以还原现场;三是在近半个小时一直未等到交警的情况下,由第三人提议下,申请人才挪动车辆,挪动车辆时发现申请人车辆可以正常行驶才紧急去上班,且离开现场前已与第三人留好联系方式。

尤其是,申请人强调,在新《行政复议法》已实施的情况下,如果得不到满意的复核结果,自己将申请行政复议,让复议机关来判断在"机动车轻微道路交通事故快速处理"的政策导向下,在上述事实的基础上,自己是否应该承担全责?

申请人提交复核申请后不到 20 日,即收到复核机关作出撤销原交通事故认定书,并作出该起事故由第三人承担全部责任的事故责任认定书。

(二)有效利用行政复议中的新制度,为解决行政纠纷提供更多选择

第一,利用行政复议中的调解制度。新修订的《行政复议法》第 5 条规定,行政复议机关办理行政复议案件,可以调解。调解应当遵循合法、自愿的原则,不得损害国家利益、社会公共利益和他人合法权益,不得违反法律法规的强制性规定。因此,交通执法部门在遇见一些明显有失公

平又没有自我纠错的案件时,可以在复议机构的调解下通过调整处罚幅度等措施化解部分尖锐的矛盾。

第二,利用复议阶段和解制度。新修订的《行政复议法》第74条的规定,当事人在行政复议决定作出前可以自愿达成和解,和解内容不得损害国家利益、社会公共利益和他人合法权益,不得违反法律法规的强制性规定。当事人达成和解后,由申请人向行政复议机构撤回行政复议申请。据此,复议阶段"和解"具有了正式法律地位。但是,由于新修订《行政复议法》《行政处罚法》均未对"和解"的程序做具体规定,笔者建议在双方达成和解意愿基础上以行政复议机关"复议调解"方式结案。

第三,利用行政复议委员会制度。交通执法部门中符合条件的人员可以积极参与行政复议委员会,也可以通过与复议委员会成员积极沟通来阐述执法依据合法合理性。新修订的《行政复议法》第52条规定,县级以上各级人民政府应当建立相关政府部门、专家、学者等参与的行政复议委员会,为办理行政复议案件提供咨询意见,并就行政复议工作中的重大事项和共性问题研究提出意见。

(三)遵守执法规范恪守正当程序,是防范行政纠纷的根本途径

1. 遵守执法规范

赵某柱因诉青岛市公安局某某分局交通警察大队行政处罚一案[①]中存在多处执法不规范情形,是交警执法的典型警示案例。

原告系美团外卖员,2019年6月某日原告骑二轮电动自行车送餐,行至崂山区松岭路辽阳东路路口被被告交警拦下,被告并以原告"驾驶与驾驶证载明的准驾车型不符合的车辆、上道路行驶的机动车未悬挂机动车号牌违法行为"为由,对原告进行行政处罚。原告认为所骑电动车并非机动车(按照新国标法属于超标车范畴),被告该处罚没有法律依据。被

---

① 一审:青岛市崂山区人民法院(2019)鲁0212行初71号;二审:青岛市中级人民法院(2020)鲁02行终30号再审:山东省高级人民法院(2020)鲁行再100号。

申请人则认为,处罚依据是其委托第三方鉴定机构出具的司法鉴定意见书。该意见载明:"通过对该二轮车的检验可知:该车设计有两个车轮,由电动机驱动,无脚踏骑行装置。通过上述分析认为:该二轮车属于机动车之摩托车范畴。"

另,本案在审理中,2019 年 11 月 20 日,山东省公安厅发布了鲁公发[2019]423 号《关于加强电动自行车交通安全管理的实施意见》,其第 1 条第 1 款规定:"(一)电动车登记管理情形:1.对获得 CCC 认证证书的电动自行车,按照新标准查验脚踏功能、外形尺寸、整车质量以及 CCC 认证证书、车辆来历证明、合格证明等信息,符合条件的,办理注册登记,核发电动自行车号牌。2.对于 2019 年 4 月 15 日之前购买的符合旧国标的电动车,经审查具备脚踏骑行功能,外形尺寸、整车质量等符合标准,车辆来历证明、合格证明符合条件的,予以注册登记,核发电动自行车号牌。3.对不符合 1.2 项规定情形的电动二轮车(电动摩托车除外),实行备案登记,发放临时号牌。临时号牌实施过渡期管理,有效期至 2022 年 12 月 31 日。过渡期满后,不得上道路行驶。"2020 年 1 月 16 日,赵某柱前往被申请人设置的电动自行车挂牌点,为涉案二轮车辆申请发放电动车号牌,青岛市公安局交通警察支队为其备案并核发了电动自行车临时号牌。

生效判决指出了被申请人的三处违法情形。

第一,处罚依据事实错误。《道路交通安全法》第 119 条规定:"本法中下列用语的含义:……(四)'非机动车',是指以人力或者畜力驱动,上道路行驶的交通工具,以及虽有动力装置驱动但设计最高时速、空车质量、外形尺寸符合有关国家标准的残疾人机动轮椅车、电动自行车等交通工具。"依照上述规定,非机动车包括虽有动力装置驱动,但设计最高时速、空车质量、外形尺寸符合有关国家标准的电动自行车。本案中,第三方鉴定机构对涉案车辆进行专业技术鉴定时,未对涉案车辆的技术参数予以确认,即作出了涉案车辆属于机动摩托车的鉴定结论,不符合相关法律规定,属处罚依据事实错误。

第二,违反上级机关的管理制度。生效判决还认为,2020 年 1 月 16 日,青岛市公安局交通警察支队依据山东省公安厅 423 号文为涉案车辆备案并核发了电动自行车临时号牌,这意味着交通主管部门将涉案车辆排除在电动摩托车的范围之外,认定涉案车辆属于非机动车。山东省公安厅发布的 423 号文确立了对在用的既不符合旧标准也不符合新标准的电动自行车,发放临时号牌和设置过渡期的管理制度。该项制度既加强和规范了全省电动自行车的管理,又维护了人民群众的合法权益,同时也积极引导淘汰在用的不符合新标准的类型车辆,是一项切合实际的管理制度设计。交管部门为涉案车辆核发临时号牌说明,将涉案车辆纳入过渡期管理。关于被申请人在听证答辩中提出再审申请人实施涉案违法行为时,尚未实行电动车挂牌管理,其作出的被诉行政处罚行为与为涉案车辆发放临时号牌的行为无关的主张。该主张割裂了处罚与管理的关联性,否定了其连续性,不仅逻辑不通,而且对上级的制度设计完全不理解。

第三,执法随意、不规范问题。被申请人主张对工作人员培训不到位,导致发放电动车号牌的标准不统一,应对涉案车辆的临时号牌予以收回,生效判决认为,"被申请人作为车辆和驾乘人员管理的专业职能部门,对自己作出的行政行为采用互相否定方式进行答辩,本院着实不能理解,对车辆性质的认定标准不能统一尺度且如此反复,只能说明其执法的随意和粗放,其表现出的是被申请人在执法中的不认真、不规范,对此本院深表堪忧"。

2. 恪守正当程序

一般认为,行政行为的作出程序包含立案、调查、决定、送达等环节。对于情节复杂或者重大违法行为给予较重的行政处罚,行政机关的负责人应当集体讨论决定。同时,行政机关不得克减相对人的事前告知、陈述、申辩、申请听证的权利,不得取消行政机关的理由说明义务,致使正当程序原则被架空。以下两个其他行业的典型案例可为交通执法人员遵循正当程序带来警示。

第一,遵循重大违法集体讨论程序。王浩鑫与辽阳市烟草专卖局烟草专卖行政管理(烟草专卖)纠纷案中,被上诉人辽阳市烟草专卖局对上诉人王浩鑫共计292条卷烟予以没收,据辽阳市烟草专卖局涉案烟草专卖品标价表,涉案卷烟价值203 100元。王浩鑫以辽阳市烟草专卖局未经集体讨论决定而对情节复杂或重大违法行为作出的行政处罚决定存在程序违法问题诉至法院。①

法院认为:《中华人民共和国行政处罚法》第38条第2款规定:"对情节复杂或者重大违法行为给予较重的行政处罚,行政机关的负责人应当集体讨论决定。"按照《辽宁省重大行政处罚备案审查规定》第3条第3款规定,对公民处以罚款和没收违法所得或者没收非法财物1万元以上,对法人或者其他组织处以罚款和没收非法所得或者没收非法财物10万元以上,应当集体讨论决定。故被上诉人作出本案被诉的行政处罚行为,应当由集体讨论决定。法庭审理后发现,被上诉人未能提供该集体讨论的决定,属于程序违法。

执法机关如遇重大违法行为或者情节复杂的违法案件的,执法机关应当组织集体讨论决策。实践中,就重大与复杂的定义,执法机关可以根据各级行政主管部门的要求调整与确认。同时执法机关在集体讨论决策时,应当做好会议记录以及影像记录,避免造成事后追责与纠纷时举证不能的不利情形。

第二,遵循文书送达程序。未将处罚文书送达违法被处罚人,处罚无效。法院查明:涉案船舶共有人为陈敏华和刘永康,执法部门作出的处罚通知书和处罚决定书送达陈敏华的受托人梁启立,由后者各自签收,没有

---

① 辽宁省辽阳市中级人民法院(2019)辽10行终91号王浩鑫、辽阳市烟草专卖局烟草专卖行政管理(烟草专卖)二审行政判决书。

证据证明已向刘永康有效送达,根据《行政处罚法》第3条的规定,该行政处罚无效。最终法院裁定不予强制执行行政处罚决定。[①]

《民事诉讼法》第90条第1款规定,受送达人被监禁的,通过其所在监所转交。徐宽生案中被告在明知徐宽生被监禁情况下,行政处罚事先告知书和行政处罚决定书应当通过其所在监所转交,而不是向徐宽生亲属徐伏生送达,故被告作出行政处罚决定书违反法定程序。[②]

文书未送达,被处罚对象的陈述申辩权将无法得到保障。根据《行政处罚法》第31条:"行政机关在作出行政处罚决定之前,应当告知当事人作出行政处罚决定的事实、理由及依据,并告知当事人依法享有的权利。"执法部门在没有听取被执行人陈述申辩的前提下作出行政处罚决定,损害了被执行人陈述申辩的权利,法院故此裁定行政处罚不成立,不予强制执行处罚决定。

---

① "中华人民共和国肇庆海事局、陈敏华非诉执行审查案",(2017)粤72行审7号。

② 南昌铁路运输中级法院(2019)赣71行终151号徐宽生、江西省贵溪市烟草专卖局烟草专卖行政管理(烟草专卖)二审行政判决书。

第三章　人大职权的文本与实践

　　1980 年 4 月，根据新颁布的《地方各级人民代表大会和地方各级人民政府组织法》解释地方人大常委会的任务、职权，彭真同志指出："地方各级人民代表大会和地方各级人民政府组织法第 27 条、28 条作了明确规定。主要是四条：第一，制定、颁布地方性法规。……第二，讨论、决定本地区的政治、经济、文化、教育、卫生、民政、民族工作的重大事项，有权批准本地区'国民经济计划和预算的部分变更'。……第三，人事任免。……第四，监督本级政府和法院、检察院的工作。……"[1]自此，立法权、决定权、任免权和监督权"四权"成为人大及其常委会职权的通常表述。依据"党管干部"原则，各级党组织在总体上影响着决定权、任免权制度。

　　习近平总书记在地方人大设立常委会 40 周年之际作出重要指示，要求"地方人大及其常委会要按照党中央关于人大工作的要求，围绕地方党委贯彻落实党中央大政方针的决策部署，结合地方实际，创造性地做好立法、监督等工作"。[2]据此，本章聚焦人大及其常委会立法权、监督权。

---

[1] 彭真：《论新时期的社会主义民主与法制建设》，中央文献出版社 1989 年版，第 59—61 页。
[2] 习近平：《结合地方实际创造性做好立法监督等工作　更好助力经济社会发展和改革攻坚任务》，载《人民日报》2019 年 7 月 19 日，第 1 版。

第一，研究人大立法权的配置问题。立法不仅是对宪法规范的适用，而且是对一般法律规范的创设。党的二十大报告指出，要完善以宪法为核心的中国特色社会主义法律体系，加强宪法实施和监督，加强重点领域、新兴领域、涉外领域立法，推进科学立法、民主立法、依法立法。站在新时代起点上推进我国立法工作，需要深刻总结我们四十多年来的宝贵立法经验。

第二，研究具体领域的立法问题。2023 年 9 月，华侨权益保护法纳入十四届全国人大常委会立法规划的第二类项目，为"需要抓紧工作、条件成熟时提请审议的法律草案"，提请审议机关或牵头起草单位为全国人大华侨委。研究华侨权益保护立法，是我国当前重要的立法实践课题。研究华侨权益保护的立法根据、保护范围及主要内容，梳理出我国华侨权益保护立法中面临的主要问题及探求解决方案，可以为我国现在进行华侨权益保护立法抛砖引玉。

第三，研究地方立法权问题。汕头经济特区享有经济特区立法权。2020 年 10 月 13 日，在汕头考察调研的习近平总书记步行察看汕头市开埠区小公园。开埠区小公园能够得到较好保护及修复，《汕头经济特区华侨房地产权益保护办法》《汕头经济特区小公园开埠区保护条例》等经济特区立法发挥了重要作用。笔者现荣任汕头市第十五届人民代表大会常务委员会立法咨询专家。总结汕头改革开放以来的立法经验，不仅可以为汕头立法的未来发展提供参考借鉴，而且可以让立法专家更好助力汕头的地方立法工作。

第四，研究人大监督权问题。2024 年是中华人民共和国成立 75 周年，是 1954 年宪法颁布 70 周年，也是全国人民代表大会成立 70 周年，还是县级以上地方各级人民代表大会设立常委会 45 周年。2024 年 11 月，《监督法》进行了自 2006 年制定以来首次修正。研究新《监督法》的立法重点，不仅有利于落实新《监督法》，而且有利于推进人民代表大会制度更好地创新发展。

第一节　人大立法权的文本与实践

立法不仅是对宪法规范的适用，而且是对一般法律规范的创设。本节通过梳理改革开放以来我国立法法的制度沿革来探讨我国立法权的内部结构，以期为推进我国地方人大立法工作提供新的思路。

一、改革开放初期的立法权配置

我国现行的"全国人大制定基本法律、全国人大常委会制定普通法律、国务院制定行政法规、省级和设区的市人大及其常委会制定地方性法规、国务院部委制定部门规章、省级和设区的市人民政府制定地方政府规章"的法的形式采用权的格局就形成了。

（一）1979 年地方组织法对立法权的规制

1976 年以来，社会百废待兴，经济要发展，秩序要稳定，人民生活要改善。"事在四方，要在中央。"在这个历史转折关头，党的十一届三中全会作出了要把党和国家工作重心转移到经济建设上来，实行改革开放的历史性决策。

1978 年 12 月，在党的十一届三中全会上，邓小平做了《解放思想，实事求是，团结一致向前看》报告，他指出："为了保障人民民主，必须加强法制……应该集中力量制定刑法、民法、诉讼法和其他各种必要的法律……总之，有比没有好，快搞比慢搞好。"①1979 年 2 月，第五届全国人大常委会第六次会议决定设立法制委员会，彭真担任法制委员会主任。

---

① 邓小平：《解放思想，实事求是，团结一致向前看》（1978 年 12 月 13 日），载《邓小平文选》（第二卷），人民出版社 1994 年版，第 146 页。

1979 年 7 月 1 日,第五届全国人大二次会议通过了《地方各级人民代表大会和地方各级人民政府组织法》(以下简称"《地方组织法》")与《全国人民代表大会和地方各级人民代表大会选举法》《人民法院组织法》《人民检察院组织法》《刑法》《刑事诉讼法》和《中外合资经营企业法》7 部基本法律,创造了新中国成立以来全国人大一次会议通过法律最多纪录,这就是著名的"一日七法"。

1979 年《地方组织法》规定省级人大及其常委会在和国家宪法、法律、政策、法令、政令不抵触的前提下,可以制定和颁布地方性法规,并报全国人民代表大会常务委员会和国务院备案。①改革开放前,我国的立法权高度集中在中央,特别是集中在全国人大及其常委会手中。当时省一级也没有设立常委会,更没有立法权。赋予省级人大立法权,是改革开放伊始的一个重大立法体制变动。

(二)1982 年《宪法》《地方组织法》对立法权的规制

1. 1982 年《宪法》对立法权的规制

根据 1982 年《宪法》规定②,拥有立法权的主体不仅包括全国人大及其常委会,还有国务院、国务院部委、省级人大及其常委会也被赋予了立法权。

第一,全国人大及其常委会行使国家立法权。全国人大行使制定和修改刑事、民事、国家机构和其他基本法律的职权,全国人大常委会行使制定和修改除应当由全国人大制定的法律以外的其他法律的职权。

第二,国务院行使根据宪法和法律,规定行政措施,制定行政法规,发布决定和命令的职权,国务院各部、各委员会根据法律和国务院的行政法规、决定、命令,在本部门的权限内,发布命令、指示和规章。

---

① 1979 年《地方组织法》第 6 条、第 27 条。

② 1982 年《宪法》第 58 条、第 62 条第(三)项、第 67 条第(二)项、第 89 条第(一)项、第 90 条第 2 款、第 100 条。

第三,省级人大及其常委会制定地方性法规,报全国人民代表大会常务委员会备案。

1982年《宪法》经1988年第一次修正、1993年第二次修正、1999年第三次修正,三次修正均未涉及关于立法方面的内容。

2. 1982年《地方组织法》对立法权的规制

1982年修改的《地方组织法》继续赋予省级政府所在地的市及较大的市的人大及常委会的地方立法权、省级政府所在地的市及较大的市的政府的规章制定权。该法新增第27条第2款:"省、自治区的人民政府所在地的市和经国务院批准的较大的市的人民代表大会常务委员会,可以拟订本市需要的地方性法规草案,提请省、自治区的人民代表大会常务委员会审议制定,并报全国人民代表大会常务委员会和国务院备案。"在第35条第(1)项最后增加:"省、自治区、直辖市以及省、自治区的人民政府所在地的市和经国务院批准的较大的市的人民政府,还可以根据法律和国务院的行政法规,制定规章。"

(三)1986年《地方组织法》对立法权的规制

1986年修改的《地方组织法》在立法方面取得了显著进步:一是明确规定省、自治区的人民政府所在地的市和经国务院批准的较大的市的人大及其常委会,"根据本市的具体情况和实际需要,在不同宪法、法律、行政法规和本省、自治区的地方性法规相抵触的前提下,可以制定地方性法规"①;二是将原表述"在和国家宪法、法律、政策、法令、政令不抵触的前提下"修改为"在不同宪法、法律、行政法规和本省、自治区的地方性法规相抵触的前提下",删除"政策、法令、政令",明确下位法只需不抵触上位

---

① 1986年《地方组织法》第7条第2款、第38条第2款。在宪法没有规定的情况下,1982年、1986年修改地方人大和地方政府组织法时规定省、自治区、直辖市以及省、自治区的人民政府所在地的市和经国务院批准的较大的市的人民政府可以制定地方政府规章,虽符合实际立法需要,但有违宪之嫌。

法律、行政法规。

（四）经济特区立法权的授予

1980 年 8 月 26 日，第五届全国人民代表大会常务委员会第十五次会议批准施行《广东省经济特区条例》①，深圳、珠海、汕头三市经济特区依法宣告成立。1981 年 11 月 26 日，第五届全国人大常委会二十一次会议做出决定，授权广东省、福建省人民代表大会及其常务委员会，根据有关的法律、法令、政策规定的原则，按照该省经济特区的具体情况和实际需要，制定经济特区的各项单行经济法规，并报全国人民代表大会常务委员会备案。

1985 年 4 月 10 日，第六届全国人大三次会议决定授权国务院对于有关经济体制改革和对外开放方面的问题必要时可以根据宪法，在同有关法律和全国人大及其常委会的有关决定的基本原则不相抵触的前提下，制定暂行的规定或条例，颁布实施，并报全国人大常委会备案。

但是，根据 1982 年《宪法》和 1986 年修正的《地方各级人民代表大会和地方各级人民政府组织法》，享有立法权的最低层级是省所在地的市和"较大的市"，经济特区不在其列，经济特区的立法需要亟待满足。如1981 年深圳制定的未来 5 年立法需求是 135 项，而从 1981 年到 1986 年，广东有关经济特区的法规仅通过了 19 项（其中 16 项是广东省人大通过的，3 项是国务院通过的）。②

从 1986 年起，深圳开始酝酿争取"经济特区立法权"。1988 年年初，深圳市委、市政府正式向国务院呈递《关于请求全国人大常委会授予深圳市人民政府制定深圳经济特区行政法规的权力的报告》。但是，当时深圳市没有设立人民代表大会及其常委会，深圳只能请求全国人大常委会授

---

①　《广东省经济特区条例》第 1 条：为发展对外经济合作和技术交流，促进社会主义现代化建设，在广东省深圳、珠海、汕头三市分别划出一定区域，设置经济特区。

②　马迁：《深圳为何要求自己搞立法》，马迁的博客：http://blog.sina.com.cn/jonathanxie，访问日期：2018 年 8 月 20 日。

权深圳市人民政府拟成立的立法委员会立法。1988 年 11 月,全国人大初步决定同意授予深圳立法权,但不同意深圳设立法委员会,而是要求深圳设立人大及其常委会,进而授权深圳市人大及其常委会立法。1989 年 3 月,国务院向七届全国人大二次会议提出授权深圳立法的议案。1989 年 4 月 4 日,第七届全国人大二次会议做出决定:授权全国人大常委会在深圳市依法选举产生市人民代表大会及其常务委员会以后,对国务院所提议案进行审议并做出相应规定。1990 年,深圳市依法选举产生了深圳市人大及其常委会。1992 年,邓小平发表南方谈话,要求特区解放思想,"大胆地试,大胆地闯"。

1992 年 7 月 1 日,第七届全国人大常委会第二十六次会议表决通过《关于授权深圳市人民代表大会及其常务委员会和深圳市人民政府分别制定法规和规章在深圳经济特区实施的决定》,决定授权深圳市人大及其常委会根据具体情况和实际需要,遵循宪法的规定以及法律和行政法规的基本原则,制定法规,在深圳经济特区实施,并报全国人大及其常委会、国务院和广东省人大常委会备案;授权深圳市人民政府制定规章并在深圳经济特区组织实施。深圳终于获得了经济特区立法权。

1994 年 3 月 22 日,第八届全国人民代表大会第二次会议通过《关于授权厦门市人民代表大会及其常务委员会和厦门市人民政府分别制定法规和规章在厦门经济特区实施的决定》。1996 年 3 月 17 日,第八届全国人民代表大会第四次会议通过《关于授权汕头市和珠海市人民代表大会及其常务委员会、人民政府分别制定法规和规章在各自的经济特区实施的决定》。厦门、珠海、汕头经济特区所在市的人大及其常委会、人民政府亦获得制定授权法规和授权规章的权力。

另,1988 年 4 月 13 日,第七届全国人民代表大会第一次会议通过《关于建立海南经济特区的决议》,决议划定海南岛为海南经济特区。因根据 1982 年《宪法》和 1982 年《地方组织法》的规定,省级人大及其常委会和政府已享有地方立法权,故该决议授权海南省人大及其常委会制定经济特区法规。

自改革开放伊始至 2000 年 3 月 15 日《立法法》颁布,20 余年间,全国人大及其常委会共制定法律 373 件(其中法律 261 件、有关法律的决定 112 件),国务院制定行政法规 840 件,地方人大及其常委会制定地方性法规近 7 000 件,还制定了上万部的规章,完成了相当于美国 200 年、日本 150 年的立法工作,基本结束了改革开放初期的无法可依局面。这一阶段,我国现行的"全国人大制定基本法律、全国人大常委会制定普通法律、国务院制定行政法规、省级人大及其常委会制定地方性法规、省级人民政府制定地方政府规章"已形成。

二、2000 年《立法法》配置的立法权

2000 年 3 月 15 日,第九届全国人大第三次会议通过《中华人民共和国立法法》(以下简称"2000 年《立法法》"),共 6 章 94 条。2000 年《立法法》对立法权做出了如下配置。

(一)全国人大及其常委会的法律制定权

第一,规定了必须由全国人大及其常委会制定法律。法律包括 10 项:(1)国家主权的事项;(2)各级人民代表大会、人民政府、人民法院和人民检察院的产生、组织和职权;(3)民族区域自治制度、特别行政区制度、基层群众自治制度;(4)犯罪和刑罚;(5)对公民政治权利的剥夺、限制人身自由的强制措施和处罚;(6)对非国有财产的征收;(7)民事基本制度;(8)基本经济制度以及财政、税收、海关、金融和外贸的基本制度;(9)诉讼和仲裁制度;(10)必须由全国人民代表大会及其常务委员会制定法律的其他事项。[1]2000 年《立法法》具体规定了全国人大及其常委会的专属立

---

① 2000 年《立法法》第 8 条。

法事项,这些事项相当于国外大陆法系国家的"法律保留",以此来划分全国人大与国务院之间的立法权限。

第二,规定了全国人大及其常委会可以授权国务院对尚未制定法律的事项先行制定行政法规。对于授权立法,应遵循以下原则:一是绝对保留事项不得授权国务院先行制定行政法规。绝对保留事项包括有关犯罪和刑罚、对公民政治权利的剥夺和限制人身自由的强制措施和处罚、司法制度等事项;二是授权决定应当明确授权目的、范围,并且国务院不得将该项授权转授给其他机关;三是全国人大及其常委会应当及时制定法律,法律制定后,相应立法事项的授权终止;四是根据授权制定的行政法规应当报全国人大或常委会备案。①

第三,规定了全国人大的立法程序。全国人大常委会、国务院、中央军事委员会、最高人民法院、最高人民检察院、全国人大各专门委员会以及一个代表团或者 30 名以上的代表联名可以向全国人大提出法律案。向全国人大提出的法律案,在闭会期间,可以先向常务委员会提出,经常务委员会会议依照程序审议后,提请全国人民代表大会审议。②

第四,规定了全国人大常委会的立法程序。一是委员长会议、国务院、中央军事委员会、最高人民法院、最高人民检察院、全国人大各专门委员会以及常务委员会组成人员十人以上联名可以向常务委员会提出法律案。二是列入常务委员会会议议程的法律案,一般经三次常务委员会会议审议后再交付表决。③三是法律委员会根据各方面的审议、修改意见对

---

① 2000 年《立法法》第 9 至 11 条、第 89 条第(五)项。

② 2000 年《立法法》第 12 至 14 条。

③ 即常委会审议法律案实行三审制,法律案一般应当经三次常委会会议审议后再交付表决。常委会会议第一次审议法律案,听取提案人的说明,进行初步审议。第二次审议法律案,听取法律委员会关于法律草案修改情况和主要问题的报告,进一步审议。第三次审议法律案,听取法律委员会关于法律草案审议结果的报告,对法律草案修改稿进行审议。常委会审议法律案时,根据需要可以召开联组会议或者全体会议讨论。各方面意见比较一致的法律案,可以经两次会议审议后交付表决;部分修改的法律案,也可以经一次会议审议即交付表决。经三次审议的法律案,应当交付表决,不能久审不决。

法律案进行统一审议,提出审议结果报告和法律草案修改稿,对重要的不同意见在报告中予以说明。法律委员会审议法律案时,可以邀请有关专门委员会成员参加会议、发表意见。对有关专门委员会的审议意见是否采纳应当向有关专门委员会反馈。四是有关专门委员会对法律案的审议意见应当印发大会或者常委会会议,各专门委员会之间对法律草案的重要问题意见不一致时应当向委员长会议报告。五是委员长会议决定可以将重要的法律草案向社会公布征求意见。法律委员会、有关专门委员会和常委会工作机构可以采取座谈会、论证会、听证会等多种形式广泛听取各方面对法律案的意见,并加以收集整理,印发常委会会议。①

(二)中央机关的行政立法权

第一,规定了国务院行政立法的权限范围。包括3项:(1)为执行法律的规定需要制定行政法规的事项;(2)国务院行政管理职权的事项;(3)应当由全国人民代表大会及其常务委员会制定法律的事项,国务院根据全国人大及其常委会的授权决定先制定的行政法规,但制定法律条件成熟时国务院应当及时提请全国人大及其常委会制定法律。迄今为止,全国人大两次授权国务院制定行政条例:一是1984年出台的《全国人民代表大会关于授权国务院改革工商税制发布有关税收条例草案试行的决定》,该决定已于2006年6月废止;另一是1985年出台的《全国人民代表大会关于授权国务院在经济体制改革和对外开放方面可以制定暂行的规定和条例的决定》,该决定迄今仍然有效。在今天看来,全国人大作出的这两个授权决定,存在着授权领域过宽、授权权力和时限缺乏限制等问题。②

---

① 2000年《立法法》第31条、第34条、第35条。
② 全国人大1984年和1985年的两次授权立法属于典型的"空白授权",全国人大虽然对授权理由和目的作出了说明,但未对授权内容、权限范围、时间进行严格的把控。"空白授权"会导致行政权力的过度膨胀,形成自己立法、自己征管、自己受益、自我监督的封闭怪圈。

第二,规定了国务院部委及中国人民银行、审计署和具有行政管理职能的直属机构可以制定规章,扩大了行政规章的主体范围。①2000年《立法法》第71条规定:"国务院各部、委员会、中国人民银行、审计署和具有行政管理职能的直属机构,可以根据法律和国务院的行政法规、决定、命令,在本部门的权限范围内,制定规章。部门规章规定的事项应当属于执行法律或者国务院的行政法规、决定、命令的事项。"

第三,规定了起草行政法规应当广泛听取公民的意见,并把听证会引入了我国行政立法程序。2000年《立法法》第58条规定:"行政法规在起草过程中,应当广泛听取有关机关、组织和公民的意见。听取意见可以采取座谈会、论证会、听证会等多种形式。"

第四,规定了行政规章的决定程序以及签署公布形式。2000年《立法法》第76条规定:"部门规章由部门首长签署命令予以公布。地方政府规章由省长或者自治区主席或者市长签署命令予以公布。"第77条规定:"部门规章签署公布后,及时在国务院公报或者部门公报和在全国范围内发行的报纸上刊登。地方政府规章签署公布后,及时在本级人民政府公报和在本行政区域范围内发行的报纸上刊登。在国务院公报或者部门公报和地方人民政府公报上刊登的规章文本为标准文本。"

2000年《立法法》将行政法规和行政规章纳入立法调整范围,在法律上承认了行政法规和行政规章的制定也属于立法活动,即确立了"行政立法"的地位。但是,关于行政法规或行政规章起草过程中听取公众意见的规定较为原则,且没有规定行政法规或行政规章的审查形式,导致行政法规、行政规章在制定过程中存在民主立法原则贯彻不到位问题。实践中,制定主体往往从管理者角度出发,强调管理效率,忽视行政相对人的合法利益;尤其是部分制定主体还存在"以法扩权""借法争权"问题,通过行政

---

① 2000年《立法法》赋予国务院部委以外的其他国务院部门享有部门规章制定权,符合实际需要。但是,在宪法没有规定的情况下,由《立法法》直接规定,有违宪之嫌。

立法保护本部门利益,需要立法法的发展与完善。

（三）地方人大及地方政府的地方立法权

第一,规定了地方法规及地方规章的规制事项。这些事项包括:(1)为执行上位法的规定而制定的事项;(2)属于地方性事务需要制定的事项;(3)地方先行立法事项,即法律、行政法规尚未制定的,地方根据本地方的具体情况和实际需要先制定法规。但是,不得涉足全国人大及其常委会专属立法权的事项,且在法律、行政法规生效后,地方性法规同法律或者行政法规相抵触的规定无效,制定机关应当及时予以修改或者废止。[①]

第二,规定了经济特区的立法权。经济特区所在地的省、市的人民代表大会及其常务委员会根据全国人民代表大会的授权决定,制定法规,在经济特区范围内实施。经济特区法规根据授权对法律、行政法规、地方性法规做变通规定的,在本经济特区适用经济特区法规的规定。根据授权制定的经济特区法规应当报授权决定规定的机关备案。[②]至此,我国《立法法》确认了较大的市的立法权涵括经济特区所在地的市。

（四）法律冲突的解决

第一,规定了不同类型法律冲突的解决。首先,法律的效力位阶依次为宪法、法律、行政法规、地方法规和规章;其次,地方性法规的效力高于本级和下级地方政府规章;最后,部门规章之间、部门规章与地方政府规章之间具有同等效力,在各自的权限范围内施行。

第二,规定了新旧法冲突的解决方式。法律、行政法规、地方性法规、自治条例和单行条例、规章不溯及既往,除非新法能更好保护公民、法人和其他组织的权益。

第三,规定了不同类型法律的撤销主体。改变或者撤销法律、行政法

---

① 2000年《立法法》第64条、第73条。

② 2000年《立法法》第65条、第81条第2款、第89条第（五）项。

规、地方性法规、自治条例和单行条例、规章的权限是：(1)全国人大有权改变或者撤销它的常务委员会制定的不适当的法律，有权撤销全国人大常委会批准的违背宪法和立法法规定的自治条例和单行条例；(2)全国人大常委会有权撤销同宪法和法律相抵触的行政法规，有权撤销同宪法、法律和行政法规相抵触的地方性法规，有权撤销省、自治区、直辖市的人大常委会批准的违背宪法和立法法规定的自治条例和单行条例；(3)国务院有权改变或者撤销不适当的部门规章和地方政府规章；(4)省级人大有权改变或者撤销它的常务委员会制定的和批准的不适当的地方性法规；(5)地方人大常务委员会有权撤销本级人民政府制定的不适当的规章；(6)省级政府有权改变或者撤销下级政府制定的不适当的规章；(7)授权机关有权撤销被授权机关制定的超越授权范围或者违背授权目的的法规，必要时可以撤销授权。从上述条款可以看出，地方性法规与其上位法的关系遵循"不相抵触"原则，规章与其上位法的关系遵循"适当"原则，二者存在区别。

2000 年《立法法》颁布实施后，我国立法进入新阶段，开始关注立法权限、立法程序、立法审查等法制统一问题。2011 年 3 月 10 日，时任全国人大常委会委员长吴邦国在第十一届全国人大第四次会议作常委会工作报告时，向全国乃至全世界郑重宣布：到 2010 年年底，"党的十五大提出到 2010 年形成中国特色社会主义法律体系的立法工作目标如期完成"。①自此，我国进入"后法律体系时代"，在解决"有法可依"问题之后，立法更加关注"法制统一"问题。

2000 年《立法法》的颁布确立了我国改革开放以来形成的"一元二级

---

① 截至 2010 年年底，我国已制定现行有效法律 236 件、行政法规 690 多件、地方性法规 8 600 多件，并全面完成对现行法律和行政法规、地方性法规的集中清理工作。参见吴邦国：《全国人民代表大会常务委员会工作报告——2011 年 3 月 10 日在第十一届全国人民代表大会第四次会议上》，《全国人大常委会公报》2011 年第 3 期。

多层次"立法体制。"一元"即国家立法权集中由全国人大及其常委会行使,任何其他机关均不能行使这项权力。国家立法权是最高的立法权,是整个国家立法的基础和源泉。单一制国家立法必须是一元,以实现法制的统一。"二级"即中央一级有权制定法律和行政法规、地方一级有权制定地方性法规及地方规章。"多层次"是指除全国人大及中央人民政府外,地方人大存在省级、市级人大,地方人民政府存在省政府、市级政府。

三、2015 年《立法法》配置的立法权

2015 年 3 月 15 日,第十二届全国人民代表大会第三次会议通过《关于修改〈中华人民共和国立法法〉的决定》。《立法法》进行第一次修改,由六章 94 条增至六章 105 条,其中修改了 35 条,增加了 11 条。

(一) 法律制定权的修改

第一,修改了部分只能制定法律的事项。将原"(八)基本经济制度以及财政、税收、海关、金融和外贸的基本制度"分列两项:一项是"(六)税种的设立、税率的确定和税收征收管理等税收基本制度";另一项是"(九)基本经济制度以及财政、海关、金融和外贸的基本制度"。同时,修改"对非国有财产的征收"为"对非国有财产的征收、征用"。[①]

第二,对授权国务院立法进行了完善。一是完善了授权决定内容。授权决定应当明确授权的目的、事项、范围、期限以及被授权机关实施授权决定应当遵循的原则等。二是新增了授权期限要求。授权的期限不得超过五年,但是授权决定另有规定的除外。三是规定了被授权机关的义务。被授权机关应当在授权期限届满的六个月以前,向授权机关报告授权决定实施的情况,并提出是否需要制定有关法律的意见;需要继续授权的,可以提出相关意见,由全国人民代表大会及其常务委员会决定。[②]笔

---

① 2015 年《立法法》第 8 条。
② 2015 年《立法法》第 10 条。

者建议,授权期限条款修改为"授权的期限不得超过五年。授权期限届满需要继续授权的,授权机关可以再次决定授权"。在规定被授权机关义务的基础上,还应完善授权机关的职责,建议前条款相关内容修改为"被授权机关应当在授权期限届满的六个月以前,向授权机关报告授权决定实施的情况,并提出是否需要制定有关法律的意见;需要继续授权的,可以提出相关意见,由全国人民代表大会及其常务委员会决定。被授权机关没有按期提出意见或者授权机关作出不予继续授权决定的,授权机关应当通知被授权机关发布授权立法到期失效的公告"。

第三,全国人大及其常委会新增"暂时调整或停止适用法律"的立法职权。新增条款规定:"全国人民代表大会及其常务委员会可以根据改革发展的需要,决定就行政管理等领域的特定事项授权在一定期限内在部分地方暂时调整或者暂时停止适用法律的部分规定。"[1]授权暂时调整或停止适用法律是在中国特色社会主义法律体系形成的背景下,处理全面深化改革和维持法律权威之间张力的一种新型授权制度,即为了顺利推进改革,针对需要突破现有法律规定的情形,在特定时限内和区域中暂时中止既有法律的效力,按照改革既定的原则所制定的替代规范实践探索后,决定是否修改法律以及如何修改法律。授权暂时调整或停止适用法律的功能是确定改革事项、指出改革方向、规定改革框架、提出改革目标;如果实践符合预定目标,则由全国人大或其常委会决定进入修法阶段。2013年,为使上海自贸试验区的先行先试工作于法有据地开展,全国人大常委会通过《关于授权国务院在中国(上海)自由贸易试验区暂时调整有关法律规定的行政审批的决定》,在自贸试验区范围内暂停实施"外资三法"关于外商投资企业的行政审批规定,改为备案管理,亦即试行准入前国民待遇加负面清单管理模式。2014年,全国人大常委会再次通过类

---

① 2015年《立法法》第13条。

似决定,将暂停实施的范围扩展至当年增设的广东、福建和天津自贸试验区。

第四,新增规定特定立法案可经一次审议即交付表决。即在原"部分修改的法律案"基础上,增加了一项"调整事项较为单一",该表述修改为"调整事项较为单一或者部分修改的法律案,各方面的意见比较一致的,也可以经一次常务委员会会议审议即交付表决"。①

第五,完善了立法公开制度。一是新增论证会的要求。法律案有关问题专业性较强,需要进行可行性评价的,应当召开论证会,听取有关专家、部门和全国人民代表大会代表等方面的意见。论证情况应当向常务委员会报告。二是新增了听证会要求。法律案有关问题存在重大意见分歧或者涉及利益关系重大调整,需要进行听证的,应当召开听证会,听取有关基层和群体代表、部门、人民团体、专家、全国人民代表大会代表和社会有关方面的意见。听证情况应当向常务委员会报告。②三是将向社会征求意见由"可以"修改"应当",并明确了征求意见的期限及后续处置。自此,列入常务委员会会议议程的法律案,应当在常务委员会会议后将法律草案及其起草、修改的说明等向社会公布,征求意见,除非经委员长会议决定不公布的除外。向社会公布征求意见的时间一般不少于三十日,征求意见的情况应当向社会通报。

第六,新增了人大主导立法的相关内容。一是新增条款规定全国人民代表大会及其常务委员会加强对立法工作的组织协调,发挥在立法工作中的主导作用。二是新增条款规定全国人大常委会通过立法规划、年度立法计划等形式,加强对立法工作的统筹安排。编制立法规划和年度立法计划,应当认真研究代表议案和建议,广泛征集意见,科学论证评估,根据经济社会发展和民主法治建设的需要,确定立法项目,提高立法的及

---

① 2015 年《立法法》第 28 条。
② 2015 年《立法法》第 36 条。

时性、针对性和系统性。立法规划和年度立法计划由委员长会议通过并向社会公布。全国人大常委会工作机构负责编制立法规划和拟订年度立法计划，并按照全国人大常委会的要求，督促立法规划和年度立法计划的落实。三是新增条款规定全国人大的专门委员会、常务委员会工作机构应当提前参与有关方面的法律草案起草工作，综合性、全局性、基础性的重要法律草案可以由有关的专门委员会或者常务委员会工作机构组织起草，专业性较强的法律草案可以吸收相关领域的专家参与起草工作，或者委托有关专家、教学科研单位、社会组织起草。①

第七，新增国家机关制定配套具体规定的要求。法律规定明确要求有关国家机关对专门事项作出配套的具体规定的，有关国家机关应当自法律施行之日起一年内作出规定，法律对配套的具体规定制定期限另有规定的，从其规定。有关国家机关未能在期限内作出配套的具体规定的，应当向全国人民代表大会常务委员会说明情况。②

（二）行政立法权的修改

第一，完善了行政法规制定的要求。将原第 58 条修改为第 67 条规定："行政法规由国务院有关部门或者国务院法制机构具体负责起草，重要行政管理的法律、行政法规草案由国务院法制机构组织起草。行政法规在起草过程中，应当广泛听取有关机关、组织、人民代表大会代表和社会公众的意见。听取意见可以采取座谈会、论证会、听证会等多种形式。行政法规草案应当向社会公布，征求意见，但是经国务院决定不公布的除外。"

第二，完善了行政规章制定合法性的要求。将原第 71 条修改为第 80 条第 2 款规定："部门规章规定的事项应当属于执行法律或者国务院的行政法规、决定、命令的事项。没有法律或者国务院的行政法规、决定、

---

① 2015 年《立法法》第 51 至 53 条。
② 2015 年《立法法》第 62 条。

命令的依据,部门规章不得设定减损公民、法人和其他组织权利或者增加其义务的规范,不得增加本部门的权力或者减少本部门的法定职责。"

（三）地方立法权的修改

第一,新增了设区的市的立法权。将原第 63 条第 2 款修改为第 72 条第 2 款:"设区的市的人民代表大会及其常务委员会根据本市的具体情况和实际需要,在不同宪法、法律、行政法规和本省、自治区的地方性法规相抵触的前提下,可以对城乡建设与管理、环境保护、历史文化保护等方面的事项制定地方性法规,法律对设区的市制定地方性法规的事项另有规定的,从其规定。设区的市的地方性法规须报省、自治区的人民代表大会常务委员会批准后施行。"新增第 82 条第 2 款规定:设区的市、自治州的人民政府制定地方政府规章,"限于城乡建设与管理、环境保护、历史文化保护等方面的事项。已经制定的地方政府规章,涉及上述事项范围以外的,继续有效"。

第二,新增地方规章先试权。新增第 72 条第 3 款规定:"应当制定地方性法规但条件尚不成熟的,因行政管理迫切需要,可以先制定地方政府规章。规章实施满两年需要继续实施规章所规定的行政措施的,应当提请本级人民代表大会或者其常务委员会制定地方性法规。"

第三,新增地方规章制定合法性的要求。新增第 72 条第 4 款规定:"没有法律、行政法规、地方性法规的依据,地方政府规章不得设定减损公民、法人和其他组织权利或者增加其义务的规范。"

2015 年《立法法》扩大了地方的立法主体,如广东原有 4 个较大市,即广州、深圳、珠海、汕头。2015 年《立法法》修改之后,新有立法权的市有 17 个,加起来一共 21 个。同时,2015 年《立法法》还限缩了设区的市的立法权限,明确规定设区的市的立法事项为"城乡建设与管理、环境保护、历史文化保护等方面的事项",比省级立法机关的立法权限小得多。

（四）备案审查的修改

第一，修改了备案审查的范围。一是规定全国人大专门委员会和常务委员会工作机构可以对报送备案的规范性文件进行主动审查。二是民族自治地方制定的自治条例、单行条例和经济特区法规报送备案时，应当说明对法律、行政法规、地方性法规作出变通的情况。三是规定最高法、最高检作出的属于审判、检察工作中具体应用法律的解释，遇有由全国人大常委会解释的，应当向全国人大常委会提出法律解释的要求或者提出制定、修改有关法律的议案；最高法、最高检作出的属于审判、检察工作中具体应用法律的解释，应当自公布之日起 30 日内报全国人大常委会备案。①

第二，修改了备案审查机关的职责。全国人大专门委员会、常务委员会工作机构在审查、研究中认为行政法规、地方性法规、自治条例和单行条例同宪法或者法律相抵触的，可以向制定机关提出书面审查意见、研究意见；也可以由法律委员会与有关的专门委员会、常务委员会工作机构召开联合审查会议，要求制定机关到会说明情况，再向制定机关提出书面审查意见。备案审查机关应当按照规定要求，将审查、研究情况向提出审查建议的国家机关、社会团体、企业事业组织以及公民反馈，并可以向社会公开。②

第三，修改了备案审查的后续处置。一是制定机关应当在两个月内研究提出是否修改的意见，并向全国人大法律委员会和有关的专门委员会或者常务委员会工作机构反馈；二是制定机关按照所提意见对行政法规、地方性法规、自治条例和单行条例进行修改或者废止的，审查终止；三是制定机关不予修改的，审查机关应当向委员长会议提出予以撤销的议案、建议，由委员长会议决定提请常务委员会会议审议决定。

---

① 2015 年《立法法》第 104 条。
② 2015 年《立法法》第 100 条、第 101 条。

四、2023 年《立法法》配置的立法权

2023 年 3 月 13 日,《立法法》迎来第二次修改。《立法法》第二次修改后,由六章 105 条增至六章 120 条。

(一)法律制定权的修改

第一,完善了暂时调整或者暂时停止适用法律的后续处置。暂时调整或者暂时停止适用法律的部分规定的事项,实践证明可行的,由全国人民代表大会及其常务委员会及时修改有关法律;修改法律的条件尚不成熟的,可以延长授权的期限,或者恢复施行有关法律规定。

第二,完善了可以一次常务委员会会议审议即交付表决的事项。新增了"遇有紧急情形的",可以经一次常务委员会会议审议即交付表决。①笔者认为,即使"遇有紧急情形",也需符合"各方面的意见比较一致"的条件才可以经一次常务委员会会议审议即交付表决。建议本条款修改为"调整事项较为单一或者部分修改的法律案,或者遇有紧急情形的,各方面的意见比较一致,也可以经一次常务委员会会议审议即交付表决"。

第三,新增了对立法的要求。全国人民代表大会及其常务委员会坚持科学立法、民主立法、依法立法,通过制定、修改、废止、解释法律和编纂法典等多种形式,增强立法的系统性、整体性、协同性、时效性。②笔者认为,本条应该不仅规制全国人大及其常委会,也应该规制其他立法主体。同时,还应根据汉语习惯调整语序。2023 年《立法法》第 5 条、第 55 条合并后建议修改为:"立法应当符合宪法的规定、原则和精神,从国家整体利益出发,依照法定的权限和程序,通过制定、修改、废止、解释法律和编纂法典等多种形式,增强立法的系统性、整体性、协同性、时效性,维护社会主义法制的统一、尊严、权威。"

---

① 2023 年《立法法》第 33 条。
② 2023 年《立法法》第 55 条。

第四,新增了全国人大常委会工作机构的工作要求。一是新增编制立法技术规范的要求。二是新增听取基层立法联系点意见的要求。三是新增立法宣传工作的要求。①

(二)行政立法权的修改

本部分新增国务院决定暂停行政法规适用的规定。国务院可以根据改革发展的需要,决定就行政管理等领域的特定事项,在规定期限和范围内暂时调整或者暂时停止适用行政法规的部分规定。②

(三)地方立法权的修改

第一,明确了设区的市人大及其常委会和政府的立法事项为四类:城乡建设与管理、生态文明建设、历史文化保护、基层治理等方面的事项。③

第二,增加协同立法。省、自治区、直辖市和设区的市、自治州的人民代表大会及其常务委员会根据区域协调发展的需要,可以协同制定地方性法规,在本行政区域或者有关区域内实施。④

第三,增加了立法联系点的要求。省、自治区、直辖市和设区的市、自治州的人民代表大会常务委员会根据实际需要设立基层立法联系点,深入听取基层群众和有关方面对地方性法规、自治条例和单行条例草案的意见。⑤笔者认为,第70条与第90条应合并,调至总则编。听取立法联系点意见应该不仅规制人大及其常委会,也应该规制其他立法主体,包括国务院、国务院部委及地方政府。该条款建议调至第六条,设为第三款,直接修改为"立法应当听取基层立法联系点意见"。无论从实践还是理论上看,在地方人大常委会基层立法联系点的基础上,再设一个专门的联系点,实属多余。

---

① 2023年《立法法》第65条第4款、第70条、第71条。
② 2023年《立法法》第73条。
③ 2023年《立法法》第81条、第93条。
④ 2023年《立法法》第83条。
⑤ 2023年《立法法》第90条。

（四）备案审查的修改

第一，备案审查机关建立健全备案审查衔接联动机制。对应当由其他机关处理的审查要求或者审查建议，备案审查机关应当及时移送有关机关处理。[①]

第二，制定机关的自行清理机制。对法律、行政法规、地方性法规、自治条例和单行条例、规章和其他规范性文件，制定机关根据维护法制统一的原则和改革发展的需要清理。

五、我国《立法法》实施中的问题

党的二十大报告指出，要完善以宪法为核心的中国特色社会主义法律体系，加强宪法实施和监督，加强重点领域、新兴领域、涉外领域立法，推进科学立法、民主立法、依法立法。站在新时代起点上推进我国立法工作，我们需要深刻总结四十多年来的宝贵立法经验。

（一）"符合宪法的规定、原则和精神"的理解与适用

2023 年《立法法》提出立法应当"符合宪法的规定、原则和精神"。这一新规明确了立法首先是对宪法规定的适用。宪法规定居于最具体的一层，我国现行宪法 143 个条文是其最主要的载体。

1. 宪法的原则为何？

学界比较公认的宪法原则包含党的领导原则、人民主权原则、民主集中制原则、社会主义法治原则、尊重和保障人权原则、权力制约和监督等原则。

第一，党的领导原则。2018 年《宪法修正案》在 1982 年《宪法》第 1 条的基础上增加了"中国共产党领导是中国特色社会主义最本质的特征"的内容。

[①] 2023 年《立法法》第 116 条。

第二，人民主权原则。1982年《宪法》第2条规定："中华人民共和国的一切权力属于人民。人民行使国家权力的机关是全国人民代表大会和地方各级人民代表大会。人民依照法律规定，通过各种途径和形式，管理国家事务，管理经济和文化事业，管理社会事务。"该条款至今未做修改。

第三，民主集中制原则。1982年《宪法》第3条规定："中华人民共和国的国家机构实行民主集中制的原则。全国人民代表大会和地方各级人民代表大会都由民主选举产生，对人民负责，受人民监督。国家行政机关、审判机关、检察机关都由人民代表大会产生，对它负责，受它监督。中央和地方的国家机构职权的划分，遵循在中央的统一领导下，充分发挥地方的主动性、积极性的原则。"该条款除仅补入了监察机关外，至今亦未做其他修改。

第四，社会主义法治原则。1999年，"依法治国，建设社会主义法治国家"写入了宪法修正案，结束了我国关于法治与人治关系的长期争论。此后，法治不仅是中国共产党执政治国的基本方略，也成为我国宪法的基本原则。社会主义法治原则的具体内容包括：中华人民共和国实行依法治国，建设社会主义法治国家；国家维护社会主义法制的统一和尊严；一切法律、行政法规和地方性法规都不得同宪法相抵触；一切国家机关和武装力量、各政党和各社会团体、各企业事业组织都必须遵守宪法和法律，一切违反宪法和法律的行为，必须予以追究；任何组织或者个人都不得有超越宪法和法律的特权。

第五，尊重和保障人权原则。2004年宪法修正案在1982年《宪法》第33条基础上增加了"国家尊重和保障人权"的内容。尊重和保障人权原则的具体要求包括：公民在法律面前一律平等；任何公民享有宪法和法律规定的权利，同时必须履行宪法和法律规定的义务。鉴于人权与资本主义制度牵扯甚深，我国对人权观念的接受经历了长期的历史过程。①

---

① 李炳辉：《论我国现行宪法修正案中依宪治国的演进》，载《政法论丛》2022年第6期。

"国家尊重和保障人权"条款具有多方面意义：一是将权利的范围从宪法所列举的权利拓展到包含"未列举的权利"，拓宽了我国宪法中公民基本权利的范围；二是将权利保障从宪法中的一般内容上升到宪法原则的范畴；三是为国家设置了"尊重"和"保障"人权的法定义务。

第六，权力监督与制约原则。权力监督与制约原则的具体要求：全国人民代表大会和地方各级人民代表大会都由民主选举产生，对人民负责，受人民监督；国家行政机关、监察机关、审判机关、检察机关都由人民代表大会产生，对它负责，受它监督；中央和地方的国家机构职权的划分，遵循在中央的统一领导下，充分发挥地方主动性、积极性的原则。

在宪法修正案的推进与完善下，我国宪法一方面包含了人类政治文明的共同遗产，如人民主权原则、民主集中制原则、社会主义法治原则、尊重和保障人权原则、权力制约和监督等原则，另一方面也确认了在社会主义中国具有特殊重要性的党的领导原则，从而形成体系完整、逻辑自洽的宪法原则体系。

2. 何为宪法的精神？

从何处发现宪法的精神？笔者认为，应该从宪法序言及全国人大及其常委会的相关论述中寻找。

宪法精神不仅来自正文，亦来自宪法序言。与宪法规定和正文相比，宪法序言往往是"在宪法最显著处写下这些最精练的文字，序言为后续的正文奠定了基础"。①1982 年修宪时，围绕是否要有序言曾出现过争论，主持宪法修改的彭真曾强调，"序言要有，写历史""序言要写，不然国家的历史不好写"。②

---

① Akhil Amar, *America's Constitution: A Biography*, Random House, 2005, p.5.
② 参见《彭真传》编写组编：《彭真年谱》（第 5 卷），中央文献出版社 2012 年版，第 106、108 页。

据学者梳理，全国人大及其常委会"仅有两次"提及宪法精神。①一是时任全国人大常委会委员长栗战书在第十三届全国人大常委会第二十六次会议上的讲话中提到，"全国人大常委会对全国人民代表大会负责、向大会报告工作是人民代表大会制度的重要安排，体现了任何国家机关都要接受人大代表和人民群众监督的宪法精神"。②二是出现在全国人大常委会办公厅《关于第十三届全国人大第五次会议代表建议、批评和意见办理情况的报告》，相关表述是"各有关方面坚持对人民负责、受人民监督的宪法精神，认真办理每件代表建议，积极回应社会关切"。③此处的宪法精神指向了民主集中制原则。

全国人大常委会法工委备案审查工作中亦在以下两个文件提及"宪法精神"。一是《关于十三届全国人大以来暨2022年备案审查工作情况的报告》中提到的"同命不同价"案例。原《最高人民法院关于审理人身损害赔偿案件适用法律若干问题的解释》曾规定，人身损害赔偿案件中，对城镇居民和农村居民分别以不同标准计算残疾赔偿金和死亡赔偿金。有公民就此提出审查建议，认为"计算标准不同会导致案件审理出现不公平现象，与宪法有关精神不一致"。全国人大常委会法工委经审查研究后认为："随着经济社会发展和城乡融合发展，有关计算标准的差异应当逐步改变和取消；建议制定机关在总结试点经验基础上适时修改完善有关司法解释，统一城乡居民人身损害赔偿标准。"④二是全国人大常委会法工

---

① 左亦鲁：《合宪性审查中的宪法精神》，载《中国法学》2024年第3期。

② 栗战书：《在第十三届全国人大常委会第二十六次会议上的讲话》，2021年2月28日在第十三届全国人大常委会第二十六次会议上。

③ 郭振华：《全国人民代表大会常务委员会办公厅关于第十三届全国人大第五次会议代表建议、批评和意见办理情况的报告》，2022年12月28日在第十三届全国人民代表大会常务委员会第三十八次会议上。

④ 沈春耀：《全国人民代表大会常务委员会法制工作委员会关于十三届全国人大以来暨2022年备案审查工作情况的报告》，2022年12月28日在第十三届全国人民代表大会常务委员会第三十八次会议上。

委《关于 2023 年备案审查工作情况的报告》中提到的"连坐"案例。有市辖区议事协调机构发布通告，对涉某类犯罪重点人员采取惩戒措施，其中对涉罪重点人员的配偶、子女、父母和其他近亲属在受教育、就业、社保等方面的权利进行限制。有公民对此提出审查建议，认为这样的限制措施实际上属于"连坐"性质，应予停止执行。我国宪法规定，公民享有宪法和法律规定的权利，履行宪法和法律规定的义务。"我们研究认为，任何违法犯罪行为的法律责任都应当由违法犯罪行为人本人承担，而不能株连或者及于他人，这是现代法治的一项基本原则；有关通告对涉罪人员近亲属多项权利进行限制，违背罪责自负原则，不符合宪法第二章关于'公民的基本权利和义务'规定的原则和精神，也不符合国家有关教育、就业、社保等法律法规的原则和精神。"①此处的宪法精神指向了基本人权原则和依法治国原则。

全国人大有关专门委员会和常委会工作机构至少有以下四次就人大立法作出是否符合宪法精神的判断。②一是在《关于〈中华人民共和国英雄烈士保护法〉（草案）的说明》中，有如下表述："根据人民英雄纪念碑碑文、宪法序言精神，并与民法总则、全国人大常委会关于设立烈士纪念日的决定等规定相衔接，草案规定，国家和人民永远尊崇、铭记英雄烈士为国家、人民和民族作出的牺牲和贡献。"③二是在 2018 年《关于〈中华人民共和国刑事诉讼法（修正草案）〉修改情况的汇报》中，曾出现"体现了宪法修正案的精神"的表述。④三是在涉及《外商投资法（草案）》时，全国人大

① 参见沈春耀：《全国人民代表大会常务委员会法制工作委员会关于 2023 年备案审查工作情况的报告》，2023 年 12 月 26 日在第十四届全国人民代表大会常务委员会第七次会议上。
② 阎天：《作为合宪性审查依据的宪法精神——论〈立法法〉原第四条的修正》，载《北京大学学报（哲学社会科学版）》2023 年第 3 期，第 157—158 页。
③ 许安标：《关于〈中华人民共和国英雄烈士保护法（草案）〉的说明》，2017 年 12 月 22 日在第十二届全国人民代表大会常务委员会第三十一次会议上。
④ 参见全国人民代表大会宪法和法律委员会：《全国人民代表大会宪法和法律委员会关于〈中华人民共和国刑事诉讼法（修正草案）〉修改情况的汇报》，2018 年 8 月 27 日在第十三届全国人民代表大会常务委员会第五次会议上。

常委会法工委宪法室曾在一篇文章中提到"宪法有关规定的精神、方向、导向是非常明确的,即实行对外开放"。①四是在《关于〈中华人民共和国人口与计划生育法(修正草案)〉审议结果的报告》中,宪法和法律委员会的说明报告认为,"我国宪法有关计划生育的规定,特别是第二十五条关于'国家推行计划生育,使人口的增长同经济和社会发展计划相适应'的规定,体现了问题导向与目标导向相统一、指向性与方向性相统一,具有相当的包容性和适应性,可以涵盖不同时期实行的生育政策、相关工作及配套措施",因此,"修改人口与计划生育法,落实优化生育政策、促进人口长期均衡发展的决策部署,是与时俱进理解和把握宪法规定和精神的具体体现,也是与时俱进通过立法推动和保证宪法实施的生动实践,符合宪法规定和精神"。②此处宪法精神指向基本人权等内容。

综上可见,宪法序言及文本、全国人大及其常委会、全国人大常委会法工委以及全国人大有关专门委员会和常委会工作机构虽适用宪法精神概念,但并未对宪法精神进行界定,仍是从宪法原则中理解宪法精神。

笔者认为,在有权机关未对宪法精神进行界定的情况下,我国宪法的精神就是遵循宪法的原则。

(二)立法与改革相互促进、相互衔接问题

改革开放初期,我国社会关系复杂多变,加上全国人大立法程序烦琐,难以及时满足社会发展变化的需要,不可避免地出现法律供给不足的问题。授权国务院先行制定行政法规,授权经济特区制定特区法规,就是因应社会发展对国家法律供给的迫切需要,通过先行制定行政法规、特区法规对改革发展中出现的新问题、新情况进行调整。尤其是,授权经济特

① 全国人大常委会法制工作委员会宪法室:《我国外商投资立法与宪法第十八条规定含义的与时俱进》,载《中国人大》2019年第7期,第17—20页。
② 全国人民代表大会宪法和法律委员会:《关于〈中华人民共和国人口与计划生育法(修正草案)〉审议结果的报告》,2021年8月19日在第十二届全国人民代表大会常务委员会第三十次会议上。

区立法的目的是赋予其比一般地方性法规更大的变通权,以将国家给予的特殊政策具体化,起到立法试验田的作用。申言之,改革开放初期的授权立法,就是通过地方在经济建设上权力配置的优先性,发挥实践创新的引领作用。

在中国特色社会主义法律体系已经形成后,涉及先行先试的事项,现行法律、行政法规均有明确的规定,任何实质性的制度创新都需要突破现行法律、行政法规的相关规定。2012 年 12 月 28 日,全国人大常委会作出《关于授权国务院在广东省暂时调整部分法律规定的行政审批的决定》,授权国务院在广东省暂时调整部分法律规定的 25 项行政审批。前述行政审批的调整在三年试行,对实践证明可行的,应当修改完善有关法律;对实践证明不宜调整的,恢复施行有关法律规定。2013 年 8 月 30 日,十二届全国人大常委会第四次会议通过了《关于授权国务院在中国(上海)自由贸易试验区内暂时调整实施有关法律规定的行政审批的决定》,授权国务院在上海外高桥保税区、上海外高桥保税物流园区、洋山保税港区和上海浦东机场综合保税区基础上设立的中国(上海)自由贸易试验区内,对国家规定实施准入特别管理措施之外的外商投资,暂时调整《中华人民共和国外资企业法》《中华人民共和国中外合资经营企业法》和《中华人民共和国中外合作经营企业法》规定的有关行政审批。同样规定前述行政审批调整的试行期是三年。2015 年《立法法》增设"授权暂时调整或者暂时停止法律适用"条款。

可见,在法律供给的需要迫切时,我国立法体制就配置了先行先试的授权立法,在法律体系形成后,我国立法体制就配置了暂时调整或暂时停止适用的授权立法。虽然采用的是不同模式,但都是通过提供试错机会和积累经验教训来提高改革的科学性和稳妥性,降低立法创新带来的风险,以协调动态改革与法治稳定之间的紧张关系,实现立法与改革在不同时期的相互促进、相互衔接。

（三）提升立法能力实现科学立法问题

1."立法放水"问题

2017年7月中共中央办公厅、国务院办公厅就甘肃祁连山国家级自然保护区生态环境问题发出通报指出："通过调查核实，甘肃祁连山国家级自然保护区生态环境破坏问题突出"，产生的原因之一是"在立法层面为破坏生态行为'放水'"。由此，"立法放水"成为我国立法领域一个专门术语登上了历史舞台，被定性为是一种违反上位法、抵触上位法的行为。2017年9月8日全国人大常委会法工委向各省、自治区、直辖市人大常委会办公厅发出的《关于做好涉及生态文明建设和环境保护的地方性法规专项自查和清理的函》（法工办函〔2017〕297号），要求各地要抓紧组织开展"专项自查和清理工作"、杜绝地方性法规和自治法规（特别是单行条例）"与上位法不一致、故意放水"。

2017年7月之后，"违反本条例（本办法）规定，法律、行政法规已有法律责任规定的（或者已有处罚规定的），从其规定"成为大量新制定或者新修订的省级地方性法规在"法律责任"部分设置的条款。"违反本条例（本办法）规定，法律、行政法规、本省（自治区、直辖市）地方性法规已有法律责任规定的（或者已有处罚规定的），从其规定"成为大量新制定或新修订的设区的市（自治州）地方性法规和自治州、自治县单行条例在"法律责任"部分设置的条款。从规范效果上看，这样的条文与甘肃祁连山生态破坏事件关于"立法放水"的定性有直接关系，是为规避立法风险。

2. 用"废话条款"解决矫枉过正

从立法原理上看，这是一句"废话"，因为在我国现行宪法和《立法法》框架下，由宪法、法律、行政法规和地方性法规、自治条例和单行条例、规章构成的"金字塔"结构的法律体系中，作为省级地方性法规立法依据的法律、行政法规，作为设区的市（自治州）地方性法规和自治州、自治县单行条例立法依据的法律、行政法规以及本省（自治区、直辖市）地方性法规,是这些法规的上位法,它们已经设置的法律责任条款,这些法规的制定者或者修改者自然应当遵循,这些法规的执法者自然应当执行。换言之,下位法服从上位法(包括上位法所设定的法律责任条款)、执法者不仅应当执行本级人大及其常委会制定的地方性法规(以及本级人大制定的单行条例),而且应当执行上位法(包括上位法所设定的法律责任条款)是不言而喻的。

3. 提升立法能力是关键

一是需要提升立法机关的立法能力。2016 年修正的《甘肃祁连山国家级自然保护区管理条例》第 10 条第 2 款与 2011 年修正的《中华人民共和国自然保护区条例》第 26 条的规定不一致,后者规定"禁止在自然保护区内进行砍伐、放牧、狩猎、捕捞、采药、开垦、烧荒、开矿、采石、挖沙等活动",列举了 10 类禁止性行为;而前者关于"禁止在保护区内进行狩猎、垦荒、烧荒等活动"只是列举了其中的 3 类禁止行为。尤其是,在文本规定内容上,列举的 3 类禁止性事项"都是近年来发生频次少、基本已得到控制的事项",没有列举的 7 类"恰恰是近年来频繁发生且对生态环境破坏明显的事项""主要是违规开矿、违法违章建设、偷排偷放等问题"。[①]

二是提升备案机关的审查能力。行政法规、地方性法规、自治条例和单行条例、规章应当在公布后的 30 日内报有关机关备案。如设区的市政府规章除报本级人大常委会备案外,还同时报省级人大常委会和省政府备案。备案机关具有改变和撤销相关法律法规规章案的权限。通常而言,相对于制定机关,备案机关具有更高的立法能力和水平,应更好发挥合法性审查。

三是提升立法监督机关的监督能力。如《立法法》第 101 条第 2 款以

---

① 朱宁宁:《着力做好地方规范性文件专项清理工作》,《法制日报》2018 年 9 月 25 日,第 11 版。

及第 109 条第 5 项关于经济特区法规立法权具有"立法变通权"的规定，维护《立法法》第 11 条所规定的"法律保留"事项的权威，还需要健全立法监督机关常态化的监督机制，确保社会主义法制的统一。

四是区分"立法放水"与立法创新。"立法放水"是典型的地方立法者主观恶性立法的行为。立法创新是立法结合实际的内容创新，是社会主义法律体系发展完善的重要生长点。而立法创新大多涉及对现行法律制度的变革，有些甚至被现行上位法所否定。

第二节　华侨权益保护立法研究

2023 年 9 月，《华侨权益保护法》纳入十四届全国人大常委会立法规划的第二类项目[①]，提请审议机关或牵头起草单位为全国人大华侨委。研究华侨权益保护立法，是我国当前重要的立法实践课题。本节通过研究华侨权益保护的立法根据、保护范围及主要内容，力图梳理出我国华侨权益保护立法中面临的主要问题及探求解决方案。

一、立法根据条款研究

（一）应否设立法根据条款

立法根据，即立法以何为据问题。截至 2024 年 3 月 11 日十四届全国人大二次会议闭幕，除宪法及宪法修正案外，全国人大及其常委会制定的现行有效法律共有 299 部。在这 299 部现行有效法律当中，设有立法根据条款的法律有 111 部，占比为 37.12％；相比之下，没有立法根据条款的法律数量更多，达 188 部之多，占比为 62.88％；集中在宪法相关法和行

---

① 第二类项目为"需要抓紧工作、条件成熟时提请审议的法律草案"。

政法,分别有 42 部和 38 部,其他法律部门中设有立法根据条款的法律相对较少。①

在众多的法律部门当中,在内容上与宪法关联最密切的无疑是宪法相关法和行政法,这使得宪法相关法中设有立法根据条款的法律部数最多。与此不同的是,在经济法和民商法两大法律部门中,设有立法根据条款的法律相对较少,这是因为民商事活动和市场经济领域是改革开放的"主战场","摸着石头过河"的改革方法论在立法中的体现便是国务院通过行政法规来"先行先试",条件成熟时制定法律,这使得这类法律中的很多内容事实上源于改革实践。

《华侨权益保护法》是否需要设立法根据条款? 本文认为应予设立。一是因为权益保护法规属于社会法律部门,宪法是社会法的基石。我国《宪法》第二章"公民的基本权利和义务"中第 50 条规定:"中华人民共和国保护华侨的正当的权利和利益,保护归侨和侨眷的合法的权利和利益。"我国《宪法》第一章"总纲"中第 32 条规定:"中华人民共和国保护在中国境内的外国人的合法权利和利益,在中国境内的外国人必须遵守中华人民共和国的法律。中华人民共和国对于因为政治原因要求避难的外国人,可以给予受庇护的权利。"二是与现行《中华人民共和国归侨侨眷权益保护法》(以下简称"《归侨侨眷权益保护法》")保持一致。该法第 1 条规定:"为了保护归侨、侨眷的合法的权利和利益,根据宪法,制定本法。"

(二)应否将对外关系法设为立法根据?

在立法根据条款中将宪法作为立法的唯一根据,这是最为常见的,但也有将宪法和法律作为立法的共同根据的。是否须将对外关系法作为立法的共同根据?

---

① 刘怡达:《法律中的立法根据条款研究》,载《河北法学》2024 年第 6 期。

《中华人民共和国对外关系法》(以下简称《对外关系法》)①被全国人大常委会法工委誉为"对外关系法是我国涉外领域的基础性、综合性法律,在涉外立法领域发挥统摄、总括作用"②,规制内容包括:一是我国发展同各国的外交关系和经济、文化等各领域的交流与合作,发展同联合国等国际组织的关系;二是任何组织以及公民,在对外交流合作中有维护国家主权、安全、尊严、荣誉、利益的责任和义务,任何组织和个人在对外交往中从事损害国家利益活动的依法追究法律责任;三是国家鼓励积极开展民间对外友好交流合作,对做出突出贡献者按照国家有关规定给予表彰和奖励。③

《对外关系法》规制的执法主体包括:一是中央外事工作领导机构负责对外工作的决策和议事协调,研究制定、指导实施国家对外战略和有关重大方针政策,负责对外工作的顶层设计、统筹协调、整体推进、督促落实。二是全国人大及其常委会批准和废除同外国缔结的条约和重要协定,行使宪法和法律规定的对外关系职权;全国人大及其常委会积极开展对外交往,加强同各国议会、国际和地区议会组织的交流与合作。三是国家主席代表国家进行国事活动,行使宪法和法律规定的对外关系职权。四是国务院管理对外事务,同外国缔结条约和协定,行使宪法和法律规定的对外关系职权。五是中央军事委员会组织开展国际军事交流与合作,行使宪法和法律规定的对外关系职权。六是外交部依法办理外交事务,承办党和国家领导人同外国领导人的外交往来事务,加强对国家机关各部门、各地区对外交流合作的指导、协调、管理、服务,统一领导驻外外交

---

① 《对外关系法》于2023年6月28日由第十四届全国人民代表大会常务委员会第三次会议通过,包括第一章"总则"、第二章"对外关系的职权"、第三章"发展对外关系的目标任务"、第四章"对外关系的制度"、第五章"发展对外关系的保障"、第六章"附则"6章45条。

② 编者按:《对外关系法为新时代中国特色大国外交提供坚强法治保障》,载《中国法律》2023年第4期。

③ 《对外关系法》第2条、第6—8条。

机构。七是省、自治区、直辖市根据中央授权在特定范围内开展对外交流合作,省级政府依职权处理本行政区域的对外交流合作事务。①八是同外国、国际组织在执法、司法领域开展国际合作的主体。第 39 条规定:"中华人民共和国加强多边双边法治对话,推进对外法治交流合作。中华人民共和国根据缔结或者参加的条约和协定,或者按照平等互惠原则,同外国、国际组织在执法、司法领域开展国际合作。国家深化拓展对外执法合作工作机制,完善司法协助体制机制,推进执法、司法领域国际合作。国家加强打击跨国犯罪、反腐败等国际合作。"

《对外关系法》规制的保护对象包括:一是《对外关系法》第 37 条对华侨权益保护进行了规定:"国家依法采取必要措施,保护中国公民和组织在海外的安全和正当权益,保护国家的海外利益不受威胁和侵害。国家加强海外利益保护体系、工作机制和能力建设。"二是第 38 条对境内外国人和外国组织的合法权益进行了规定:"中华人民共和国依法保护在中国境内的外国人和外国组织的合法权利和利益。国家有权准许或者拒绝外国人入境、停留居留,依法对外国组织在境内的活动进行管理。在中国境内的外国人和外国组织应当遵守中国法律,不得危害中国国家安全、损害社会公共利益、破坏社会公共秩序。"

《对外关系法》属于宪法相关法,意在规制我国的外交关系和对外交流与合作,涉外关系是其重要组成部分,而华侨权益保护又是涉外民事关系的重要内容,故该法第 37 条对华侨权益保护进行了规制。但是,笔者认为,将《对外关系法》作为《华侨权益保护法》的上位法理据明显不足。

因为,《华侨权益保护法》作为社会法,除了与宪法相关法密切相关外,还与民商法、经济法密切相关。如《外商投资法》第 1 条规定:"为了进一步扩大对外开放,积极促进外商投资,保护外商投资合法权益,规范外

---

① 《对外关系法》第 9—16 条。

商投资管理,推动形成全面开放新格局,促进社会主义市场经济健康发展,根据宪法,制定本法。"

但是,《对外关系法》作为我国涉外领域的基础性、综合性法律,在涉外立法领域发挥统摄、总括作用,华侨权益保护立法必须在立法指导思想、立法内容上应与之有效衔接。

(三)应否将"从实际出发"设为立法根据?

通常情形下,立法根据条款包括两个方面的内容。一方面是合法化内容,在位阶分明的法律体系当中,任何立法均不得与上位法相抵触,立法根据条款载明"根据上位法制定",以在形式上完成所立之法的合法性论证;另一方面是可行性内容,因为调整社会关系的法律必须契合社会现实,此通常表述为"立法应当从实际出发"。

实际上,中国的涉侨问题,不仅一直与中国的周边关系问题联结,而且一直与港澳问题联结。华侨权益保护立法应该从实际出发。但是鉴于华侨权益保护立法涉及敏感的外交关系和对外交流与合作,故立法应当"从实际出发",但立法根据条款不宜写入"立法应当从实际出发",避免被过度解读。

综上,《华侨权益保护法》作为社会法,除了与宪法相关法密切相关外,还与民商法、经济法密切相关。笔者认为,未来《华侨权益保护法》第1条立法依据条款为:"为了保护华侨、归侨、侨眷的合法的权利和利益,根据宪法,制定本法。"越简约,越不易引发争议。

二、立法保护对象应否涵摄海外华人?

华侨是定居在国外的中国公民,《华侨权益保护法》规制华侨没有争议。①

---

① 依据《中华人民共和国归侨侨眷权益保护法》《中华人民共和国归侨侨眷权益保护法实施办法》和国务院侨务办公室对界定身份的具体规定,华侨、外籍华人的身份由政府侨务部门或者有关部门根据相关规定在为华侨华人办理具体事务时确认,归侨、侨眷的身份由其常住户口所在地的县级以上地方政府侨务部门根据本人申请进行审核认定。

但是,是否包括海外华人,现行地方立法存在不同规定,理论界存在争议性观点,国家正在进行地方改革探索,《〈外国人永久居留管理条例〉(征求意见稿)》因争议较大被悬置。

(一)现行地方立法存在不同规定

对于是否规制境内的海外华人权益,我国各地出台的华侨权益保护地方立法存在不同认识,包括不予规定、参照适用、另按规定三种模式。

2015年《南京市华侨权益保护条例》并未涉及海外华人权益保护问题。2023年《天津市华侨权益保护条例》、2023年《山东省华侨权益保护条例》亦未涉及华人权益保护问题。

2015年《广东省华侨权益保护条例》开辟了海外华人权益"参照"华侨权益之先河。该法第34条规定:"除法律、法规规定不可享有的特定权利外,外籍华人在本省的有关权益保护,可以参照本条例执行。"其后,参照适用模式被2016年《福建省华侨权益保护条例》、2016年《湖北省华侨权益保护条例》、2018年《浙江省华侨权益保护条例》、2019年《大连市华侨权益保护条例》及2022年《贵州省华侨权益保护条例》采用。

2016年《上海市华侨权益保护条例》涉及华人,但规定华人权益按有关规定予以保护。该法第31条规定:"外籍华人在本市的正当权益,按照法律、法规和本市有关规定予以保护。"其后,另按规定模式被2021年《海南省华侨权益保护条例》仿效。

(二)现行司法文本与实践存在矛盾

最高人民法院至今虽未对"涉侨"的范畴作出明确界定,但近年来最高人民法院关于涉侨审判的报告或者文件采用的是"海外侨胞、归侨、侨眷"的表述,并将涉侨案件归类于"保护港澳台同胞、海外侨胞和归侨侨眷合法权益"部分。最高人民法院、中华全国归国华侨联合会在《关于在部分地区开展涉侨纠纷多元化试点工作的意见》(法〔2018〕69号)第一点工作意义中明确指出:"开展涉侨纠纷多元化试点工作,对于维护归侨侨眷合法权益和海外侨胞正当权益……具有重要意义。"最高人民法院在《2021 年人民法院司法改革工作要点》指出:"深化涉侨纠纷多元化解试点工作,推进涉侨纠纷在线调解,健全完善跨境民商事纠纷多元化解机制,推动设立侨益保护研究中心,有效维护归侨侨眷和海外侨胞合法权益。"因此,涉侨纠纷的当事人采用"海外侨胞"的表述更加规范,"海外侨胞"包括海外华侨和海外华人。

但是,由于华侨、外籍华人的身份由政府侨务部门或国家移民管理局在为华侨华人办理具体事务时分别确认,司法实务中的"侨企"仅限于当地侨务部门认定,实质上排除了海外华人投资的企业。如汕头中院认为:"侨资企业、侨属企业均是在中国境内注册登记的经济组织,上述主体是利用外资、侨资的最直接形式,其具体认定由当地侨务部门负责。"①

(三)学界存在不同观点

有学者针对海外侨胞结构早已进入"一九"格局的现状,梳理了近 20 年来历年全国"两会"热议的"撤销不承认中国公民具有双重国籍"话题,提出修订《国籍法》第 9 条的规定,主张颁发中国版海外公民证。此观点能够认识到我国华侨权益法律保护应该根据世情做重大调整,但"海外公民证"的法律架构语焉不详。应予注意的是,这不仅意味着修改《国籍法》的问题,还意味着修改《宪法》第 32 条、第 50 条问题,而《宪法》第 32 条、第 50 条自 1982 年《宪法》制定至今从未做过修改。

另有学者则持相关观点认为,我国加入的国际公约和国内法都明确了仅能对海外中国公民权益进行保护,对外籍华人应适用外国人的保护规则。②在国际公法方面,国籍是国家确定属人管辖的依据,并且是一个人获得本国对他提供外交/领事保护或服务的依据。在国际私法方面,许

---

① 《汕头法院涉侨审判工作白皮书》(2021—2024),2024 年 10 月。
② 蒋新苗、刘杨:《海外中国公民权益保护法治化探究》,载《武大国际法评论》2023 年第 2 期。

多国际民商事法律冲突的解决适用属人法,而国籍是确定属人法和准据法的一个重要连接点。在国际人权法方面,国籍权越来越受到重视,包括每个人有权取得国籍,任何人之国籍不容无理褫夺,任何人变更国籍的权利不容无理否认,禁止国籍歧视等。

(四)国家正在推进涉侨机构改革

1. 侨务机构的改革

2018年3月,根据中共中央印发的《深化党和国家机构改革方案》,将国务院侨务办公室海外华人华侨社团联谊等职责划归中国侨联行使。中国侨联定位于依法代表和维护归侨侨眷和海外侨胞在国内的合法权利和利益,关心海外侨胞的正当权利和利益。

2023年9月3日第十一次全国归侨侨眷代表大会通过的《中华全国归国华侨联合会章程》规定了以下内容。

第一,中国侨联是中国共产党领导的由归侨、侨眷组成的全国性人民团体,是党和政府联系广大归侨侨眷和海外侨胞的桥梁和纽带。中国侨联依法代表和维护归侨侨眷和海外侨胞在国内的合法权利和利益,关心海外侨胞的正当权利和利益。海外侨胞包括华侨和华人。可见,中国侨联保护的不仅是华侨,还包括华人(总则)。

第二,中国侨联的任务是积极为引进海外人才、资金、技术和智力服务,促进海内外经贸合作和科技交流;努力为归侨侨眷兴办企事业和海外侨胞来华工作服务;引导侨资侨智在参与共建"一带一路"、服务高水平对外开放,构建以国内大循环为主体、国内国际双循环相互促进的新发展格局中发挥积极作用;办好侨联所属企事业(第2条)。

第三,中国侨联参与国家政治、经济、文化和社会事务活动,参与社会管理和公共服务,反映归侨侨眷和海外侨胞的意愿和要求;参与政治协商,发挥民主监督作用;参与协商和推荐人民代表大会归侨侨眷代表人选,提名政治协商会议的归侨侨眷委员人选;参与起草修订有关法律、法规草案,促进社会主义民主政治建设。

2. 国家移民管理局的改革

2018年2月28日,党的十九届三中全会通过《深化党和国家机构改革方案》,决定组建国家移民管理局。2018年4月2日国家移民管理局(中华人民共和国出入境管理局)组建成立,主要职责是:负责全国移民管理工作;负责协调拟订移民和出入境管理政策与规划并协调组织实施,起草相关法律法规草案;负责建立健全签证管理协调机制,组织实施外国人来华口岸签证、入境许可签发管理和签证延期换发;负责外国人来华留学管理、工作有关管理、停留居留和永久居留管理、国籍管理、难民管理;负责出入境边防检查、边民往来管理、边境地区边防管理;负责中国公民因私出入境管理、港澳台居民回内地(大陆)定居审批管理;牵头协调非法入境、非法居留、非法就业外国人治理和非法移民遣返,查处妨害国(边)境管理等违法犯罪行为;承担移民领域国际合作等。

2018年2月1日起,公安部推出便利措施,对来华探望亲属、洽谈商务、开展科教文卫交流活动及处理私人事务的外籍华人,公安机关出入境管理机构可按规定签发5年以内多次入境有效签证。

根据现行规定,外籍华人申请在中国永久居留应当符合遵守中国法律、身体健康、无犯罪记录等基本条件,同时还要根据申请类型具备相应的具体条件。申请永久居留的受理机关为设区的市级人民政府公安机关(直辖市为区公安分局、县公安局)。申请人应当填写申请表、接受面谈询问,并提交有效护照、境内外无犯罪记录证明、健康证明、生活保障证明以及与申请事由相关的材料。取得永久居留资格的外籍华人,凭本人的护照和永久居留证件出境入境,在中国居留期限不受限制,合法权益受法律保护。

2024年9月9日,在江苏举行的东盟与中日韩移民管理政策高级别研讨会上,中国国家移民管理局倡议出台更加积极、开放、高效的移民管理政策,营造更加开放包容的移民制度环境。

更好凝聚侨心、汇集侨智、维护侨益、发挥侨力,更广泛地在经济、文化等领域团结联系海外侨胞是国家发展的动力和资源,但是如果将海外华人纳入华侨权益立法保护范围,将不仅关涉的修改《宪法》第 32 条、第 50 条的国本问题,还涉及与相关国家,尤其是周边国家关系的政治问题。既要从实际出发,又要遵从国际关系准则,应是我们解决此问题的立足点。能否找到"第三条"道路,既能调动和团结海外华人的力量和智慧,也能符合国际关系准则? 笔者认为,可从修改完善国籍法中找到突破点。

(五)《外国人永久居留管理条例》意见稿因争议大被悬置

2020 年春季,国家司法部公布了《中华人民共和国外国人永久居留管理条例(征求意见稿)》(下文简称《外国人永久居留管理条例(征求意见稿)》)。该意见稿公布后,公众意见主要集中于外国人永居问题的立法形式,以及包括申请资格和条件、国民待遇和管理机制等方面在内的实质问题,该项立法终因争议较大被悬置。但悬置并不意味不正视其遇阻的问题。

1. 司法部无权制定与《宪法》第 32 条相抵触的规章

《外国人永久居留管理条例(征求意见稿)》的立法目的和实体内容的核心都是要授予某些"外国人"以中国法定永居者的身份和权利。这种永居身份,赋予获得永居权的外国人与中国公民在诸多方面平等的"国民待遇",即"将永久居留外国人纳入常住人口管理服务体系"。这意味着,中国公民享有的职称评审、职业资格考试、政府奖项评选、购买自用和自住商品住房、交存和使用住房公积金、参加社会保险、城乡居民基本医疗保险和基本养老保险、子女接受义务教育等众多基本待遇与经济社会福利,永居外国人都可以平等地享有。早在 2012 年,中组部、人社部、公安部等 25 个部门联合发布的《外国人在中国永久居留享有相关待遇的办法》第 1 条规定,"除政治权利和法律法规规定不可享有的特定权利和义务外,原则上和中国公民享有相同权利,承担相同义务"。《外国人永久居留管理条例(征求意见稿)》仍然延续了这一制度内容。有学者指出:"他们不仅获得了出入境便利和永久居住资格,在工作、生活等领域也得到了与目的地国公民相同或接近的权利,或者说准公民权待遇。"①这种授予外国人永居者的权利,实质上修改了《宪法》第 32 条,国家司法部门亦无立法权限。

应松年先生曾指出,《立法法》有一个非常重要的功能就是要为人大及其常委会与其他机关尤其是政府部门的立法权限划清界限,即法律只能由全国人大及其常委会制定,其他部门包括国务院、各部委、地方人大都不能制定,这样一项专门的权力是宪法保留给全国人大及其常委会的"专属立法权",这就是所谓的"法律保留"原则。笔者认同这一观点,认为关于外国人的永久居留权问题不仅涉及修改《宪法》第 32 条,还涉及属于《立法法》第 11 条全国人大及其常委会的专属立法权,应由全国人大及其常委会制定。

2. 与我国国情不相适应的问题

《外国人永久居留管理条例(征求意见稿)》引发争议的另一个重要问题,在于永居外国人实际上获得了除政治权利以外的几乎全部国民待遇,特别是在教育、医疗、社会保险、养老等稀缺资源领域获得了同等国民待遇,涉及是否与我国国情相适应的问题。

《外国人永久居留管理条例(征求意见稿)》的颁行,使获得永居权的外国人将主要集中在京沪广深一线城市及长三角、珠三角等经济发达区域,这些区域集中了中国最多最优质的科技、教育、资金、医疗、养老等社会稀缺资源。在本国居民因严格的户籍制度管控及其他限制而获取相关资源困难重重的情形下,如若对外国人永居申请条件设置得过于宽松,必

---

① 张展新:《中国"绿卡"的资格待遇问题:以本国公民社会权利演进为视角的分析》,载《华侨华人历史研究》2019 年第 1 期。

将引发社会资源配置公正与否的问题,难以与我国的国情相适应。故此,在永居外国人"国民待遇"具体制度方面,应当与我国国情相适应逐步放宽,而不是一次放开。

(六)国务院赋予汕头先行探索

汕头,与潮州、揭阳共称"潮汕"。濒临南海,位于中国的南端、广东的东部。1684年康熙年间清政府开放海禁,准许平民对外贸易,敢闯敢拼、向海而生的潮汕人便乘坐"红头船"开启"下南洋"的历史。据不完全统计,我国约有6 000万海外侨胞,其中潮汕籍侨胞约1 500万,故有"海内一个潮汕,海外一个潮汕"说法。

汕头经济特区因侨而立,因侨而兴。广大海内外潮籍乡亲是改革开放和现代化建设的见证者、参与者、推动者,如今更是高质量发展新征程上最具优势、最不可或缺的重要力量。2020年10月13日,习近平总书记在视察汕头时寄望汕头经济特区"要根据新的实际做好'侨'的文章,在新时代经济特区建设中迎头赶上"。多年来,汕头一直在增进与海内外华侨华人、潮人社团的联系交往上走在国内前列。2024年11月,第二十二届国际潮团联谊年会和第十届世界潮商大会在汕头举行。

1. 国家正视侨情新特点

2018年4月25日,国务院侨务办公室主任许又声在第十三届全国人民代表大会常务委员会第二次会议上作《国务院关于华侨权益保护工作情况的报告》①,阐释当前我国侨情具有以下特点。

第一,侨胞构成发生深刻变化,经济科技实力稳步增强。海外侨胞总数逾6 000万,分布在世界近200个国家和地区。留学深造、商务投资等大陆新移民数量持续增长,海外侨社构成更趋多元化。华裔新生代和新华侨华人受教育水平普遍提高,从业领域更加广泛,经济科技实力稳步提

---

① 《国务院关于华侨权益保护工作情况的报告》,https://www.pkulaw.com/chl/ab5d8aa-e72adebe6bdfb.html,访问日期:2024年7月31日。

升。华侨华人专业人士数量持续增长,全球华商经济总量不断增长,涉足领域更加广泛,商业网络更加紧密。

第二,侨胞融入主流社会意识增强,社会地位逐步提升。海外侨社组织程度逐渐提高,更加注重与住在国政治、经济、文化等领域的交流合作,积极开展各类社会公益项目,展现出华裔族群良好形象,有效扩大了在主流社会的影响力。华人公民意识、参政维权意识显著提升,更加注重抱团取暖、主动发声,参政诉求更加务实,维权行动趋于成熟理性,客观上有助于提高华裔群体的社会地位。

第三,侨胞中华民族和文化认同增强,友好力量不断壮大。新时代以来我国取得的历史性成就,极大激发了海外侨胞的民族认同、国家认同、文化认同,爱国友好力量更加巩固。海外侨胞以春节、中秋等中华传统节庆为载体自发举办的各类文化活动,更是成为住在国民众了解中华文化独特魅力的重要窗口,增强了中华文化的亲和力、感染力、吸引力和影响力。

第四,海外侨胞和归侨侨眷利益诉求多元,为侨服务任务更加繁重。海外侨社对中华文化的精神需求强烈,广大侨胞对共享中国发展红利的期待渐高,在入出境便利、长期居留等方面的诉求增多。国内侨务工作对象趋向多元,回国长期工作生活的华侨华人等群体数量增长,新归侨侨眷整体素质不断提高。涉侨部门在开展为侨服务工作时,考虑海外侨胞和归侨侨眷的实际需求不够,服务的平台载体、方式方法还较为单一,与侨界群体的期盼仍有差距,个性化、精准性为侨服务能力需要进一步提升。

2. 国家赋予汕头先试地位

2014 年 9 月 15 日,国务院同意在汕头经济特区设立华侨经济文化合作试验区,并对华侨经济文化合作试验区的发展方向提出四方面要求。

第一,要求其充分发挥华侨华人资源优势,把试验区建设作为汕头经济特区进一步深化改革开放和建设 21 世纪海上丝绸之路重要门户的重大举措,积极开展先行先试,为新时期全面深化改革、扩大对外开放探索新路。

第二,支持试验区推动海外华侨华人与祖国经济深度融合发展。一是研究建立符合广大海外华侨华人意愿和国际通行规则的跨境投资、贸易机制;二是依法保障海外华侨华人投资权益,创新侨务工作模式,推动引资、引技、引智有机结合,依法给予海外华人更多出入境便利;三是创新人才引进机制,对符合来华工作条件的外籍华人,优先办理有关手续;四是积极推动试验区教育医疗事业发展,为海外华侨华人在教育医疗方面提供便利,确保海外华侨华人依法享受相应的社会保障待遇。

第三,支持试验区搭建海外华侨华人文化交流平台,深化与有关国家地区的人文合作。一是拓展文化传播渠道,不断扩大中华文化的影响力;二是以合作、创新和服务为主题,构建面向海外华侨华人的聚集发展创新平台,建设跨境金融服务、国际采购商贸物流、旅游休闲中心和华侨文化交流、对外传播基地。

第四,支持试验区全面深化改革,构建开放型经济新体制。在华侨经济文化合作、营商环境、通关制度、社会管理、土地管理、海域使用和投融资等方面创新体制机制。

华侨经济文化合作试验区先行先试具有两个显著特征:一是涵括海外华侨与海外华人;二是涵括经济合作与文化交流两个方面。华侨经济文化合作试验区设立至今,笔者查询到国务院两份评价资料。一是国务院于 2018 年 4 月 25 日发布的《关于华侨权益保护工作情况的报告》,其评价为"近 4 年来,试验区在深化体制机制创新、扩大对外开放、推进华侨经济文化合作等方面取得了积极进展"。二是国务院于 2023 年 4 月 24 日发布的《关于新时代侨务工作情况的报告》,其评价为"设立汕头华侨经济文化合作试验区,经过 8 年多的建设和发展,试验区在深化体制机制创新、扩大对外开放等方面的作用持续显现"。

三、我国国籍法的发展

散居海外的华人权益保护问题一直是两会热议的话题。[1]1999 年 3 月,在第九届全国政协第二次会议上,陈铎、杨伟光、李光羲等多名代表联名提出《关于撤销"不承认中国公民具有双重国籍"规定的建议案》(第 2172 号)提案[2],为海外华人权益保护提供了一种探索路径。

(一)《国籍法》由来及主要内容

1951 年 5 月,中共中央就针对印度尼西亚华侨国籍问题作了三点批示:(1)凡父母双方或一方具有中华人民共和国国籍者,生时亦具有中国国籍;(2)华侨变更国籍根据本人自愿;(3)出籍华侨有要求复籍的权利。其后,这三点批示成为新中国关于国籍问题的三原则。1953 年 4 月,中共中央又作出了《关于处理华侨国籍问题的指示》,仍然承认华侨的双重国籍。

1954 年,中国开始了对周边国家的外交,主要是围绕边界问题、双重国籍问题。1955 年 4 月 22 日,中国和印度尼西亚两国政府在印度尼西亚万隆正式签订了《中印两国关于华侨双重国籍问题的条约》。[3]根据该条约,凡具有双重国籍的 18 岁华裔,必须在两年内自愿选择一种国籍,向有关政府声明放弃中国(或印度尼西亚)国籍;若在两年内未按规定手续自愿选择国籍者,其国籍身份随父亲国籍身份而定;未成年人的国籍也随父亲而定,但成年后一年内必须重新选择;已获印度尼西亚国籍但愿离开印度尼西亚并自愿选择中国国籍者,即自动丧失印度尼西亚国籍;已获中

---

① 《想侨胞之所想 中国"两会"回应华侨华人关切》,http://www.oushinet.com/static/content/qj/qjnews/2021-03-12/819949499656183808.html,访问日期:2024 年 7 月 31 日。

② 宋锡祥:《论中国〈国籍法〉的发展与完善——兼论港澳居民的国籍问题》,载《政治与法律》2008 年第 1 期。

③ 程希:《1954 年前后中国解决与印尼"双重国籍"问题的外交形势》,载《南洋问题研究》2004 年第 3 期。

国籍离开中国后自愿选择印度尼西亚国籍者,即自动丧失中国国籍;已经明确具有中国公民身份的华侨,不再给予选择国籍的机会。随后,中国政府按此政策与尼泊尔(1956 年)、蒙古(1957 年)、缅甸(1962 年)、马来西亚(1974 年)、菲律宾(1975 年)、泰国(1975 年)等邻国解决了双重国籍问题。

1980 年《国籍法》将 1956 年中国和印度尼西亚解决双重国籍问题的原则固定下来。首先,明确我国不承认中国公民具有双重国籍(第 3 条)。其次,在赋予原始国籍上仍强调以血统主义为主、出生地主义为辅原则。父母双方或一方为中国公民,本人出生在外国,具有中国国籍;但父母双方或一方为中国公民并定居在外国,本人出生时即具有外国国籍的,不具有中国国籍(第 5 条)。外国人或无国籍人,愿意遵守中国宪法和法律,并具有中国人的近亲属、定居在中国的或有其他正当理由条件之一的,可以经申请批准加入中国国籍(第 7 条)。最后,在国籍身份的取舍问题上尊重自愿原则。定居外国的中国公民,自愿加入或取得外国国籍的,即自动丧失中国国籍(第 9 条)。曾有过中国国籍的外国人,具有正当理由,可以申请恢复中国国籍;被批准恢复中国国籍的,不得再保留外国国籍(第 13 条)。

(二)《国籍法》在港澳问题上的发展

20 世纪 90 年代,香港、澳门回归祖国,《国籍法》面临如何处理港澳同胞原有国籍问题。

全国人大常委会分别于 1996 年 5 月 15 日、1998 年 12 月 29 日通过《关于〈中华人民共和国国籍法〉在香港特别行政区实施的几个问题的解释》《关于〈中华人民共和国国籍法〉在澳门特别行政区实施几个问题的解释》(以下简称两"解释")。两"解释"包括如下内容。

首先,明确港、澳居民中的哪种人具有中国国籍,为中国国民。根据两"解释"第 1 条规定,凡具有中国血统的港、澳居民,本人出生在中国领土(含港、澳)者,以及其他符合 1980 年《国籍法》规定的具有中国国籍的条件者,都是中国国民。这一规定使居住在港、澳的,具有中国血统的港、澳居民具有中国国籍而不必追溯其父母是否具有中国国籍。

其次,考虑到部分港、澳居民具有中国国籍,但同时又持有"英国属土公民护照"或"英国国民(海外)护照",或者葡萄牙旅行证件或身份证件的实际情况,两"解释"没有一概要求其放弃这些护照,而是对此做了从宽处理,规定不论其是否持有这些证件,都是中国国民。①这充分体现了中国国籍立法"不承认双重国籍"原则,同时又从实际出发,照顾到了港、澳同胞的实际利益。对于上述中国国民,"解释"接着规定在港、澳特别行政区成立后其可继续使用英、葡政府签发的有效旅行证件去其他国家或地区旅行,但在港、澳特别行政区和中国其他地区不得因持有上述证件而享有英、葡的领事保护的权利。②这样,中国主权得以维护,同时也大大方便了港、澳同胞在港、澳回归后的出国旅行。

最后,港、澳居民中除持有上述证件的人外,还有不少人持有英、葡以外国家的护照或同时持有不同国家的护照。同样地,在外国有居留权的港、澳特别行政区的中国国民,可使用外国政府签发的有关证件去其他国家或地区旅行,但在港、澳特别行政区和中国其他地区不得因持有上述证件而享有外国领事保护的权利。③也就是说,港、澳居民中具有中国国籍的,不论其持有哪一外国护照,只是一种用于方便的证件,在中国境内不产生任何国籍效力。

---

① 参见全国人大常委会《关于〈中华人民共和国国籍法〉在香港特别行政区实施的几个问题的解释》第 2 条,《关于〈中华人民共和国国籍法〉在澳门特别行政区实施的几个问题的解释》第 1 条第 1 款。

② 参见全国人大常委会《关于〈中华人民共和国国籍法〉在香港特别行政区实施的几个问题的解释》第 2 条,《关于〈中华人民共和国国籍法〉在澳门特别行政区实施的几个问题的解释》第 2 条。

③ 参见全国人大常委会《关于〈中华人民共和国国籍法〉在香港特别行政区实施的几个问题的解释》第 4 条,《关于〈中华人民共和国国籍法〉在澳门特别行政区实施的几个问题的解释》第 3 条。

（三）汕头司法实践将涉侨纠纷涵括涉港澳纠纷

汕头中院于 2024 年 10 月发布的《汕头法院涉侨审判工作白皮书（2021—2024）》叙明侨侨纠纷涵括涉港澳纠纷："考虑到汕头与香港、澳门地缘相近、人缘相亲、商缘相联，双方文化经贸合作源远流长，且汕头移居港澳的人数较多，民间交往密切，由此产生的民商事纠纷宜适用涉侨审判的审理原则和多元化解的相关举措，有利于更好地促进涉侨矛盾纠纷实质性化解，依法维护港澳同胞的合法权益，因此，结合汕头法院近年来审理涉港澳民商事案件的实际情况，应将港澳居民也纳入'涉侨'的范围。"[1]

（四）《国籍法》亟须解决的问题

1980 年《国籍法》实施至今，一直未做修改。该法第 5 条、第 9 条在实施中易引发双重国籍问题，需予以解决。

1.《国籍法》第 5 条

《国籍法》第 5 条引发的双重国籍问题主要表现为中国公民赴美[2]生子而导致的新生儿双重国籍问题。根据《国籍法》第 5 条"父母双方或一方为中国公民，本人出生在外国，具有中国国籍；但父母双方或一方为中国公民并定居国外，本人出生时即具有外国国籍的，不具有中国国籍"之规定，只要父母双方为中国公民且不具有外国定居资格，那么出生在外国的孩子，中国法律承认该个人具有中国国籍；反过来说，根据《国籍法》第 5 条，若根据中国法律不承认该出生在外国的孩子具有中国国籍，必须同时满足以下条件，即"父母双方或一方系中国公民且定居在外国，依照父母定居国法律或个人出生国法律，个人出生时即具有外国国籍"。据此，中国政府一般会认定这类孩子具有中国国籍。而《美国宪法》第十四修正

---

[1]　2024 年 10 月印发《汕头法院涉侨审判工作白皮书（2021—2024）》，第 3 页。

[2]　据统计，中国公民在海外人数最多的国家是美国。参见 Raquel Rosenbloom & Jeanne Batalova, Chinese Immigrants in the United States. Migration Policy Institute, https://www.migrationpolicy.org/article/chinese-immigrants-united states, 访问日期：2024 年 7 月 31 日。

案规定,凡是在美国出生并接受美国司法管辖的人都具备美国国籍。据此,这类孩子既具有中国国籍,也具有美国国籍。

在这种情况下,客观上造成了这类儿童随意选择国籍,出国时以中国人的身份出境,回国时以外国人的身份入境,在中国居留时又要求审定为中国国籍。其按照各自利益大小来选择国籍,导致双重国籍现象的出现,这显然有悖于我国现行《国籍法》的基本原则,也凸显出《国籍法》的法律条款存在某些缺陷。

2.《国籍法》第 9 条

《国籍法》第 9 条关于"定居外国的中国公民,自愿加入或取得外国国籍的,即自动丧失中国国籍"的规定,是普通公众最难理解和执法部门最难把握的条款之一。"定居外国""自愿加入或者取得外国国籍""自动丧失"等概念,都能引发争议。这一规定在当时历史条件下对解决东南亚华侨的双重国籍问题具有积极的意义,但也使得中国政府难以全面、准确、及时掌握公民是否已经丧失中国国籍,对公民的法律管辖处于不确定状态。

公安部于 2021 年 7 月 24 日发布《户口居民身份证管理工作规范(试行)》(公通字〔2021〕12 号)第 36 条规定,中国居民取得外国国籍并自动丧失中国国籍的,本人应当凭有效外国护照(及翻译件)和中国签证,向户口所在地公安派出所申报注销户口登记,并交回居民身份证;对于经批准退出中国国籍的,其应当凭批准退籍证明进行注销户口申报。这一规定的问题是,在取得外国国籍后未前往公安机关申报注销户籍的人,甚至以外国人身份凭外国护照入境后,继续使用自己的中国居民身份证,其是中国人还是外国人? 其以中国人从事的法律行为是否有效?

根据《最高人民法院关于适用〈中华人民共和国刑事诉讼法〉的解释》(2020 年)第 477 条规定,外国人的国籍,根据其入境时持用的有效证件确认;国籍不明的,根据公安机关或者有关国家驻华使领馆出具的证明确认。这也容易引发争议,何种情况直接根据外国人入境时持用的有效证件确认,何种情况根据公安机关或者有关国家驻华使领馆出具的证明确认,实践中把握极易不同。如"赵某某挪用公款案"①中,被告人赵某某2000年注销中国户口,移居A国。在此期间,他曾多次使用中国护照入境,最后一次入境持有的有效证件是A国护照。一审法院基于赵某某是在担任我国国家工作人员期间获得的A国护照,故根据《国籍法》第12条规定,认定其不得退出中国国籍,不具有取得外国国籍的资格,但赵某某2000年已注销中国户口,很难将其归属为"国籍不明的"情形。

在双重国籍认定问题上,法院在裁判文书说理部分论证适用法律的依据,如"唐某某与王某某、崔某某建设工程施工合同纠纷"民事裁定书,法院论述到"王某某、崔某某于2019年2月14日加入C国国籍,并未主动申请退出中国国籍,不符合申请审批丧失中国国籍的情形;王某某、崔某某在C国连续居留期不超过2年,参照国务院侨务办公室《关于界定华侨外籍华人归侨侨眷身份的规定》,其亦不属于自动丧失中国国籍的情形。我国不承认双重国籍,王某某、崔某某虽然取得C国国籍,但其未丧失中国国籍,故其二人仍为中国公民"。②

在"马某与X市公安局出入境管理行政处理案"③中,马某到中国香港探亲时,在D国驻香港领事馆购买了D国护照,后多次持该护照出入境。公安机关发现后扣押其护照并在护照上做了不承认标记,马某遂起诉要求撤销该行政行为。一审法院认为,马某虽持有D国护照,但从未在该国定居,同时也提供不了申请退出中国国籍获得批准的事实,故不承

---

① 参见河南省郑州市中级人民法院[2011]郑刑一初字第90号刑事判决书。
② 参见河北省高级人民法院[2019]冀民辖70号民事裁定书。
③ 参见江苏省南通市中级人民法院[1999]通行终字第30号行政判决书。应予注意的是,本案中公安机关答辩提出其行为本质上属于国家行为,故不属于人民法院受案范围。但一审、二审法院均认为,公安机关所实施的国籍认定行为是针对特定事项和特定相对人的,构成护照行政管理法律关系,理应属于可诉的具体行政行为,具有可诉性。

认当事人拥有外国国籍。二审法院认为,马某虽持有 D 国护照,但不具备定居 D 国的事实,所以马某仍是中国公民,遂驳回请求,维持原判。之后双方当事人服判息诉。

在"波某一、波某二承包地征收补偿费用分配纠纷案"①中,双方就上诉人是否具有当地集体经济组织成员资格问题存在纠纷。根据《中华人民共和国农村土地承包法》(2002 年)第 5 条第 1 款之规定,成为该经济组织成员的前提是必须有相应集体经济组织的户口,而上诉人的国籍变更将会影响其户口的存续。法院经过调查发现,上诉人于 1992 年举家加入 M 国国籍,因而认为根据《国籍法》第 3 条、第 9 条,其当时即已经丧失中国国籍,当地常住户籍也随之丧失。

在"马某某与杨某某民间借贷纠纷案"②中,一审法院基于"被告杨某某持本人身份证下的护照出境 A 国,后并无入境记录"认定"我国境内自 2006 年 9 月 15 日起并无马某某所诉的被告杨某某",以本案不符合《民事诉讼法》第 119 条规定的"起诉必须有明确的被告"为由,裁定本案不符合法律规定的起诉条件,驳回起诉。二审法院查明被告在国内有明确的户籍登记地址、具体的身份信息,遂撤销一审裁定,并指令一审法院审理。一审法院重新审理后,依法判决原告胜诉。但判决书中对被告信息的描述除了姓名、性别、民族、出生日期、住址外,注明"其他身份情况不详",回避了对被告国籍情况进行审查并作出结论。

当事人国籍的变更会导致其基于中国国籍身份的婚姻、继承、收养、购房、贷款等民事权利义务发生变化。在"周某某、蔡某一与×有限公司、蔡某二房屋租赁合同纠纷案"③中,原告周某某主张被告蔡某二早于 2008 年 6 月 19 日已加入 G 国国籍,在 2011 年变更涉案房屋租赁凭证

---

① 参见云南省怒江傈僳族自治州中级人民法院[2020]云 33 民终 169 号民事判决书。
② 参见山东省济南市市中区人民法院[2020]鲁 0103 民初 2580 号民事判决书。
③ 参见上海市黄浦区人民法院[2017]沪 0101 民初 3460 号民事判决书。

时,系采取欺骗手段隐瞒已入 G 国国籍的情况,违反国家有关规定,属非法取得居住公房租赁权。法院经向公安机关核实相关事实,引用《国籍法》第 3 条和第 9 条认定被告已加入 G 国国籍,从而已自动丧失中国国籍;结合《上海市房屋租赁条例》(1999 年),判决公有房屋承租人由蔡某某变更为被告蔡某二的行为无效,恢复原状。在刑事案件中,被告人的国籍身份更是与实体权利休戚相关。根据《中华人民共和国刑法》(1997 年)第 35 条规定,如果认定为外国人,可能被独立适用或者附加适用驱逐出境。同时,背叛国家罪等只能适用于中国公民,不适用于外国人。

(五)建议对《国籍法》第 5 条、第 9 条进行修改

国际移民组织发布的《2022 年世界移民报告》指出,全球每 30 个人中有 1 个是国际移民,整个世界有 2.81 亿人口不在出生国生活,占世界人口的 3.5%;这个数据比 1990 年多 1.28 亿,是 1970 年的 3 倍。[①]人口跨国流动给各国国籍管理带来巨大挑战,许多国家纷纷进行双重国籍制度改革。据统计,进入 21 世纪,各国以不同形式完全接受、有条件接受或包容双重国籍,占全部国家的比例已经超过 3/4。[②]

笔者建议按照处理港澳同胞国籍问题的方式解决《国籍法》第 5 条进行修改,删除“但父母双方或一方为中国公民并定居在外国,本人出生时即具有外国国籍的,不具有中国国籍”,直接将第 5 条修改为“父母双方或一方为中国公民,本人出生在外国,具有中国国籍”。同时,对第 9 条进行修改,修改为:“定居外国的中国公民自愿加入或取得外国国籍的,如未注销中国国籍,仍具有中国国籍,可使用外国政府签发的有关证件去其他国

---

① 国际移民组织:《2022 年世界移民报告》,https://worldmigrationreport.iom.int/wmr-2022interactive.html,访问日期:2023 年 3 月 14 日。

② [德]托马斯·费斯特、[美]彼得·基维斯托著,王全译:《全球视野下的双重国籍——从单一国籍到多重国籍》,法律出版社 2015 年版,第 7 页。

家或地区旅行,但在中华人民共和国内不得因持有上述证件而享有外国领事保护的权利。"这样就既兼顾了海外华人的权益保护,也兼顾了我国较为稀缺的国内社会资源;既符合现行宪法的规定,也满足更开放的移民管理政策需求。

四、华侨权益保护的地方立法经验

本节以广东、福建、上海、海南四大侨地的地方立法为研究样本,研究华侨权益保护的地方立法经验。《广东省华侨权益保护条例》《福建省华侨权益保护条例》《上海市华侨权益保护条例》《海南省华侨权益保护条例》关于华侨权益保护的内容如表 3-1 所示。

表 3-1　华侨权益保护比较

	华　　侨	华侨投资的企业
广东	(1) 定居落户权(第 8 条); (2) 华侨社团成员权(第 9 条); (3) 资格评审和资格考试的权益(第 10 条); (4) 享有社会保险待遇权益(第 11、12 条); (5) 华侨子女受教育权(第 14 条); (6) 私有房屋财产权益(第 15、16、25 条) (7) 宅基地使用权(第 17 条); (8) 农村集体经济组织权益(第 18 条); (9) 财产处分权(第 29 条)	(1) 侨企财产权(第 21 条、第 23 条、第 25 条、第 26 条、第 29 条、第 30 条); (2) 侨企的经营管理自主权(第 22 条、第 27 条); (3) 与境内企业的平等竞争权(第 24 条); (4) 按照规定享有优惠待遇的权益(第 21 条)
福建	(1) 定居落户的权益(第 25 条); (2) 华侨社团成员权(第 10 条); (3) 担任国家工作人员的权益和资格评审的权益(第 18 条) (4) 享有社会保险的权益(第 19 条至第 21 条) (5) 华侨子女受教育权(第 16 条); (6) 华侨房产的权益(第 22、27 条); (7) 宅基地使用权(第 23 条); (8) 集体经济组织的权益(第 24 条); (9) 财产处分权(第 29、30 条); (10) 便利出境权益(第 22 条); (11) 选举权(第 8 条)	华侨投资企业在政府部门采购领域享受与内资企业同等待遇(第 28 条)

（续表）

	华　侨	华侨投资的企业
上海	(1) 定居落户权（第26条）； (2) 社会团体成员权益（第7条）； (3) 资格评审和资格考试的权益（第14条）； (4) 参加社会保险缴存住房公积金（第12条）； (5) 华侨子女受教育权（第18条）； (6) 华侨私有房屋（第15、16条）； (7) 继承遗产、接受遗赠和赠与的权利（第17条）； (8) 财产处分权（第19、20、21条）； (9) 便利出境权益（第22条）； (10) 选举权（第23条）； (11) 享有人才创新创业类计划或者项目资助的权益（第11条）	(1) 侨企的财产权（第9条第3款）； (2) 经营管理自主权（第9条第2款）
海南	(1) 定居落户权（第9条）； (2) 紧急情况下的出境优先权（第11条）； (3) 资格评审和资格考试的权益（第13条）； (4) 参加社会保险权（第15条至第17条）； (5) 华侨子女受教育权（第12条）； (6) 华侨私有房屋（第18、21条）； (7) 宅基地使用权（第19、21条）； (8) 农村集体经济组织权益（第20条）； (9) 财产处分权（第22、23条）； (10) 选举权（第8条）； (11) 参政议政权（第7条）； (12) 享受人才引进待遇权益（第26条）	(1) 侨企财产权（第28条第2、3、4款）； (2) 自主经营权（第28条第1款）； (3) 平等竞争权（第29条）； (4) 按规定享有政府扶持优惠政策权益（第30条至第32条）

（一）四地关于华侨权益保护的规定

《广东省华侨权益保护条例》规定的华侨享有的九项权益,分别是:(1)定居落户的权益;(2)华侨社团成员权;(3)资格评审和资格考试的权益;(4)享有社会保险的权益;(5)华侨子女受教育权;(6)华侨房产的权益;(7)宅基地使用权;(8)集体经济组织的权益;(9)财产处分权。

《福建省华侨权益保护条例》在广东条例基础上增加了两项,即(1)便利出境权益(第22条);(2)选举权(第8条),规定了华侨的11项权益。同时,《福建省华侨权益保护条例》在资格评审的权益条款中增加了华侨担任国家工作人员的内容(第18条)。

《上海市华侨权益保护条例》在福建条例基础上增加了两项、减少了两项。增加的两项为:(1)继承遗产、接受遗赠和赠与的权利(第17条);(2)鼓励华侨参与人才创新创业类计划或者项目(第11条)。减少的两项为:(1)宅基地使用权;(2)集体经济组织的权益。

《海南省华侨权益保护条例》在福建条例基础上增加了两项权益,减少了一项。增加的两项为:(1)参政议政权(第7条);(2)人才引进条件待遇权益(第26条)。同时,没有规定社会团体成员权益。

综上可见,就华侨权益而言,地方立法保护的华侨权益可分为三类:一是政治类。政治类又细分为选举权、参政议政权两项;二是经济类。经济类又细分为享有社会保险待遇权益、私有房屋财产权益、宅基地使用权、农村集体经济组织权益、财产处分权、享受人才创新创业类计划或者项目资助的权益六项;三是其他类权益,包括定居落户权、华侨社团成员权、华侨子女受教育权、紧急情况下便利出入境权益四项。

四地立法差异体现在以下方面:一是华侨子女受教育权方面。广东、福建华侨子女在该省参加高考,教育、招生等部门应当按照国家和本省有关规定执行存在超本省学生待遇问题。而上海、海南省则仅规定华侨子女在该地区参加高中阶段考试享受与当地户籍学生同等待遇,而没有规定参加高考另有规定的问题。二是《福建省华侨权益保护条例》规定了华侨可以担任国家工作人员的权益。三是享受政府资助的权益。《上海市华侨权益保护条例》规定了华侨享有人才创新创业类计划或者项目资助的权益,《海南省华侨权益保护条例》规定了华侨享有人才引进类项目资助的权益。四是《海南省华侨权益保护条例》还规定了华侨享有参政议政的权益。

(二)四地关于华侨投资企业权益保护的规定

侨企即华侨所投资企业的简称。四地关于侨企权益的规定差异显著。《广东省华侨权益保护条例》规定侨企享有四项权益,分别是:(1)侨企的财产权;(2)侨企的经营管理自主权;(3)侨企的平等竞争权;(4)按照规定享有政策优惠待遇的权益。《上海市华侨权益保护条例》规定的侨企权益有两项:(1)侨企的财产权;(2)侨企的经营管理自主权。《福建省华侨权益保护条例》仅规定了华侨投资企业在政府部门采购领域享受与内资企业同等待遇。《海南省华侨权益保护条例》专列"第三章投资创业保护",除了第 28 条、第 29 条规定了侨企的财产权、自主经营权和平等竞争权外,最重要的是细化了享有政策优惠待遇的权益。享有政策优惠待遇的权益包括第 30 条至第 32 条三个条款:一是华侨设立研究开发机构按规定享受政府扶持企业技术创新的相关优惠政策;二是华侨利用其科技成果投资创业的享受留学人员回国创业等相关优惠政策;三是政府主导的人才引进及创新创业资金、科技专项资金、各类产业发展扶持资金等对华侨投资设立的研发机构或者企业予以同等支持。

(三)四地关于责任主体的规定

《广东省华侨权益保护条例》第 4 条、第 5 条建构的是三行政主体责任体系:一是县级以上人民政府应当建立工作协调机制,制定本行政区域的华侨权益保护政策措施并依法公开,督促有关部门执行法律、法规以及国家和本省的有关政策,为华侨提供法律、法规和政策咨询,对华侨权益保护工作给予必要的经费保障;二是县级以上人民政府负责侨务工作的部门负责指导、协调、监督华侨权益保护工作,并加强对华侨权益保护有关法律、法规和政策的宣传;三是其他有关部门根据各自职责,做好华侨权益保护工作。

《福建省华侨权益保护条例》《上海市华侨权益保护条例》《海南省华侨权益保护条例》均是在三主体责任体系的基础上,补充规定了归国华侨联合会这一社会组织,可以表述为"三行政主体 + 一社会组织主体的责任体系"模式。如《海南省华侨权益保护条例》第 6 条规定:"各级归国华侨联合会应当宣传贯彻侨务法律法规和政策,密切与华侨的联系,反映华侨的意愿和要求,为华侨提供政策咨询和法律服务,维护华侨的合法权益。"

《海南省华侨权益保护条例》除了建构了"三行政主体＋一社会组织主体的责任体系"外,突出特征有二:一是专设第四章"服务与保障"细化"其他有关部门根据各自职责"。县级以上人民政府政务服务机构应当设立侨务服务窗口,集中办理涉侨服务事项,为华侨提供法律法规和政策咨询、政务信息查询、华侨人才管理等各方面公共服务。县级以上侨务主管部门应当建立和完善为侨服务网上平台,并与海南省一体化在线政务服务平台对接,实现侨务服务事项网上咨询、网上申报、网上办理、网上反馈。二是建立由侨务主管部门统筹协调的工作机制。省侨务主管部门统筹协调有关部门和社会团体共同做好华侨权益保护工作(第4条第1款),县级以上侨务主管部门负责建立本级侨务联席会议制度等侨务工作协调机制(第5条)。

(四)意见和建议

综上可见,地方关于华侨权益保护的立法内容具有由过去的消极权利转向积极权利的趋势,由引侨资向引侨资、侨智相结合。笔者认为,总结地方立法实践经验,将来的华侨权益保护内容,应在延续原有消极保护内容的基础上,完善华侨权益积极保护的内容。

第一,完善华侨的参政议政权。将来的华侨权益保护立法,可借鉴《福建省华侨权益保护条例》第8条、第9条内容,并相应对"可以"进行修改。如规定:"县、乡两级人民代表大会代表选举期间在省内的华侨,有权参加原籍地、原居住地或者现居住地的选举;县级以上地方人民代表大会可以邀请华侨列席会议。""侨务重点县(市、区)应当邀请华侨作为政协特邀委员;县级以上政治协商会议应当邀请华侨列席会议。"

第二,完善华侨享有政策优惠待遇的权益。将来的华侨权益保护立法,可借鉴《海南省华侨权益保护条例》第 26 条、第 30 条至第 32 条之规定。如规定:"华侨回国创业、就业,符合人才引进条件的,按照有关规定给予相应工作条件和生活待遇。各级人民政府及其有关部门应当为华侨人才及其家属在办理户籍、医疗、金融、教育、出入境等手续以及项目申报、资格审定、科研等方面提供便利。"还如规定:"政府主导的人才引进及创新创业资金、科技专项资金、各类产业发展扶持资金等,对华侨投资设立的研发机构或者企业予以同等支持。华侨可以依照有关规定申报各类科技计划项目,以及其他各类产业化项目。华侨投资设立研究开发机构的,适用政府扶持企业技术创新的相关优惠政策。华侨利用其专利、专有技术等科技成果投资创业的,享受留学人员回国创业等相关优惠政策。"

第三,明确人力资源和社会保障部门、科技主管机关、发改委等机关在华侨权益保护中的相应职责。随着华侨权益内容的扩张,相关责任主体也随之拓展。过去,主要是侨办、侨联、公安、司法机关在华侨权益被侵害时的被动介入;现在,主要是人力资源和社会保障部门、科技主管机关、发改委等机关的主动积极作为。因此,明确相关机关的职责,应是华侨权益保护国家立法的重要内容。

五、外商投资法时代的侨企保护

(一)"外资三法"下的超国民待遇保护

1."外资三法"的颁布

新中国的对外开放立法肇端于外商投资立法。改革开放后第一批出台的七部法律就包括 1979 年 7 月 8 日公布的《中外合资经营企业法》。其后,1986 年 4 月 12 日公布的《外资企业法》,1988 年 4 月 13 日公布的《中外合作经营企业法》,建构了"外资三法"。

该时期,我国外商投资企业包括三种类型:一是中外合资经营企业。

中外合资经营企业由外国合营方与中国合营方共同举办的法人企业,采取有限责任公司形式,外国合营主体包括港澳台同胞和华侨。二是中外合作经营企业。中外合作经营企业依法取得法人资格的采取有限责任公司形式,不具备法人条件或不愿采取法人形式的则依据合作合同约定各自的权利义务。三是外资企业,也称外商独资企业。外资企业可以采取有限责任公司形式,也可以是非法人实体。实践中,"几乎所有的外资企业都采取有限责任公司形式"。[①]

"外资三法"时期,外商投资企业被视为特殊的国内企业,不实行一般企业的注册登记制度,而实行严格的审批制度,立法目的在于避免引进外资的负面影响。一是设立要审批。根据该时期的法律规定,由对外贸易经济合作部审批中国境内外商投资企业的设立;同时根据国务院的有关规定,对于一定限额内的投资项目,由国务院授权省级人民政府审批。以合营企业为例,其中须经政府审批机关审批的文件主要有项目建议书、可行性研究报告、合营协议书、合营企业合同以及企业章程五个文件。二是变更要审批。外商投资企业的协议、合同、章程修改时,也须经原审批机构批准才能生效。三是出资转让、股权变更要审批。中外合资经营企业、中外合作经营企业和外资企业的出资转让、股权变更必须经原审批机关批准才能进行,否则该转让或变更行为无效。

"外资三法"时代实行税收上的"超国民待遇"。该时期,我国对外商投资企业实行"税负从轻、优惠从宽、手续从简"方针,赋予外商投资企业减免税、低税率、加速折旧、亏损转结、纳税扣除、再投资退税、投资抵免、延期纳税等税收优惠待遇,使外资在事实上享受"超国民待遇"。如《外资企业法》第 17 条规定:"外资企业依照国家有关税收的规定纳税并可以享受减税、免税的优惠待遇。"这里所说的"国家有关税收的规定",包括外国

---

① 沈四宝:《外商投资企业法的理论与实践》,载《国际商法论丛》1999 年第 1 期。

企业所得税法和国务院关于经济特区和沿海 14 个港口城市减征、免征企业所得税和工商统一税的暂行规定以及其他有关税收规定。①这些税收优惠包括：一是进出口税。外商独资企业作为投资的机器设备和其他物料，为生产出口产品从国外进口原材料、元器件，免征关税和工商统一税。对必需的生活用品，可以根据具体情况，经批准分别征税或者减免进口税。二是个人所得税。如经济特区规定在外商独资企业工作的外籍人员，属于中国境外的所得，可以免征个人所得税；对他们在中国境内的工资、薪金所得，按税法规定减半征税。《外资企业法》还规定，外资企业的外籍职工的工资收入和其他正当收入，依法缴纳个人所得税后，可以汇往国外。三是外商独资企业所得税。当时的中国内外资企业分别按照《企业所得税暂行条例》和《外商投资企业和外国企业所得税法》纳税。二者的主要差异在于，外资企业享受更加优惠的税收政策，从而其实际税负远低于内资企业。如按当时经济特区和沿海 14 个港口城市对独资企业的税收标准，企业所得税按减 15% 计算。其中，经营期在 10 年以上的，经企业申请，税务机关批准，从开始获利的年度起，第一年和第二年免征所得税，第三年至第五年减半征收所得税。

2.《关于华侨投资优惠的暂行规定》

1985 年 4 月，国务院发布《关于华侨投资优惠的暂行规定》。依据该规定第 3 条，华侨在经济特区和经济技术开发区以外投资兴办企业，可以享受 11 项优惠：(1)华侨投资的企业，从开始获利的年度起，三年免征所得税，从第四年起，四年减半征收所得税；(2)华侨投资的企业，按本条第 1 款免减税期满后的年度，其所得税税率按我国现行税法税率减征 20%；(3)华侨投资兴办国家急需的，缺门短线项目，以及知识密集型、技术密集型工业，开发性的项目和在边远地区兴办企业，免减税期满后的年度，经

① 曹建明、刘吉庆、戴凤霞：《对外商独资企业的鼓励与限制》，载《政治与法律》1986 年第 4 期。

税务部门批准,可以按 15% 的税率征收所得税;(4)华侨投资者从企业分得的税后利润,按我国外汇管理有关规定办理汇出境外时,免征所得税;(5)华侨投资者从企业分得的利润,如继续在国内再投资,期限在五年以上的,经税务机关审查批准,退还再投资部分已纳所得税款的 50%;(6)华侨投资的企业,经企业申请,省、自治区、直辖市税务机关批准,可以对固定资产实行快速折旧;(7)华侨投资企业的产品,经有关部门审批,可按一定比例在中国国内市场销售,其中属于中国急需的或中国需要进口的产品,可以在中国国内市场销售为主;(8)华侨投资的企业,在其投资(包括增资)额度以内进口企业需要的先进设备和建厂(场)所需材料的进口关税和工商统一税,按《中华人民共和国中外合资经营企业法实施条例》或其他有关规定,实行优惠待遇;(9)华侨投资的年限一般为 5—30 年,期满后经申请批准,还可以延长;(10)华侨投资的企业使用的土地,其年限按当地规定执行,其费用按当地规定减收 10%—30%;(11)华侨投资者,可以申请办理多次出入境有效签证和长期居留手续。可以说,这是对我国当时制度体制的极大突破。同时,依据该规定第 4 条、第 6 条规定,华侨在经济特区投资兴办企业,可以聘请国内亲戚或亲友充任其代表或代理人,华侨投资者可以在投资的企业适当安排其亲属就业,并允许其在企业所在地落户和享受商品粮供应。安排亲属就业人数,应视投资数额和当地的实际情况,由各省、自治区、直辖市人民政府规定。

3.《关于鼓励华侨和香港澳门同胞投资的规定》

1990 年 8 月,国务院发布《关于鼓励华侨和香港澳门同胞投资的规定》,同时宣布废止《关于华侨投资优惠的暂行规定》。新规定对华侨华人国内投资的优惠待遇有所减少,但对投资管理的规定更加全面、具体。①一是特别鼓励华侨华人依法"从事土地开发经营",在投资范围上进行了

---

① 任贵祥:《改革开放以来中国华侨投资政策及华侨投资研究》,载《中国党史研究》2008 年第 1 期,第 42 页。

突破。二是规定华侨华人的国内投资企业参照执行国家有关涉外经济法律、法规的规定,享受外商投资企业相应的待遇。[①]

进入 21 世纪后,适应加入世界贸易组织需要,我国于 2000 年和 2001 年对"外资三法"作出集中修订,取消了境内优先采购、外汇收支平衡、出口实绩等针对外商投资企业的特殊要求。2007 年通过的《企业所得税法》将内外资企业的所得税税率统一为 25%,解决了改革开放初期由于急需引进外国资本所造成的外商投资企业在所得税上的"超国民待遇"问题。而外国资本,实践中包括华侨和香港、澳门同胞资本。

(二)《外商投资法》下的"国民待遇"保护

作为我国推进新一轮高水平对外开放的重要举措,《中华人民共和国外商投资法》(以下简称《外商投资法》)于 2019 年 3 月 15 日通过,自 2020年 1 月 1 日起施行。该法取代原有的"外资三法",成为外商投资领域的"基本法"。

1. 外商境内投资原则上适用国民待遇

《外商投资法》关于投资促进、投资保护、投资管理的基本定位和制度创新均在于促进内外资一致。

第一,投资促进章节包括 11 个条款,包括同等享受政府支持政策、平等参与标准化工作、公平参与政府采购活动、与内资企业一样享有融资便利等公平平等待遇问题,以及试验区、特殊经济区和优惠措施等内容。如根据第 19 条第 2 款规定,商务部 2024 年 11 月发布《中国外商投资指引(2024 版)》。

---

① 《关于鼓励华侨和香港澳门同胞投资的规定》第 5 条规定:"华侨、港澳投资者在境内投资举办拥有全部资本的企业、合资经营企业和合作经营企业(以下统称为华侨、港澳同胞投资企业),除适用本规定外,参照执行国家有关涉外经济法律、法规的规定,享受相应的外商投资企业待遇。华侨、港澳投资者在境内进行其他形式的投资,以及在境内没有设立营业机构而有来源于境内的股息、利息、租金、特许权使用费和其他所得,除适用本规定外,也可以参照执行国家有关涉外经济法律、法规的规定。"

第二，投资保护章节包括 8 个条款，涉及征收、外汇转移、知识产权保护、政府承诺、投诉机制等与投资者保护相关的重要问题，均是给予内外资同等保护。如根据第 26 条"国家建立外商投资企业投诉工作机制，及时处理外商投资企业或者其投资者反映的问题，协调完善相关政策措施"规定，广东省商务厅设有外商投资企业投诉中心以处理外商投资企业或者其投资者反映的问题。

第三，投资管理章节包括 8 个条款，涉及准入负面清单、投资项目核准、开展生产经营活动、并购、信息报告制度和投资安全审查制度，除投资准入实行负面清单①和外商投资安全审查制度②外，其他制度均内外资一致。如第 28 条第 3 款规定："外商投资准入负面清单以外的领域，按照内外资一致的原则实施管理。"还如第 32 条规定："外商投资企业开展生产经营活动，应当遵守法律、行政法规有关劳动保护、社会保险的规定，依照法律、行政法规和国家有关规定办理税收、会计、外汇等事宜，并接受相关主管部门依法实施的监督检查。"

2. 外商投资和外商投资者的具体权益

第一，首次放开了对外商投资比例的限制。按照之前的三部外资管理法规的规定，除外商独资企业之外，中外合资经营企业与中外合作经营企业都对外资比例有明确的限制，特定领域比如汽车制造行业还规定外资不得控股。《外商投资法》对外资比例没有做任何限制，外资的投资股比自由度更大，美国新能源汽车制造公司特斯拉在上海临港设立的汽车制造企业就完全是特斯拉独资的，从某种意义上说，特斯拉走在了《外商投资法》前面。

---

① 《外商投资法》第 28 条第 1 款、第 2 款规定："外商投资准入负面清单规定禁止投资的领域，外国投资者不得投资。外商投资准入负面清单规定限制投资的领域，外国投资者进行投资应当符合负面清单规定的条件。"

② 《外商投资法》第 35 条第 1 款规定："国家建立外商投资安全审查制度，对影响或者可能影响国家安全的外商投资进行安全审查。"

第二,首次在《外商投资法》第 15 条明确外商投资企业可以平等参与标准制定工作,强化标准制定的信息公开和社会监督。这一条款使得外商投资企业由先前的被动遵守国家发布的标准,到平等参与标准的制定过程,这对于营造稳定、透明、可预期和公平竞争的市场环境具有重大意义。

第三,首次在《外商投资法》第 16 条明确外商投资企业可以与内资企业公平竞争参与政府采购活动。该条款规定政府采购依法对外商投资企业在中国境内生产的产品、提供的服务平等对待。

第四,首次在《外商投资法》第 17 条明确外商投资企业可以通过公开发行股票、公司债券等证券和其他方式融资。之前的三部外资管理法规均未对外商投资企业公开发行股份和公司债券予以明确。

第五,首次在外商投资者和外国政府长期关注的有关"强迫外资向中方转让技术"问题上,《外商投资法》第 22 条给予了正面回应:"国家保护外国投资者和外商投资企业的知识产权,国家鼓励在外商投资过程中基于自愿原则和商业规则开展技术合作,技术合作的条件由投资各方遵循公平原则平等协商确定。行政机关及其工作人员不得利用行政手段强制转让技术。"应予注意的是,法律明文禁止的是行政机关及其工作人员利用行政手段强制转让技术,但不排除合作的中外当事方在平等自愿、等价有偿的前提下达成技术转让协议,《外商投资法》第 22 条规定符合国际惯例和普遍法理。

第六,首次在《外商投资法》第 25 条明确地方各级人民政府及其有关部门应当履行向外国投资者、外商投资企业依法作出的政策承诺以及依法订立的各类合同。"有约必守"是国际法和国内法的法理基础。

第七,首次在《外商投资法》第 26 条明确外商投资企业和外商投资者受到行政权力侵犯时的法律救济渠道。外商投资企业和外商投资者认为行政机关及其工作人员的行政行为侵犯其合法权益的有权投诉、申请行政复议、提起行政诉讼。

关于华侨华人国内投资适用法律保护问题，与《外商投资法》同时生效的《外商投资法实施条例》第48条第3款规定："定居在国外的中国公民在中国境内投资，参照外商投资法和本条例执行；法律、行政法规或者国务院另有规定的，从其规定。"这里的"定居在国外的中国公民"显然是华侨。据此，与"外资三法"时期一样，华侨境内投资除适用有关华侨境内投资方面的法律外，参照适用外商投资方面的法律。

（三）配套措施亟须完善

配套措施是影响《外商投资法》实施效果的关键。《外商投资法》更多的是做出原则性规定，而立法目的的实现需要更多具体的配套措施予以支撑。笔者认为，外商投资法律体系分支制度的立法可以从以下四个领域展开。

第一，完善投资促进领域的配套措施。这包括内外资企业的市场平等规则、规范外商投资服务市场的规则、国家对外签订多边或双边投资协议的规则、制定鼓励政策和优惠待遇规则、中央和地方关于外资立法权配置的规则、外商投资指引手册的编制等。

第二，完善投资保护领域的配套措施。这包括外资的征收和征用规则、外汇自由规则、外资企业的知识产权和商业秘密保护规则、中外技术合作开发规则、政府承诺的规制、投诉工作机制、外资企业的商会和协会的组织规则等。如我国外国投资投诉协调处理机制应改变多个平台多头受理、层叠处理的现行做法，由"外商投诉中心"按照统一规则统一处理外国投资者和外国投资企业（包括华侨、台港澳投资者及其投资企业）对我国行政机关的投诉。还如《外商投资法》涉及的投注差界定问题。①中国

---

① "投注差"是一个中国外汇管理法规中特别规定的、只适用于外商投资企业的专门法律概念，是指外商投资企业（包括外商独资企业和外国投资者出资比例不低于25％的合资企业）的总投资规模与其注册资本之间的差额。中国法规规定外商投资企业在任一时点的全部对境外负债之和都不得超过这一差额，这导致外商投资企业从境外借款或向境内银行申请境外担保项下的授信时，境外借款额度或境内授信规模受制于其可用的投注差。

外汇管理法规关于投注差具体如何计算的规定散落在数量众多的单个规范性文件中,即使是经验丰富的大型跨国企业的财务人员也不易全面掌握。2009年以来,跨境人民币结算业务持续蓬勃发展,相应地中国人民银行对于投注差又增加了新的繁复规定。这些由于国际业务发展而不断更新和愈发复杂的法规要求,使得不少外商投资企业和银行对于投注差的理解产生了困惑甚至误解,给各自的业务经营带来了不同程度的法律风险。因此新《外商投资法》通过后,需要理清这个领域的大量散见的法规。

第三,完善投资管理领域的配套措施。在商务部和国家市场监督管理总局联合出台的《外商投资信息报告办法》之外,缺漏的分支制度还包括负面清单的制定程序、外资企业的核准与备案细则、非居民劳动者的劳动保护规则、外资企业的反垄断规制、外商投资国家安全审查制度等。

第四,完善外商投资企业(外国投资者)与政府之间的投资争端解决规则的配套措施。

华侨参照适用《外商投资法》。可以说,《外商投资法》的配套制度是否完善,是华侨境内投资企业权益能否得到保障的关键。笔者认为,地方制定外商投资促进和便利化政策措施时,应在地方性法规、规章、规范性文件的规定范围之内实现内外资一致管理,并应在法定权限内制定外商投资促进和便利化政策措施,以让《外商投资法》落到实处。

六、华侨境外权益的法律保护

我国立法已就海外利益保护做出了一些重要的原则性规定。例如,《宪法》第50条明确要保护华侨、归侨和侨眷的合法权利和利益;《驻外外交人员法》第5条规定外交人员应当依法维护中国公民和法人在国外的正当权益;《国家安全法》第33条规定"国家依法采取必要措施,保护海外中国公民、组织和机构的安全和正当权益,保护国家的海外利益不受威胁和侵害"。何为中国公民和法人在国外的正当权益？中国公民和法人在国外的正当权益的责任主体是谁？这些问题，应是华侨权益保护立法应重点研究的问题。

（一）《归侨侨眷权益保护法》关于华侨境外权益的规定

1. 规定了"正当权益"的认定标准

1990 年 9 月 7 日第七届全国人民代表大会常务委员会第十五次会议通过的《中华人民共和国归侨侨眷权益保护法》（后于 2000 年第一次修正、2009 年第二次修正，以下简称《归侨侨眷权益保护法》）。

1990 年《归侨侨眷权益保护法》对"正当权益"给予了初步回答。第19 条规定："国家对归侨、侨眷在境外的正当权益，根据中华人民共和国缔结或者参加的国际条约或者国际惯例，给予保护。"该条款至今未做修改。从该条款可见，正当权益的认定标准为我国"缔结或者参加的国际条约或者国际惯例"。

2. 没有规定境外保护责任主体

《归侨侨眷权益保护法》仅规定了境内保护责任主体"境内政府 + 社会力量的协同保护"，并未涉及中国公民和法人正当权益的境外责任主体。

2000 年《归侨侨眷权益保护法》的修改，新增了归国华侨联合会的相关职能：一是新增条款："县级以上各级人民政府及其负责侨务工作的机构，组织协调有关部门做好保护归侨、侨眷的合法权益的工作（第 4 条）。"二是新增条款："中华全国归国华侨联合会和地方归国华侨联合会代表归侨、侨眷的利益，依法维护归侨、侨眷的合法权益（第 8 条）。"三是修改条款："归侨、侨眷合法权益受到侵害时，被侵害人有权要求有关主管部门依法处理，或者向人民法院提起诉讼。归国华侨联合会应当给予支持和帮助。"

2000 年《归侨侨眷权益保护法》第 4 条规定"县级以上各级人民政府及其负责侨务工作的机构，组织协调有关部门做好保护归侨、侨眷的合法权益的工作",形成了归侨侨眷境内保护的"县级以上政府及其负责侨务工作的机构"的模式。

笔者认为,《归侨侨眷权益保护法》建构的"境内政府＋社会力量"的协同保护体制应为境外保护责任主体制度所借鉴。

(二)《领事保护与协助条例》关于华侨境外权益的规定

1.《领事保护与协助条例》建构的领事保护体制

2023 年 6 月 29 日国务院通过的《中华人民共和国领事保护与协助条例》(以下简称"《领事保护与协助条例》")。2023 年《领事保护与协助条例》规定领事承担中国公民和法人在国外的正当权益保护责任。

第一,驻外外交机构受理涉及领事保护与协助的咨询和求助。驻外外交机构应当了解驻在国当地法律服务、翻译、医疗、殡葬等机构的信息,在中国公民、法人、非法人组织需要时提供咨询(第 16 条)。在国外的中国公民、法人、非法人组织因与中介机构、旅游经营者、运输机构等产生纠纷向驻外外交机构求助的,驻外外交机构应当向其提供依法维权的有关信息和建议(第 17 条)。

第二,获知在国外的中国公民、法人、非法人组织因涉嫌违法犯罪被驻在国采取相关措施的,驻外外交机构应当根据相关情形向驻在国有关部门了解核实情况,并按照驻在国法律和我国与驻在国缔结或者共同参加的国际条约要求驻在国有关部门给予人道主义待遇和公正待遇(第 9 条)。获知驻在国审理涉及中国公民、法人、非法人组织的案件的,驻外外交机构可以按照驻在国法律和我国与驻在国缔结或者共同参加的国际条约旁听,并要求驻在国有关部门根据驻在国法律保障其诉讼权利(第 10 条)。

第三,获知在国外的中国公民需要监护但生活处于无人照料状态的,情况紧急的,驻外外交机构应当协调有关方面给予必要的临时生活照料(第 11 条);在国外的中国公民因基本生活保障出现困难向驻外外交机构求助的,驻外外交机构应当为其联系亲友、获取救济等提供协助(第 12 条)。

第四,驻在国发生重大突发事件,国外中国公民、法人、非法人组织因人身财产安全受到威胁需要帮助的,驻外外交机构根据相关情形提供协助(第 15 条)。

2.《领事保护与协助条例》建构境外保护体制

第一,领事保护为主。外交部统筹开展领事保护与协助工作,指导驻外外交机构开展领事保护与协助,协调有关部门和地方人民政府参与领事保护与协助相关工作,开展有关国际交流与合作;驻外外交机构依法履行领事保护与协助职责,与国内有关部门和地方人民政府加强沟通协调;国务院有关部门和地方人民政府建立相关工作机制,根据各自职责参与领事保护与协助相关工作,为在国外的中国公民、法人、非法人组织提供必要协助(第 4 条第 1 至 3 款)。

第二,自身保护意识。有外派人员的国内单位应当做好国外安全的宣传、教育培训和有关处置;在国外的中国公民、法人、非法人组织应当遵守中国及所在国法律,尊重所在国宗教信仰和风俗习惯,做好自我安全防范(第 4 条第 4 款)。

第三,国家鼓励有关组织和个人为领事保护与协助工作提供志愿服务。国家鼓励和支持保险公司、紧急救援机构、律师事务所等社会力量参与领事保护与协助相关工作(第 24 条)。

综上可见,《领事保护与协助条例》未对"正当利益"进行界定,但通过保护内容可以推导出"正当利益"包括两部分:一是符合驻在国法律的利益;二是符合最低限度的人身财产安全利益。笔者认为,《领事保护与协助条例》应在领事保护的基础上,加强与境内政府、境内社会力量的协作,建构"以领事保护为主、以境内政府 + 社会力量为辅"的境外协同保护责任体制。

第三节 汕头立法的文本与实践

汕头经济特区因侨而立、因侨而兴。2024 年 11 月 19 日,第二十二届国际潮团联谊年会和第十届世界潮商大会在汕头国际会展中心开幕。来自全球 266 个潮属社团、商会的 2 800 名代表齐聚南海之滨,跨越山海、共赴盛会。①笔者现荣任汕头市第十五届人民代表大会常务委员会立法咨询专家,总结汕头改革开放以来的立法经验,不仅可以让笔者更好助力汕头立法工作,而且可以让地方法治研究更好地助力汕头的地方立法工作。②

一、汕头被赋予"双重立法权"③

(一)1996 年汕头被赋予特区立法权

1981 年经国务院批准在汕头市龙湖区试办经济特区,范围 1.6 平方千米。1984 年 11 月经国务院批准,特区区域面积扩大为 52.6 平方千米,分龙湖和广澳两片区。1991 年特区区域扩大到整个汕头市区,面积 234 平方千米。2011 年 5 月特区范围扩大到全市。

20 世纪 80 年代,中央先后批准设立了深圳、珠海、汕头、厦门、海南五个经济特区。这些经济特区作为改革开放的排头兵,需要大胆探索,实行一些不同于其他地区的经济政策和相对灵活的经济管理体制,为此,全

---

① 这是汕头举办的人数最多、会期最长、代表最广的国际盛会,也是两大盛会首次在同一时间、同一座城市举办,更是汕头继 1997 年举办第九届国际潮团联谊年会和 2005 年举办首届潮商大会后,再次以主人身份广邀海内外潮汕人而举办的盛会。

② 笔者现荣任汕头市第十五届人民代表大会常务委员会立法咨询专家,有机会参与汕头多部条例的制定或修改。

③ 地方法,包括普通地方立法、民族自治地方立法、经济特区立法、自由贸易港立法等。本节以汕头市为研究样本,故研究限于普通地方立法与经济特区立法。

国人大或其常委会先后授权这些经济特区所在省制定经济特区法规,以便让这些经济特区更好地完成中央赋予的职责任务。①

1996 年 3 月 17 日,第八届全国人民代表大会第四次会议决定授权汕头市人民代表大会及其常务委员会根据其经济特区的具体情况和实际需要,遵循宪法的规定以及法律和行政法规的基本原则,制定法规,在汕头经济特区实施,并报全国人民代表大会常务委员会、国务院和广东省人民代表大会常务委员会备案;授权汕头市人民政府制定规章并在汕头经济特区组织实施。根据全国人大这一授权决定,汕头获得经济特区立法权。

(二)2000 年汕头被赋予较大的市的立法权

1950 年 3 月 15 日,汕头市人民政府即成立。1983 年 12 月 22 日,实行市管县制,撤销汕头地区,原地区所属 8 县 1 市并入汕头市。1991 年 11 月,潮汕行政区域调整,汕头、潮州、揭阳分设地级市。2003 年,经国务院批准,汕头市行政区划作出调整,包括目前的金平、龙湖、澄海、濠江、潮阳、潮南 6 个区和 1 个南澳县,总面积 2 199 平方千米,截至 2022 年末户籍总人口 578.84 万人,常住人口 554.19 万人。

2000 年 3 月 15 日第九届全国人民代表大会第三次会议通过《中华人民共和国立法法》,规定较大的市可以制定地方性法规;2015 年 3 月 15 日第十二届全国人民代表大会第三次会议对《立法法》作出第一次修正,规定设区的市可以对城乡建设与管理、环境保护、历史文化保护等方面的事项制定地方性法规;2023 年 3 月 13 日第十四届全国人民代表大会第一次会议对立法法作出第二次修正,规定设区的市可以对城乡建设与管

---

① 1981 年全国人大常委会通过的《关于授权广东省、福建省人民代表大会及其常务委员会制定所属经济特区的各项单行经济法规的决议》明确提到,授予这些地方经济特区法规制定权,是"为了使广东省、福建省所属经济特区的建设顺利进行,使特区的经济管理充分适应工作需要,更加有效地发挥经济特区的作用"。参见《中华人民共和国全国人民代表大会常务委员会公报》1981 年第 4 号,第 37 页。

理、生态文明建设、历史文化保护、基层治理等方面的事项制定地方性法规。根据这些先后规定,汕头获得设区的市的立法权限。

二、汕头立法的地方经验

2023 年 8 月,汕头市人大常委会编著的《汕头市(经济特区)现行法规汇编》出版。该汇编整理了现行有效法规 90 件①,可分为国家机关类、财政经济类、社会事务类、城乡建设类、文化教育类、资源环境类六大类别。自经济特区获得立法权以来,汕头市人大及其常委会共制定、修改、废止法规共 192 件,其中制定 124 件、修改 34 件、废止 34 件。下文分别在六类立法中各举一例来总结汕头立法的地方经验。

(一)《汕头经济特区预防腐败条例》的立法经验

2013 年 5 月 28 日,汕头市第十三届人民代表大会常务委员会第十六次会议通过《汕头经济特区预防腐败条例》,成为全国首个预防腐败的地方法规,填补了国内立法空白。该条例分为总则、预防主体与职责、预防制度与措施、监督与保障、法律责任、附则等 6 章,共 61 条。

1. 建构了各担其责的预防腐败体制

第一,规定了预防腐败机构的职责。该条例第 12 条规定:"预防腐败机构履行下列预防腐败工作职责:(一)制定预防腐败工作综合规划、重大预防腐败工作方案,并组织监督实施;(二)建立健全预防腐败综合协调机制,统筹组织教育宣传、制度建设及监督等工作;(三)研究分析腐败行为发生的根源、特点、规律及趋势,提出预防腐败对策和建议;(四)其他预防腐败工作职责。"

第二,规定了司法机关预防腐败的职责。该条例第 10 条规定:"检察机关履行下列预防腐败工作职责:(一)收集、分析、处理涉及腐败犯罪信

---

① 汕头市人民代表大会常务委员会:《汕头市(经济特区)现行法规汇编》,汕头大学出版社 2023 年版,第 2 页。

息,提出预防腐败对策和建议;(二)建立涉及腐败犯罪信息库,提供行贿犯罪档案查询;(三)在腐败犯罪易发、多发行业及领域,和有关单位共建预防腐败工作机制;(四)通过依法查办涉及腐败犯罪案件,进行法制宣传和警示教育;(五)其他预防腐败工作职责。"第11条规定:"审判机关应当发挥惩治和引导功能,依法审判涉及腐败犯罪案件,选择典型案例进行法制宣传和警示教育。"

第三,规定了监察机关预防腐败的职责。该条例第13条规定:"监察机关履行下列预防腐败工作职责:(一)检查指导政务公开,纠正行业不正之风;(二)收集、分析、处理违反行政纪律的信息,提出预防腐败对策和建议;(三)调查处理违反行政纪律案件;(四)其他预防腐败工作职责。"

第四,规定了审计机关预防腐败的职责。该条例第14条规定:"审计机关履行下列预防腐败工作职责:(一)依法开展审计监督,实行单位负责人经济责任审计制度;(二)加强对腐败易发、多发行业及领域的审计监督;(三)加强内部审计的业务指导和监督;(四)收集、分析、发布、处理违反财经行政纪律信息,提出预防腐败对策和建议;(五)其他预防腐败工作职责。"

第五,规定了国企、事业单位及人民团体预防腐败的职责。该条例第15条规定:"国有及国有控股企业履行下列预防腐败工作职责:(一)严格执行企业经营决策、财务核算与管理、收益分配、招标投标等方面的有关规定;(二)完善职工代表大会和监事会制度,加强对经营管理和财务活动的监督;(三)规范重大投资、资产处置、资金调度等决策、执行行为;(四)加强对高级管理人员及人事、财务、采购等重点岗位人员的教育、管理和监督;(五)其他预防腐败工作职责。"第16条第1款规定:"事业单位、人民团体应当结合本单位实际,采取成立预防腐败工作机构、建立廉洁风险防控机制、开展廉情评估等方式开展预防腐败工作。"

第六，规定了非公组织预防腐败的职责。该条例第 16 条第 2 款规定："非公有制经济组织和社会组织应当结合本单位实际，采取建立廉洁守信行动联盟、订立预防腐败行为公约或者行为规范等方式，倡导行业自律和行业诚信，防止从业人员腐败。"

2. 规定了预防腐败的配套制度

第一，规定了制定制度应进行廉洁性评估。第 21 条规定："特区建立制度廉洁性评估机制。拟定法规、规章和其他规范性文件草案，应当从下列方面进行制度廉洁性评估：（一）是否存在部门利益制度化，扩大部门权力，侵害公共利益或者公民合法权益；（二）是否存在部门权力交叉和利益冲突；（三）是否存在权力与权利关系的明显失衡，或者为公民、法人和其他组织设定额外义务；（四）是否违反有关财经制度；（五）是否存在模糊和减免公共职责、法律责任缺位、问责机制缺失的内容；（六）其他需要评估的内容。制度廉洁性评估办法由市人民政府另行制定。"

第二，规定了电子监察制度。第 23 条规定："市、区（县）人民政府应当建立行政审批电子监察系统，实时监督行政机关及其工作人员实施行政审批的行为，预警和纠正违法或者不当行政审批行为，及时开展效能评估、信息服务和投诉处理，推进行政权力公开透明运行。监察机关负责对行政审批电子监察的实施情况组织监督检查。"

第三，规定了正职领导干部接受社会评议和监督制度。第 32 条规定："担任正职的领导干部应当定期述责述德述廉，将本人依法履职、综合品德、廉洁从政方面的情况向社会公开，接受评议和监督。"

（二）《汕头经济特区个人独资企业条例》的立法经验

2000 年 2 月 1 日，汕头市第十届人民代表大会常务委员会第十次会议通过《汕头经济特区个人独资企业条例》，该条例不分章节共 42 条。这是汕头发挥特区立法权优势，自行提出立法议案后制定的我国首部个人独资企业条例。

第一,立法允许一个自然人设立个人独资企业。依据该条例第 2 条规定,个人独资企业,是指在特区范围内,依法经企业登记机关注册登记,由一个自然人投资,财产为投资人个人所有,投资人以其个人财产对企业债务承担无限责任的经营实体。

第二,规定了个人独资企业可以进行外汇买卖。第 14 条规定:"个人独资企业可以根据经营需要在银行开设人民币、外币账户,按国家有关规定参加外汇买卖。个人独资企业有权申请贷款。商业金融机构应当依法为个人独资企业提供信贷等各种金融服务。"

第三,规定了个人独资企业投资人对企业债务承担补充赔偿责任。第 35 条规定:"个人独资企业清偿债务,应先以企业全部财产进行清偿;个人独资企业财产不足以清偿债务的,应当以投资人的其他个人合法财产和财产权利予以清偿;个人独资企业投资人的其他个人合法财产和财产权利不足以清偿债务的,应当将该财产和财产权利拍卖或予以作价,依法分配给债权人。以投资人的其他个人合法财产和财产权利清偿债务,应保留投资人及其所供养的家庭成员生活必需费用和必要的生活用品。"

(三)《华侨房地产权益保护》的立法经验

1997 年 8 月 27 日,汕头市第九届人民代表大会常务委员会第三十六次会议通过《汕头经济特区华侨房地产权益保护办法》①,共 6 章 46 条。该办法较好地解决了华侨遗留在内地的房地产问题。

第一,立法目的明确"保护华侨在汕头经济特区房地产的合法权益"(第 1 条)。众所周知,房产涉及所有权人、占用人等。立法保护主体越

① 2020 年 10 月 13 日,在汕头考察调研的习近平总书记步行察看汕头市小公园开埠区。小公园开埠区并不是公园,而是一个以中山纪念亭为核心的放射状片区,是汕头老城区的核心地域和文化标志。开埠区建有独具侨味的骑楼群,包括南生百货大楼、汕头开埠文化陈列馆、大清邮局、侨批文物馆等历史文物建筑。小公园开埠区能够得到较好保护及修复,《汕头经济特区华侨房地产权益保护办法》发挥了重要作用。

多,单一主体的保护越不充分,而该条例只保护单一主体所有权人的合法权益。二是通过"代管制度"解决业主无法及时办理过户的问题。侨房业主死亡,合法继承人尚未确定的,由市国土房产部门在其继承人或原代理人中依法确定代管人,发给以原业主姓名登记的房地产权证;代管人具有要求使用人腾退侨房和办理拆迁补偿的权利,负有管理侨房并将侨房退还合法继承人的义务(第10条)。

第二,妥善解决占用人的问题。腾退侨房的使用人的安置,由使用人自行解决;确无安置用房的使用个人,市政府设立侨房使用人安置统筹基金,专项用于统建安置侨房使用人(第14条、第15条)。

第三,将华侨房地产权益保护的适用范围扩展至外籍华人。外籍华人及港、澳、台同胞在特区的房地产权益保护,适用本办法(第45条)。

(四)《汕头市潮剧保护传承条例》的立法经验

2021年9月28日,汕头市第十四届人民代表大会常务委员会第五十六次会议通过《汕头市潮剧保护传承条例》,条例不分章节共26条。条例立足华侨华人文化特色,推动与华侨华人的文化交流。

第一,规定了广东潮剧院的引领示范作用。第8条规定:"市人民政府及有关部门应当加强对潮剧院团(演出团体)、艺术教育院校及潮剧博物馆等单位的潮剧保护传承责任认定和能力建设,明确各相关责任单位的权利义务,发挥广东潮剧院在潮剧保护传承和潮剧对外文化交流中的引领示范作用,提升其社会影响力和品牌价值。区(县)人民政府及有关部门应当加强对潮剧院团(演出团体)、传承研究类机构等单位的潮剧保护传承责任认定和能力建设,明确各相关责任单位的权利义务。"

第二,规定了潮剧保护激励制度。第6条规定:"市、区(县)人民政府应当对在潮剧创作、表演、研究、推广传播交流等方面做出显著贡献的组织和个人,按照有关规定予以表彰、奖励。"

第三,规定引导和支持潮剧对外交流和宣传。第 21 条规定:"市、区(县)人民政府文化、外事、侨务部门应当支持潮剧院团(演出团体)参加艺术展演和比赛活动,引导和支持潮剧对外交流和宣传,协助海外潮剧团体提升专业水平。"

第四,规定汕潮揭区域合作机制。第 22 条规定:"市人民政府应当加强与潮州市、揭阳市等地缘相近、文脉相承区域的市人民政府的沟通协调,并就下列事项建立完善潮剧保护传承的区域合作机制:(一)共同设立潮剧艺术节;(二)协同开展剧本创作、学术交流、艺术研究;(三)协同组织对外艺术表演交流、展示;(四)建立区域名家收徒传艺机制;(五)发挥戏曲院校作用,协作开展区域潮剧人才培养;(六)推动三市潮剧院团(演出团体)开展交流合作,保障其跨区域的合法演出活动;(七)共同推进潮剧申报人类非物质文化遗产项目;(八)共同创建潮剧保护传承研究基地;(九)其他依法可以开展区域合作的事项。市人民政府文化主管部门应当加强与潮州市、揭阳市相关部门之间的工作协作,通过区域会商、信息共享、联动执法等方式,提高区域潮剧保护传承水平。"

(五)《汕头经济特区小公园开埠区保护条例》的立法经验

2014 年 4 月 24 日,汕头市第十三届人民代表大会常务委员会第二十三次会议通过《汕头经济特区小公园开埠区保护条例》,包括总则、保护和利用、维护和修缮、法律责任、附则 5 章 59 条。2020 年 10 月 13 日,习近平总书记到汕头小公园开埠区①考察时强调,现在我国经济社会发展很快,城市建设日新月异。越是这样越要加强历史文化街区保护,在加强保护的前提下开展城市基础设施建设,有机融入现代生活气息,让古老城市焕发新的活力。可以说,小公园开埠区的有效保护,立法在其中发挥了"固根本、稳预期、利长远的保障作用"。

---

① 开埠区,是指以汕头市金平区小公园为核心、保存开埠区文物丰富、历史建筑集中成片、能够较完整和真实体现开埠区历史文化风貌的区域。

第一,明确了市政府与区政府在开埠区保护中的各自职责。第 2 条规定:"开埠区的具体范围根据开埠区保护规划确定后,由市人民政府向社会公布。金平区人民政府应当在开埠区主要出入口设立标志,明确保护范围。"第 4 条规定:"市人民政府负责研究、决定开埠区历史文化风貌和历史建筑保护、利用和管理等工作中的重大问题,组织、协调开埠区历史文化风貌和历史建筑保护工作的实施。金平区人民政府负责开埠区历史文化风貌和历史建筑的日常保护管理工作。"第 6 条规定:"市人民政府和金平区人民政府应当设立开埠区历史文化风貌和历史建筑的保护资金,专项用于开埠区历史文化风貌和历史建筑的保护和管理。"

第二,规定了开埠区保护激励制度。第 11 条规定:"市人民政府和金平区人民政府对在开埠区历史文化风貌和历史建筑保护工作中做出突出成绩的单位和个人,具有下列情形之一的,应当给予表彰奖励:(一)维护、修缮或者保护性利用开埠区历史建筑成绩显著的;(二)为了保护的需要,自愿迁出开埠区,或者主动腾退开埠区历史建筑的;(三)捐赠财产,数额或者价值较大的;(四)对损坏开埠区历史文化风貌和历史建筑的行为进行劝阻、举报或者投诉有功的;(五)在开埠区历史文化风貌和历史建筑保护工作中,认真履行职责,有突出贡献的;(六)其他需要表彰和奖励的情形。"

第三,规定了保护规划内容及责任主体。第 15 条规定:"保护规划应当包括以下内容:(一)历史文化价值概述;(二)保护原则和总体要求;(三)开埠区的具体范围、核心保护范围和建设控制地带;(四)需要保护的建(构)筑物和其他设施;保持传统风貌的建筑高度、体量、色彩等控制指标;不同建筑的分类保护和整治措施;(五)土地使用的规划控制和调整,建筑空间环境和景观的保护要求;(六)消防安全要求,市政基础设施的改善;(七)保持街区活力,延续文化传统的方案;(八)与历史文化风貌保护要求不协调的建(构)筑物的整改要求;(九)规划管理的其他要求和措施。"第 22 条规定:"市人民政府和金平区人民政府应当依据保护规划,组织对开埠区核心保护范围内的建(构)筑物和设施进行整治,改善市政基础设施和居住环境;对保护规划确定保护的濒危建(构)筑物和设施,及时组织抢修和整治。"

第四,规定了历史建筑的认定标准及产权人的开放义务。第 16 条规定:"开埠区内建成五十年以上并具备下列条件之一的建(构)筑物,可以确定为历史建筑:(一)建筑样式、施工工艺和工程技术具有建筑艺术特色和科学研究价值;(二)反映潮汕地域建筑文化特点;(三)著名建筑师的代表作品;(四)具有代表性的作坊、商铺、酒楼、旅社、戏院、厂房和仓库等;(五)其他具有历史文化意义的建(构)筑物。建成不满五十年,但具有特别的历史、科学、艺术和人文价值或者具有重要纪念意义、教育意义的建(构)筑物,可以确定为历史建筑。"第 34 条规定:"具备开放条件的国有不可移动文物或者历史建筑应当对社会公众开放。"第 42 条规定:"历史建筑的修缮应当委托具有相应资质的专业施工单位实施。"

(六)《汕头经济特区内海湾保护条例》的立法经验

2023 年 2 月 20 日,汕头市第十五届人民代表大会常务委员会第十三次会议通过《汕头经济特区内海湾保护条例》,不分章节共 30 条。汕头内海湾是韩江、榕江汇集形成的天然海湾,见证了汕头的城市发展史。该条例规定了较为具体、可操作的内海湾保护体制。

第一,规定了内海湾资源共享制度。第 12 条规定:"内海湾两侧应当按照景观优美、亲水舒适、绿色共享的理念,打造具有游览观光、运动休闲、文化传播等功能且便民服务设施完善的连贯公共活动空间,并向社会公众免费开放。符合条件的,纳入本市公园广场名录实行保护和管理。鼓励内海湾两侧有条件的滨海公共建筑开放底层空间及地下空间,用于提供公益性服务或者满足车辆临时停放等公共活动需求。为了公共利益或者国家安全的需要,市人民政府可以依法收回内海湾两侧所涉及的土地使用权、海域使用权,征收涉及的房屋、海岸工程设施,并依法给予补偿;也可以与相关权利人协商开放所涉及的空间,并依法给予补偿。"

第二,管控排污行为。第22条规定:"内海湾范围内不得新建入海排污口;已建的排污口应当按照规定标准排放。"第23条规定:"内海湾两侧控制区域内不得新建、改建、扩建化学制浆造纸、化工、印染、制革、电镀、酿造、炼油、岸边冲滩拆船等严重污染海洋环境的工业生产项目,固体废物填埋场和畜禽规模化养殖场、养殖小区。对已建的前款现有项目,市人民政府和所在区人民政府应当按照内海湾保护与发展规划要求,逐步进行调整、搬迁。"

第三,规定了日常保洁清淤管理制度。第26条规定:"市市容环境卫生部门、沿内海湾的区人民政府(功能区管委会)应当加强对内海湾海域及两侧区域日常保洁的管理,维护整洁的内海湾环境。由市人民政府确定的部门定期对内海湾海域底部淤泥进行监测,并向市人民政府报告。对内海湾容易产生底泥淤积的海域,市人民政府应当定期组织编制清淤整治方案并推动实施,提升内海湾水质净化能力。"

三、推动汕头立法发展应注意的问题

回顾汕头立法历程,"有亮点",一些立法项目是走在全省甚至全国的前列,特区立法积累了比较丰富的经验等;"有特色",如立法体现了侨乡的特色,解决了侨乡的一些特殊问题;"有成效",如立法在促进特区经济社会发展方面的成效比较明显。推动汕头立法工作高质量发展,应解决好以下问题。

(一)根据立法事项科学配置立法权

第一,对于省市两级立法权限存在交叉的事项,如果适宜由省级立法,汕头作为设区的市则不宜立法,以避免立法资源浪费。省市两级立法权限存在交叉的包括大气等环境污染防治、城乡规划、文物保护、营商环

境、大数据、物业管理、养老服务、电动自行车管理、文明行为促进、见义勇为、全民阅读、红色文化、反食品浪费等。如果相关领域在本省区域内需要明确和统一标准的,以及重大的、政治性强的问题的,由省级统一立法;如果反映本行政区域内独特性、特殊性问题,需要特别规范的,则由设区的市级立法。汕头市法规应报经广东省人大常委会批准后,才予以公布(《汕头市立法条例》第61条)。

第二,对于特区改革先行先试的事项,汕头因享有经济特区立法权可以填补立法空白。国家授予特区立法权既是服从和服务于特区改革发展需要,又承载着为国家同类立法先行探路的功能,特区立法还具有试验的性质,如汕头应当加强对科技创新驱动、人才交流引进、知识产权促进等方面立法研究。[1]汕头市人大及其常委会制定的汕头经济特区法规经表决通过后,常委会应当报全国人大常委会、国务院和广东省人大常委会备案,报送备案时应当说明对法律、行政法规、广东省地方性法规作出变通的情况(《汕头市立法条例》第62条)。

(二)更充分发挥人大的立法职能

2000年《立法法》对地方人大及其常委会的立法权限作了划分:制定本行政区域内特别重大事项的地方性法规,应当由该地方的人民代表大会通过;地方性法规案、自治条例和单行条例案的提出、审议和表决程序,由本级人民代表大会规定。但是,除了明确地方性法规、自治条例和单行条例的制定程序的规定一定要由代表大会制定外,地方人民代表大会与其常委会立法权限划分并未明确。

改革开放40多年来,地方立法取得了突出成就,但人大与常委会发挥的作用并不均衡,人大的立法职能没有得到充分发挥,在一定程度上存在虚置的情况。从立法数量看,地方人大通过的地方性法规数量仅有

---

[1] 孙良胜:《推进特区立法工作 必须力补三个短板》,载《汕头日报》2020年7月14日,第4版。

400 余件,在地方性法规总量中的占比较低;从立法内容看,地方人大立法的内容相对比较单一,主要是关于"立法制度"的立法,如地方性法规制定条例、地方立法条例。①更充分发挥人大的立法职能,逐步增加人大通过地方性法规的数量,是新时代新征程坚持和践行全过程人民民主的必然要求,也有利于发挥人大在立法中的主导作用,避免部门利益法制化。

（三）解决立法质量问题

立法内容合理是保障立法质量的基本要求。2021 年修订的《行政处罚法》将"应当依法从轻或者减轻"修改为"应当从轻或者减轻",删除了"依法",引导执法机关可以直接适用行政处罚法的规定,根据具体案情,合理实施行政处罚。在《行政处罚法》已做规定的情况下,地方立法在设定行政处罚时要考虑执法者的行动逻辑。

立法科学论证是保障立法质量的有效方法。如《广州市地方性法规立项办法》要求提交立法建议项目的有关单位必须同时提交立项论证报告,报告必须包含关于立法效益预期的说明,要将法规实施的人力、财力等成本支出与实施效益之间的比例关系进行论证。还如《广州市停车场建设和管理规定》制定时,对于有争议问题进行比较论证:住宅区的停车场应当如何规范管理？是否应当鼓励住宅区等专用停车场对外开放？法规应该如何规范城市道路停车泊位的规划和管理？

（四）解决立法人才不足问题

习近平总书记指出:"立法是为国家定规矩、为社会定方圆的神圣工作,立法人员必须具有很高的思想政治素质,具备遵循规律、发扬民主、加强协调、凝聚共识的能力。"②2015 年修改立法法赋予设区的市地方立法权以来,各设区的市(州)普遍成立了人大法制委和常委会法工委,其中省

---

① 胡健、任才峰:《推动地方立法工作高质量发展的十个关系》,载《地方立法研究》2024 年第 1 期。
② 习近平:《加快建设社会主义法治国家》,载《求是》2015 年第 1 期,第 7 页。

级人大法工委人员配备在 20 至 30 人,设区的市人大常委会法工委人员配备一般在 5 至 10 人。比照司法和执法队伍,可以看出,当前地方立法工作队伍仍存在人才不足问题。

解决立法人才不足的问题,至少应从以下三个方面着手:一是靠培养。要按照"政治过硬、业务过硬、责任过硬、纪律过硬、作风过硬"的要求抓紧培养一批本土立法人才,使本土立法人才尽快成长起来,并积极发挥作用。二是靠引进。要以海纳百川的视野,广开进贤之路,面向全国引进一批高端立法人才,并本着感情留人、待遇留人、事业留人、环境留人的原则,真正使他们引得进、留得住、用得上。三是靠提升。对于现有立法人才,通过培训、挂职、学历教育、继续教育等各种途径提升其能力,解决其立法能力不适应的问题。立法人才,不仅法律性、技术性强,而且政治性、政策性强,提升立法人才的立法能力,既要提升其业务能力,更要提升其政治能力。

(五)重视法规实施问题

法规的生命力在于实施。长期以来,地方性法规实施情况不佳在实践中存在普遍性。调研中发现,尽管地方人大常委会在立法过程中做了大量宣传工作,但法规实施效果并不理想,不仅人民群众对地方性法规知之甚少,而且相当比例的行政执法人员、司法人员对法规内容也不甚了解,将地方性法规作为行政执法和司法裁判依据的比例也较低。[1]地方性法规制定出来后被"束之高阁",是对立法资源的巨大浪费,也削弱了地方性法规的权威。

地方人大及其常委会应坚持法规制定和法规实施并重,抓住法规实施的关键环节,不断加强对法规实施的监督。笔者认为,就地方人大及其常委会而言,应做好以下工作:一是切实提高地方立法的针对性、有效性、

---

[1] 胡健、任才峰:《推动地方立法工作高质量发展的十个关系》,载《地方立法研究》2024 年第 1 期。

可执行性和可操作性,为法规实施奠定坚实基础;二是立法应明确法规实施部门主体责任,建立与有关执法机关、司法机关的实施协同机制,完善配套制度,细化措施办法,夯实法规实施的主体责任;三是提高人大监督实效,综合运用听取实施情况报告、加大执法检查力度、建立执法检查报告的审议意见跟踪督办机制、开展实施情况专题询问、开展立法后评估等多种方式,提升法规实施监督水平。

（六）做好区域协同立法工作

2022 年修改的《地方组织法》,对区域协同立法作出了原则规定。2023 年修改《立法法》,增加了区域协同立法和建立相关工作机制的内容。2023 年 9 月 1 日,汕头、潮州、揭阳三市人大常委会共同签订《关于开展三市协同立法的合作协议》,正式开启了三市在重点领域、新兴领域的协同立法。

笔者认为,汕头、潮州、揭阳三市协同立法,应做好以下工作:一是消除歧视性、隐蔽性的区域市场壁垒,打破行政性垄断,坚决破除地方保护主义,推动形成全国统一开放、竞争有序的商品和要素市场;二是促进不同地方公共交通、基础设施等互联互通,促进不同地方公共服务均等化,促进人才跨区域流动,畅通人流、物流、信息流,为加快形成新发展格局打牢基础、提供动力;三是加强跨行政区划山川、河流、湖泊等协同保护,统一保护标准,推进执法合作,形成保护合力。

第四节　人大监督权的文本与实践

人大监督权是一级监督权,高于行政监督、民主监督、监察监督、司法监督、群众监督等其他二级监督权。2024 年 11 月,《监督法》进行了 2006 年制定以来的首次修正。研究新《监督法》的立法重点,不仅有利于落实新《监督法》,而且有利于推进人民代表大会制度更好地创新发展。

一、《监督法》的立法重点

2006 年 8 月,第十届全国人大常委会第二十三次会议通过《中华人民共和国各级人民代表大会常务委员会监督法》(以下简称《监督法》),共 9 章 48 条。该法于 2024 年 11 月进行较大修改,修改后有 9 章 65 条。

（一）监督对象

第一,工作监督对象是由本级人大产生的"一府一委两院"。2024 年《监督法》第 6 条规定:"各级人民代表大会常务委员会对本级人民政府、监察委员会、人民法院和人民检察院的工作实施监督,实行正确监督、有效监督、依法监督,促进依法行政、依法监察、公正司法。各级人民政府、监察委员会、人民法院和人民检察院应当严格依法行使职权、履行职责、开展工作,自觉接受本级人民代表大会常务委员会的监督。"

第二,法律监督对象是法律的实施和上级的决议。2024 年《监督法》第 5 条规定:"全国人民代表大会常务委员会监督宪法和法律的实施,地方各级人民代表大会及其常务委员会在本行政区域内保证宪法、法律、行政法规和上级人民代表大会及其常务委员会决议的遵守和执行,维护国家法治统一、尊严、权威。"

（二）监督原则

《监督法》总则部分明确地规定了人大常委会行使监督权必须遵循的原则。

第一,坚持党的领导原则。2024 年《监督法》第 3 条规定:"各级人民代表大会常务委员会行使监督职权,应当坚持中国共产党的领导,坚持以马克思列宁主义、毛泽东思想、邓小平理论、'三个代表'重要思想、科学发展观、习近平新时代中国特色社会主义思想为指导,坚持中国特色社会主义道路,确保宪法和法律、法规得到全面有效实施,确保行政权、监察权、审判权、检察权依法正确行使。"

第二,围绕党和国家工作大局原则。2024年《监督法》第4条规定:"各级人民代表大会常务委员会行使监督职权,应当围绕党和国家工作大局,以经济建设为中心,坚持改革开放,贯彻新发展理念,推动高质量发展,保障全面建设社会主义现代化国家、以中国式现代化全面推进中华民族伟大复兴。"

第三,坚持和发展全过程人民民主原则。2024年《监督法》第7条规定:"各级人民代表大会常务委员会行使监督职权,应当坚持和发展全过程人民民主,尊重和保障人权,维护和促进社会公平正义。各级人民代表大会常务委员会应当扩大人民代表大会代表对监督工作的参与,充分发挥代表作用。"

第四,正确监督、有效监督、依法监督原则。2024年《监督法》第6条要求各级人大常委会应对本级"一府一委两院""实行正确监督、有效监督、依法监督"。

第五,按照民主集中制原则行使监督权。2024年《监督法》第8条规定:"各级人民代表大会常务委员会按照民主集中制的原则,集体行使监督职权"。

(三)监督形式

《监督法》对具有争议的述职评议和个案监督不做规定,从法律上明确了各级人大常委会可以行使七种监督形式,这是人大常委会行使监督权的法定职责。

第一,规定了听取和审议专项工作报告。2024年《监督法》第12条规定:"常务委员会听取和审议本级人民政府、监察委员会、人民法院和人民检察院的专项工作报告的议题,根据有关法律的规定和下列途径反映的问题确定:(一)本级人民代表大会常务委员会在执法检查中发现的突出问题;(二)本级人民代表大会代表对人民政府、监察委员会、人民法院和人民检察院工作提出的建议、批评和意见集中反映的问题;(三)本级人民代表大会常务委员会组成人员提出的比较集中的问题;(四)本级人民代表大会专门委员会、常务委员会工作机构在调查研究中发现的突出问题;(五)人民来信来访集中反映的问题;(六)社会普遍关注的其他问题。人民政府、监察委员会、人民法院和人民检察院可以向本级人民代表大会常务委员会要求报告专项工作。常务委员会根据法律规定,听取和审议本级人民政府关于环境状况和环境保护目标完成情况的报告。"

第二,规定了对财政经济工作的监督。2024 年《监督法》第 18 条规定了财政经济工作监督的 10 项内容:"(一)审查和批准本级决算;(二)国民经济和社会发展五年规划纲要实施情况,国民经济和社会发展计划执行情况;(三)预算执行情况;(四)审查和批准国民经济和社会发展五年规划纲要、计划的调整方案;(五)审查和批准预算调整方案;(六)国有资产管理情况;(七)政府债务管理情况;(八)金融工作情况;(九)预算执行和其他财政收支的审计工作情况、审计查出问题整改情况;(十)财政经济领域其他重要事项。"

第三,规定了对法律法规实施情况的检查。2024 年《监督法》第 22 条规定,各级人民代表大会常务委员会参照听取和审议专项工作报告的途径,"每年选择若干关系改革发展稳定大局和群众切身利益、社会普遍关注的重大问题,有计划地对有关法律、法规或者相关法律制度实施情况组织执法检查"。

第四,规定了对规范性文件进行备案审查。2024 年《监督法》第 39 条规定:"县级以上地方各级人民代表大会常务委员会对下一级人民代表大会及其常务委员会作出的决议、决定和本级人民政府、监察委员会、人民法院、人民检察院制定的规范性文件,经审查,认为有下列不适当的情形之一的,有权予以撤销:(一)超越法定权限,限制或者剥夺公民、法人和其他组织的合法权利,或者增加公民、法人和其他组织的义务的;(二)同法律、法规规定相抵触的;(三)有其他不适当的情形,应当予以撤销的。"第 44 条规定:"备案审查机关应当建立健全备案审查衔接联动机制,对应当由其他机关处理的审查要求或者审查建议,及时移送有关机关处理。"

第五,规定了询问、专题询问和质询的条件与程序。2024 年《监督法》第 46 条规定:"各级人民代表大会常务委员会会议审议议案和有关报告时,本级人民政府或者有关部门、监察委员会、人民法院或者人民检察院应当派有关负责人员到会,听取意见,回答询问。"第 47 条规定:"各级人民代表大会常务委员会围绕关系改革发展稳定大局和群众切身利益、社会普遍关注的重大问题,可以召开全体会议、联组会议或者分组会议,进行专题询问。本级人民政府及其有关部门、监察委员会、人民法院或者人民检察院的负责人应当到会,听取意见,回答询问。"第 51 条规定:"全国人民代表大会常务委员会组成人员十人以上联名,省、自治区、直辖市、自治州、设区的市人民代表大会常务委员会组成人员五人以上联名,县级人民代表大会常务委员会组成人员三人以上联名,可以向常务委员会书面提出对本级人民政府及其部门和监察委员会、人民法院、人民检察院的质询案。"

第六,规定了对特定问题的调查。2024 年《监督法》第 55 条规定:"各级人民代表大会常务委员会对属于其职权范围内的事项,需要作出决议、决定,但有关重大事实不清的,可以组织关于特定问题的调查委员会。"

第七,规定了撤职案的审议和决定。2024 年《监督法》第 61 条规定,县级以上地方各级人民政府、监察委员会、人民法院和人民检察院,或县级以上地方各级人民代表大会常务委员会主任会议,或县级以上地方各级人民代表大会常务委员会五分之一以上的组成人员书面联名,可以向本级人民代表大会常务委员会提出对国家机关工作人员的撤职案;由主任会议决定是否提请常务委员会会议审议,或者由主任会议提议、经全体会议决定组织调查委员会。

监督权是宪法和法律赋予人大及其常委会的一项重要职权。现行《监督法》把以往散见于《全国人大组织法》《地方组织法》《预算法》《审计法》等法律之中有关监督权的规定明确为各级人大常委会的职权,对各级人大常委会行使监督权的重点内容、主要形式和基本程序等做了较为系统的规定,并将之作为规范各级人大常委会监督工作的一部专门法律。

二、《监督法》的实施机制

监督权是宪法赋予全国各级人民代表大会及其常务委员会的重要职责。落实好新《监督法》,应解决好以下问题。

（一）理顺人大监督与人大支持的关系

在人大对"一府一委两院"的监督工作中,有一种用频很高的说法,叫"人大的监督,是监督,也是支持"。如 2018 年 7 月 10 日,栗战书在十三届全国人大常委会第四次会议上专门就人大监督工作应当把握的几个方面发表讲话时说,要"把监督'一府一委两院'工作同支持他们依法履职有机统一起来,寓支持于监督之中"。①准确地处理监督与支持的关系,是发挥全国人大及其常委会监督职能的重要条件。

在处理人大监督与人大支持的关系上,彭真的阐述具有重要的指导意义。1983 年 6 月 24 日,彭真在第六届全国人大常委会第一次会议上对如何做好省级人大常委会工作问题上明确提出:"省级人大常委会在同政府的关系上,方针不是唱'对台戏',但也不是等因奉此、不问是非的'橡皮图章'。"那方针是什么? 彭真说:"方针是实事求是,以人民利益为根据,以宪法、法律为准绳,是就是,非就非。对的,就肯定,就支持;错的,就否定,就纠正。""人大常委会对政府工作的监督,主要是监督它是否违宪、

---

① 《全国人民代表大会年鉴》(2018 年卷),中国民主法制出版社 2019 年版,第 258 页。

违法,是否执行国家的方针、政策,是否符合人民的根本利益。""至于具体工作,可以这样办,也可以那样办,还是由政府去办比较好。重大原则问题,该管就管,少一事不如多一事;日常工作问题,不必去管,多一事不如少一事。"人大在监督的时候,"不要代替政府工作,不要不恰当地干扰政府工作,只管重大原则问题"。①从上述阐述可以得出,彭真坚持以下两点:一是人大常委会对政府工作的监督,在关系到"是否违宪、违法,是否执行国家的方针、政策,是否符合人民的根本利益"的重大原则问题,"少一事不如多一事";二是人大常委会"不要代替政府工作,不要不恰当地干扰政府工作",日常工作问题,"多一事不如少一事"。

但看似清晰的内在逻辑,仍需必要的论证。在一般的理解上,监督主要指向的是具体的违法、错误的行为或者主体,所以只要是监督,就必然包含着对违法、错误的行为或者主体的批评、否定、纠正,而支持则是对合法、正确的行为或者主体的支持或者肯定。如果把对一个违法、错误的行为说成是支持,逻辑上仍需进行必要的论证。

这一问题可以从对党的领导的支持角度来把握。栗战书在前述全国人大常委会会议上有充分的阐述:"人大监督是党和国家监督体系的重要组成部分,它同党的监督、民主监督、行政监督、司法监督、审计监督、社会监督、舆论监督等各有侧重、互相贯通,共同构成党统一指挥、全面覆盖、权威高效的监督体系""是在党的领导下,代表国家和人民进行的具有法律效力的监督""全国人大常委会监督工作情况和重要事项,要及时向党中央请示报告""这是最根本的一条原则"。②栗战书从对党的领导的支持角度把握人大的监督与支持,包括两个方面的内容:一是人大监督"一府一委两院"认真执行宪法和法律,是在监督党的主张有没有得到认真执行,是对党的领导最有力的支持;二是"一府一委两院"自觉接受人大监

---

① 彭真:《论新时期的社会主义民主与法制建设》,中央文献出版社 1989 年版,第 198 页。
② 《全国人民代表大会年鉴》(2018 年卷),中国民主法制出版社 2019 年版,第 258 页。

督,把接受人大监督视为接受党的领导的重要和具体的体现。

当然,从对党的领导的支持角度理顺人大监督与支持的关系仍需党和国家对人大监督与支持的关系做出权威、充分和统一的论述,立体地、辩证地阐述两者的关系。

(二)激活特定问题调查权

人大在监督"一府一委两院"时既不能失职也不能越权的关键是对事实的调查研究,激活特定问题调查权是人大监督权行使的基础和前提。

地方各级人大及其常委会组织特定问题调查委员会的事例相对丰富。以2014年浙江省云和县人大常委会关于财政存量资金特定问题调查为例,特定问题调查得到张德江同志的高度重视,他要求全国人大财政经济委员会、预算工作委员会组成联合调研组,了解云和县采取特定问题调查这一监督形式的情况。有学者统计,自1986年地方人大首次获得特定问题调查权以来至2022年8月31日,特定问题调查事例共有58个。①研究发现:一是地方特定问题调查委员会绝大多数都是地级市和县区级人大常委会组织的,省级人大及其常委会很少启动,目前只有湖南、江西、辽宁、陕西、西藏这五个省份组织过省级特定问题调查委员会。这一点说明,现实中越往上实施这一制度的难度越大,要考虑处理与其他国家机关的关系问题越多,抑制了层级较高地方人大及其常委会开展实践。二是从启动的地域分布上看,浙江省范围内组织过18次特定问题调查、湖南省范围内组织过12次特定问题调查,其余省份较少,有个别省份至今为止尚未组织过特定问题调查。

特殊问题调查制度仍需完善操作细则。根据"一法两规则"的规定:在全体大会会议期间,调查委员会的启动标准与罢免案一致:均为主席团、三个以上的代表团或者十分之一以上的代表提出;闭会期间,调查委

---

① 陈伟:《特定问题调查:规范内涵、实践效能与制度变迁》,载《中国政法大学学报》2022年第6期。

员会的启动标准为常务委员会认为必要的时候。前者启动标准太高,后者启动标准不明确。实践中,全国范围内的特定问题调查制度尚未运转,主要原因就在于启动程序:如第十四届全国人民代表大会代表 2 977 名,要求 300 位左右的代表联合提出特定问题调查的建议很难实现。而且,提议人能否作为调查委员会成员,调查时限、调查方式等均未做具体规定,这一职权的行使也缺乏可操作性。

（三）解决好人大常委会的组织建设问题

就监督权内部构造而言,《宪法》《全国人大组织法》《地方组织法》《监督法》等对其作了笼统的概括性规定,但存在诸如人大自身建设中的人与物的严重不足问题。人的方面,近年来有的地方将临近退休的行政领导干部大量转到人大常委会任职,占用人员编制,导致懂财经、法律等年轻专业人才无法到人大任职;《代表法》修改后,各地虽新增了专职委员,但这些人的政治待遇和职务问题并未明确。物的方面,如监督议题、监督内容的选择与确定,委员和代表的组织、学习、培训、经费和交通工具等都缺乏有力保障。

人大监督权包括监督宪法实施权、审查批准权、改变撤销权、罢免权、特定问题调查权、质询权等。这些权力的行使,必须有强有力的组织保障。而人和物限制严重削弱了人大职能的发挥,以至于存在这样的说法:"县级人大常委会没有足够的人员力量承担监督工作,无'力'较真;市级人大常委会专业力量不足,没'智'较真;省、市级人大常委会主持工作的领导更替频繁,没'气'较真。"①

三、《监督法》的立法完善

2024 年是新中国成立 75 周年,是"五四"宪法制定 70 周年,也是全

---

① 周星辰.法律的生命力和权威在于规范实施:监督法实施 10 周年的实践与启示[N/OL].人民代表报,https://www.toutiao.com/article/6449892976859546125/,访问日期:2017 年 8 月3 日。

国人民代表大会成立 70 周年,还是县级以上地方各级人民代表大会设立常委会 45 周年。更好发挥人民代表大会制度的优势和《监督法》的实效,应对《监督法》及其配套制度进行相应完善。

（一）解决制定主体失重问题

在国家立法层面,《立法法》第 10 条规定,全国人民代表大会制定和修改刑事、民事、国家机构的和其他的基本法律。全国人民代表大会常务委员会制定和修改除应当由全国人民代表大会制定的法律以外的其他法律。全国人民代表大会可以授权全国人民代表大会常务委员会制定相关法律。《监督法》是宪制性法律,应具有基本法律的性质和地位,由全国人大制定并通过。

目前,《监督法》由全国人大常委会制定并通过与各级人大常委会在国家权力体系中的地位不匹配。人大监督权是一级监督权,高于行政监督、民主监督、监察监督、司法监督、群众监督等其他二级监督权,但现行法律监督体系中,《监督法》的法律地位低于由全国人大制定并通过的各级各类组织法(人大、国务院、地方、法院、检察院)和《监察法》等。如《监察法》是全国人大制定的,《监督法》是全国人大常委会制定的。《监察法》作为基本法律在法律位阶上高于作为普通法律的《监督法》,这意味着法律规定发生冲突时,《监督法》的规定必须服从监察法的规定,在《监察法》没有明确规定的情况下,《监督法》的相关规定并不必然适用于监察委员会。各级各类组织法(人大、国务院、地方、法院、检察院)与《监督法》也存在类似关系。

虽然人大常委会行使职权有宪法、全国人大组织法、地方组织法、监察法等宪制性法律资源的加持,但"一府一委两院"的组织法法律位阶高于监督法,这必然不利于人大常委会行使监督权。将来的《监督法》应由全国人大制定。

（二）解决监督主体人大缺位问题

现行《监督法》剥离了人大和人大常委会的监督主体地位,从"一元二体"的整体架构中单独拎出其中人大常委会的"一体"监督权,却忽略人大在大会期间如何审议"一府两院"全面工作报告、预算报告、预算执行报告和审查批准计划,如何行使撤销权等监督权,决定了人大常委会的监督权存在结构性功能不全、无法产生监督实质的根源问题。并且,人大专门委员会职能在宪法、《全国人大组织法》和《地方组织法》中已经得到明确,《全国人大组织法》和《地方组织法》分别规定了 12 项和 7 项工作内容,这有利于发挥专门委员会对一些"社会争议大的""特别需要法律解释、法律引导的"议题议案的审议作用。

2024 年《监督法》虽增加了"各级人民代表大会常务委员会应当扩大人民代表大会代表对监督工作的参与,充分发挥代表作用"的规定,将个别人大代表纳入监督权,但浅尝辄止。笔者认为,应全面激活人大在监督中的功能作用,尤其是增强专门委员会的监督主体地位,彻底解决人大监督主体缺位问题。

（三）补充监督主体的法律责任问题

法律责任是法律功能实现的核心要件,没有法律责任,职责将成为具文。审视现行《监督法》,可以发现新《监督法》仍是一部没有"牙齿"的法律。

第一,将来的监督立法,应规定监督主体的监督责任,监督者不能想监督就监督,不想监督就不监督。权责对应上,要明确人大常委会对其任命干部的履职监督,做到监督"人"与监督"事"相统一,让监督法具有威慑力。

第二,在监督程序上,应推动五年监督规划、年度监督计划编制工作、选题环节征集决定等"全链条"上的规程法定化。

第四章　事业单位改革的文本与实践

我国事业单位渊源于 20 世纪 60 年代的单位制度,是公有制下的组织形式。1986 年《民法通则》把 1963 年创设的单位分类为"法人",确立了"事业单位法人"名称。将"单位"与"法人"结合在一起,是我国的立法创新。

1996 年中共中央办公厅、国务院办公厅印发《中央机构编制委员会关于事业单位改革若干问题的意见》,这是我国就事业单位改革下发的第一个专门文件。文件中提出了"分类改革",分类模式是三分法,即将事业单位分为三类:行政管理类、社会公益类、生产经营服务类。

行政管理类事业单位是历次机构改革的产物,在简政放权与机构裁撤整合压缩机构人员编制过程中,为了减少改革阻力,将某些行政机关转变为事业单位,仍承担原有技术性与专业性职能,人员编制转为事业单位工作人员,但一般按照参公管理进行;社会公益类是利用财政资金举办的专门从事科、教、文、卫等行政事务的组织,其中"承担义务教育、基础性科研、公共文化、公共卫生及基层的基本医疗服务等基本公益服务,不能或不宜由市场配置资源的,划入公益一类;承担高等教育、非营利医疗等公益服务,可部分由市场配置资源的,划入公益二类"。①生产经营服务类事业单位则转企业。

---

① 公益一类事业单位,即承担义务教育、基础性科研、公共文化、公共卫生及基层的基本医疗服务等基本公益服务,不能或不宜由市场配置资源的事业单位。这类单位不得从(转下页)

截至 2021 年,我国现有事业单位 80 多万家、工作人员 2 700 多万名,覆盖教科文卫、农林牧水等众多行业、领域。[①]教育、科技、人才是中国式现代化的基础性、战略性支撑。本章以公益服务类事业单位法人为研究对象,以公立高校、公立医院为研究样本,力图通过文本与实践的双重视角研究我国事业单位的组织、人员、行为的规范逻辑,希冀助力我国事业单位的法制化建设,并为国家事业单位改革发展抛砖引玉。

第一节　事业单位职能的文本与实践

事业单位既不同于行使公权力的立法、行政、司法等国家机关,也不同于以营利为目的的企业、个体经济组织等经济实体。事业单位最鲜明的特色便是其具有公益性。由于公共产品无法或是很难通过市场机制来予以提供,因而国家对事业单位的设立、运作和良性发展均予以特殊的规制。通过对事业单位改革历程及文本规范的研究,理清现行党纪国法规范下的事业单位职能,是本节研究的出发点及着力点。

一、事业单位的改革历程

（一）事业单位是公有制的产物

事业单位的概念第一次出现在 1952 年 6 月 27 日《政务院关于全国

（接上页）事经营活动,其宗旨、业务范围和服务规范由国家确定。公益二类事业单位,即承担高等教育、非营利医疗等公益服务,可部分由市场配置资源的事业单位。这类单位按照国家确定的公益目标和相关标准开展活动,在确保公益目标的前提下,可依据相关法律法规提供与主业相关的服务,收益的使用按国家有关规定执行。《中共中央、国务院关于分类推进事业单位改革的指导意见》,中发[2011]5 号,2011 年 3 月 23 日发布。

① "建设德才兼备、忠诚干净担当的高素质专业化事业单位领导人员队伍——中央组织部负责人就《事业单位领导人员管理规定》答记者问",https://www.gov.cn/zhengce/2022-01/24/content_5670126.htm,访问日期:2024 年 7 月 31 日。

各级人民政府、党派、团体及所属事业单位的国家工作人员实行公费医疗预防的指示》①的引言部分:"现在根据国家卫生人员力量与经济条件,决定将公费医疗预防的范围,自1952年7月份起,分期推广,使全国各级人民政府、党派、工青妇等团体、各种工作队以及文化、教育、卫生、经济建设等事业单位的国家工作人员和革命残废军人,得享受公费医疗预防的待遇,并作如下规定。"事业单位概念的出现,与新中国当时的经济体制息息相关。新中国之始,建立的是计划经济体制。按照计划经济体制要求,政府既包揽了一切经济事务(政企不分),也包揽了一切社会事务(政事不分)。

1963年7月22日《国务院关于编制管理的暂行办法(草案)》中定义了事业单位的概念:为国家创造或改善生产条件,促进社会福利,满足人民文化、教育、卫生等需要,其经费由国家事业费开支的单位。1965年5月4日《国家编制委员会关于划分国家机关、事业、企业编制界限的意见(草稿)》中定义了事业编制的概念:凡是直接从事为工农业生产和人民文化生活等服务活动,产生的价值不能用货币表现,属于全民所有制单位的编制,列为国家事业编制。

(二)事业单位法人概念的出现

1986年颁布的《民法通则》创造性地确立了"事业单位法人"这一名称。将"事业单位"与"法人"②这两类性质相去甚远的概念连贯在一起,立法目的在于让其依法独立享有民事权利承担民事义务,以推进社会主义市场经济下的政事分离。

但是,事业单位即使有了"法人"之名,如果不具有独立财产之实,仍无法独立承担民事责任。而当时的配套规范规定国家举办的事业单位法

---

① 该指示至今仍未被废除。

② 法人制度首次出现在罗马法时代,直至1900年《德国民法典》在法律上使用"法人"这一词汇,明确规定对符合一定条件的团体,可以赋予权利能力,使之成为民事主体。

人不享有独立财产权。如 2006 年财政部颁布的《事业单位国有资产管理暂行办法》(财政部令第 36 号)第 3 条明确规定,事业单位通过各种形式取得的资产都是国有资产。第 5 条规定:"事业单位国有资产实行国家统一所有,政府分级监管,单位占有、使用的管理体制。"第 20 条规定:"事业单位利用国有资产对外投资、出租、出借和担保等应当进行必要的可行性论证,并提出申请,经主管部门审核同意后,报同级财政部门审批。法律、行政法规另有规定的,依照其规定。"这三条规定结合起来,形成了如下的权属结构:事业单位的资权属于国有资产,政府实行的仍然是"国家所有、单位占有"的财产管理模式,国有资产处分应履行审批程序和步骤。还如2007 年《中华人民共和国物权法》第 54 条规定:"国家举办的事业单位对其直接支配的不动产和动产,享有占有、使用以及依照法律和国务院的有关规定收益、处分的权利。"

(三)事业单位改革起步

事业单位改革肇始于 1996 年 7 月《中央机构编制委员会关于事业单位改革若干问题的意见》(中办发[1996]17 号)。

第一,事业单位改革需要解决的两大问题。一是事业单位主要是在计划经济体制下建立和发展起来的,与逐步建立的社会主义市场经济体制还有许多不适应的地方,政事职责不分,社会化程度不高,财政负担沉重,以及缺乏竞争机制和自我发展、自我约束机制,发展和需要有所脱节,内设机构臃肿、人员结构不合理等问题比较普遍地存在。二是在事业单位机构编制管理工作中,还存在着多头审批、盲目发展、缺乏宏观规划的现象。这不仅降低了事业单位的活力和效益,使之难以很好地承担起自身的职责,而且加重了主管部门的管理负担,不利于政府职能的转变。

第二,要合理划分党政机关与事业单位的职责。事业单位承担的行政管理职责原则上要交归行政机关。对一时难以划分的职责,可以作为过渡,按审批权限经机构编制部门批准或经机构编制部门审核报党委或政府批准,通过授权方式交由事业单位承担。党政机关分离出来的一些辅助性、技术性的工作,事业单位要积极承担起来,以促进机关的职能转变。

第三,管理方式改革。主管部门对事业单位的管理,主要是政策引导,进行监督,管好领导班子(或只管法人代表),监管国有资产。事业单位在符合党的方针政策和国家法律规定、保证完成国家和主管部门下达的任务的前提下,享有内部管理等方面的自主权,真正成为面向社会服务的独立法人。

第四,事企分开。企业性质的事业单位改制为企业。对主要从事生产经营活动,性质应为企业,但现在作为事业单位管理的单位,原则上应改为企业;一些现在实行企业化管理,主要由市场引导资源配置的应用技术开发单位等,也可以并入企业或改办为科技先导型企业。

第五,严格事业单位机构编制审批制度。科研、教育、文化、卫生、新闻出版等各类事业单位的机构设置、人员编制事宜,均按照分级管理的原则和权限,由各级机构编制部门统一审批;省、自治区、直辖市所属厅局级事业单位机构设立、变更,由省、自治区、直辖市审核后,报中央机构编制委员会审批。

(四)事业单位公益属性的确立

1998年9月国务院《事业单位登记管理暂行条例》[①]第2条明确了事业单位的公益属性:"本条例所称事业单位,是指国家为了社会公益目的,由国家机关举办或者其他组织利用国有资产举办的,从事教育、科技、文

---

① 该暂行条例于2004年进行了一次修改,仅修改第5条第1款,增加了:"县级以上各级人民政府机构编制管理机关所属的事业单位登记管理机构(以下简称登记管理机关)负责实施事业单位的登记管理工作。县级以上各级人民政府机构编制管理机关应当加强对登记管理机关的事业单位登记管理工作的监督检查。"

化、卫生等活动的社会服务组织。"尽管此处的"等"字为不完全列举,但事业单位的功能仍应限定在"社会公益"的根本目的范围内。

2018 年 2 月《中共中央关于深化党和国家机构改革的决定》第五部分"统筹党政军群机构改革"要求加快推进事业单位改革:一是党政群所属事业单位是提供公共服务的重要力量;二是全面推进承担行政职能的事业单位改革,理顺政事关系,实现政事分开,不再设立承担行政职能的事业单位;三是加大从事经营活动事业单位改革力度,推进事企分开;四是区分情况实施公益类事业单位改革,面向社会提供公益服务的事业单位,理顺同主管部门的关系,逐步推进管办分离,强化公益属性,破除逐利机制;五是主要为机关提供支持保障的事业单位,优化职能和人员结构,同机关统筹管理;六是全面加强事业单位党的建设,完善事业单位党的领导体制和工作机制。

综上可见,事业单位改革自 20 世纪 90 年代开始,时至今日,仍在进程中。改革存在阻力包括但不限于以下两个方面的原因:一是大多数事业单位的职能都是交叉的,没有明显的界分,这给分类改革带来了较大挑战;二是为机关提供支持保障的单位是否仍属于事业单位在不同改革时期存在不同理解。

二、事业单位职能的文本规范

2011 年 7 月,国务院办公厅印发的《分类推进事业单位改革配套文件的通知》(国办发[2011]37 号)的九个配套文件①是当前规制事业单位

---

① 九个配套文件分别为:一是《关于事业单位分类的意见》;二是《关于承担行政职能事业单位改革的意见》;三是《关于创新事业单位机构编制管理的意见》;四是《关于建立和完善事业单位法人治理结构的意见》;五是《关于分类推进事业单位改革中财政有关政策的意见》;六是《关于分类推进事业单位改革中从事生产经营活动事业单位转制为企业的若干规定》;七是《关于分类推进事业单位改革中加强国有资产管理的意见》;八是《关于深化事业单位工作人员收入分配制度改革的意见》;九是《事业单位职业年金试行办法》。

改革的重要规范性文件。以此配套文件为基准,梳理改革不同阶段对事业单位职能的不同规定,有助于理清事业单位法人的职能。

（一）公益性是事业单位的核心特征

国办发〔2011〕37号文的九个配套文件之一《关于事业单位分类的意见》即按照不同的社会功能,将既有的事业单位划分为承担行政职能、从事生产经营活动和从事公益服务三个类别。

按照社会功能,将现有事业单位划分为承担行政职能、从事生产经营活动和从事公益服务三个类别,并提出相应的改革要求:一是承担行政职能的事业单位,即承担行政决策、行政执行、行政监督等职能的事业单位。认定行政职能的主要依据是国家有关法律法规和中央有关政策规定。这类单位逐步将行政职能划归行政机构,或转为行政机构。今后不再批准设立承担行政职能的事业单位。二是从事生产经营活动的事业单位,即所提供的产品或服务可以由市场配置资源、不承担公益服务职责的事业单位。这类单位要逐步转为企业或撤销。今后不再批准设立从事生产经营活动的事业单位。三是从事公益服务的事业单位,即面向社会提供公益服务和为机关行使职能提供支持保障的事业单位。改革后,只有这类单位继续保留在事业单位序列。

同时,根据职责任务、服务对象和资源配置方式等情况,将从事公益服务的事业单位细分为两类,即公益一类事业单位和公益二类事业单位。前者承担义务教育、基础性科研、公共文化、公共卫生及基层的基本医疗服务等基本公益服务,不能或不宜由市场配置资源的事业单位,这类单位不得从事经营活动,其宗旨、业务范围和服务规范由国家确定;后者承担高等教育、非营利医疗等公益服务,可部分由市场配置资源的事业单位,这类单位按照国家确定的公益目标和相关标准开展活动,在确保公益目标的前提下,可依据相关法律法规提供与主业相关的服务,收益的使用按国家有关规定执行。

可见,在《事业单位登记管理暂行条例》第 2 条的基础上,《关于事业单位分类的意见》事业单位进一步明确了事业单位法人的核心功能是促进社会公益的发展,非此核心功能的组织则须从事业单位体系中分离出去。

（二）事业单位实行法人治理制度

国办发［2011］37 号文的九个配套文件之一《关于建立和完善事业单位法人治理结构的意见》规制了事业单位的法人治理制度,包括以下四个方面的制度要求。

1. 决策监督机构的职能

该意见要求,决策监督机构的主要组织形式是理事会,也可探索董事会、管委会等多种形式。理事会作为事业单位的决策和监督机构,依照法律法规、国家有关政策和本单位章程开展工作,接受政府监管和社会监督。理事会负责本单位的发展规划、财务预决算、重大业务、章程拟订和修订等决策事项,按照有关规定履行人事管理方面的职责,并监督本单位的运行。理事会一般由政府有关部门、举办单位、事业单位、服务对象和其他有关方面的代表组成。结合理事所代表的不同方面,采取相应的理事产生方式,代表政府部门或相关组织的理事一般由政府部门或相关组织委派,代表服务对象和其他利益相关方的理事原则上推选产生,事业单位行政负责人及其他有关职位的负责人可以确定为当然理事。直接关系人民群众切身利益的事业单位,本单位以外人员担任的理事要占多数。要明确理事的权利义务,建立理事责任追究机制。

2. 管理层的职能

管理层作为理事会的执行机构,由事业单位行政负责人及其他主要管理人员组成。管理层对理事会负责,按照理事会决议独立自主履行日常业务管理、财务资产管理和一般工作人员管理等职责,定期向理事会报告工作。事业单位行政负责人由理事会任命或提名,并按照人事管理权限报有关部门备案或批准。事业单位其他主要管理人员的任命和提名,根据不同情况可以采取不同的方式。

3. 章程治理的要求

事业单位章程是法人治理结构的制度载体和理事会、管理层的运行规则，也是有关部门对事业单位进行监管的重要依据。事业单位章程应当明确理事会和管理层的关系，包括理事会的职责、构成、会议制度，理事的产生方式和任期，管理层的职责和产生方式等。事业单位章程草案由理事会通过，并经举办单位同意后，报登记管理机关核准备案。

4. 其他方面的要求

其他方面包括：一是要研究制定事业单位法人治理准则，进一步规范事业单位法人治理结构建设；二是要完善事业单位年度报告制度，加强对事业单位履行章程情况的监管；三是要建立事业单位信息公开制度，强化社会对事业单位的监督；四是要全面加强事业单位党的建设。

笔者认为，《关于建立和完善事业单位法人治理结构的意见》建构的法人治理机构存在的最大问题是将决策机构与监督机构混同。决策机构负责本单位的发展规划、财务预决算、重大业务、章程拟订和修订等决策事项；监督机构负责对决策机构及执行机构及其他内设机构的监督。

（三）明确事业单位党组织的职责

2012 年 3 月中共中央办公厅印发《关于在推进事业单位改革中加强和改进党的建设工作的意见》，把党的建设工作与事业单位改革发展紧密结合。

第一，实行党委领导下的行政领导人负责制的事业单位，党组织发挥领导核心作用。一是坚持和完善民主集中制，改进领导方式和工作方式，健全议事规则和决策程序，坚持重大问题集体讨论决定，不断提高科学决策、民主决策、依法决策水平。二是健全集体领导和个人分工负责相结合制度，正确处理党政关系，既充分发挥党组织的领导核心作用，又切实保证行政领导人充分行使职权。三是行政领导人要自觉接受党组织领导，认真贯彻党组织决议、决定,按照分工抓好集体决策事项的组织实施。

第二,实行行政领导人负责制的事业单位,党组织发挥政治核心作用。一是凡涉及本单位改革发展稳定和事关职工群众切身利益的重大决策、重要人事任免、重大项目安排、大额度资金使用事项,党组织必须参与决策。决策前,党政主要领导对决策议题要充分酝酿、沟通协调,党组织要及时召开会议研究讨论,形成集体意见;决策时,参加会议的党组织领导成员要认真履行职责,保证党组织的意见得到充分表达和体现;决策后,党组织要发动党员团结带领职工保证决策顺利实施。二是坚持党管干部原则,在选人用人中发挥党组织的主导作用,按照干部管理权限切实履行把握用人条件、提出推荐人选、做好组织考察、加强管理监督、培养后备人才等职责。围绕确保党的路线方针政策和国家法律法规在本单位贯彻执行,完善相关制度和措施,积极发挥监督保障作用。对不符合党的路线方针政策、国家法律法规或不按程序进行决策的做法,党组织要及时提出意见或向上级党组织报告。

(四)人事管理规范较健全

为了确保事业单位的公益性并使其有效运作,国家对事业单位的人事管理进行了较多强制性约束。这些约束除了编制要求外,还有资格准入、奖惩管理、薪酬制度等方面约束要求。

1. 人事管理的综合规制

2014年2月,国务院第40次常务会议通过《事业单位人事管理条例》包括总则、岗位设置、公开招聘和竞聘上岗、聘用合同、考核和培训、奖励和处分、工资福利和社会保险、人事争议处理、法律责任、附则,共十章44条。该条例实施至今,仍未修改。

第一,制定目的和管理原则。制定目的有四项,分别是规范事业单位的人事管理,保障事业单位工作人员的合法权益,建设高素质的事业单位工作人员队伍,促进公共服务发展(第1条)。管理原则也是四项,分别是坚持党管干部、党管人才原则,民主、公开、竞争、择优方针,分级分类管理原则,民主管理原则(第 2 条、第 4 条)。

第二,公开招聘制度。除国家政策性安置、按照人事管理权限由上级任命、涉密岗位等人员以外,事业单位新聘用工作人员应当面向社会公开招聘(第 8 条)。事业单位公开招聘工作人员按照下列程序进行:(一)制定公开招聘方案;(二)公布招聘岗位、资格条件等招聘信息;(三)审查应聘人员资格条件;(四)考试、考察;(五)体检;(六)公示拟聘人员名单;(七)订立聘用合同,办理聘用手续(第 9 条)。

第三,岗位考核制度。一是事业单位应当根据聘用合同规定的岗位职责任务全面考核工作人员的表现,重点考核工作绩效,考核应当听取服务对象的意见和评价(第 20 条);二是考核结果作为调整事业单位工作人员岗位、工资以及续订聘用合同的依据(第 22 条);三是事业单位应当根据不同岗位的要求,编制工作人员培训计划,对工作人员进行分级分类培训,培训经费按照国家有关规定列支(第 23 条、第 24 条)。

第四,奖励惩罚制度。事业单位工作人员或者集体有下列情形之一的,给予奖励:(一)长期服务基层,爱岗敬业,表现突出的;(二)在执行国家重要任务、应对重大突发事件中表现突出的;(三)在工作中有重大发明创造、技术革新的;(四)在培养人才、传播先进文化中作出突出贡献的;(五)有其他突出贡献的(第 25 条)。事业单位工作人员有下列行为之一的,给予处分:(一)损害国家声誉和利益的;(二)失职渎职的;(三)利用工作之便谋取不正当利益的;(四)挥霍、浪费国家资财的;(五)严重违反职业道德、社会公德的;(六)其他严重违反纪律的(第 28 条)。笔者认为,从《事业单位人事管理条例》第 28 条第六项兜底条款可见,应予处分的以上五类情形均应是严重违反纪律的情形,而非一般违反纪律的情形。

2. 对领导人员的规制

2022 年《事业单位领导人员管理规定》包括总则、任职条件和资格、选拔任用、任期和任期目标责任、考核评价、交流回避、职业发展和激励保障、监督约束、退出、附则,共十章51条。该规定对领导人员管理"进、管、出"作了规范,吸收了干部人事制度改革的新经验新成果,但选拔任用、考核评价、监督约束等机制仍需完善。

第一,管理目的及原则。该规定第3条规定事业单位领导人员的管理,应当适应事业单位公益性、服务性、专业性、技术性等特点,激发事业单位活力,推动公益事业高质量发展。遵循原则包括:一是党管干部、党管人才;二是德才兼备、以德为先,五湖四海、任人唯贤;三是事业为上、人岗相适、人事相宜;四是注重实干担当和工作实绩、群众公认;五是分级分类管理;六是民主集中制。

第二,任职条件和资格。不同行业事业单位领导人员基本条件应当适应本行业特点和要求(第5条第2款)。事业单位领导人员应当具备下列基本资格:(一)一般应当具有大学本科以上文化程度;(二)提任六级以上管理岗位领导职务的,一般应当具有5年以上工作经历;(三)从管理岗位领导职务副职提任正职的应当具有副职岗位2年以上任职经历,从下级正职提任上级副职的应当具有下级正职岗位3年以上任职经历;(四)主要以专业技术面向社会提供公益服务的事业单位领导班子行政正职、分管业务工作的副职一般应当具有从事本行业专业工作的经历;(五)具有正常履行职责的身体条件;(六)符合有关党内法规、法律法规和行业主管部门规定的其他任职资格要求(第6条)。

第三,选拔任用机制。一是党委(党组)及其组织(人事)部门按照干部管理权限,根据事业单位不同领导体制和领导班子建设实际,提出启动领导人员选拔任用工作意见(第10条);二是一般采取单位内部推选、外部选派方式进行(第12条);三是选拔事业单位领导人员应当经过民主推荐,合理确定参加民主推荐人员范围,规范谈话调研推荐和会议推荐方式方法(第13条);四是应当严格执行干部选拔任用工作任前事项报告制度,严格遵守党委(党组)讨论决定干部任免事项有关规定,按照干部管理权限由党委(党组)集体讨论作出任免决定,或者决定提出推荐、提名的意见(第16条)。笔者认为,应在以下两个方面修改完善选拔任用制度:一是第12条规定的外部选派方式须细化;二是应明确第16条党委(党组)任免决定权与第13条民主推荐权之间的关系。

第四,考核评价机制。一是考核评价以岗位职责、任期目标为依据,以日常管理为基础,注重政治素质、业绩导向和社会效益,突出党建工作实效;积极推进分类考核,结合行业特点和事业单位实际,合理确定考核内容和指标,注意改进考核方法,提高质量和效率(第25条);二是考核评价结果应当以适当方式向领导班子和领导人员反馈,并作为领导班子建设和领导人员选拔任用、培养教育、管理监督、激励约束、问责追责等的重要依据(第26条)。笔者认为,应完善考核主体的组成人员,如至少应包括被领导人员;并且,将反馈考核评价结果反馈给领导班子和领导人员是考核的应有之义,且将考核评价结果向社会公开也是公益性事业单位的必然要求,应无条件向被考核人员及社会反馈,反馈考核结果不应犹抱琵琶半遮面。

第五,监督约束机制。第40条规定,"发挥党内监督带动作用,推动民主监督、行政监督、司法监督、审计监督、财会监督、群众监督、舆论监督等贯通协调、形成合力,强化领导班子内部监督,综合运用考察考核、述职述廉、民主生活会、谈心谈话、巡视巡察、提醒、函询、诫勉等措施,对领导班子和领导人员进行监督。严格落实干部选拔任用工作'一报告两评议',领导干部报告个人有关事项、规范干部兼职、因私出国(境)和配偶、子女及其配偶经商办企业,以及经济责任审计、问责等管理监督有关制度"。本条款规定应予以细化,以与监察法规体系相关内容相衔接。

第六,退出机制。依据《事业单位领导人员管理规定》第43条规定,事业单位领导人员有下列情形之一,一般应当免去现职:一是达到任职年龄界限或者退休年龄界限的;二是年度考核、任期考核被确定为不合格的,或者连续两年年度考核被确定为基本合格的;三是解除聘任关系(聘任合同)或者聘任期满不再续聘的;四是受到责任追究应当免职的;五是不适宜担任现职应当免职的;六是因违规违纪违法应当免职的;七是因健康原因,无法正常履行工作职责一年以上的;八是因工作需要或者其他原因应当免去现职的。

3. 对工作人员考核的规制

2023 年 1 月,中共中央组织部、人力资源和社会保障部印发《事业单位工作人员考核规定》,包括总则、考核内容、年度考核、聘期考核、平时考核和专项考核、考核结果运用、相关事宜、附则,共八章 50 条。该规定第 2 条明确事业单位工作人员考核是指事业单位或者主管机关按照干部人事管理权限及规定的标准和程序,对事业单位工作人员的政治素质、履职能力、工作实绩、作风表现等进行的了解、核实和评价。

第一,考核要求。一是突出公益服务职责。对面向社会提供公益服务的事业单位工作人员的考核,突出公益服务职责,加强服务质量、行为规范、技术技能、行风建设等考核;二是以行业属性为基础进行差别化考核。宣传思想文化、教育、科技、卫生健康等重点行业领域事业单位要按照分类推进人才评价机制改革有关要求,分别确定工作人员考核内容的核心要素,合理设置指标权重,实行以行业属性为基础的差别化考核;三是以岗位为基础进行差别化考核。对专业技术人员的考核,应当结合专业技术工作特点注重公共服务意识、专业理论知识、专业能力水平、创新服务及成果等,对管理人员的考核应当结合管理工作特点注重管理水平、组织协调能力、工作规范性、廉政勤政情况等,对工勤技能人员的考核应当结合工勤技能工作特点注重技能水平、服务态度、质量、效率等。

第二,考核结果的确定标准。第 12 条规定合格档次应当具备的五项条件:一是思想政治素质较高,能够贯彻落实党中央决策部署,自觉遵守法律法规和职业道德,具有较好社会公德、家庭美德和个人品德;二是履行岗位职责能力较强,熟悉本职业务,与岗位要求相应的专业技术技能或者管理水平较高;三是公共服务意识和工作责任心较强,工作认真负责,工作作风较好;四是能够履行岗位职责,较好地完成工作任务,服务对象满意度较高;五是廉洁从业。以第 12 条合格档次为基准,第 11 条"优秀档次"则是将"合格档次"的"较"字去掉;①第 13 条"基本合格档次"则是将"合格档次"的"较好"字改为"一般";第 14 条"不合格档次"则是将"合格档次"的"较好"字改为"差";第 44 条规定对无正当理由不参加考核的事业单位工作人员,经教育后仍拒绝参加的,直接确定其考核档次为不合格。

第三,考核遵循的程序。第 17 条规定了考核遵循的基本程序:一是制定方案。考核委员会或者考核工作领导小组制定事业单位年度考核工作方案,通过职工代表大会或者其他形式听取工作人员意见后,面向全单位发布;二是总结述职。事业单位工作人员按照岗位职责任务、考核内容以及有关要求进行总结,填写年度考核表,必要时可以在一定范围内述职;三是测评、核实与评价。考核委员会或者考核工作领导小组可以采取民主测评、绩效评价、听取主管领导意见以及单位内部评议、服务对象满意度调查、第三方评价等符合岗位特点的方法,对考核对象进行综合评价,提出考核档次建议;四是确定档次。事业单位领导班子或者主管机关(部门)组织人事部门集体研究审定考核档次,拟确定为优秀档次的须在本单位范围进行公示,考核结果以书面形式告知被考核人员由本人签署意见。

4. 对工作人员处分的规制

2023 年 11 月,中共中央组织部、人力资源社会保障部印发《事业单

---

① 并且,根据《事业单位工作人员考核规定》第 15 条第 1 款还规定:"事业单位工作人员年度考核优秀档次人数,一般不超过本单位应参加年度考核的工作人员总人数的 20%。优秀档次名额应当向一线岗位、艰苦岗位以及获得表彰奖励的人员倾斜。"

位工作人员处分规定》(人社部发[2023]58号),包括总则、处分种类和适用、违规违纪违法行为及适用的处分、处分权限和程序、复核和申诉、附则,共六章45条。

第一,制定目的、依据及原则。制定目的为严明事业单位纪律规矩,规范事业单位工作人员行为,保证事业单位及其工作人员依法履职;制定根据为《公职人员政务处分法》和《事业单位人事管理条例》;制定原则为五项:坚持党管干部、党管人才,坚持公正、公平,坚持惩治与教育相结合,应当与其违规违纪违法行为的性质、情节、危害程度相适应,应当事实清楚、证据确凿、定性准确、处理恰当、程序合法、手续完备(第1条、第3条)。

第二,管理人员与工作人员相区分。一是对事业单位中从事管理的人员给予处分,适用《公职人员政务处分法》第二章、第三章规定;二是事业单位工作人员违规违纪违法的适用《事业单位工作人员处分规定》(第2条)。

第三,处分的情形。第三章"违规违纪违法行为及其适用的处分"以专章规定了八类处分情形,包括违反政治纪律的行为(第16条)、违反组织人事纪律的行为(第17条)、情节严重的违反工作纪律失职渎职的行为(第18条)、情节严重的违反廉洁从业纪律的行为(第19条)、情节严重的违反财经纪律的行为(第20条)、情节严重违反职业道德的行为(第21条)、情节严重的违反公共秩序社会公德的行为(第22条)、犯罪行为(第23条)。笔者认为,《事业单位工作人员处分规定》关于违反政治纪律的行为与违反组织人事纪律的行为即给予处分,没有情节严重的前置条件,与《事业单位人事管理条例》第28条规定相冲突。

第四,处分程序。按照干部人事管理权限,由事业单位或者事业单位主管部门决定。对事业单位工作人员的处分,按照以下程序办理:一是初步调查后需要进一步查证的,经事业单位负责人批准或者有关部门同意后立案;二是对被调查的事业单位工作人员的违规违纪违法行为作进一步调查,收集、查证有关证据材料,并形成书面调查报告;三是将调查认定的事实及拟给予处分的依据告知被调查的事业单位工作人员,听取其陈述和申辩,并对其所提出的事实、理由和证据进行复核记录在案,被调查的事业单位工作人员提出的事实、理由和证据成立的应予采信;四是作出对该事业单位工作人员给予处分、免予不予处分或者撤销案件的决定;五是将处分决定以书面形式通知受处分事业单位工作人员本人和有关单位,并在一定范围内宣布,后将处分决定存入受处分事业单位工作人员的档案(第25条)。

第五,申诉程序。一是受到处分的事业单位工作人员对处分决定不服的可以向原处分决定单位申请复核,对复核结果不服的可以向原处分决定单位的主管部门或者同级事业单位人事综合管理部门提出申诉(第34条);二是原处分决定单位应当自接到复核申请后的三十日内作出复核决定,受理申诉的单位应当自受理之日起六十日内作出处理决定,复核、申诉期间不停止处分的执行,事业单位工作人员不因提出复核、申诉而被加重处分(第35条)。

第六,处分的撤销或变更。应当撤销处分决定的情形包括:一是处分所依据的事实不清、证据不足的;二是违反规定程序,影响案件公正处理的;三是超越职权或者滥用职权作出处分决定的(第36条)。应当变更处分决定的情形包括:一是适用法律、法规、规章错误的;二是对违规违纪违法行为的情节认定有误的;三是处分不当的(第37条)。

5. 对薪酬的规制

国办发[2011]37号文九个配套文件之《关于深化事业单位工作人员收入分配制度改革的意见》《事业单位职业年金试行办法》规制了事业单位的考核工资、职业年金等薪酬制度。

第一,薪酬制度遵循的原则。一是坚持按劳分配与按生产要素分配相结合,探索事业单位知识、技术、管理等生产要素参与分配的有效途径,使工作人员收入与岗位职责、工作业绩、实际贡献紧密联系,鼓励人才创新创造;二是坚持改革工作人员收入分配制度与规范收入分配秩序相结合,严肃分配纪律,逐步建立公平公正、合理有序的收入分配格局;三是明确地方和部门的工资管理职责,对不同类型的事业单位实行不同的工资管理办法,实行分级分类管理,促进形成不同地区、不同类型事业单位之间合理的工资分配关系;四是着眼社会收入分配全局,与深化事业单位改革进程相适应,统筹兼顾,妥善处理与相关群体的利益关系,稳慎推进改革。

第二,绩效工资制度的具体要求。一是绩效工资分配要向关键岗位、高层次人才、业务骨干和作出突出成绩的工作人员倾斜;二是事业单位制定绩效工资分配办法要充分发扬民主,广泛征求职工意见,由单位领导班子集体研究后,报主管部门批准,并在本单位公开;三是事业单位主要领导的绩效工资由主管部门确定,与所在单位工作人员的绩效工资水平保持合理关系。

第三,实行职业年金制度。职业年金是指事业单位及其工作人员在依法参加事业单位工作人员基本养老保险的基础上,建立的补充养老保险制度,是为提高事业单位工作人员退休后的生活水平、增强事业单位的吸引力、促进人才的合理流动采取的制度。

(五)财务和资产管理与行政机关、国有企业规范一致

1. 财务参照政府会计准则

国办发[2011]37 号文九个配套文件之《关于分类推进事业单位改革中财政有关政策的意见》要求各事业单位及其主管部门要防范财务风险:一是各级财政部门要切实履行财政管理职能,在继续深化部门预算管理制度改革、国库集中收付制度改革、政府采购制度改革和"收支两条线"改革的基础上,进一步健全事业单位财务管理制度,强化预算约束,规范收支管理,加强财务监督检查;二是事业单位要逐步建立和完善预算管理与

资产管理相结合,权属清晰、配置科学、使用合理、处置规范、监督公正的事业单位资产管理模式。

2021年12月,新修订的《事业单位财务规则》公布,包括总则、单位预算管理、收入管理、支出管理、结转和结余管理、专用基金管理、资产管理、负债管理、事业单位清算、财务报告和决算报告、财务监督、附则十二章71条。与2017年《事业单位财务规则》相比,本次修订共计修改44条,新增5条,删减3条。本次修订反映了国家财政改革的新进展。①

第一,在总则部分新增事业单位的各项经济业务事项按照国家统一的会计制度进行会计核算(第6条)。

第二,在单位预算管理部分新增内容。一是预算确需调剂的由事业单位报主管部门审核后报财政部门调剂(第11条);二是新增事业单位应当全面加强预算绩效管理,提高资金使用效益(第15条)。

第三,在收入管理部分新增内容。一是收入项增加"非本级财政补助收入""租金收入"(第17条);二是增加收入管理要求"未纳入预算的收入不得安排支出"(第18条)。

第四,在支出部分新增内容。一是新增支出"人员经费和公用经费"(第21条);二是新增支出全部纳入"项目库管理"(第22条);三是新增按照规定报送专项资金使用情况的报告(第24条)。

第五,新增专用资金管理规定,要求事业单位应当将专用基金纳入预算管理,结合实际需要按照规定提取,保持合理规模,确需调整用途的由主管部门会同本级财政部门确定(第34条)。

第六,在资产管理新增内容。一是新增规定事业单位应当汇总编制本单位行政事业性国有资产管理情况报告,应当定期或者不定期对资产

---

① 财政部2018年8月16日印发《关于贯彻实施政府会计准则制度的通知》,要求做好政府会计准则制度的贯彻实施工作。自2019年1月1日起,政府会计准则制度在全国各级各类行政事业单位全面实施。

进行盘点、对账做到账实相符和账账相符,对需要办理权属登记的资产应当依法及时办理(第38条);二是新增规定事业单位应当根据依法履行职能和事业发展的需要,结合资产存量、资产配置标准、绩效目标和财政承受能力配置资产,优先通过调剂方式配置资产,不能调剂的,可以采用购置、建设、租用等方式(第39条);三是新增规定事业单位货币性资产损失核销,应当经主管部门审核同意后报本级财政部门审批(第40条);四是新增规定事业单位应当明确对外投资形成的股权及其相关权益管理责任,按照国家有关规定将对外投资形成的股权纳入经营性国有资产集中统一监管体系(第44条);五是新增规定事业单位应当在确保安全使用的前提下,推进本单位大型设备等国有资产共享共用工作,可以对提供方给予合理补偿(第47条)。

第七,在财务报告和决算报告部分新增内容。一是新增事业单位财务会计和预算会计要素的确认、计量、记录、报告应当遵循政府会计准则制度的规定(第55条);二是新增规定财务报告主要以权责发生制为基础编制,综合反映事业单位特定日期财务状况和一定时期运行情况等信息(第56条);三是新增规定财务报告由财务报表和财务分析两部分组成。财务报表主要包括资产负债表、收入费用表等会计报表和报表附注。财务分析的内容主要包括财务状况分析、运行情况分析和财务管理情况等(第37条);四是新增规定决算报告主要以收付实现制为基础编制,综合反映事业单位年度预算收支执行结果等信息(第58条);五是新增规定决算报告由决算报表和决算分析两部分组成。决算报表主要包括收入支出表、财政拨款收入支出表等。决算分析的内容主要包括收支预算执行分析、资金使用效益分析和机构人员情况等(第59条)。

第八,财务监督部分新增规定各级事业单位、主管部门和财政部门及其工作人员存在违反本规则规定的行为,以及其他滥用职权、玩忽职守、徇私舞弊等违法违规行为的,依法追究相应责任(第64条)。

2. 资产管理适用国有资产管理规范

国办发〔2011〕37 号文九个配套文件之《关于分类推进事业单位改革中加强国有资产管理的意见》要求保留在事业单位序列的事业单位,要按照《事业单位财务规则》(财政部令第 8 号)、《事业单位国有资产管理暂行办法》(财政部令第 36 号)的规定加强国有资产管理,进一步健全财政部门、主管部门和事业单位的国有资产管理体制,完善管理制度,逐步建立资产管理与预算管理相结合的机制。要加强事业单位对外投资、出租出借和自用资产管理,探索建立资产共享共用的机制,规范资产处置行为。实行国有资产报告制度,利用资产管理信息系统对资产实行动态监管。逐步形成权属清晰、配置科学、使用合理、处置规范、运行高效、监督严格的事业单位国有资产管理模式。

《事业单位国有资产管理暂行办法》于 2006 年 5 月公布,2017 年 12 月第一次修改,2019 年 3 月第二次修改。2019 年修改后的办法包括总则、管理机构及其职责、资产配置及使用、资产处置、产权登记与产权纠纷处理、资产评估与资产清查、资产信息管理与报告、监督检查与法律责任、附则,共 9 章 62 条。

第一,明确事业单位国有资产的性质及使用原则。事业单位国有资产包括国家拨给事业单位的资产,事业单位按照国家规定运用国有资产组织收入形成的资产,以及接受捐赠和其他经法律确认为国家所有的资产(第 3 条)。事业单位国有资产管理活动,应当坚持资产管理与预算管理相结合的原则,推行实物费用定额制度,促进事业资产整合与共享共用,实现资产管理和预算管理的紧密统一;应当坚持所有权和使用权相分离的原则;应当坚持资产管理与财务管理、实物管理与价值管理相结合的原则(第 4 条);事业单位国有资产实行国家统一所有,政府分级监管,单位占有、使用的管理体制(第 5 条)。

第二,管理机构及事业单位的职责。各级财政部门对事业单位的国有资产实施综合管理;主管部门负责对本部门所属事业单位的国有资产实施监督管理;事业单位负责对本单位占有、使用的国有资产实施具体管理(第6条至第8条)。

第三,管理机构及事业单位的法律责任。财政部门、主管部门及其工作人员在事业单位国有资产配置、使用、处置等管理工作中,存在违反规定的行为,以及其他滥用职权、玩忽职守、徇私舞弊等违法违纪行为的,依照《中华人民共和国公务员法》《中华人民共和国监察法》《财政违法行为处罚处分条例》等国家有关规定追究相应责任,涉嫌犯罪的依法移送司法机关处理。

(六)含糊的信息公开标准与事业单位的公益属性不相符

国办发[2011]37号文九个配套文件并未涉及信息公开制度。2020年12月,国务院办公厅印发《公共企事业单位信息公开规定制定办法》的通知(国办发[2020]50号),该办法要求企事业单位的主管机关制定本行业的信息公开制度。

1. 制定依据是政府信息公开条例

制定目的包括四个方面:一是加强对公共企事业单位的监督管理;二是提升公共企事业单位服务水平;三是更好维护人民群众切身利益;四是助力优化营商环境。制定依据是《中华人民共和国政府信息公开条例》(第1条)。从制定目的和制定依据可以看出,事业单位与行政机关的在信息公开方面存在密切关系。

2. 制定要求变相降低了公开标准

与《政府信息公开条例》相比,《公共企事业单位信息公开规定制定办法》用含糊的条款降低了公共企事业单位信息公开的标准:一是规定制定原则是依法依规、便民实用、稳步推进(第3条);二是规定公开内容应当坚持既尽力而为又量力而行(第7条);三是规定监督方式以向各级主管部门申诉为主,原则上不包括申请行政复议或者提起行政诉讼(第8条)。

笔者认为,上述条款用"稳步推进""量力而行""原则上不包括申请行政复议"等含糊表述降低了公共企事业单位信息公开的标准,这与公益事业单位应更充分地公开信息以让社会知情和监督的定位不符。正如休·理查兹所言:"我们需要更多的透明度,以协助公共管理者及其他公共服务的人员了解政府改革,也让更多的公众更好地理解这些改革。"①

三、事业单位职能的公益性回归

事业单位改革近三十年,一直围绕"政事分开、事企分开、管办分离"进行。从理论上说,行政机构与事业单位的内涵、职责各不相同,行政机构主要负责对国家各项行政事务进行组织、管理与指挥,通过行政许可、行政处罚等手段来实现,而事业单位则要求"公益性"。回归公益属性,是事业单位改革的出发点和着力点。

(一)以公益性为基准继续推进事业单位改革

综上可见,1998 年 9 月国务院《事业单位登记管理暂行条例》第 2 条明确的事业单位概念仅规定事业的单位的属性为公益性。2011 年九个配套文件之一《关于事业单位分类的意见》将从事公益服务的事业单位,进一步界定为"面向社会提供公益服务和为机关行使职能提供支持保障的事业单位"。2018 年 2 月《中共中央关于深化党和国家机构改革的决定》坚持的也是将从事公益服务的事业单位涵扩为机关行使职能提供支持保障的事业单位。实践中,为机关行使职能提供支持保障的事业单位被称作公益三类,即提供的服务具有一定公益属性,可基本实现由市场配置资源的事业单位。这类单位实行经费自理,自主开展公益服务活动和相关经营活动。根据需要,政府购买其有关服务。

笔者认为,应继续推进事业单位改革事企分开,让事业单位法人专注

---

① [美]B·盖伊·彼得斯:《政府未来的治理模式》,吴爱明、夏宏图译,中国人民大学出版社 2001 年版,第 19 页。

于社会公益领域。对于公益三类事业单位,应将其改制为专营性国有企业,既保障了其竞争性,也保障了其与行政职权一定的关联性。

（二）优化事业单位法人治理结构

事业单位法人治理结构,包括管办分离与内部治理两部分。关于管办分离,既包括主管机关对事业单位领导人员的党规国法的监管、对事业单位财务制度的监管以及对事业单位信息公开制度的监管等,也包括事业单位内部的法人治理自主权。关于内部治理,是指法人治理自主权应涵扩党委领导的决策机关的重大事项决策权、行政负责人的行政管理权以及工作人员的民主参与管理权。

据此,笔者认为,应修改《关于建立和完善事业单位法人治理结构的意见》建构的决策机构与监督机构混同的治理模式,将监督监管确立为相关主管机关,将决策机构确立为本单位党委领导下的决策机关,如党委领导下的理事会。并且,应完善法人治理结构中民主参与不足的问题。党的二十大报告即强调"健全以职工代表大会为基本形式的企事业单位民主管理制度"。

（三）落实事业单位党组织的职责

全面加强事业单位党的建设,完善事业单位党的领导体制和工作机制。

第一,凡涉及本单位改革发展稳定和事关职工群众切身利益的重大决策、重要人事任免、重大项目安排、大额度资金使用事项,党组织必须参与决策。

第二,坚持党管干部原则,在选人用人中发挥党组织的主导作用,按照干部管理权限切实履行把握用人条件、提出推荐人选、做好组织考察、加强管理监督、培养后备人才等职责。

第三,健全集体领导和个人分工负责相结合制度,正确处理党政关系,既充分发挥党组织的领导核心作用,又切实保证行政领导人充分行使职权。

第四,坚持党组织领导与适应行业要求相结合,事业单位不同于行政机关的显著特征在于其以专业性为属性为社会提供高质量的公共服务,如事业单位考核制度就重点考核工作绩效。

（四）完善人事管理制度的科学基础

为了确保事业单位的公益性并使其有效运作,国家对事业单位的人事管理进行了较多强制性约束。这些约束除了编制要求外,还有资格准入、奖惩管理、薪酬制度等方面约束要求。

第一,完善年度考核方案的制定。制定年度考核工作方案,应注意以下事项:一是合法性,应根据《事业单位人事管理条例》《事业单位工作人员考核规定》等党规国法来制定;二是民主性。应通过职工代表大会或者其他形式听取工作人员意见后,才可以面向全单位发布。

第二,继续完善激励机制,补充相关文本规范。总结实践经验,继续完善以工作绩效为重点的考核制度。一是考核制度应当听取服务对象的意见和评价;二是考核制度应注重工作绩效;三是事业单位应当根据不同岗位的要求加强对工作人员进行分级分类培训;四是除经济激励、精神激励措施外,可规定取得一定工作绩效的工作人员,可扣抵一定的违纪处分。

第三,落实过罚相当原则,修改相关文本规范。在适用《事业单位人事管理条例》第 28 条规定时,应根据兜底条款"其他严重违反纪律的"规定,将"情节严重"作为前四项的必要条件,即分别为严重损害国家声誉和利益的,严重失职渎职的,利用工作之便谋取数额较大不正当利益的,严重挥霍、浪费国家资财的;同时适用《事业单位工作人员处分规定》第 16 条违反政治纪律的行为、第 17 条违反组织人事纪律的行为条款时,应以情节严重为必要条件,且应对不同情节的违规违纪违法行为适用的处分类型进行细化。

（五）财务和资产管理严格遵循制度规范

事业单位国有资产实行国家统一所有，政府分级监管，单位占有、使用的管理体制。事业单位的财务制度应严格遵循《事业单位财务规则》要求，将各项经济业务事项按照国家统一的会计制度进行会计核算；国有资产管理严格遵循《事业单位国有资产管理暂行办法》要求，落实管理机构及事业单位的各自职责。

鉴于事业单位的资产所有权人为国家，财政部门、主管部门及其工作人员在事业单位国有资产配置、使用、处置等管理工作中，存在违反规定的行为，以及其他滥用职权、玩忽职守、徇私舞弊等违法违纪行为的，应依照《中华人民共和国公务员法》《中华人民共和国监察法》《财政违法行为处罚处分条例》等规定追究相应责任，涉嫌犯罪的依法移送司法机关处理。

（六）事业单位的信息公开程度应不低于行政机关

在公法上有一种规制目的悖论，是指一些规制的目的本身是正当的，但由于选择了不适当的规制方法与策略，导致规制目的无法实现，反而成为了一种"自我挫败"。[①]《公共企事业单位信息公开规定制定办法》即存在此问题，规制目的与规制方法不匹配。

《公共企事业单位信息公开规定制定办法》的规制目的肯定是正当的：一是加强对公共企事业单位的监督管理；二是提升公共企事业单位服务水平；三是更好维护人民群众切身利益；四是助力优化营商环境。但其含糊的条款表述显示出规制手段与规制目的的不匹配。

为此，笔者认为，应对《公共企事业单位信息公开规定制定办法》的相关条款进行修改完善：一是规定制定原则是依法依规、便民实用，删除"稳步推进"（第3条）；二是删除"公开内容应当坚持既尽力而为又量力而行"

---

① 刘艺：《封闭与开放：论行政与行政法律关系的两重维度》，载《南京社会科学》2013年第5期。

（第 7 条）；三是删除"规定监督方式以向各级主管部门申诉为主，原则上不包括申请行政复议或者提起行政诉讼"（第 8 条），应允许行政复议；四是应补充规定在事业单位信息公开制度尚未制定的情况下，事业单位参照适用《政府信息公开条例》进行信息公开。

第二节　公立高校法人治理研究

从我国事业单位分类来看，公立高校属于公益二类事业单位。《高等教育法》是规制我国公立高校法人治理的基本法规范，《高校基层组织工作条例》是规制我国公立高校党委领导权的专门党规规范。提炼我国公立高校法人治理的特别性是加强其法构造的逻辑前提。我国公立高校组织机构的法治化建构，不仅应以国法为指引，而且应以党规为指引，以推动高校党的建设与高等教育事业发展深度融合，实现高等教育的高质量发展目标。

一、公立高校法人的国法规制

1998 年 8 月，第九届全国人民代表大会常务委员会第四次会议通过《中华人民共和国高等教育法》（以下简称"《高等教育法》"），包括 8 章 69 条，该法于 2015 年 12 月第一次修正[①]、2018 年 12 月第二次修正[②]，是规制公立高校的基本法。

除《高等教育法》之为，规范我国公立高校的国法还包括：一是 2015

[①]　2015 年修改后仍为 8 章 69 条。主要修改 4 个条款：一是第 29 条高校审批设立；二是第 42 条高校学术委员会的职责；三是第 44 条高校评估；四是第 60 条高校经费筹措。

[②]　2018 年修改后仍为 8 章 69 条，仅修改第 17 条，删除高校对本学校的修业年限作出调整须报主管的教育行政部门批准的规定。

年 5 月,中共中央办公厅发布、2022 年 1 月中共中央修订《事业单位领导人员管理规定》;二是 2020 年 12 月国务院办公厅印发的《公共企事业单位信息公开规定制定办法》(国办发[2020]50 号),该法对公立高校的信息公开制定了规范;三是 2014 年 1 月教育部审议通过《高等学校学术委员会规程》,该法至今未做修改,是规制高校学术委员会学术权的部门规章;四是 2011 年 11 月教育部审议通过《学校教职工代表大会规定》,该规定是规制学校包括高校教职工代表大会的部门规章。

(一)高校党委领导下的校长负责制

1. 高校党委的领导权

我国公立高校实行党委领导下的校长负责制,高校党委的领导职责包括思想政治领导、组织领导以及重大事项决定权。《高等教育法》第 39 条第 1 款规定:"国家举办的高等学校实行中国共产党高等学校基层委员会领导下的校长负责制。中国共产党高等学校基层委员会按照中国共产党章程和有关规定,统一领导学校工作,支持校长独立负责地行使职权,其领导职责主要是:执行中国共产党的路线、方针、政策,坚持社会主义办学方向,领导学校的思想政治工作和德育工作,讨论决定学校内部组织机构的设置和内部组织机构负责人的人选,讨论决定学校的改革、发展和基本管理制度等重大事项,保证以培养人才为中心的各项任务的完成。"

2. 高校校长的行政管理权

高校校长行使行政管理权。《高等教育法》第 41 条规定:"高等学校的校长全面负责本学校的教学、科学研究和其他行政管理工作,行使下列职权:(一)拟订发展规划,制定具体规章制度和年度工作计划并组织实施;(二)组织教学活动、科学研究和思想品德教育;(三)拟订内部组织机构的设置方案,推荐副校长人选,任免内部组织机构的负责人;(四)聘任与解聘教师以及内部其他工作人员,对学生进行学籍管理并实施奖励或者处分;(五)拟订和执行年度经费预算方案,保护和管理校产,维护学校的合法权益；(六)章程规定的其他职权。高等学校的校长主持校长办公会议或者校务会议，处理前款规定的有关事项。"

3. 高校领导人员的行为规范

2022年修订《事业单位领导人员管理规定》，包括总则、任职条件和资格、选拔任用、任期和任期目标责任、考核评价、交流回避、职业发展和激励保障、监督约束、退出、附则，共10章51条。

第一，事业单位领导人员管理的目的及原则。该规定第3条规定事业单位领导人员的管理，应当适应事业单位公益性、服务性、专业性、技术性等特点，激发事业单位活力，推动公益事业高质量发展。遵循原则包括：一是党管干部、党管人才；二是德才兼备、以德为先，五湖四海、任人唯贤；三是事业为上、人岗相适、人事相宜；四是注重实干担当和工作实绩、群众公认；五是分级分类管理；六是民主集中制。

第二，关于事业单位领导人员的监督约束。第40条规定："严格落实干部选拔任用工作'一报告两评议'、领导干部报告个人有关事项、规范干部兼职、因私出国(境)和配偶、子女及其配偶经商办企业，以及经济责任审计、问责等管理监督有关制度。"

第三，关于事业单位领导人员的退出机制。依据《事业单位领导人员管理规定》第43条规定，事业单位领导人员有下列情形之一，一般应当免去现职：(1)达到任职年龄界限或者退休年龄界限的；(2)年度考核、任期考核被确定为不合格的，或者连续2年年度考核被确定为基本合格的；(3)解除聘任关系(聘任合同)或者聘任期满不再续聘的；(4)受到责任追究应当免职的；(5)不适宜担任现职应当免职的；(6)因违规违纪违法应当免职的；(7)因健康原因，无法正常履行工作职责1年以上的；(8)因工作需要或者其他原因应当免去现职的。

4. 高校领导人员的信息公开义务

高校党委领导下的校长负责制。高校的信息公开义务，则为高校党

政领导人员的信息公开义务。关于信息公开,《公共企事业单位信息公开规定制定办法》作出如下要求:

第一,公开是事业单位的法定义务。公共企事业单位信息公开规定应当以清单方式明确列出公开内容及时限要求,并根据实际情况动态调整,重点包括下列信息:与师生家长密切相关的办事服务信息,直接关系师生切身利益的信息,以及社会舆论关注度高、反映问题较多的信息(第7条)。

第二,事业单位信息公开应处理好法定例外事项。事业单位应当妥善处理好信息公开与国家秘密、公共安全、产业安全、商业秘密、个人信息保护等其他重要利益的关系,注意区分信息公开与业务查询服务事项(第11条)。

第三,事业单位应制定信息公开的规章。信息公开应当以规章的形式制定,制定规章条件暂不成熟的可以先制定规范性文件,在条件成熟后尽快制定规章(第13条)。

(二)学术委员会的学术权

1.《高等教育法》对学术权的规定

高校学术委员会对于学术发展、学术评价、学术规范行使审议、决定权。《高等教育法》第42条规定:"高等学校设立学术委员会,履行下列职责:(一)审议学科建设、专业设置,教学、科学研究计划方案;(二)评定教学、科学研究成果;(三)调查、处理学术纠纷;(四)调查、认定学术不端行为;(五)按照章程审议、决定有关学术发展、学术评价、学术规范的其他事项。"

2.《高等学校学术委员会规程》对学术权的规定

第一,规定了高校应尊重并支持学术委员会独立行使学术权。《高等学校学术委员会规程》第3条规定:"高等学校应当充分发挥学术委员会在学科建设、学术评价、学术发展和学风建设等事项上的重要作用,完善学术管理的体制、制度和规范,积极探索教授治学的有效途径,尊重并支持学术委员会独立行使职权,并为学术委员会正常开展工作提供必要的条件保障。"

第二,规定了教师、科研人员和学生是学术权的主体。《高等学校学术委员会规程》第 4 条规定:"高等学校学术委员会应当遵循学术规律,尊重学术自由、学术平等,鼓励学术创新,促进学术发展和人才培养,提高学术质量;应当公平、公正、公开地履行职责,保障教师、科研人员和学生在教学、科研和学术事务管理中充分发挥主体作用,促进学校科学发展。"

第三,学术权的具体内容包括以下四项。

一是学术事务决定权。《高等学校学术委员会规程》第 15 条规定:"学校下列事务决策前,应当提交学术委员会审议,或者交由学术委员会审议并直接做出决定:(一)学科、专业及教师队伍建设规划,以及科学研究、对外学术交流合作等重大学术规划;(二)自主设置或者申请设置学科专业;(三)学术机构设置方案,交叉学科、跨学科协同创新机制的建设方案、学科资源的配置方案;(四)教学科研成果、人才培养质量的评价标准及考核办法;(五)学位授予标准及细则,学历教育的培养标准、教学计划方案、招生的标准与办法;(六)学校教师职务聘任的学术标准与办法;(七)学术评价、争议处理规则,学术道德规范;(八)学术委员会专门委员会组织规程,学术分委员会章程;(九)学校认为需要提交审议的其他学术事务。"

二是学术水平评价权。《高等学校学术委员会规程》第 16 条规定:"学校实施以下事项,涉及对学术水平做出评价的,应当由学术委员会或者其授权的学术组织进行评定:(一)学校教学、科学研究成果和奖励,对外推荐教学、科学研究成果奖;(二)高层次人才引进岗位人选、名誉(客座)教授聘任人选,推荐国内外重要学术组织的任职人选、人才选拔培养计划人选;(三)自主设立各类学术、科研基金、科研项目以及教学、科研奖项等;(四)需要评价学术水平的其他事项。"

三是与学术相关事项发表意见权。《高等学校学术委员会规程》第17条规定:"学校做出下列决策前,应当通报学术委员会,由学术委员会提出咨询意见:(一)制订与学术事务相关的全局性、重大发展规划和发展战略;(二)学校预算决算中教学、科研经费的安排和分配及使用;(三)教学、科研重大项目的申报及资金的分配使用;(四)开展中外合作办学、赴境外办学,对外开展重大项目合作;(五)学校认为需要听取学术委员会意见的其他事项。学术委员会对上述事项提出明确不同意见的,学校应当做出说明、重新协商研究或者暂缓执行。"

四是学术纠纷裁决权。《高等学校学术委员会规程》第18条规定:"学术委员会按照有关规定及学校委托,受理有关学术不端行为的举报并进行调查,裁决学术纠纷。学术委员会调查学术不端行为、裁决学术纠纷,应当组织具有权威性和中立性的专家组,从学术角度独立调查取证,客观公正地进行调查认定。专家组的认定结论,当事人有异议的,学术委员会应当组织复议,必要的可以举行听证。对违反学术道德的行为,学术委员会可以依职权直接撤销或者建议相关部门撤销当事人相应的学术称号、学术待遇,并可以同时向学校、相关部门提出处理建议。"

(三)高校师生的民主管理和监督权

1.《高等教育法》对民主管理和监督权的规定

第一,教职工的民主管理权。《高等教育法》第43条规定:"高等学校通过以教师为主体的教职工代表大会等组织形式,依法保障教职工参与民主管理和监督,维护教职工合法权益。"

第二,高校学生的民主管理权。对此,《高等教育法》仅在第53条第2款规定"高等学校学生的合法权益,受法律保护",未对民主管理权进行规定。

2.《学校教职工代表大会规定》对民主管理和监督权的规定

2011年11月,教育部审议通过《学校教职工代表大会规定》。该规定至今有效,赋予了学校教职工参与民主管理和监督的如下权力。

第一,教职工代表大会是教职工参与学校民主管理和监督的基本形式。《学校教职工代表大会规定》第3条规定:"学校教职工代表大会(以下简称教职工代表大会)是教职工依法参与学校民主管理和监督的基本形式。"

第二,教职工代表大会的职能是处理国家、学校、集体和教职工的利益关系。《学校教职工代表大会规定》第5条规定,教职工代表大会和教职工代表大会代表应当遵守国家法律法规,遵守学校规章制度,正确处理国家、学校、集体和教职工的利益关系。

第三,教职工代表大会行使8项民主管理和监督权。《学校教职工代表大会规定》第7条规定:"教职工代表大会的职权是:(一)听取学校章程草案的制定和修订情况报告,提出修改意见和建议;(二)听取学校发展规划、教职工队伍建设、教育教学改革、校园建设以及其他重大改革和重大问题解决方案的报告,提出意见和建议;(三)听取学校年度工作、财务工作、工会工作报告以及其他专项工作报告,提出意见和建议;(四)讨论通过学校提出的与教职工利益直接相关的福利、校内分配实施方案以及相应的教职工聘任、考核、奖惩办法;(五)审议学校上一届(次)教职工代表大会提案的办理情况报告;(六)按照有关工作规定和安排评议学校领导干部;(七)通过多种方式对学校工作提出意见和建议,监督学校章程、规章制度和决策的落实,提出整改意见和建议;(八)讨论法律法规规章规定的以及学校与学校工会商定的其他事项。教职工代表大会的意见和建议,以会议决议的方式做出。"

应予注意的是,"讨论通过学校提出的与教职工利益直接相关的福利、校内分配实施方案以及相应的教职工聘任、考核、奖惩办法"是教职工代表大会的专属民主管理权。

二、公立高校党组织的党纪规制

2009 年 11 月，中共中央政治局常委会会议审议批准《高等学校基层组织工作条例》（以下简称"《高校基层组织工作条例》"）。该条例于 2021年 2 月进行修订。该条例是指导我国公立高校党组织、内设机构党组织、基层党支部三个层次的党组织建设的基本规范。

（一）高校党委的职权

《高等学校基层组织工作条例》第 10 条规定了公立高等学校党委承担管党治党、办学治校主体责任。该主体责任包括"把方向、管大局、作决策、抓班子、带队伍、保落实"6 个方面，9 项职责①。9 项职责分别为：(1)宣传和执行党的路线方针政策，宣传和执行党中央以及上级党组织和本组织的决议，坚持社会主义办学方向，依法治校，依靠全校师生员工推动学校科学发展，培养德智体美劳全面发展的社会主义建设者和接班人。(2)坚持马克思主义指导地位，组织党员认真学习马克思列宁主义、毛泽东思想、邓小平理论、"三个代表"重要思想、科学发展观、习近平新时代中国特色社会主义思想，学习党的路线方针政策和决议，学习党的基本知识，学习业务知识和科学、历史、文化、法律等各方面知识。(3)审议确定学校基本管理制度，讨论决定学校改革发展稳定以及教学、科研、行政管理中的重大事项。(4)讨论决定学校内部组织机构的设置及其负责人的人选。按照干部管理权限，负责干部的教育、培训、选拔、考核和监督。加强领导班子建设、干部队伍建设和人才队伍建设。(5)按照党要管党、全面从严治党要求，加强学校党组织建设。落实基层党建工作责任制，发挥学校基层党组织战斗堡垒作用和党员先锋模范作用。(6)履行学校党风

---

① 公职除了具有职权之意外，还包含职责之意。职责是职权的对称，有职权必有职责，否则职权就变为专权，职责就是对职权的约束。

廉政建设主体责任,领导、支持内设纪检组织履行监督执纪问责职责,接受同级纪检组织和上级纪委监委及其派驻纪检监察机构的监督。(7)领导学校思想政治工作和德育工作,落实意识形态工作责任制,维护学校安全稳定,促进和谐校园建设。(8)领导学校群团组织、学术组织和教职工代表大会。(9)做好统一战线工作。对学校内民主党派的基层组织实行政治领导,支持其依照各自章程开展活动。支持无党派人士等统一战线成员参加统一战线相关活动,发挥积极作用。加强党外知识分子工作和党外代表人士队伍建设。加强民族和宗教工作,深入开展铸牢中华民族共同体意识教育,坚决防范和抵御各类非法传教、渗透活动。

应予注意的是,与《高等教育法》关于党的领导权的规定相比,《高等学校基层组织工作条例》至少在两个方面丰富了党的领导权的内容:一是党的领导权包括6个方面"把方向、管大局、作决策、抓班子、带队伍、保落实";二是补充规定了党委对于组织人事的决定权,即第四项"讨论决定学校内部组织机构的设置及其负责人的人选"。

(二)高校院(系)党组织的职权

《高等学校基层组织工作条例》第11条规定了公立院(系)级单位党组织的职责是履行政治责任、保证教学科研管理等各项任务完成、支持本单位行政领导班子和负责人开展工作。具体职责包括6项:(1)宣传和执行党的路线方针政策以及上级党组织的决议,并为其贯彻落实发挥保证监督作用。(2)通过党政联席会议,讨论和决定本单位重要事项。召开党组织会议研究决定干部任用、党员队伍建设等党的建设工作,涉及办学方向、教师队伍建设、师生员工切身利益等事项的,应当经党组织研究讨论后再提交党政联席会议决定。(3)加强党组织自身建设,建立健全党支部书记工作例会等制度,具体指导党支部开展工作。(4)领导本单位思想政治工作,加强师德师风建设,落实意识形态工作责任制,把好教师引进、课程建设、教材选用、学术活动等重要工作的政治关。(5)做好本单位党员、干部的教育管理工作,做好人才的教育引导和联系服务工作。(6)领导本单位群团组织、学术组织和教职工代表大会,做好统一战线工作。

应予注意的是,高校院(系)级单位党组织行使"通过党政联席会议,讨论和决定本单位重要事项"职权应与高校党委、教职工代表大会相关职权衔接。

(三)教职工党支部的职权

《高等学校基层组织工作条例》第12条规定了教职工党支部围绕本单位改革发展稳定等开展工作,落实立德树人根本任务,发挥教育管理监督党员和组织宣传凝聚服务师生员工的作用,具体包括6项职权:(1)宣传和执行党的路线方针政策以及上级党组织的决议,团结师生员工,在完成教学科研管理任务中发挥党员先锋模范作用。(2)参与本单位重大问题决策,支持本单位行政负责人开展工作,对教职工职称评定、岗位(职员等级)晋升、考核评价等进行政治把关。(3)做好党员教育、管理、监督和服务工作,定期召开组织生活会,开展批评和自我批评。(4)培养教育入党积极分子,做好发展党员工作。(5)加强师德师风建设,有针对性地做好思想政治工作。(6)密切联系群众,经常听取师生员工意见和诉求,维护师生员工的正当权利和利益。

《高等学校基层组织工作条例》第13条规定了学生党支部的职权是筑牢学生理想信念根基,引导学生刻苦学习、全面发展、健康成长。具体包括5项职权:(1)宣传和执行党的路线方针政策以及上级党组织的决议。(2)加强对学生党员的教育、管理、监督和服务,定期召开组织生活会,开展批评和自我批评,发挥学生党员先锋模范作用,影响、带动广大学生明确学习目的完成学习任务。(3)组织学生党员参与学生事务管理,维护学校稳定。支持、指导和帮助团支部、班委会以及学生社团根据学生特点开展工作,充分发挥保留团籍的学生党员的带动作用。(4)培养教育学生中的入党积极分子,按照标准和程序发展学生党员。(5)根据学生特点,有针对性地做好思想政治教育工作。

三、党领导下的高校法人治理的法构造

我国公立高校实行党领导下的高校法人治理。推进我国公立高校组织机构的法治化,应以党规国法为导向,以推动高校党的建设与高等教育事业发展深度融合、实现高等教育的高质量发展为目标,建构"党、政、教、师、生"有机统一的法律。

(一)保障高校党委全面领导权的依法行使

依据《高等教育法》第 39 条及 2021 年《中国共产党普通高等学校基层组织工作条例》第 10 条规定(高校党委)高校的两项专属职权,分别是高校党委"审议确定学校基本管理制度,讨论决定学校改革发展稳定以及教学、科研、行政管理中的重大事项"和"讨论决定学校内部组织机构的设置及其负责人的人选"。

高校党委行使领导权时,应注意以下问题:一是全面落实领导权,高校党委的领导权与校长、学术委员会、教职工代表大会等机构的职权具有上、下层级属性,高校党委除了做好决策外,还应抓好班子、带好队伍、保证其他机构职责的落实;二是"教学、科研、行政管理中的一般事项"分属于校长、学术委员会、教职工代表大会等,高校党委应支持相关主体依法独立履行职责;三是高校党委就教学、科研重大事项行使决定权前应听取学术委员会的意见,就行政管理重大事项行使决定权前应听取教职工代表大会的意见;四是高校党委应按照《中国共产党重大事项请示报告条例》等有关规定,向批准其设立的党组织请示报告。

(二)保障校长行政管理权的依法行使

校长的行政管理权包括两项内容:一是组织实施学校党委、学术委员会、教职工代表大会通过的有关决议。组织实施学校党委学术委员会、教职工代表大会通过的有关决议,表明了校长职权具有执行性特征;二是直

接行使"全面负责本学校的教学、科学研究和其他行政管理工作"的各项职权。

校长行政管理权兼具执行性与独立负责性。校长及其领导的行政部门是高校决策的具体落实者,执行性是其职权的显著特点。校长对于党委、学术委员会、教职工代表大会依规定程序作出的决定,必须督促各行政部门贯彻执行。校长职权还具有法定性和独立负责性,《高等教育法》第 39 条规定高校实行党委领导下的校长负责制。

高校党委领导权和校长行政管理权具有一定的耦合性,如高校党委有权讨论决定"内部组织机构负责人的人选"(《高等教育法》第 39 条),校长有权"任免内部组织机构的负责人"(《高等教育法》第 41 条)。实践中,由校长建议人选、校党委会讨论决定,或由校党委会讨论决定、校长任免,将两个条款有机结合起来。

(三)保障学术委员会学术权的依法行使

教育部规章对于学术委员会组成人员的规定,强调教师、科研人员和学生是学术权的主体,以与行政组织区别,从而保证学术委员会行使职权的专业性与相对独立性。如前所述,学术委员会的学术权包括学术事务决定权、学术水平评价权、学术纠纷裁决权以及与学术相关事项的参与权及发表意见权。

学术事务决定权、学术水平评价权、学术纠纷裁决权三种权力具有相对独立性,属于学术委员会的专属权力。如《高等学校学术委员会规程》第 15 条规定学术委员会有权审议或"审议并直接做出决定"的内容,可视为学术委员会的学术事务决定权的具体事项,包括教师队伍建设规划、重大学术规划、自主设置或者申请设置学科专业、教学科研成果和人才培养质量的评价标准及考核办法、学校教师职务聘任的学术标准与办法等。

依据《高等学校学术委员会规程》第 16 条规定,"涉及对学术水平做出评价的,应当由学术委员会或者其授权的学术组织进行评定"。如果某些具体学术评价事务,高校党委认为属于"重大事项"需要讨论决定,如何进行? 依据《高等教育法》第 39 条规定,高校党委当然有权决定,但应当事先征求并尊重学术委员会的咨询、审议意见,此为不可缺少的必要环节,以保障学术委员会职权的相对独立性。

（四）保障教职工代表大会民主管理和监督权的依法行使

教职工代表大会是"参与民主管理和监督,维护教职工合法权益"的专门机构,其职权属于高校治理结构中的民主管理和监督权范畴。依据教育部 2011 年《学校教职工代表大会规定》第 7 条规定,教职工代表大会的职权包括决定权和建议权:一是"讨论通过学校提出的与教职工利益直接相关的福利、校内分配实施方案以及相应的教职工聘任、考核、奖惩办法"的决定权;二是其他职权事项的建议权,归类于监督权范围。教职工代表大会对学校发展规划、教职工队伍建设、教育教学改革等提出的意见和建议,合理的,学校党委、校长和学术委员会应当予以采纳;不合理的,应当予以解释反馈。

教职工代表大会是高校广大教师和其他教育工作者的群众代表组织,是教职工参与民主管理和监督的重要方式,其职权运作的本质是以权利制约权力。①教职工代表大会的民主管理与监督权,以集合性权利参与高校民主管理和监督,制约、监督高校权力的运作,推动学校健康发展、保障教职工各项权益。推动教职工代表大会职权的落实,不仅需要高校党政机关重视教职工代表大会的建设,还需要高校党政机关信息充分及时公开。

（五）保障高校学生民主管理和监督权的依法行使

《未成年人保护法》第 3 条规定:"国家保障未成年人的生存权、发展

---

① 参见毕宪顺、赵凤娟:《高等学校的民主监督与权力制约:以教职工代表大会制度为基本形式》,载《教育研究》2009 年第 1 期。

权、受保护权、参与权等权利。"未成年人的参与权都得到法律保护,作为成年人的高校学生的参与权应予以法律保护是不言自明的结论。笔者认为,高校的法人治理,如果缺失学生这一最重要主体,必然是难以实现高质量发展高等教育的目的。

保障高校学生的民主管理监督权,不仅可以有效保障高校学生的受教育权,而且可以促进上述五大权力主体依法行权。实际上,学生代表大会参与学校民主管理与监督的权利,我国大多数高校章程已作出了落实性规定。如《汕头职业技术学院章程(2022 年)》第 59 条明确规定"学生代表大会是广大学生依法依规行使民主权利、参与学院治理的机构",第62 条关于"学生代表大会的职权"则包括"征求广大同学对学院工作的意见和建议"。①

第三节　聘用合同解除权的文本与实践

事业单位是富有中国特色的用人单位类型,主要分布在教育、科技、文化、卫生等行业,聚集了我国大量专业技术人才。1996 年以来,我国稳步推进事业单位改革,逐步实行聘用制度与岗位管理制度。截至 2023年,事业单位聘用制度和岗位管理制度基本实现全覆盖,工作人员聘用合同签订率超过 96%,岗位设置完成率超过 97%。②以聘用合同单方解除权为视角研究我国事业单位人事制度的规范体系,有助于促进事业单位及其工作人员依法履职。

---

① 《汕头职业技术学院章程(2022 年)》,https://edu. gd. gov. cn/attachment/0/507/507437/4050010.pdf,访问日期:2024 年 7 月 31 日。

② 《2023 年度人力资源和社会保障事业发展统计公报》,https://www.mohrss.gov.cn/SYrlzyhshbzb/zwgk/szrs/tjgb/202406/W020240617617024381518.pdf,访问日期:2024 年 10 月12 日。

一、聘用合同及其规范体系

（一）人事关系下的聘用合同

我国现行人事关系的概念最初形成于计划经济体制，计划经济下的"人事部门管干部，劳动部门管工人"的二元用工模式将"国家干部"与所在单位的关系统称为人事关系。[①]

1996 年开始，我国对干部人事管理制度进行改革，事业单位也被划分为社会公益类、经营服务类及行政执法类。在后续的配套改革过程中，经营服务类事业单位被改制为企业，其与新招录的人员签订劳动合同，建立劳动关系；行政执法类事业单位则被纳入行政管理体系；社会公益类事业单位则保留人事编制，与其工作人员建立人事关系，签订人事聘用合同。

聘用合同的特殊性是基于事业单位属于社会公益组织，它所提供的产品属于公共物品或准公共物品。基于此，事业单位作为主体与工作人员之间签订的聘用合同在很多方面存在国家公权力的干预。事业单位人事争议与劳动争议也存在诸多的不同：劳动争议的实体法律规范适用劳动法、劳动合同法等法律，程序法律规范适用劳动争议调解仲裁法；而事业单位人事争议的实体法律适用事业单位人事管理的法律规范，程序规范的法律适用根据人事管理的法律法规适用劳动争议调解仲裁法。

（二）聘用合同的现行规范

1. 2002 年《聘用制度的意见》

2002 年 7 月，人事部印发《关于在事业单位试行人员聘用制度的意见》（以下简称"《聘用制度的意见》"）。该意见规定聘用制度遵循以下原

[①] 卢修敏：《人事关系的法律界定》，载《政法学刊》2009 年第 5 期。

则：一是要贯彻党的干部路线，坚持党管干部原则。要切实加强领导，坚持原则，防止滥用职权、打击报复、以权谋私等行为的发生，对违反规定的，要追究行政纪律责任。二是坚持尊重知识、尊重人才的方针，树立人才资源是第一资源的观念。三是坚持平等自愿、协商一致的原则。四是坚持公开、平等、竞争、择优的原则。五是坚持走群众路线，保证职工的参与权、知情权和监督权。

2. 2011 年 9 个改革配套文件

2011 年 7 月国务院办公厅印发《分类推进事业单位改革配套文件的通知》（国办发［2011］37 号）下的 9 个配套文件，即《关于事业单位分类的意见》《关于承担行政职能事业单位改革的意见》《关于创新事业单位机构编制管理的意见》《关于建立和完善事业单位法人治理结构的意见》《关于分类推进事业单位改革中财政有关政策的意见》《关于分类推进事业单位改革中从事生产经营活动事业单位转制为企业的若干规定》《关于分类推进事业单位改革中加强国有资产管理的意见》《关于深化事业单位工作人员收入分配制度改革的意见》《事业单位职业年金试行办法》。

上述配套文件，与聘用合同相关的是《关于深化事业单位工作人员收入分配制度改革的意见》。该意见规定：一是探索事业单位知识、技术、管理等生产要素参与分配的有效途径，使工作人员收入与岗位职责、工作业绩、实际贡献紧密联系，鼓励人才创新创造。二是完善事业单位绩效考核。各事业单位要完善内部考核制度，把绩效考核与分配更好地结合起来，发挥绩效工资分配的激励导向作用。三是完善高层次人才分配激励政策。对部分紧缺或者急需引进的高层次人才，按国家有关规定经批准可实行协议工资、项目工资等灵活多样的分配办法。四是制定事业单位主要领导收入分配激励约束政策。结合考核合理确定收入水平，事业单位主要领导的收入与单位的社会经济效益及长远发展相联系，与本单位职工的平均收入水平保持合理关系。

3. 2014 年《事业单位人事管理条例》

2014 年 2 月,国务院第 40 次常务会议通过《事业单位人事管理条例》。该条例共包括总则、岗位设置、公开招聘和竞聘上岗、聘用合同、考核和培训、奖励和处分、工资福利和社会保险、人事争议处理、法律责任、附则,共 10 章 44 条。该条例规定的人事管理制度遵循的原则包括:一是坚持党管干部、党管人才原则,全面准确贯彻民主、公开、竞争、择优方针。二是实行分级分类管理。中央事业单位人事综合管理部门负责全国事业单位人事综合管理工作,县级以上地方各级事业单位人事综合管理部门负责本辖区事业单位人事综合管理工作,事业单位主管部门具体负责所属事业单位人事管理工作。三是事业单位制定或者修改人事管理制度,应当通过职工代表大会或者其他形式听取工作人员意见。

4. 2023 年《事业单位工作人员处分规定》

2023 年 11 月,中共中央组织部、人力资源社会保障部印发《事业单位工作人员处分规定》(人社部发[2023]58 号),包括总则、处分的种类和适用、违规违纪违法行为及其适用的处分、处分的权限和程序、复核和申诉、附则,共 6 章 45 条。该规定列明了处分应当遵循以下原则:一是坚持党管干部、党管人才原则。二是坚持公正、公平。三是坚持惩治与教育相结合。四是依法处分原则。处分应当与其违规违纪违法行为的性质、情节、危害程度相适应,应当事实清楚、证据确凿、定性准确、处理恰当、程序合法、手续完备。

二、工作人员的单方解除权

(一)工作人员单方解除权的法律规定

《事业单位人事管理条例》第 17 规定:"事业单位工作人员提前 30 日书面通知事业单位,可以解除聘用合同。但是,双方对解除聘用合同另有约定的除外。"

《聘用制度的意见》关于"规范解聘辞聘制度"规定了劳动者适用单方解除权的5类情形：（1）双方聘用合同处于试用期内；（2）劳动者考入普通高等院校；（3）劳动者被录用或选调到国家机关工作；（4）劳动者依法服兵役；（5）受聘人员提出解除聘用合同未能与聘用单位协商一致的，受聘人员应当坚持正常工作继续履行聘用合同，6个月后再次提出解除聘用合同仍未能与聘用单位协商一致的即可单方面解除聘用合同。

（二）适用工作人员单方解除权的典型案例

赵医师曾系某肿瘤医院工作人员，双方发生纠纷后，赵医师申请劳动人事仲裁，要求肿瘤医院为其开具离职证明，办理工作交接，并办理人事档案及社会保险关系的转移手续。仲裁结果支持赵文鹏的申请。肿瘤医院不服，诉至法院。①

法院认为，当事人对自己提出的主张，有责任提供证据。本案中，赵医师主张其分别于2016年10月17日及2017年5月11日两次通过书面方式向肿瘤医院提出解除聘用合同书，肿瘤医院虽不认可赵医师的相关主张，但根据赵医师提交的录音，肿瘤医院的工作人员并未否认收到了赵医师提交的辞职申请及律师函，肿瘤医院对录音的真实性亦未申请鉴定，故法院对录音的真实性予以采信，并对赵医师的主张予以支持。根据双方陈述，赵医师在提出解除聘用合同书后正常工作，其继续工作的行为也未违反法律强制性规定。《关于在事业单位试行人员聘用制度的意见》规定："受聘人员提出解除聘用合同未能与聘用单位协商一致的，受聘人员应当坚持正常工作，继续履行聘用合同；6个月后再次提出解除聘用合同仍未能与聘用单位协商一致的，即可单方面解除聘用合同。"故赵医师符合单方解除聘用合同的情形。仲裁裁决肿瘤医院为赵医师开具离职证明、办理人事档案及社会保险关系的转移手续，并无不当，法院对此予以支持。另，

① （2018）京0105民初18380号。

因赵医师主张双方已办理完工作交接,无需再要求肿瘤医院为其办理工作交接,故肿瘤医院关于不办理工作交接的请求于法有据,法院予以支持。

本案裁判要旨:劳动者提前 30 日以书面形式提出解除聘用合同,未能与单位协商一致的,劳动者应当坚持正常工作,继续履行聘用合同;6 个月后再次提出解除聘用合同仍未能与单位协商一致的,即可单方面解除聘用合同。

三、事业单位的单方解除权

(一)事业单位单方解除权的法律规定

《事业单位人事管理条例》第 15 条、第 16 条、第 18 条规定了事业单位在三种情形下可以单方解除聘用合同。一是工作人员连续旷工超过 15 个工作日,或者 1 年内累计旷工超过 30 个工作日的,事业单位可以解除聘用合同;二是工作人员年度考核不合格且不同意调整工作岗位,或者连续两年年度考核不合格的,事业单位提前 30 日书面通知,可以解除聘用合同;三是事业单位工作人员受到开除处分的,解除聘用合同。

《聘用制度的意见》列举了 6 种事业单位可以单方解除聘用合同的情形。受聘人员有下列情形之一的,聘用单位可以随时单方面解除聘用合同:(1)连续旷工超过 10 个工作日或者 1 年内累计旷工超过 20 个工作日的;①(2)未经聘用单位同意,擅自出国或者出国逾期不归的;(3)违反工作规定或者操作规程,发生责任事故,或者失职、渎职,造成严重后果的;(4)严重扰乱工作秩序,致使聘用单位、其他单位工作不能正常进行的;(5)被判处有期徒刑以上刑罚收监执行的,或者被劳动教养的;(6)对在试

---

① 关于旷工导致单方解除聘用合同的情形,《事业单位人事管理条例》《聘用制度的意见》的规定存在以下不同:前者第 15 条规定:"事业单位工作人员连续旷工超过 15 个工作日,或者 1 年内累计旷工超过 30 个工作日的,事业单位可以解除聘用合同。"后者第 6 条规定:"连续旷工超过 10 个工作日或者 1 年内累计旷工超过 20 个工作日的",聘用单位可以随时单方面解除聘用合同。按照新法优于旧法、上位法优于下位法的原则,应适用前者。

用期内被证明不符合本岗位要求又不同意单位调整其工作岗位的。

《事业单位工作人员处分规定》"第三章违规违纪违法行为及其适用的处分"规定8类可以给予开除处分的情形：一是违反政治纪律的，如公开发表反对宪法确立的国家指导思想，反对中国共产党领导，反对社会主义制度，反对改革开放的文章、演说、宣言、声明等的，给予开除处分的行为（第16条）。二是违反组织人事纪律的行为，如违反规定取得外国国籍或者获取境外永久居留资格、长期居留许可的（第17条）。三是情节严重的违反工作纪律失职渎职的行为（第18条）。四是情节严重的违反廉洁从业纪律的行为（第19条）。五是情节严重的违反财经纪律的行为（第20条）。六是情节严重的严重违反职业道德的行为（第21条）。七是情节严重的违反公共秩序、社会公德的行为（第22条）。八是犯罪的给予开除处分，但事业单位工作人员因犯罪被单处罚金，或者犯罪情节轻微，人民检察院依法作出不起诉决定或者人民法院依法免予刑事处罚的，可以给予降低岗位等级处分（第23条）。

（二）适用事业单位单方解除权的典型案例

申请人张某与被申请人某医院人事争议一案①中，申请人系港籍人士，入职被申请人处，双方签订的聘用合同书约定合同期限为十年。聘期第三年，申请人出现头晕、失眠、焦虑及抑郁等症状，请休病假后回港治疗。后被申请人以申请人"未按照医院规章制度规定返院工作，连续旷工超过15天"为由书面送达解除劳动关系的通知。申请人认为被申请人在申请人病假期间以旷工为由作出解除劳动合同处理决定，明显构成违法解除，请求裁决确认被申请人发出的解除劳动关系的通知属于违法解除劳动合同，并支付违法解除劳动合同赔偿金。被申请人抗辩称涉案争议不属于违法解除劳动合同。

---

① 本案当事人张某为化名。

仲裁结果支持被申请人主张,主要理由如下:一是根据《企业职工患病或非因工负伤医疗期规定》第3条规定,被申请人已经给予申请人六个月的法定医疗期①,申请人认为其患有难以治疗的疾病,医疗期满不能从事原工作,应提供在内地有医疗执业许可证的医疗机构或医生的认定证明,提供劳动鉴定委员会参照工伤与职业病致残程度鉴定标准进行劳动能力的鉴定证明,方可以享受继续病休或病退待遇。二是申请人提供的未经内地卫生主管部门认可的中国香港医院和医生的诊断证明和病休证明,且提供的该医生证明书一直表述所患疾病是"医疗状态",无须复诊、无须避免粗重工作,证明并未达到《劳动部关于贯彻执行〈中华人民共和国劳动法〉若干问题的意见》第76条规定的患某些特殊疾病(如癌症、精神病、瘫痪等)可以适当延长治疗期的条件,无法证明其在法定医疗期满后需要继续病休。

本案裁判要旨:事业单位工作人员连续旷工超过15个工作日,或者1年内累计旷工超过30个工作日的,事业单位可以解除聘用合同。

四、聘用合同解除权的制度优化

我国事业单位人事关系的法律属性,既是加强理解聘用合同单方解除权的逻辑前提,也是未来制度优化的基本出发点。

(一)优化考核制度

1. 优化考核内容

《事业单位人事管理条例》第20条规定,事业单位应当根据聘用合同

---

① 《企业职工患病或非因工负伤医疗期规定》第3条规定:"企业职工因患病或非因工负伤,需要停止工作医疗时,根据本人实际参加工作年限和在本单位工作年限,给予三个月到二十四个月的医疗期:(一)实际工作年限十年以下的,在本单位工作年限五年以下的为三个月;五年以上的为六个月。(二)实际工作年限十年以上的,在本单位工作年限五年以下的为六个月;五年以上十年以下的为九个月;十年以上十五年以下的为十二个月;十五年以上二十年以下的为十八个月;二十年以上的为二十四个月。"

规定的岗位职责任务,全面考核工作人员的表现,重点考核工作绩效。可以说,绩效制度的科学设计,是考核制度设计的重中之重。

优化事业单位的绩效考核制度,需要处理好四对关系:一是处理好"绩效中心"与"岗位中心"的关系,既要关注当期绩效,完成当期任务,又要保障岗位长远发展,这是目前建立完善绩效考核制度所面临的双重任务。二是处理好"工作量标准"与"质量、效果标准"的关系,对工作量的特别重视与强调有时影响质量的提升。三是处理好去行政化与业绩考核行政主导的关系,目前绩效考核的行政主导不可避免,但要注意实施限度,并综合运用考核手段,维系考核的正当性。四是考核精细化与效率化的关系,要兼顾两方面的要求,在考核的公正性与效率性之间找到适当的平衡点。

2. 优化考核程序

根据《事业单位人事管理条例》规定,事业单位的考核结果,既是续订聘用合同的依据,也是解除聘用合同的依据。事业单位的考核制度决定工作人员的"去留"问题,直接涉及工作人员的切身利益,考核制度的内容理应科学、合理、公平,制定程序应遵循民主原则,唯此方有公信力和权威性。

事业单位内部的考核制度,其性质是用人单位的内部治理规范,是用人单位的"家规",属于用人单位自治的范畴。《事业单位人事管理条例》第 4 条规定,事业单位制定或者修改人事管理制度,应当通过职工代表大会或者其他形式听取工作人员意见。显然该条款与《劳动合同法》第 4 条[①]的规定有相当大的差距,应予以修订。事业单位制定、修改考核制

---

①　《中华人民共和国劳动合同法》第 4 条规定:"用人单位应当依法建立和完善劳动规章制度,保障劳动者享有劳动权利、履行劳动义务。用人单位在制定、修改或者决定有关劳动报酬、工作时间、休息休假、劳动安全卫生、保险福利、职工培训、劳动纪律以及劳动定额管理等直接涉及劳动者切身利益的规章制度或者重大事项时,应当经职工代表大会或者全体职工讨论,提出方案和意见,与工会或者职工代表平等协商确定。在规章制度和重大事项决定实施过程中,工会或者职工认为不适当的,有权向用人单位提出,通过协商予以修改完善。用人单位应当将直接涉及劳动者切身利益的规章制度和重大事项决定公示,或者告知劳动者。"

度,其中涉及工作人员切身利益的事项,如考核的主体(谁来考核)、考核的内容(指标)、考核的程序、考核结果为"不合格"的标准、不服考核结果的申诉等,应当经职工代表大会或者全体职工讨论,提出方案和意见,与工会或者职工代表平等协商确定,考核制度应当在事业单位内部公示。事业单位的考核制度不具有合法性、合理性,未经过民主程序制定,不得作为解聘的依据。

(二)优化处分制度

1. 优化处分内容

《宪法》第47条规定,中华人民共和国公民有进行科学研究、文学艺术创作和其他文化活动的自由。第41条规定,中华人民共和国公民对于任何国家机关和国家工作人员,有提出批评和建议的权利。

我国《事业单位工作人员处分规定》"第三章违规违纪违法行为及其适用的处分"在实施中,应完善违反政治纪律、组织人事纪律、工作纪律、财经纪律、职业道德、公共秩序、社会公德等的认定标准、认定主体(应由谁来认定)、认定程序、法律后果(包括在何种情形下予以开除)。明确的法律规则和标准,可以为公民提供明确的预期和指引,既能保障公民的学术自由和言论自由的基本权利,又能促进学术创新、推动社会进步。

2. 优化处分程序

第一,规范陈述与申辩程序。陈述与申辩程序主要适用于过错性解聘,集中体现在开除处分的程序中。《事业单位工作人员处分暂行规定》第24条规定,对事业单位工作人员给予开除处分,应当将调查认定的事实、拟处分的依据告知被调查的事业单位工作人员,听取其陈述和申辩。陈述与申辩程序是程序正义的基本要求,是保证解聘结果公正的基本保障。工作权是基本的人权,直接影响事业单位工作人员的生存与发展。因此,对于过错性解聘,陈述与申辩是基本的程序。无论是否给予开除处分,事业单位以工作人员过错为由予以解聘,在拟作出解聘决定之前,均应告知解聘的事实依据、法律依据,听取其陈述和申辩。陈述与申辩程序,有利于坚持比例原则,使责任与惩罚相当,避免事业单位工作人员因轻微的过错,受到过重的处罚,抑制解聘权的不当行使或滥用,保障事业单位工作人员的工作权。

第二,规范送达与公示程序。如前文张某与某医院人事纠纷案中,被申请人通过 OA 系统书面通知申请人返院工作,否则按照旷工处理后,申请人仍未返院工作。后医院以申请人未按医院规章制度规定返院工作,已连续旷工超过 15 天向申请人书面送达解除劳动关系的通知,作出解除劳动合同的处理决定,规范的送达程序为医院赢得仲裁奠定了基础。并且,当申请人对被申请人举证的《职工考勤管理制度》《关于职工带薪年休假的规定》等医院规章制度有异议,认为"三性不予确认,申请人没有见过,该制度未经民主程序讨论修订,也没有向申请人公示送达,对申请人没有约束力",被申请人能够举证该规章制度"有经过民主的讨论跟依法制订出来的,公示是通过 OA 系统进行公示",并举证岗位培训记录表也有附表签到栏申请人签名,规范的公示程序为医院赢得仲裁提供了前提条件。

（三）优化规范的内部体系

2002 年《聘用制度的意见》出台,2014 年《事业单位人事管理条例》制定,2023 年《事业单位工作人员处分规定》制定。虽然我国的人事改革制度是在原有制度上不断推进的,但时移则事异,三份出现在不同时期的现行有效规范文件存在冲突,需要实现规范体系内容的统一。

第一,关于人事制度遵循原则的规定应统一。笔者认为,将来《事业单位人事管理条例》的修改,应补充《聘用制度的意见》关于人事制度应"坚持尊重知识、尊重人才"原则的规定。

第二,关于旷工解除聘用合同天数规定应统一。关于编内员工,《聘用制度意见的通知》中明确规定:"连续旷工超过 10 个工作日或者 1 年内累计旷工超过 10 个工作日或者 1 年内累计旷工超过 20 个工作日的。"而依据 2014 年生效的《事业单位人事管理条例》第 15 条规定："事业单位工作人员连续旷工超过 15 个工作日,或者 1 年内累计旷工超过 30 个工作日的,事业单位可以解除聘用合同。"两者天数规定存在明显不同。笔者认为,按照新法优于旧法、上位法优于下位法法律适用原则,关于旷工导致的解除聘用合同应该适用《事业单位人事管理条例》的规定,《聘用制度意见的通知》相应内容应予修改。

第三,关于违规出境的处分等级应统一规定。《事业单位工作人员处分规定》增加了开除处分的内容,如第 17 条规定:"违反规定出境或者办理因私出境证件的,给予记过处分;情节严重的,给予降低岗位等级处分。违反规定取得外国国籍或者获取境外永久居留资格、长期居留许可的,给予降低岗位等级以上处分。"而《聘用制度意见的通知》规定"未经聘用单位同意,擅自出国或者出国逾期不归的",聘用单位可以随时单方面解除聘用合同。笔者认为,按照新法优于旧法、上位法优于下位法法律适用原则,关于违反规定出境的处分应该适用《事业单位工作人员处分规定》。

第四节　医事伦理审查制度建设

2023 年是我国医事伦理审查制度发展的重要一年。2023 年 2 月,国家卫生健康委、教育部、科技部、国家中医药局印发《涉及人的生命科学和医学研究伦理审查办法》(以下简称《审查办法》),进一步规范了涉及人的生命科学和医学研究伦理审查工作。2023 年 7 月,科技部、教育部、工业和信息化部、农业农村部、国家卫生健康委、中国科学院、中国社科院、中国工程院、中国科协、中央军委科技委印发《科技伦理审查办法(试行)》,进一步规范新技术、新研究的伦理审查工作。就医疗机构而言,设置伦理审查委员与否,已经成为能否运行并开展生物医学研究的法定前提。①据此,研究我国医事伦理审查制度的文本规范,不仅有利于落实医事伦理审查制度,而且有利于维护社会公共利益。

一、医事伦理审查制度的确立

(一)《赫尔辛基宣言》的诞生及其影响

世界各国的伦理审查制度都滥觞于有关人体试验的国际伦理准则,其中最具里程碑意义的是1947年对纳粹医生在集中营中对战俘实施惨无人道的人体试验进行审判而形成的纽伦堡法典。纽伦堡法典不仅揭露出缺乏伦理的约束,医生极有可能丧失医学专业的道德性而沦为集权暴政的统治工具,而且以国际准则的形式明确了医学人体试验必须遵循的基本要求,如受试者的自愿同意绝对必要。②

1947年9月,世界医学会成立。该组织的成立是为了始终保证医生的独立性,并制定医生道德行为和关怀的最高标准。1964年6月,世界医学会发布《赫尔辛基宣言》,该宣言吸收了纽伦堡法典保护人体试验受试者权益的基本精神并在此基础上进一步发展。相较于纽伦堡法典,《赫尔辛基宣言》更加全面、具体和完善:(1)其序言表明该宣言主要适用于医生,同时鼓励从事涉及人体受试者医学研究的其他人员也采用这些原则。(2)在其1975年修订版本中,为保障该宣言的各项原则得到有效贯彻落实,新增提倡设立独立委员会规定,而该项规定在后来演变成了在机构中设立医事伦理审查委员会的制度。(3)明确提出世界医学会《日内瓦宣言》用以下誓言约束医生:"我的患者的健康和福祉是我的首要考虑。"《国

---

① 笔者作为法律专家成为汕头某医院的伦理审查委员会成员。

② 如纳粹医生背离医学伦理,将因禁于集中营的战俘和其他人员作为实验对象,为了测试人类对极寒条件的耐受性,对人体实施"冷冻实验",让受试者置身于冰水之中或暴露于严寒之下,以研究人体在极端低温环境下的生存期限;为了测试人类对缺氧的耐受性,通过抽除密闭空间内的氧气来进行"缺氧测试"。

际医学伦理准则》主张"医生必须把患者的健康和福祉放在第一位,必须以患者的最佳利益为出发点提供医疗护理"。(4)明确提出"知情同意"概念,2024 修订版本第 25 至第 32 条 8 个条文(全文共 37 条)①细化了知情同意规则,包括强调知情同意需源自受试者本人自愿、限制民事行为能力的受试者由其法定代理人代替同意、受试者可撤回已做出的知情同意等规定。

其后,诸多重要的国际组织如世界卫生组织、国际医学科学组织理事会等,相继制定并颁布涉及人体试验医学研究的生物伦理准则或宣言。总体而言,相关国际伦理准则关于医事伦理审查规则的文字表述不一,但目标高度一致,即保护人体试验受试者的权益。为实现此目标,主要采取两种路径:其一是建立医事伦理审查有效的运作机制,逐步完善医事伦理审查委员会的设立与运行规则;其二是构建知情同意制度,细化知情同意的内容和获取过程。

(二)我国医事伦理审查制度的确立

我国于 1987 年首次出现伦理委员会一词。②1988 年 7 月,全国首届关于安乐死的伦理、法律及社会学术讨论会举行,张琚教授发表论文《医院伦理学委员会及其在我国建立的设想》,我国医事伦理委员会制度的探索实践自此启航。③

20 世纪 90 年代末,我国的医事伦理审查制度得到实质性发展,部分原因在于我国为追求符合国际标准的生物医学研究合作而展开的积极推进。1997 年克隆羊多莉事件发生后,科学研究所涉及的伦理问题再次引发我国公众和政府的关注。1998 年,原卫生部设立了负责生物医学研究

---

① 《赫尔辛基宣言(2024)》,https://irb.sjtu.edu.cn/info/1232/2121.htm,访问日期:2024 年 11 月 12 日。
② 沈铭贤:《生命伦理学》,高等教育出版社 2003 年版,第 254 页。
③ 顾伟民:《关于建立医院伦理委员会的再思考》,载《中国医学伦理学》1997 年第 5 期。

伦理审查工作的"涉及人体的生物医学研究伦理审查委员会"，2000 年组建了"医学伦理专家委员会"。此后，众多医疗机构、医学院校以及研究机构等纷纷建立自己的伦理审查委员会。

2007 年 1 月，卫生部推出《涉及人的生物医学研究伦理审查办法（试行）》，明确提出成立医学伦理专家委员会，并要求各省级卫生行政部门建立本辖区的伦理审查指导及咨询组织。

2016 年 10 月，原国家卫生和计划生育委员会对《涉及人的生物医学研究伦理审查办法（试行）》进行修订，颁布了国家卫生和计划生育委员会第 11 号令。①第 11 号令通盘考量了不同等级与类型的医疗研究机构，凡涉及人类参与者的生物医学研究均受其约束，并对于违规行为制定了较为详细的行政处罚规则。

2023 年是医事伦理审查制度在我国发展的重要一年。《涉及人的生命科学和医学研究伦理审查办法》《科技伦理审查办法（试行）》的相继发布，分别为人的生命科学和医学研究研究、科技伦理审查提供了统一规范，对我国伦理审查提出了新要求。鉴于上述两文主要内容相近，本文结合笔者为医事伦理审查委员会成员的工作实践，以《涉及人的生命科学和医学研究伦理审查办法》为研究对象，分析医事伦理审查制度的主要规范。

二、《审查办法》的主要内容

（一）伦理审查的依据

《审查办法》第 1 条规定了伦理审查制度建立的法律依据。

第一，《民法典》规定了特殊临床试验的伦理委员会审查制度。《民法典》第 1008 条规定："为研制新药、医疗器械或者发展新的预防和治疗方

---

① 《涉及人的生物医学研究伦理审查办法》（"国家卫生和计划生育委员会令第 11 号"，"2016 年 11 号令"）。

法,需要进行临床试验的,应当依法经相关主管部门批准并经伦理委员会审查同意,向受试者或者受试者的监护人告知试验目的、用途和可能产生的风险等详细情况,并经其书面同意。进行临床试验的,不得向受试者收取试验费用。"

第二,《基本医疗卫生与健康促进法》第32条规定了三种情形下的知情同意,其中之一即为伦理审查制度下的知情同意。该法第32条规定:"公民接受医疗卫生服务,对病情、诊疗方案、医疗风险、医疗费用等事项依法享有知情同意的权利。需要实施手术、特殊检查、特殊治疗的,医疗卫生人员应当及时向患者说明医疗风险、替代医疗方案等情况,并取得其同意;不能或者不宜向患者说明的,应当向患者的近亲属说明,并取得其同意。法律另有规定的,依照其规定。开展药物、医疗器械临床试验和其他医学研究应当遵守医学伦理规范,依法通过伦理审查,取得知情同意。"

第三,《科学技术进步法》第82条规定国家完善科技伦理审查机制。该法第82条第3款规定:"国家完善国际科学技术研究合作中的知识产权保护与科技伦理、安全审查机制。"

第四,《生物安全法》第40条规定了生物医学新技术临床研究的应当通过伦理审查。该法第40条规定:"从事生物医学新技术临床研究,应当通过伦理审查,并在具备相应条件的医疗机构内进行;进行人体临床研究操作的,应当由符合相应条件的卫生专业技术人员执行。"

第五,《人类遗传资源管理条例》第9条规定对人类遗传资源使用进行伦理审查。该法第9条规定:"采集、保藏、利用、对外提供我国人类遗传资源,应当符合伦理原则,并按照国家有关规定进行伦理审查。采集、保藏、利用、对外提供我国人类遗传资源,应当尊重人类遗传资源提供者的隐私权,取得其事先知情同意,并保护其合法权益。采集、保藏、利用、对外提供我国人类遗传资源,应当遵守国务院科学技术行政部门制定的技术规范。"

第六,《药品管理法》第20条规定药物临床试验应当经伦理委员会审查同意。该法第20条规定:"开展药物临床试验,应当符合伦理原则,制定临床试验方案,经伦理委员会审查同意。伦理委员会应当建立伦理审查工作制度,保证伦理审查过程独立、客观、公正,监督规范开展药物临床试验,保障受试者合法权益,维护社会公共利益。"

综上可见,伦理审查制度已成为我国人的生命科学和医学研究的必备条款。但相关条款内容均为宣示性内容,较为原则,欠缺具体的、可操作的内容。

(二)伦理审查的范围

依据《审查办法》第3条规定,涉及人的生命科学和医学研究活动须伦理审查的包括以下情形:(1)采用物理学、化学、生物学、中医药学等方法对人的生殖、生长、发育、衰老等进行研究的活动;(2)采用物理学、化学、生物学、中医药学、心理学等方法对人的生理、心理行为、病理现象、疾病病因和发病机制,以及疾病的预防、诊断、治疗和康复等进行研究的活动;(3)采用新技术或者新产品在人体上进行试验研究的活动;(4)采用流行病学、社会学、心理学等方法收集、记录、使用、报告或者储存有关人的涉及生命科学和医学问题的生物样本、信息数据(包括健康记录、行为等)等科学研究资料的活动。

(三)伦理审查的内容

伦理委员会必须考虑研究实施所在国的伦理、法律与监管规范和标准进行初始审查和跟踪审查。

第一,初始审查的内容。如《审查办法》第21条规定初始审查9项内容:(1)研究具有科学价值和社会价值,不违反法律法规的规定,不损害公共利益;(2)研究参与者权利得到尊重,隐私权和个人信息得到保护;(3)研究方案科学;(4)研究参与者的纳入和排除的标准科学而公平;(5)风险受益比合理,风险最小化;(6)知情同意规范、有效;(7)研究机构和研究者能够胜任；(8)研究结果发布方式、内容、时间合理；(9)研究者遵守科研规范与诚信。

第二，跟踪审查的内容。《审查办法》第25条规定跟踪审查时间间隔不超过12个月，并规定跟踪审查的5项内容：(1)是否按照已批准的研究方案进行研究并及时报告；(2)研究过程中是否擅自变更研究内容；(3)是否增加研究参与者风险或者显著影响研究实施的变化或者新信息；(4)是否需要暂停或者提前终止研究；(5)其他需要审查的内容。

只有在伦理审查委员会确认研究的风险和负担得到了全面评估并能被妥善管理时，医生和其他研究者才可以开展涉及人类参与者的研究；当发现风险和负担超过潜在的获益，或有确凿证据证明研究已有了明确的结果时，医生和其他研究者必须对继续、修正，还是立即停止该研究进行评估。

（四）伦理审查的知情同意

自由和充分的知情同意是尊重个人自主性的重要组成部分。有能力做出知情同意的个人参与医学研究必须是自愿的。

《审查办法》第35条规定知情同意书应当包括12项内容：(1)研究目的、基本研究内容、流程、方法及研究时限；(2)研究者基本信息及研究机构资质；(3)研究可能给研究参与者、相关人员和社会带来的益处，以及可能给研究参与者带来的不适和风险；(4)对研究参与者的保护措施；(5)研究数据和研究参与者个人资料的使用范围和方式，是否进行共享和二次利用，以及保密范围和措施；(6)研究参与者的权利，包括自愿参加和随时退出、知情、同意或者不同意、保密、补偿、受损害时获得免费治疗和补偿或者赔偿、新信息的获取、新版本知情同意书的再次签署、获得知情同意书等；(7)研究参与者在参与研究前、研究后和研究过程中的注意事项；(8)研究者联系人和联系方式、伦理审查委员会联系人和联系方式、发生问题时的联系人和联系方式；(9)研究的时间和研究参与者的人数；

(10)研究结果是否会反馈研究参与者;(11)告知研究参与者可能的替代治疗及其主要的受益和风险;(12)涉及人的生物样本采集的,还应当包括生物样本的种类、数量、用途、保藏、利用(包括是否直接用于产品开发、共享和二次利用)、隐私保护、对外提供、销毁处理等相关内容。《审查办法》第35条对知情同意书的规定非常具体,需要研究者有效落实。

(五)伦理审查的法律责任

第一,规定了医疗机构擅自开展研究的法律责任。《审查办法》第44条规定:"医疗卫生机构未按照规定设立伦理审查委员会或者未委托伦理审查委员会审查,擅自开展涉及人的生命科学和医学研究的,由县级以上地方卫生健康主管部门对有关机构和人员依法给予行政处罚和处分。其他机构按照行政隶属关系,由其上级主管部门处理。"

第二,规定了研究者擅自开展研究的法律责任。《审查办法》第46条规定:"医疗卫生机构的研究者违反本办法规定,有下列情形之一的,由县级以上地方卫生健康主管部门对有关机构和人员依法给予行政处罚和处分:(一)研究或者研究方案未获得伦理审查委员会审查批准擅自开展研究工作的;(二)研究过程中发生严重不良反应或者严重不良事件未及时报告伦理审查委员会的;(三)违反知情同意相关规定开展研究的;(四)未及时提交相关研究报告的;(五)未及时在国家医学研究登记备案信息系统上传信息的;(六)其他违反本办法规定的情形。其他机构按照行政隶属关系,由其上级主管部门处理。"

第三,规定了伦理审查委员会违反规定的法律责任。《审查办法》第45条规定:"医疗卫生机构及其伦理审查委员会违反本办法规定,有下列情形之一的,由县级以上地方卫生健康主管部门对有关机构和人员依法给予行政处罚和处分:(一)伦理审查委员会组成、委员资质不符合要求的;(二)伦理审查委员会未建立利益冲突管理机制的;(三)未建立伦理审查工作制度或者操作规程的;(四)未按照伦理审查原则和相关规章制度进行审查的;(五)泄露研究信息、研究参与者个人信息的;(六)未按照规定进行备案、在国家医学研究登记备案信息系统上传信息的;(七)未接受正式委托为其他机构出具伦理审查意见的;(八)未督促研究者提交相关报告并开展跟踪审查的;(九)其他违反本办法规定的情形。其他机构按照行政隶属关系,由其上级主管部门处理。"

综上可见,医疗机构、研究者、伦理审查委员会违反规定的,法律责任均泛泛规定为"给予行政处罚和处分",过于原则,缺乏精细化的法律责任制度和善尽职责后的豁免制度。

三、医事伦理审查制度实施需要解决的问题

伦理审查体系植根于一种认识论的假设,即研究者认知存在局限性:研究者所拥有的知识有限、能够观测到的信息受限,从而其理性判断也受到制约,这会导致研究视角狭隘、对科学研究益处短视,最终可能导致错误的判断和决策。为了防范研究者的认知限制和错误倾向带来的影响,伦理审查制度据此而生。医事伦理审查制度的出发点与落脚点均在于防范研究者的短视与狭隘。我国的医事伦理审查制度尚在建设阶段,还未臻至成熟。有效落实医事伦理审查制度,需要解决以下问题。

（一）伦理审查委员会的法律地位亟须厘清

审查委员会拥有审查权限,但却不具有法律地位,难以承担相应的法律职责。伦理审查委员会的成立依附于具体的研究机构,其独立性自然难有保障。在现有的模式中伦理审查委员会没有经过注册登记而不具有法人资格,不具有民事主体地位,不能独立承担民事责任,无法成为民事诉讼的主体,对其成员民事追责没有制度保障。

国外的医事伦理审查委员会主要有两种模式:一种是作为独立的行政机构设立,行使部分行政职能,进行伦理审查的同时兼具监督、指导下级委员会医事伦理审查的职责,如瑞典的中央伦理审查委员会、法国的生

命与健康科学国家伦理咨询委员会;另一种是以美国机构伦理委员会、德国医学伦理委员会为代表的机构伦理审查委员会模式,该种模式下,医院、研究机构可以内设机构伦理委员会,机构伦理委员会也可以单独自行设立,如美国私立的机构伦理委员会通过注册成立,是具有独立的法人资格的民事主体。[①]以上两种模式,医事伦理审查委员会均具有法律主体的独立性,可以减少外部势力对医事伦理审查的干涉,维护医事伦理审查决定的权威性。

笔者认为,我国将来伦理审查委员会建设,应借鉴国外经营,选择美国机构伦理委员会、德国医学伦理委员会为代表的机构伦理审查委员会模式,规定伦理委员会通过注册成为独立的法人资格的民事主体。并且,对伦理委员会人员的考核机制尚未有统一标准,医院也仅仅是对委员的工作量进行考核,对其专业水平和综合能力的考核标准还未建立,我国将来应建立统一的认证制度和考核机制,从源头上为保障伦理审查的质量提供好的开端。

（二）审查标准仍需细化

伦理委员会运作的规范性是其审查结果可靠性和权威性的决定性因素,尽管《审查办法》和一些相关规范指明了伦理委员会的组成原则和职责,但现行制度仍缺少具体且标准化的操作指南[②],尤其是在对具体的医疗实践和新治疗方案的伦理审查过程中,常常面临无法遵循具体规定的窘境。由于缺乏标准化的指引程序和审查标准,程序规范上也不尽完善,医事决策的权威性和科学性难以得到保障。

为提高医事伦理审查工作的标准化和可操作性,我国可借鉴国外相

---

① 赵万一:《医事伦理审查制度的法律实现》,载《东方法学》2024 年第 4 期。

② 《药物临床试验质量管理规范》(2020 年)和《医疗器械临床试验质量管理规范》(2022 年)仅是关于药物、医疗器械的审查标准,对于除药物、医疗器械以外的人的生命和医学研究的审查标准仍欠缺操作指南。

关的指南性文件。如对于初始审查,我国可借鉴英国发布的《英国伦理委员会标准操作规程》、美国发布的《机构伦理审查委员会、临床研究人员和申办者的知情同意指南》等;对于跟踪审查,我国可借鉴美国发布的《持续性审查指南》。这些审查指南性文件的颁布,细化了医事伦理审查标准,提高了医事伦理审查效率,使国际伦理准则中保护受试者权益的规定得到有效落实。

（三）监管机制仍需完善

我国监管机关对医事伦理委员会的监管,重对初始审查的监管,忽视对跟踪审查的监管。同时,监管协同机制尚未形成,一个医疗机构设立一个伦理审查委员会。并且,尽管国家卫生行政部门与省级卫生行政部门下设专业的医学伦理专家委员会,但其定位并非作为辖区内伦理审查委员会的领导机构,与伦理审查委员会之间并不具备领导与被领导的关系,也不享有对伦理审查委员会的监管职能,对伦理审查委员会的监管存在漏洞。

笔者认为,完善监管机制,首先应强化监管机关对跟踪审查的监管;其次,建立区域性医事伦理审查委员会,既可以统一审查标准,也可以避免资源浪费;最后,理清监管机关与伦理审查委员会的监管关系。

（四）责任追究制度仍需完善

现行规定下,当医事伦理审查委员会出现不法事由时,责任承担的主体为机构和人员,但并未对机构的责任和伦理审查委员会组成人员的责任承担范围及方式进行详细规定,存在制度缺口。

应建立健全精细化的法律责任制度和善尽职责后的豁免制度。医事伦理审查委员会享有特殊权力,应将勤勉审查义务作为伦理委员会及其成员的一般性义务。伦理委员会及其成员在履行勤勉审查义务时,若未能尽职尽责,给研究机构或研究参与者带来损害,应依法承担相应的民事赔偿责任。同时,适当提高行政责任,如严重违规的,可以取消相应的资质等。

第五章　社会组织建设的文本与实践

　　《法治社会建设实施纲要(2020—2025年)》明确要求"促进社会组织健康有序发展,推进社会组织明确权责、依法自治、发挥作用。坚持党对社会组织的领导,加强社会组织党的建设,确保社会组织发展的正确政治方向。加大培育社会组织力度,重点培育、优先发展行业协会商会类、科技类、公益慈善类、城乡社区服务类社会组织。推动和支持志愿服务组织发展,开展志愿服务标准化建设。发挥行业协会商会自律功能,探索建立行业自律组织。发挥社区社会组织在创新基层社会治理中的积极作用。完善政府购买公共服务机制,促进社会组织在提供公共服务中发挥更大作用",同时提出要"充分发挥社会规范在协调社会关系、约束社会行为、维护社会秩序等方面的积极作用。加强居民公约、村规民约、行业规章、社会组织章程等社会规范建设,推动社会成员自我约束、自我管理、自我规范。深化行风建设,规范行业行为。加强对社会规范制订和实施情况的监督,制订自律性社会规范的示范文本,使社会规范制订和实施符合法治原则和精神"。①据此可见,社会组织建设和社会规范建设已经成为当代中国法治社会建设的"两翼"。

---

　　① 《法治社会建设实施纲要(2020—2025年)》,人民出版社2020年版,第15页。

截至 2024 年三季度末,我国共登记社会组织 87.9 万家,其中社会团体 38.0 万家、基金会 9 700 余家、社会服务机构 48.9 万家。在社会团体中,有 10 万余家行业协会商会,拥有企业会员总数约 770 余万。①迄今,我国还没有一部社会组织基本法,主要依靠《民法典》《慈善法》及有关社会组织的行政法规、部门规章来规范社会组织。我国正在加快社会组织的立改废释纂,如全国人大社会委正在推动加快《行业协会商会法》制定和《基金会管理条例》《社会团体登记管理条例》《民办非企业单位登记管理暂行条例》修订工作。②本章基于文本与实践的双重视角重点研究我国社会组织法制化建设亟待解决的公法人、私法人杂糅问题,希冀更有效发挥公营公益法人(如侨联)职能以助力国家发展,并为私营公益法人的法制化建设节约更多制度成本。

第一节　公营社会组织的法制化建构

我国《民法典》将法人分为营利法人、非营利法人与特别法人;非营利法人再分为事业单位、社会团体、捐助法人(包括但不限于基金会、社会服务机构)等组织形式。实践中,广东省社会组织综合信息服务平台(试运行)将社会组织分类为"社会团体、民非③、基金会"。④本节通过系统研究我国社会组织的现行法律体系与政策目标要求,认为我国社会组织的法

---

① "我国 7 万余家行业协会商会完成脱钩改革",https://news.qq.com/rain/a/20241023A066GU00,访问日期:2024 年 7 月 31 日。

② 《全国人民代表大会社会建设委员会关于第十四届全国人民代表大会第二次会议主席团交付审议的代表提出的议案审议结果的报告》,https://www.pkulaw.com/chl/a6e3e5b2e04c80e7bdfb.html,访问日期:2024 年 7 月 31 日。

③ 在实践中"民非"表述存在不同,如《民办非企业单位登记管理暂行条例》表述为民办非企业单位,《民间非营利组织会计制度》表述为民间非营利组织。

④ "广东省社会组织综合信息服务平台(试运行)",https://smzt.gd.gov.cn/shzz/gdnpo_index.html,访问日期:2024 年 9 月 14 日。

制化建设必须对社会组织的类型进行区分,解决好我国社会组织立法的"公私杂糅"问题。

一、社会组织的现行法律体系

迄今,我国还没有一部社会组织基本法,主要依靠《民法典》《慈善法》及有关社会组织的行政法规、部门规章来规范社会组织。

(一)《民法典》对社会组织的规范

《民法典》未采取公法人与私法人的分类方法,而是将法人分为营利法人、非营利法人与特别法人;非营利法人再分为事业单位、社会团体、捐助法人(包括但不限于基金会、社会服务机构)等组织形式。《民法典》首次以法典形式建构了公益法人的组织类型、章程、捐助人权利以及剩余财产处置等的基本框架。

第一,社会组织类型及其登记要求。《民法典》第87条第2款规定:"非营利法人包括事业单位、社会团体、基金会、社会服务机构等。"第90条规定:"具备法人条件,基于会员共同意愿,为公益目的或者会员共同利益等非营利目的设立的社会团体,经依法登记成立,取得社会团体法人资格;依法不需要办理法人登记的,从成立之日起,具有社会团体法人资格。"第92条规定:"具备法人条件,为公益目的以捐助财产设立的基金会、社会服务机构等,经依法登记成立,取得捐助法人资格。依法设立的宗教活动场所,具备法人条件的,可以申请法人登记,取得捐助法人资格。法律、行政法规对宗教活动场所有规定的,依照其规定。"

第二,法人章程。《民法典》第91条规定:"设立社会团体法人应当依法制定法人章程。社会团体法人应当设会员大会或者会员代表大会等权力机构。社会团体法人应当设理事会等执行机构。理事长或者会长等负责人按照法人章程的规定担任法定代表人。"第93条规定:"设立捐助法人应当依法制定法人章程。捐助法人应当设理事会、民主管理组织等决策机构,并设执行机构。理事长等负责人按照法人章程的规定担任法定代表人。捐助法人应当设监事会等监督机构。"

第三,捐助人的知情权。《民法典》第94条规定:"捐助人有权向捐助法人查询捐助财产的使用、管理情况,并提出意见和建议,捐助法人应当及时、如实答复。捐助法人的决策机构、执行机构或者法定代表人作出决定的程序违反法律、行政法规、法人章程,或者决定内容违反法人章程的,捐助人等利害关系人或者主管机关可以请求人民法院撤销该决定。但是,捐助法人依据该决定与善意相对人形成的民事法律关系不受影响。"有学者指出,本条款规定的撤销权存在"面临主管机关撤销权行使的程序不明问题:在利害关系人不行使撤销权时,主管机关是否应当行使撤销权的程序不明;以及在主管机关决定行使撤销权时,如何在诉讼法上予以保障的程序不明"①问题,需要相关配套制度。

第四,剩余财产处置。《民法典》第95条规定:"为公益目的成立的非营利法人终止时,不得向出资人、设立人或者会员分配剩余财产。剩余财产应当按照法人章程的规定或者权力机构的决议用于公益目的;无法按照法人章程的规定或者权力机构的决议处理的,由主管机关主持转给宗旨相同或者相近的法人,并向社会公告。"

(二)《社会组织名称管理办法》对社会组织的规范

2024年5月1日开始施行的《社会组织名称管理办法》②虽规范的是企业名称,但作为最新的行政规章,其为将来的社会组织法制定奠定了以下制度基础。

第一,社会组织类型。《社会组织名称管理办法》第2条第2款规定:

---

① 李德健:《论捐助法人主管机关撤销权及其制度完善——以〈民法典〉第94条为切入点》,载《山东大学学报(哲学社会科学版)》2021年第3期。
② 《社会组织名称管理办法》自2024年5月1日起施行,《基金会名称管理规定》(民政部令第26号)、《民政部关于印发〈民办非企业单位名称管理暂行规定〉的通知》(民发[1999]129号)同时废止。

"本办法所称的社会组织,包括社会团体、基金会和民办非企业单位。"第12条规定:社会团体名称应当以"协会""商会""学会""研究会""促进会""联合会"等字样结束;基金会名称应当以"基金会"字样结束;民办非企业单位名称应当以"学校""大学""学院""医院""中心""院""园""所""馆""站""社"等字样结束,结束字样中不得含有"总""连锁""集团"等。可见,这与《民法典》第87条第2款规定的三种类型存在不同:本办法指社会团体、基金组织和民办非企业单位;《民法典》指社会团体、基金组织和社会服务机构。

第二,社会组织信息公示平台。《社会组织名称管理办法》第4条规定:"国务院民政部门建立全国社会组织信用信息公示平台,为社会组织名称信息查询提供支持。"目前,各省民政厅下的信息公示平台仍在试运行阶段。

(三)《社会团体登记管理条例》对社会组织的规范

《社会团体登记管理条例》于1998年9月25日通过、2016年2月6日第一次修订。其主要内容包括以下方面。

第一,自业务主管单位审查批准成立之日起具有法人资格。《社会团体登记管理条例》第3条规定:"成立社会团体,应当经其业务主管单位审查同意,并依照本条例的规定进行登记。社会团体应当具备法人条件。下列团体不属于本条例规定登记的范围:(一)参加中国人民政治协商会议的人民团体;(二)由国务院机构编制管理机关核定,并经国务院批准免于登记的团体;(三)机关、团体、企业事业单位内部经本单位批准成立、在本单位内部活动的团体。"第15条规定:"依照法律规定,自批准成立之日起即具有法人资格的社会团体,应当自批准成立之日起60日内向登记管理机关提交批准文件,申领《社会团体法人登记证书》。登记管理机关自收到文件之日起30日内发给《社会团体法人登记证书》。"依据《社会团体登记管理条例》第3条、第15条的规定,成立社会团体,除应经业务主管单位审查同意并依照本条例规定进行登记外,社会团体还应具备法人条件。这一规定排除了非法人社会团体的存在可能。①

第二,社会团体还应具备法人条件。《社会团体登记管理条例》第 10 条规定了成立社会团体应当具备的条件:(一)有 50 个以上的个人会员或者 30 个以上的单位会员;个人会员、单位会员混合组成的,会员总数不得少于 50 个;(二)有规范的名称和相应的组织机构;(三)有固定的住所;(四)有与其业务活动相适应的专职工作人员;(五)有合法的资产和经费来源,全国性的社会团体有 10 万元以上活动资金,地方性的社会团体和跨行政区域的社会团体有 3 万元以上活动资金;(六)有独立承担民事责任的能力;(七)社会团体的名称应当符合法律、法规的规定,不得违背社会道德风尚,应当与其业务范围、成员分布、活动地域相一致,准确反映其特征。

第三,章程的必备条款。《社会团体登记管理条例》第 14 条规定:"社会团体的章程应当包括下列事项:(一)名称、住所;(二)宗旨、业务范围和活动地域;(三)会员资格及其权利、义务;(四)民主的组织管理制度,执行机构的产生程序;(五)负责人的条件和产生、罢免的程序;(六)资产管理和使用的原则;(七)章程的修改程序;(八)终止程序和终止后资产的处理;(九)应当由章程规定的其他事项。"

第四,业务主管单位的主要职责。《社会团体登记管理条例》第 25 条规定:"业务主管单位履行下列监督管理职责:(一)负责社会团体成立登记、变更登记、注销登记前的审查;(二)监督、指导社会团体遵守宪法、法律、法规和国家政策,依据其章程开展活动;(三)负责社会团体年度检查的初审;(四)协助登记管理机关和其他有关部门查处社会团体的违法行为;(五)会同有关机关指导社会团体的清算事宜。业务主管单位履行前

---

① 陈甦:《民法总则评注(上册)》,法律出版社 2017 年版,第 654 页。

款规定的职责,不得向社会团体收取费用。"

应注意的是,民政部于 2000 年 12 月 5 日出台《关于对部分团体免予社团登记有关问题的通知》(民发[2000]256 号),规定了以下两类可免于登记的社团:一是参加中国人民政治协商会议的人民团体不进行社团登记。参加中国人民政治协商会议的人民团体有:中华全国总工会、中国共产主义青年团、中华全国妇女联合会、中国科学技术协会、中华全国归国华侨联合会、中华全国台湾同胞联谊会、中华全国青年联合会、中华全国工商业联合会。二是经国务院批准可以免予登记的社会团体有:中国文学艺术界联合会、中国作家协会、中华全国新闻工作者协会、中国人民对外友好协会、中国人民外交学会、中国国际贸易促进会、中国残疾人联合会、宋庆龄基金会、中国法学会、中国红十字总会、中国职工思想政治工作研究会、欧美同学会、黄埔军校同学会、中华职业教育社。上述可以免予登记的团体,在党章上表述为群团组织,可自愿选择是否办理登记手续。

(四)《基金会管理条例》对社会组织的规范

现行《基金会管理条例》于 2004 年 2 月 11 日通过,已施行了 20 多年。

第一,基金会成立条件。《基金会管理条例》第 8 条规定:"设立基金会,应当具备下列条件:(一)为特定的公益目的而设立;(二)全国性公募基金会的原始基金不低于 800 万元人民币,地方性公募基金会的原始基金不低于 400 万元人民币,非公募基金会的原始基金不低于 200 万元人民币;原始基金必须为到账货币资金;(三)有规范的名称、章程、组织机构以及与其开展活动相适应的专职工作人员;(四)有固定的住所;(五)能够独立承担民事责任。"笔者认为,"原始基金不低于 200 万元人民币""原始基金必须为到账货币资金"等要求大幅提升了民间公益法人的设立门槛,限缩了其自治空间。

第二,基金会的组织机构。理事会是基金会的决策机构。理事长是基金会的法定代表人。监事依照章程规定的程序检查基金会财务和会计资料,监督理事会遵守法律和章程的情况,有权向理事会提出质询和建议。

第三,财产的管理和使用。公募基金会每年用于从事章程规定的公益事业支出,不得低于上一年总收入的 70%;非公募基金会每年用于从事章程规定的公益事业支出,不得低于上一年基金余额的 80%。基金会工作人员工资福利和行政办公支出不得超过当年总支出的 10%。基金会应当按照合法、安全、有效的原则实现基金的保值、增值。

第四,监督管理职责。基金会业务主管单位履行下列监督管理职责:(一)指导、监督基金会、境外基金会代表机构依据法律和章程开展公益活动;(二)负责基金会、境外基金会代表机构年度检查的初审;(三)配合登记管理机关、其他执法部门查处基金会、境外基金会代表机构的违法行为。

应予注意的是,除以上法律、行政法规及部门规章外,《慈善法》对社会组织亦进行了规范。①

综上,我国关于社会组织的立法至少存在组织类型不清晰的问题。一是"社会团体法人"与"捐助法人"的关系不清晰。从《民法典》第 87 条、第 90 条、第 92 条可见,《民法典》就未理清"社会团体法人"与"捐助法人"是并列概念还是上下位概念;从第 87 条可以得出并列是概念;而从第 90 条与第 92 条可以得出"捐助法人"是"社会团体法人"的下位概念。二是社会组织与慈善组织的关系不清晰。依据《社会组织名称管理办法》第 2 条第 2 款,社会组织,包括社会团体、基金会和民办非企业单位;而依据《慈善法》第 8 条第 2 款规定,慈善组织可以采取基金会、社会团体、社会服务机构等组织形式。并且,由于我国的社会组织最初由政府创立和管

---

① 对《慈善法》的研究见本章第三节。

理,至今法律规制的主要手段仍是管治。

二、社会组织的政策目标

2024年9月,民政部、中央社会工作部、农业农村部、市场监管总局、全国工商联共同发布《关于加强社会组织规范化建设推动社会组织高质量发展的意见》(民发[2024]43号),明确了社会组织规范化建设的政策目标。

（一）登记审查

第一,实行事先告知提示。民政部门在社会组织申请成立登记阶段应向发起人、捐资人书面告知登记管理法规政策要求,重点提示捐资人对投入的财产不保留或者享有任何财产权利、工作人员工资福利等管理费用开支应当合理并控制在规定的比例内、社会组织的财产必须用于符合章程规定的宗旨和业务活动、法人终止时剩余财产不得向发起人或捐资人分配等规定;发起人在告知后继续提出申请的,签收事先告知书;捐资人清楚知晓社会组织财产属性和捐赠行为法律效果后继续履行捐赠的,签署捐资承诺书。

第二,严格审查负责人人选。承担社会组织负责人审核职能的相关部门要细化任职条件、程序等要求,把政治标准摆在首位,按照讲政治、守信念、讲奉献、有本领、重品行的原则严格审查;对于负责人人选中的兼职领导干部,要履行兼职报批手续,未按规定程序报批的不得作为负责人人选;社会组织要推选政治合格、在本领域有代表性、具备相应经验和业务能力、适合岗位职责要求的人员担任负责人,落实任职回避相关规定;社会组织按规定履行相关程序后开展民主选举,选任后按要求到民政部门履行备案手续。

第三,引导社会组织聚焦主责主业。民政部门会同业务主管单位、行业管理部门,在社会组织申请成立登记、名称变更、章程核准时,按照明确、清晰、聚焦主业的原则加强名称审核、业务范围审定。在日常监管、年检年报、抽查审计、执法监督、等级评估、舆情监测等工作中发现社会组织超出宗旨和业务范围开展活动的,民政部门会同相关部门依法处理。

(二)加强社会组织自身建设

第一,强化内部机构功能作用。社会组织要依照法规政策和章程细化会员大会、理事会、监事等内部机构的职权、议事规则和履职要求,建立并落实主要负责人、法定代表人述职制度;会员大会、理事会应当进行民主选举、民主决策、民主管理,实行一人一票平等表决、理事长末位表态,对不同意见应予以记录;社会组织人、财、物、活动中按规定由会员大会、理事会决策的事项,不得由个人专断或由理事长办公会等代为决策;监事应忠实、勤勉履行职责,加强对负责人、理事、财务管理人员职务行为的监督;业务主管单位推动社会组织建立健全内部机构运行各项制度,指导解决内部治理问题。

第二,加强分支机构管理。社会团体、基金会要审慎决策设立分支机构,对设立的必要性、可行性进行充分论证,做到与自身宗旨和业务范围相符合,与管理服务能力、工作需要相适应;要建立健全分支机构管理制度,加强对分支机构名称、负责人、工作人员、项目、活动、财务等事项的审核和监督,不得将分支(代表)机构委托其他组织或个人运营,不得借设立分支机构收取或变相收取管理费用;分支机构开展活动产生的法律责任由设立该机构的社会团体、基金会承担,与其他民事主体开展合作活动的必须经设立该机构的社会团体、基金会授权或批准。

第三,加强财务管理。社会组织要严格执行《会计法》《民间非营利组织会计制度》等规定,按照非营利法人要求有效利用、规范管理资产;要结合自身实际,建立权责清晰、约束有力的内部财会监督机制和内部控制体系,明确内部监督的主体、范围、程序、权责等,落实内部财会监督主体责任,并定期向会员大会、理事会、监事等报告财务收支情况;社会组织的负责人、理事、监事、主要捐赠人等与社会组织交易对象存在控制关系或者能够施加重大影响的,应当主动报告并按规定回避表决,相关交易情况应依法如实披露。

第四,健全内部纠纷解决机制。社会组织应建立内部纠纷解决机制,依法依规妥善解决内部矛盾纠纷;社会组织应做好档案资料保管,建立健全证书、印章、档案、文件等内部管理制度,通过查阅原始档案并开展协商的方式解决矛盾争议;理事长(会长)要充分协调各方,及时组织召开会议,推动达成一致意见;理事长(会长)不能正常履职的,可按章程规定的程序推举一位负责人召集会议;无法通过协商解决内部矛盾争议的,可通过调解、司法程序等方式依法解决。

（三）强化管理和监督

第一,建立健全重大事项报告制度。业务主管单位建立健全双重管理社会组织重大事项报告制度,明确社会组织进行报告的程序、事项明细、管理要求等,将社会组织的重要人事变动、重要会议及活动、设立分支机构、大额资金收支、对外交往、接收或开展境外捐赠资助等事项纳入报告范围;行业管理部门通过制定指导监管事项清单等方式,加大对本行业本领域已脱钩行业协会商会和直接登记社会组织的业务指导和行业监管;民政部门指导社会组织建立活动影响评估机制,对可能引发社会风险的重要事项事先向政府有关部门报告。

第二,提升年检年报工作质量。民政部门督促社会组织如实填报年度工作报告、财务会计报告,经集体研究后按要求报送;民政部门进一步完善年检工作制度,细化年检审查标准,强化对社会组织负责人超龄超届任职情况管理监督,加强年检结果、年报发现问题的分析运用,视情况向业务主管单位、行业管理部门、社会工作部门等反馈社会组织的突出问题;对于年检年报发现的问题,采用提醒敦促、约谈负责人、发放整改文书、行政处罚等梯次监管工具督促整改;依托年检年报等工作,汇总社会组织基础信息,建立健全社会组织工作档案,强化信息共享和成果运用。

第三,规范社会组织收费。市场监管、民政等部门持续引导行业协会、商会等社会组织规范收费行为,按照依法合规、公开透明、平等自愿的原则,综合考虑服务成本、会员经营状况、承受能力、行业发展水平等因素合理制定收费标准,及时公示收费项目、收费性质、服务内容、收费标准及依据等信息;对于强制入会和强制收费、利用法定职责和行政机关委托或授权事项违规收费、通过评比达标表彰活动收费、通过职业资格认定违规收费、通过培训或评价发证违规收费、只收费不服务等行为,依法依规严肃处理。

第四,加强综合监督管理。民政部门依法对社会组织加强登记审查、监督管理和执法检查;业务主管单位按照相关规定,对所主管社会组织切实负起相应监督管理责任;行业管理部门将社会组织纳入行业管理,加强业务指导和行业监管;审计机关依法对社会组织取得的财政资金、国有资产以及受政府委托管理的其他公共资金进行审计监督;相关职能部门依据相关法律法规,按照各自职能落实对社会组织服务行为及业务活动的监管责任,实施有效监管。

第五,创新监督管理手段。民政部门建好用好社会组织法人库、社会组织信用信息管理平台、慈善中国等基础平台,推进社会组织细化分类,建立健全大数据辅助决策和预警机制,充分运用数字技术加强线上线下一体化监管和智慧监管;推进部门间信息共享共用,完善社会组织行政执法与纪检监察、刑事司法衔接贯通机制,强化对相关人员责任追究和查处;加强社会组织信用体系建设,民政部门配合相关部门按照各自职能,依据社会组织信用信息采取相应的激励和惩戒措施,重点推进对失信社会组织的联合惩戒;鼓励各界开展社会监督,加大社会组织典型案件曝光力度,通过以案释法等方式开展警示教育。

（四）有效的配套制度

第一，加强政策保障。健全社会组织管理制度，加快推进重点领域社会组织法律法规制定，鼓励各地民政部门先行先试、因地制宜开展制度创新；充分发挥主流媒体作用，拓展网络宣传渠道，定期组织法规政策培训，推动法规政策宣传普及；落实社会组织承接政府购买服务、税收优惠、人才工作等制度安排，支持社会组织按规定享受相关优惠待遇。

第二，推动以评促建。民政部门积极完善社会组织等级评估指标，加强评估队伍建设，动员社会组织积极参加评估，推动在社会组织承接政府转移职能和购买服务、参加评先评优等工作中运用好评估结果，不断提高社会组织参评比例；组织实施社会组织领域行业标准，加强社会组织能力建设；引导社会组织持续完善管理制度、规范内部治理、提高服务能力。

第三，推进品牌建设。民政部门引导社会组织树立品牌意识，依据章程、业务范围和自身专长开展专业化、差异化、个性化特色服务，建设具有竞争力的服务品牌；加强社会组织教育培训，积极开展先进社会组织案例库建设和典型宣传等活动，按照国家有关规定开展表彰奖励工作，做好品牌社会组织宣传推广，发挥示范带动作用。

第四，突出特色优势。民政部门积极推动社会组织持续提升专业水平和服务能力，发挥自身特色优势，找准服务大局、服务基层的结合点、着力点，积极服务科技创新、推动新质生产力加快发展、引进全球高水平人才，更好服务基本民生保障、基层社会治理、基本社会服务。农业农村、民政等部门引导社会组织发挥产业、科技、人才等方面优势服务乡村振兴，积极参与乡村产业发展、乡村建设、乡村治理；依托东西部协作、定点帮扶等工作机制，鼓励各类社会组织通过派出人员、资金支持、资源整合等方式服务脱贫地区乡村发展。

（五）有效的组织领导

第一，坚持党建引领。加大在社会组织组建党组织力度，扩大党的组织和党的工作有效覆盖。建立健全党组织参与社会组织重大问题决策制度机制,结合实际制定党组织参与决策事项清单。增强党组织政治功能和组织功能,充分发挥政治引领作用,教育管理党员,引领服务群众,推动事业发展。

第二,强化部门协同。各级民政、社会工作、农业农村、市场监管、工商联等部门和单位要积极会同相关职能部门,按照职责分工落实各项任务,加强协同配合,增强工作合力。民政部门要结合实施社会组织规范化建设专项行动,发挥综合协调作用,抓好督促落实,确保取得实效。

综上可见,"推动社会组织高质量发展的意见"从五个方面提出了社会组织高质量发展的政策目标。但同时,仍要求"强化管理和监督",强调政府主导的管制而非组织自治。

三、公营社会组织的法制化建构

推进我国社会组织的法制化建设,实现我国社会组织发展的政策目标,必须解决社会组织类型的法制化问题。笔者认为,应以公法人与私法人为标准①对社会组织进行划分,公营公益法人按照政治职责与公益职责"双职责"进行法制化建构,私营公益法人按照单一公益职责进行法制化建构。

（一）公营公益法人与私营公益法人的区分

建议对公营公益法人进行如下界定。不属于公营公益法人的社会组织则归类于私营公益法人。

第一,全国性的群团组织属于公营公益法人。"中央编制管理部门直接管理机构编制的群众团体",为《中共中央办公厅、国务院办公厅关于印

---

① 所谓公法人,是指以公共利益为目的,即以提高政府效能、满足公众需要和改善公共福利为目的而设立的法人。尽管"公法人"并非我国现行法使用的概念,但其在理论层面上被广泛使用。公法人遵循行政管制,私法人遵循私法自治。

发〈21 个群众团体机关机构改革意见〉的通知》(中办发[2000]31 号)确认"中央编制管理部门直接管理机构编制的群众团体"不依《社会团体登记管理条例》登记的机关。

第二,大量的基层群团组织根据其发起人的性质进行公法人与私法人的区分。群众团体基层组织数量庞大,应根据其主管单位进行公法人、私法人的区分。2015 年 7 月,习近平总书记曾指出:"长期以来,工会、共青团、妇联等群团组织自上而下建立了比较完整的组织体系。目前,工会有基层组织近二百八十万个、职工帮扶中心和站点二十多万个,共青团有基层组织三百八十多万个,妇联有基层组织将近一百万个、城乡'妇女之家'七十多万个……联系和引导相关社会组织,是群团组织发挥桥梁和纽带作用的一项重要任务。这些年来,各类社会组织发展迅速,在群众中影响不小。要接长手臂、形成链条,使群团组织成为党联系社会组织的一个重要渠道。"[①]

第三,对基金会根据其发起人的性质区分公法人与私法人。如对中华慈善会系统的进一步区分。

(二)公营公益法人双重职责的法制化建构

1. 公营公益法人具有双重职责属性

公营公益法人兼具政治属性与公益属性,因此承担政治职责与公益职责的双重职责。如《中国工会章程》总则第 1 句指出:"中国工会是中国共产党领导的职工自愿结合的工人阶级群众组织,是党联系职工群众的桥梁和纽带,是国家政权的重要社会支柱,是会员和职工利益的代表。"《工会法》第 2 条强调:"工会是中国共产党领导的职工自愿结合的工人阶级群众组织,是中国共产党联系职工群众的桥梁和纽带。中华全国总工会及其各工会组织代表职工的利益,依法维护职工的合法权益。"同时,第

---

① 习近平:《在中央党的群团工作会议上的讲话》(2015 年 7 月 6 日),载中共中央文献研究室编:《习近平关于社会主义政治建设论述摘编》,中央文献出版社 2017 年版,第 197、201 页。

6 条还规定:"维护职工①合法权益、竭诚服务职工群众是工会的基本职责。工会在维护全国人民总体利益的同时,代表和维护职工的合法权益。"即我国公营公益法人承担"双维护"职责,包括"人民总体利益"与"职工合法权益"。

2. 公营公益法人的法制化建构应以"双职责"为导向

第一,在群团组织与政府之间形成"职权—职责"关系。群团组织,但却并非法定行政主体资格,群团组织违反该政治职责时,也不具有行政诉讼上的追责性。在工会与会员、用人单位、政府机构或组织之间形成特殊的"权力—义务"关系。群团组织基于政治职责所获之权力,为履行其负担的职责而对于会员、用人单位和相关政府机构或组织享有要求其履行特定给付义务的支配力,这一支配力体现在组织、引导、动员和教育职工,协助政府工作以及支持企业发展等方面,相应地,会员、企业要负担配合、服从的义务。此种支配力不仅是"社会组织的社会权力",而且性质上仍属国家权力范畴。如果群团组织滥用其"权力",会员就可以借助其授权约束国家权力的机制来对相关工作人员的代表、维权资格加以减损而获救济。

第二,在群团组织与会员之间形成以服务会员为基本内容的"权利—义务"关系以及公法人基于章程而对会员进行管理约束的"权力—义务"关系。会员为了实现团结利益而加入、组建群团组织,群团组织因此承担着维护会员合法权益和服务会员的天然义务,群团组织所获之组织开展活动以维护、服务会员的代表资格、代表权限均来自会员的授权,并受到会员的监督。群团组织违反这些义务时,相关工作人员不仅要受到群团组织自律机制的处罚,而且要承担侵害会员团结权的不当行为责任。与

---

① 从逻辑上讲,工会只有代表和维护"会员"的义务,但我国官方政策和立法表述上把"会员"与"职工"二者混同使用。

此同时，基于有效履行维权、代表和服务义务之需要，群团组织还必须具备管理约束会员的"权力"，此时在群团组织与会员之间还会形成学理上的"权力—义务"关系，这一"权力"是指群团组织作为社会组织所享有的依照章程而要求会员遵守章程，并对违反者给予谴责、诫告、罚款、停止权利、停止资格、除名等处分的权利。

（三）私营公益法人公益职责的法制化建构

1. 私营公益法人具有自治属性

第一，自治属性。在大陆法系国家，包括民间公益法人在内的整个私法人领域需坚持章程自治原则，其内部机构组成人员可根据法律与章程规定自主决策、监督、执行，开展内外活动；①而英美法系国家则发展出独立与非政府原则，并在制度上明确民间公益法人的治理机构对内外事务享有总括性权利。②

第二，公益目的。这里的公众受益是指"积极地让公众受益"。公众受益是民间公益法人自治的目的所在，并为其自治提供基础边界。若民间公益法人经由自治却并未最优化实现反倒部分或完全偏离其公益目的，其自治将丧失正当性甚至合法性基础，并且会伴随着法律责任之追究。两大法系国家均高度重视对公益资格的界定与让利。大陆法系国家从民法或税法视角，通过划定公益目的范围、坚持非营利性、禁止财产私分并建构配套财税优惠政策等方式，确保公益资格的明确性与优越性。③

---

①　李德健：《中国民间公益法人制度现代化的路径选择》，载《法学研究》2024 年第 1 期。

②　英国 2011 年《慈善法》第 216 条规定，慈善法人组织的慈善受托人在管理法人事务上享有全部权利；同时，该法第 20 条明确要求监管者不得行使治理机构成员的职权或直接参与组织运营；其监管者的官方文件也强调慈善组织独立原则。Charity Commission, The Independence of Charities from the State (RR7), London: Charity Commission, 2009, pp.1—8.

③　德国法上，其民法并未将社团法人或财团法人的目的限定于公益目的，但其税法要求免税组织应具有公益目的，并细致规定了公益目的的范围与专属性、无私性等其他免税资格要求。Thomas von Hippel, Nonprofit Organizations in Germany, in Klaus J. Hopt and Thomas von Hippel（eds.）, *Comparative Corporate Governance of Non-profit Organizations*, Cambridge: CUP, 2010, pp.214—216.

而普通法系国家则通过规定慈善目的范围、公益原则、近似原则、免税资格等方式,实现对慈善资格的界定与对慈善组织的让利。①

第三,无所有者治理。在任何组织中,均要求信义治理,即其内部机构组成人员作为受信人,应为组织利益最优化而从事内外治理、开展各项活动。民间公益法人的信义义务更具特殊性,其在经济学意义上并无所有者而只有公益目的。两大法系尤其重视创设内部机构组成人员的信义义务及其执行机制,从而在保障其内部机构独立实现公益目的的同时,防控那些偏离公益目的而行事的道德风险。

2. 私营公益法人的法制化建构应以单一公益目的为导向

第一,放松设立监管。拓展直接登记范围、创设由各界专家组成的公益资格认定委员会等方式,确保更多民间公益力量能够顺利设立民间公益法人。

第二,改进运营监管方式。一是应要求民间公益法人更全面地公开信息(应落实 2023 年修正的《慈善法》第 9 章),应根据法人财产、收入等合理标准分级确立监管强度,减少小微型民间公益法人的信息公开等要求,同时适当提高对大型法人的要求;②二是除法律法规特别规定的正当理由外,监管者不得直接介入民间公益法人的内外事务处理。如在内部机构决策方面,只有在其决策涉及目的变更、关联交易、法人终止时剩余财产分配方案修正等重要问题或法律风险时,才需赋予监管者必要的监管权限;其他日常事项仍应由法人自行决定。民政部颁布的《社会团体章程示范文本》要求任何章程内容修改"经业务主管单位审查同意,并报社团登记管理机关核准后生效"等规定,笔者建议予以修正。

---

① 英国 2011 年《慈善法》规定了慈善目的的范围、公益性要求与近似原则(第 2—4 条,第 61—68 条)等内容。Charity Commission, The Independence of Charities from the State (RR7), London:Charity Commission, 2009, pp.1—8.

② 李德健:《中国民间公益法人制度现代化的路径选择》,载《法学研究》2024 年第 1 期。

第三，严格事后监管。一是禁止民间公益法人在终止时将剩余财产分配给出资人、设立人或会员(《民法典》第 95 条);二是加大追惩严格违法的管理人员。如 2004 年实行的《基金会管理条例》第 43 条①就规定基金会捐助法人的理事承担无限赔偿责任。

第四，强化对私营公益法人的政务服务。一是强化民政、财税等部门之间及其内部的信息共享、联合登记等常态化协作监管机制,以减少重复交叉监管对民间公益法人自治的不当限制;二是落实对私营公益法人的税收优惠及其他政策鼓励措施。

第二节　侨联职能的文本与实践

侨联的全称是归国华侨联合会,包括中国侨联和地方侨联,属公营公益法人。2018 年 3 月,根据中共中央印发的《深化党和国家机构改革方案》,将国务院侨务办公室海外华人华侨社团联谊等职责划归中国侨联行使。自此,作为中国共产党领导的由归侨、侨眷组成的人民团体,侨联具体承担服务经济发展、依法维护侨益、拓展海外联谊、积极参政议政、弘扬中华文化、参与社会建设六大职能。本节通过考察侨联在新中国的发展历程,并梳理现行法律及规范性文件对侨联的规制内容,思考侨联在华侨权益保护中更好发挥职能的着力点。

一、侨联章程及其历次修改

《中华全国归国华侨联合会章程》(以下简称"《中国侨联章程》")是侨

---

① 《基金会管理条例》第 43 条规定:"基金会理事会违反本条例和章程规定决策不当,致使基金会遭受财产损失的,参与决策的理事应当承担相应的赔偿责任。基金会理事、监事以及专职工作人员私分、侵占、挪用基金会财产的,应当退还非法占用的财产;构成犯罪的,依法追究刑事责任。"

联组织推进各项工作和建设的基本准则和依据,对于规范侨联工作、加快侨联组织发展、切实履行工作职责具有重要意义。

(一)1956年制定《中国侨联章程》

新中国成立后,海外侨胞纷纷回国,参加社会主义革命和建设。为了加强与归侨的团结和联系,发挥他们爱国爱乡、参加祖国建设的积极性,1956年10月,第一次全国归侨侨眷代表大会召开,大会宣布成立"中华全国归国华侨联合会",审议并通过《中华全国归国华侨联合会章程》,选举产生了以陈嘉庚为主席的中国侨联第一届委员会。

1956年《中国侨联章程》共5章20条,包括总则、会员、组织、经费和附则。该章程主要内容如下。

第一,总则部分。一是规定了会名,"本会定名为中华全国归国华侨联合会"。二是规定了基本任务:"团结和组织全国归侨、侨眷,加强社会主义教育;反映归侨、侨眷和国外华侨意见;联系国外华侨,促进国外华侨的爱国大团结,鼓励和协助归侨、侨眷和国外华侨,参加祖国建设事业;为归侨、侨眷服务,兴办有关归侨、侨眷的文教、福利及公益事业。"

第二,会员部分。一是规定了会员制度:"本会采取团体会员制。凡国内各地归国华侨联合会及性质相同的归侨组织,赞成本章程的,均可申请入会。"二是规定了会员的权利和义务:"会员选派的代表都有选举权和被选举权;会员对本会一切工作有批评及建议权;会员有遵守本会章程及执行本会决议的义务;会员有向本会经常报告会务的义务。"

第三,组织部分。一是规定了"本会以民主集中制为原则"。二是规定了会员代表大会领导机构:"本会以会员代表大会为最高权力机关;会员代表大会闭会期间以委员会为最高权力机关;委员会闭会期间,由常务委员会负责领导会务,推进工作。"三是规定了代表大会的会期(每三年召开一次)、委员会会期(每年召开一次)、常务委员会会期(每三个月召开一次)以及委员的任期(定为三年,连选得连任)等内容。

第四，经费部分。规定"本会经费由捐助并酌收会费等方法筹集之"。

1956 年《中国侨联章程》条款不多，但它对中国侨联的基本任务、会员制度、组织制度以及经费来源等基本问题均做了规定，为全国各级侨联开展工作提供了制度依据，对各级侨联工作走上规范化发挥了积极作用，并为之后历届《中国侨联章程》的修改与完善积累了经验。①

（二）1978 年修改《中国侨联章程》

1978 年 12 月，历时 22 年之久，第二次全国归侨侨眷代表大会召开，大会审议通过了关于《中华全国归国华侨联合会章程（修正案）》的决议。

1978 年《中国侨联章程》共 4 章 17 条，包括总则、主要工作、组织和基层组织。与 1956 年《中国侨联章程》相比，主要修改内容如下。

第一，总则部分的修改。一是增加了中国侨联组织性质的表述，即"中华全国归国华侨联合会是在中国共产党领导下的团结全国各界归国华侨（简称归侨）的人民团体，是党和政府联系归侨、侨眷和国外华侨的桥梁"。1956 年《章程》没有对侨联性质进行确认和规范。二是增加了中国侨联开展工作应遵循的原则和基本任务的内容。如补充规定"要拥护国家宪法，维护社会主义法制，树立社会主义道德风尚；遵照我国宪法第五十四条'国家保护华侨和侨眷的正当权利和利益'的规定，协助有关部门宣传和贯彻执行党的侨务政策"；"要鼓励华侨为居住国的经济发展和社会繁荣做出贡献，为促进我国人民与居住国人民的友谊以及我国与居住国的友好关系起桥梁作用"。三是增加了中国侨联的主要任务。将 1956 年《章程》规定的"领导全国各地的归国华侨联合会以及性质相同的归侨组织"中的"领导"改为"联系和指导"，以与地方党政领导的实际情况相符。

第二，组织部分主要是会期的修改。将 1956 年《章程》规定的"会员

---

① 　林晓东：《浅析〈中国侨联章程〉的历史沿革》，载《华侨华人历史研究》2006 年第 2 期。

代表大会每三年召开一次"和"委员会任期为三年",分别修改为"全国归侨代表大会每五年召开一次""委员任期为五年"。

第三,基层组织部分的修改。一是1978年《章程》仍保留了"关于本会采取团体会员制"的规定,只是名称上以"基层组织"取代"团体会员"。删去了1956年《章程》"会员"这一章,单列"基层组织"为一章,具体规定是"本会的基层组织各地归国华侨联合会和性质相同的归侨组织的章程,可根据当地实际情况并参照本章程订定"。二是删去了"经费"和"附则"两章的内容,认为经费来源和章程的修改权和解释权是不言而喻的。

(三)1984年修改《中国侨联章程》

1984年年初,除台湾、西藏外全国已有28个省、自治区、直辖市成立了省级侨联,还有400多个地、市、县成立了侨联组织,在广东、福建等重点侨乡和归侨、侨眷较多的华侨农林场、高校、科研单位、街道、乡镇也成立了基层侨联组织。第三次全国归侨侨眷代表大会于1984年4月召开,大会审议并通过了关于《中华全国归国华侨联合会章程(修正案)》的决议。

1984年《中国侨联章程》共8章30条,包括总则、主要工作、会员、组织原则、全国组织、地方组织、经费和附则。与1978年《中国侨联章程》相比,主要修改内容如下。

第一,总则部分主要是对中国侨联活动的根本准则和基本任务做了调整。一是增加了"侨联要以《中华人民共和国宪法》为一切活动的根本准则""积极主动、独立负责地开展工作"的内容。二是增加了"要广泛团结归侨、侨眷和华侨""为实现祖国的社会主义现代化、促进祖国统一和维护世界和平作出贡献""要鼓励和引导归侨、侨眷,培养爱祖国、爱人民、爱劳动、爱科学、爱社会主义的思想品德"的表述,以更有利于发挥侨联人民团体的作用。

第二,主要工作部分的修改。将1978年《章程》"主要工作"增加了"要宣传侨务政策,协助督促有关部门落实各项侨务政策""对热心为祖国四化建设提供资金、技术、人才等方面合作的华侨,积极给予支持""鼓励归侨、侨眷和华侨努力沟通台湾海峡两岸同胞的联系,增进相互了解"等内容。这些内容有利于落实侨联服务祖国经济建设、服务祖国统一等职能。

第三,会员部分的修改。1984年《章程》恢复了"会员"一章,并做了具体规定:"侨联实行团体会员制。地方各级侨联及其他归侨组织,承认本章程,经批准,都可作为上一级侨联团体会员。"

第四,组织原则部分的修改。把"在归侨、侨眷众多的省份(包括自治区与直辖市),得设省归国华侨联合会"改为"省、市、自治区,可根据必要成立侨联组织",这些修改符合各级侨联组织发展的实际情况。

第五,全国组织部分的修改。一是补充规定了"侨联的全国组织是中华全国归国华侨联合会";二是补充规定了"驻会主席、副主席,驻会顾问,秘书长、副秘书长组成办公会议,根据常务委员会的决议,处理日常工作",这样修改有利于侨联领导机构开展工作。

第六,增加了地方组织章节。本章节主要规定了地方各级归侨代表大会代表的产生办法,代表大会的职权及地方侨联上下级业务指导关系等内容。

1984年《中国侨联章程》还恢复了"经费""附则"两章,为后来的《章程》确立了基本框架。

(四)1989年修改《中国侨联章程》

1989年年底,全国县级以上侨联机构已由1984年的400多个发展到2 700多个,全国各级侨联组织及其所属社团已达8 200多个。1989年12月第四次全国归侨侨眷代表大会召开,审议并通过了关于《中华全国归国华侨联合会章程(修正案)》的决议。

1989年《中国侨联章程》共8章43条,包括总则、任务、会员、组织原则、全国组织、地方组织、经费和附则。与1984年《中国侨联章程》相比,主要修改内容如下。

第一，总则部分的修改。一是除了继续肯定全国侨联是全国性的人民团体外，补充了"全国侨联是党和政府联系广大归侨、侨眷和海外侨胞的桥梁和纽带"的内容，这样修改更能体现群众团体性质的精神。二是将过去笼统规定"维护归侨、侨眷的合法权益和华侨的正当权益"改为"维护归侨、侨眷和海外侨胞在国内的合法的权利和利益，维护海外侨胞的正当的权利和利益"。三是增加了"侨联要密切与海外侨胞的联系"的表述。

第二，任务部分的修改。侨联任务内容增加了"参政议政，发挥民主监督作用""兴办侨联所属企事业""弘扬中华文化，开展海内外民间文化、学术交流""鼓励归侨、侨眷积极参加社会主义精神文明建设""健全侨联机构，加强组织建设，提高人员素质"等内容，使侨联任务更全面。

第三，会员部分的修改。一是将"侨联实行团体会员制"修改为"全国侨联实行团体会员制。各级侨联是上一级侨联的团体会员。基层侨联实行团体会员制，个人会员制和实行团体与个人相结合的会员制"。二是补充规定了"党政机关、学校、企业、事业等单位以及社会上的归侨、侨眷的联谊会、校友会、学会、协会等各种群众组织，承认本章程，经有关侨联批准，可以成为其团体会员"。

第四，组织原则部分的修改。补充了"各级侨联根据工作需要可设立若干工作部门，地方侨联的机构、人员编制，列入地方人民团体序列"的内容，这条补充规定具有突破性的意义，有利于解决长期困扰地方各级侨联的人员、编制、机构的问题。增加了"各级侨联可根据需要设立荣誉职务"，这样修改有利于发挥侨联老同志的作用，并对他们曾经为侨联事业所作出的贡献给予肯定。

1989年《中国侨联章程》内容有突破，就"地方组织""经费"等内容做了修改，为后来《章程》进一步修改与完善创造了条件。

（五）1994 年修改《中国侨联章程》

1994 年 6 月，第五次全国归侨侨眷代表大会召开，大会审议并通过了关于《中华全国归国华侨联合会章程（修正案）》的决议。中国侨联于1993 年 7 月成立了《章程》修改小组。修改借鉴了全国总工会、全国妇联等人民团体新修改的《章程》作法，在保持原《章程》总框架基本不变的前提下，对部分条款进行修改、调整和补充。

1994 年《中国侨联章程》共 8 章 39 条，包括总则、任务、会员、组织制度、全国组织、地方组织、经费、资产和附则。与 1989 年《中国侨联章程》相比，主要修改内容如下。

第一，总则部分的修改。增加了"归侨侨眷和海外侨胞，为中华民族的进步和昌盛作出了巨大贡献，是中国现代化建设的一支重要力量"的内容，肯定了归侨侨眷和海外侨胞在中国现代化建设中的地位。

第二，会名部分的修改。将中华全国归国华侨联合会的简称由"全国侨联"改为"中国侨联"，这主要是考虑到国外有的地方经常将"全国侨联"称为"中国侨联"的实际情况，以及全国总工会也简称为"中国工会"而修改的。但对"中华全国归国华侨联合会"全称则保持不变，这是因为会名已有悠久的历史，而且还涉及现行的法律规定问题。把"全国归国华侨代表大会"改为"全国归侨侨眷代表大会"，以充分体现三千多万侨眷在侨联事业中的重要作用。

第三，会员部分的修改。主要修改的内容是将"全国侨联实行团体会员制，基层侨联实行团体与个人相结合的会员制"修改为"中国侨联和县以上（含县级）各级侨联实行团体会员制。依照本章程成立的地方各级侨联为上一级侨联的团体会员。基层侨联也可以实行个人会员制"，这样修改是基于县级以上侨联实行个人会员制在实践中不可行的考虑。

第四，组织部分的修改。主要补充规定"各级归侨、侨眷代表大会的代表应当具有归侨、侨眷的身份""各级侨联组织依法具有法人资格，其机构要受法律保护"等内容。

（六）1999 年修改《中国侨联章程》

到 1999 年年初，全国县级以上侨联有 1 830 个，各级侨联组织发展到 8 000 多个。在中华人民共和国成立 50 周年、人类即将进入新的千年世纪的重要时刻，1999 年 7 月，第六届全国归侨侨眷代表大会召开，大会审议并通过了关于《中华全国归国华侨联合会章程（修正案）》的决议。

与 1994 年《中国侨联章程》相比，修改幅度不大，主要包括：1999 年《中国侨联章程》在保持 1994 年《中国侨联章程》总体框架不变的前提下，对个别条款进行了必要的修改与补充：一是根据新形势，在任务第 2 条中把"为侨属企业服务"修改为"为归侨、侨眷兴办企业和海外侨胞来华投资服务"；二是增加了"重视培养和选拔德才兼备的归侨、侨眷干部"的内容。

1999 年《中国侨联章程》既体现了《章程》的连续性和相对稳定性，又使得《章程》更加适应新时期、新形势发展的需要。

（七）2004 年修改《中国侨联章程》

中国侨联自 2000 年开展"基层组织建设年"以来，基层侨联组织有了很大发展，至 2004 年年底，侨联组织发展到约 14 000 个。2004 年 7 月，第七次全国归侨侨眷代表大会召开，大会审议并通过了关于《中华全国归国华侨联合会章程（修正案）》的决议。

2004 年《中国侨联章程》条文由原来的 8 章 39 条，增加到 9 章 40 条。与 1999 年《中国侨联章程》相比，主要修改内容如下。

第一，总则部分主要是在第四自然段增加了"履行参政议政、维护侨益、海外联谊职能，做好侨界群众工作"和"为促进社会主义物质文明、政治文明和精神文明协调发展发挥积极作用"的表述，这样调整更能体现侨联组织的根本性质与任务，更有利于发挥广大归侨侨眷和海外侨胞的积极作用。

第二，任务部分增加了"为引进海外人才和智力服务"，增加了做好中国香港、澳门侨界社团联谊工作和宣传贯彻"和平统一，一国两制"方针等内容,这样修改更明确了新时期侨联工作的任务。

第三,组织制度部分增加了"根据国家规定,干部参照国家公务员制度管理"的表述,这样修改有利于新时期侨联组织建设。

第四,经费和资产部分。明确规定"侨联的行政经费、业务活动和事业发展经费由各级政府列入财政预算""侨联资产包括国家拨给的动产和不动产、侨联接受海内外人士和单位捐赠的财产、侨联在所属企事业拥有的资产",这样修改有利于扩大侨联的经费来源,加强侨联资产的管理。

第五,会徽部分。单列为第八章对中国侨联会徽的图案和使用做了规定。

2004 年《中国侨联章程》体现了侨联工作的新任务、新要求、新经验,对于进一步发挥侨联优势和作用、加强侨联工作和组织建设将具有重要的指导意义。

(八) 2009 年修改《中国侨联章程》

截至 2009 年,全国各级侨联组织发展到现在的 15 000 多个。2009年 7 月,第八次全国归侨侨眷代表大会召开,审议并通过了关于《中华全国归国华侨联合会章程(修正案)》的决议,主要修改内容如下。

第一,总则部分的修改。一是将"深入贯彻落实科学发展观"写入总则部分;二是将"全面推进我国经济建设、政治建设、文化建设、社会建设以及生态文明建设"写入总则;三是将"高举爱国主义旗帜"的表述修改为"高举社会主义和爱国主义旗帜",以更符合党和国家工作大局的要求;四是将"坚持以侨为本、为侨服务宗旨"写入总则。全国归侨侨眷代表大会的工作经验之一就是"必须坚持以侨为本、为侨服务的宗旨,深怀爱侨之心、恪守为侨之责、善谋富侨之策、多办利侨之事,切实维护广大归侨侨眷和海外侨胞的合法权益"。[①]

---

① "透视《中华全国归国华侨联合会章程》三大亮点",https://www.gov.cn/jrzg/2009-07/18/content_1368569.htm,访问日期:2024 年 9 月 14 日。

第二,明确了侨联组织"履行参政议政、维护侨益、海外联谊、群众工作职能"的四项职能。这是因为2001年10月批准的《中国侨联机关主要职责、内设机构和人员编制方案》对中国侨联的职能和主要职责进行了调整,特别规定了要进一步加强群众工作和参政议政、维护侨益、海外联谊工作。

第三,任务部分的修改。一是增加条款"努力建设一支政治坚定、业务精通、作风过硬、纪律严明的高素质干部队伍"。二是增加"地方侨联委员会全体会议每年召开一次,由常务委员会负责召集"。

(九) 2013年修改《中国侨联章程》

为深入贯彻落实党的十八大精神,适应世情、国情、侨情的新变化和侨联工作创新发展的新需要,2013年12月第九次全国归侨侨眷代表大会召开,大会审议并通过了关于《中华全国归国华侨联合会章程(修正案)》的决议。

2013年《中国侨联章程》共8章38条,包括总则、任务、会员、组织制度、全国组织、地方组织、经费、资产、会徽。与2009年《中国侨联章程》相比,主要修改内容如下。

第一,总则及任务部分的修改。一是将"科学发展观"列入工作的指导思想,将"以侨为本"修改为"以人为本",并增加了"推动祖国和平统一"的内容;二是增加了"按照国内海外工作并重、老侨新侨工作并重的总体思路"的内容;三是在任务中增加了引进"技术""引导侨资侨智在服务国内企业走出去方面发挥积极作用""发挥法律顾问委员会的作用"的内容;四是增加了"服务热情"的表述,并明确提出了"使侨联干部成为归侨、侨眷和海外侨胞之友,把侨联建设成为归侨、侨眷和海外侨胞之家"的要求。

第二,将侨联组织的"六项职能"规定下来,即"服务经济发展、依法维护侨益、拓展海外联谊、参政议政、弘扬中华文化、参与社会建设",这是将2014年3月中共中央办公厅印发的《关于加强和改进新形势下侨联工作的意见》中的"六项重要作用"列入了章程。

第三，基层侨联的组织建设。一是在第 16 条增加一款"基层侨联选举主席一人，副主席若干人，负责日常工作。有条件的基层侨联应当设立办事机构，配备专职干部，保障工作经费。上级侨联应当加强对基层侨联组织建设的指导"，在第 30 条地方各级侨代会的职权中增加了"表彰先进集体、先进个人"的内容。二是为进一步完善侨联工作的领导体制，第 35 条规定地方各级侨联受"同级党委"领导。为进一步保障侨联工作的健康发展，第 36 条明确侨联的行政经费、业务活动和事业发展经费应当"随着财政收入的增长和工作需要逐年增加"。此外，为规范中国侨联英文译名及缩写的表述，增加了相应的条文。

（十）2018 年修改《中国侨联章程》

党的十九大鲜明指出，"广泛团结联系海外侨胞和归侨侨眷，共同致力于中华民族伟大复兴""创新群众工作体制机制和方式方法，推动工会、共青团、妇联等群团组织增强政治性、先进性、群众性，发挥联系群众的桥梁纽带作用，组织动员广大人民群众坚定不移跟党走"。2018 年 9 月第十次全国归侨侨眷代表大会通过了关于《中华全国归国华侨联合会章程（修正案）》的决议。

2018 年《中国侨联章程》共 10 章 42 条，包括总则、任务、会员、组织制度、全国组织、地方组织、基层组织、经费、资产、会徽、附则。与 2013 年《中国侨联章程》相比，主要修改内容如下。

第一，将"习近平新时代中国特色社会主义思想"列入侨联工作的指导思想。调整有关表述为"全面贯彻党的基本理论、基本路线、基本方略"，增加了"为推动构建人类命运共同体贡献力量""践行社会主义核心价值观""坚持和发展中国特色社会主义""讲好中国故事"等内容，增写了"加强侨联系统党的政治建设，增强'四个意识'，坚定'四个自信'，坚决维护习近平总书记的核心地位，坚决维护党中央权威和集中统一领导，自觉同以习近平同志为核心的党中央保持高度一致"的表述,将推进祖国和平统一修改为推进祖国"完全统一"。

第二,总则和任务部分的修改。一是根据《关于加强和改进党的群团工作的意见》《关于加强和改进新形势下侨联工作的意见》《深化党和国家机构改革方案》以及习近平总书记系列重要讲话精神,将侨联职能表述为"服务经济发展、依法维护侨益、拓展海外联谊、积极参政议政、弘扬中华文化、参与社会建设工作";二是增加了"坚定不移走中国特色社会主义群团发展道路""增强政治性、先进性、群众性""两个拓展""凝聚侨心、汇集侨智、发挥侨力、维护侨益""三个最大限度""履行海外侨胞社团联谊等职责"的表述;三是将"留学人员及其社团"作为新阶段侨联海外联谊工作延伸的联系对象之一;四是强调要促进海外侨胞"及其社团"和谐"健康发展",鼓励他们"融入和回馈当地社会"。

第三,侨联工作的修改。一是增加"引导侨资侨智参与'一带一路'建设""推动涉侨法律法规的制定和实施"等内容;二是将设立基层组织调整完善为"企业、农村、机关、学校、科研院所、街道社区、社会组织和其他基层单位";三是增加了"基层组织"一章,共两个条文,分别对基层侨联的领导机构、基层归侨侨眷大会或代表大会、基层侨联委员会以及基层侨联的组织建设、代表委员身份等作出规定等。

(十一)2023 年修改《中国侨联章程》

2023 年 9 月第十一次全国归侨侨眷代表大会通过关于《中华全国归国华侨联合会章程(修正案)》的决议。与 2018 年《中国侨联章程》结构一致,2023 年《中国侨联章程》仍为 10 章 42 条,内容方面的主要修改如下。

第一,明确侨联的地位及宗旨。中华全国归国华侨联合会(简称中国侨联),是中国共产党领导的由归侨、侨眷组成的全国性人民团体,是党和政府联系广大归侨侨眷和海外侨胞的桥梁和纽带。中国侨联以《中华人民共和国宪法》为根本的活动准则,坚持以人为本、为侨服务的宗旨,在维护全国人民总体利益的同时,依法代表和维护归侨侨眷和海外侨胞在国内的合法权利和利益,关心海外侨胞的正当权利和利益,职能为"服务经济发展、依法维护侨益、拓展海外联谊、积极参政议政、弘扬中华文化、参与社会建设工作"。

第二,明确了归侨侨眷和海外侨胞在实现中华民族伟大复兴中的作用。归侨侨眷和海外侨胞为中华民族的进步和昌盛作出了巨大贡献,是建设中国特色社会主义、推进祖国完全统一、实现中华民族伟大复兴中国梦的一支重要力量。为此,侨联应建设成为归侨侨眷和海外侨胞之家,最大限度把广大归侨侨眷和海外侨胞团结起来,最大限度把他们爱国爱乡的积极性调动起来,最大限度把他们促进改革开放和社会主义现代化建设的独特优势发挥出来。

第三,基层侨联组织是侨联事业发展的重要基础。地方各级侨联受同级党委领导,接受上一级侨联的指导,享受同级人民团体待遇。

纵观全国归侨侨眷代表大会第一至第十一届,跨越了近七十多年,《中国侨联章程》历经 11 次修改,越来越体现出系统性、科学性与指导性。

二、法律对侨联职能的规制

我国现行规制侨联的法律主要是《归侨侨眷权益保护法》。

(一) 1990 年《归侨侨眷权益保护法》对侨联的规制

1990 年《归侨侨眷权益保护法》不分章节,共 22 条。该法规定了归侨和侨眷在国内的合法权益和在境外的正当权益。

第一,规定了归侨和侨眷在国内的合法权益。一是政治方面的权益。全国人民代表大会和归侨人数较多地区的地方人民代表大会应当有适当名额的归侨代表(第 5 条)。归侨、侨眷有权依法组织社会团体,维持归侨、侨眷的合法权益,进行适合归侨、侨眷需要的合法的社会活动(第 6 条)。二是财产经济方面的权益。保护归侨侨眷依法成立的社团的财产,扶持安置归侨的农场、林场等企业,维护归侨侨眷职工的社会保障权益,鼓励和引导归侨侨眷兴办产业,支持归侨侨眷在国内举办公益事业,保护归侨侨眷在国内私有房屋的所有权和侨汇收入,归侨、侨眷有权继承或者接受境外亲友的遗产、遗赠或者赠与和处分其在境外的财产,保护出境定居的归侨、侨眷的离休金、退休金、退职金的财产权(第6至10条、第12条、第13条、第17条)。三是在教育和就业方面的权益。对归侨侨眷在升学和就业方面给予照顾(第11条)。四是保护归侨侨眷出入境的各种权益(第14至16条)。

第二,明确了华侨正当权益的界定方式。国家对归侨、侨眷在境外的正当权益,根据中华人民共和国缔结或者参加的国际条约或者国际惯例,给予保护(第19条)。

1990年《归侨侨眷权益保护法》虽没有明确提出侨联、侨办的保护职责,但提出了与侨联、侨办职责相关的内容:一是归侨、侨眷有权依法组织社会团体,维持归侨、侨眷的合法权益;二是归侨、侨眷的权益受到侵犯的,归侨、侨眷有权要求有关主管部门①依法处理,或者依法向人民法院提起诉讼。

(二)2000年《归侨侨眷权益保护法》对侨联的规制

2000年《归侨侨眷权益保护法》进行了修改。该法仍不分章节,增至30条。

第一,完善了侨联、侨务工作机构的职能。一是新增第4条:"县级以上各级人民政府及其负责侨务工作的机构,组织协调有关部门做好保护归侨、侨眷的合法权益的工作。"二是新增第8条规定:"中华全国归国华侨联合会和地方归国华侨联合会代表归侨、侨眷的利益,依法维护归侨、侨眷的合法权益。"三是第23条在原条款"归侨、侨眷合法权益受到侵害

---

① 2018年3月21日,中共中央印发《深化党和国家机构改革方案》将国务院侨务办公室海外华人华侨社团联谊等职责划归中国侨联行使。

时,被侵害人有权要求有关主管部门依法处理,或者向人民法院提起诉讼"的基础上,新增"归国华侨联合会应当给予支持和帮助"。

第二,增加了侵害归侨、侨眷权益的法律责任。一是新增规定国家机关工作人员玩忽职守或者滥用职权,致使归侨、侨眷合法权益受到损害的,其所在单位或者上级主管机关应当责令改正或者给予行政处分;构成犯罪的,依法追究刑事责任(第 24 条)。二是新增规定"任何组织或者个人侵害归侨、侨眷的合法权益,造成归侨、侨眷财产损失或者其他损害的,依法承担民事责任;构成犯罪的,依法追究刑事责任"(第 25 条、第 28 条)。三是新增规定侵占安置归侨的农场、林场合法使用的土地的,或侵占归侨、侨眷在国内私有房屋的,或侵占出境定居的归侨、侨眷的离休金、退休金、退职金、养老金的,有关主管部门应当责令退还;造成损失的,侵占人应依法承担赔偿责任(第 26 至 28 条)。

第三,增加了归侨、侨眷权益的社保权益。新增规定国家依法维护归侨、侨眷职工的社会保障权益;用人单位及归侨、侨眷职工应当依法参加当地的社会保险,缴纳社会保险费用;对丧失劳动能力又无经济来源或者生活确有困难的归侨、侨眷,当地人民政府应当给予救济(第 10 条)。

可见,2000 年《归侨侨眷权益保护法》明确了侨联、侨办的工作职能。[①]

三、规范性文件对侨联职能的规制

2015 年 7 月,中国共产党中央委员会印发《中共中央关于加强和改进党的群团工作的意见》。2016 年 12 月,党中央批准了《中国侨联改革方案》。2018 年 3 月,中共中央印发《深化党和国家机构改革方案》,对侨务工作作出新部署。这些规范性文件,建构了我国十八大以来的"大侨务"工作格局。

[①] 2009 年《归侨侨眷权益保护法》第二次修改,但仅修改了第 13 条,将"征用"修改为"征收、征用"。因对华侨权益未产生实质性影响,本书对 2009 年《归侨侨眷权益保护法》不做讨论。

（一）《关于加强和改进党的群团工作的意见》对群团组织的规制

2015年7月，中国共产党中央委员会印发《中共中央关于加强和改进党的群团工作的意见》，对加强和改进党的群团工作提出了要求，主要包括以下内容。

第一，坚持发挥桥梁和纽带作用。群团组织是党和政府联系人民群众的桥梁和纽带。各级党组织要重视依靠群团组织推动党的理论和路线方针政策在群众中的贯彻落实，更好践行群众路线，做好群众工作。群团组织要经常深入群众，倾听群众呼声、反映群众意愿，深入做好群众的思想政治工作，把党的决策部署变成群众的自觉行动，把党的关怀送到群众中去。

第二，群团工作坚持围绕中心、服务大局。为党和国家工作大局服务，始终是群团工作的价值所在。各级党组织要指导群团组织紧紧围绕中国特色社会主义经济建设、政治建设、文化建设、社会建设、生态文明建设，围绕外交工作大局和祖国统一大业，找准工作的结合点和着力点，团结动员所联系群众为完成党和国家中心任务贡献力量。群团组织要坚持在大局下思考、在大局下行动，明确职责定位、展现自身价值，更好促进改革发展、维护社会和谐稳定。

第三，坚持服务群众的工作生命线。群团组织是党直接领导的群众自己的组织，为群众服务是群团组织的天职。各级党组织要推动群团组织贯彻党的群众路线，为群团组织服务群众创造条件。群团组织要增强群众观念，多为群众办好事、解难事，维护和发展群众利益，不断增强自身影响力和感召力。

第四，坚持依法依章程独立自主开展工作。尊重群团组织性质和特点是做好群团工作的重要原则。各级党组织要支持群团组织发挥各自优势、体现群众特点，创造性开展工作。群团组织要大胆履责、积极作为，依法依章程开展活动、维护群众权益，最广泛吸引和团结群众。

第五,群团组织实行分级管理、以同级党委领导为主的体制,群团组织受同级党委和各自上级组织双重领导。地方党委负责指导同级群团组织贯彻落实党的理论和路线方针政策,研究决定群团工作重大问题,管理同级群团组织领导班子,协调群团组织同党政部门的关系及群团组织之间的关系。上级群团组织依法依章程领导或指导下级群团组织工作。地方党委应该注意听取上级群团组织意见,加强沟通协调,形成工作合力。

(二) 2016 年《中国侨联改革方案》对侨联的规制

2016 年 12 月,中共中央办公厅印发《中国侨联改革方案》。该方案明确了中国侨联改革的指导思想、基本原则和主要目标,为我国侨联各项工作的展开确定了基本的准则和努力的方向。

第一,推动形成侨务工作合力,按照党和国家侨务工作方针政策和整体规划,就涉侨政策法规提出意见和建议,与各涉侨部门、外交部和驻外使领馆加强协作配合。

第二,在选拔干部方面,本次改革明确只要具有相关职位所需求的能力,就可不拘泥于年龄、学历身份以及职级的限制,另外,在大力培养选拔有侨身份的干部的同时,积极培养选拔非侨身份的侨联工作者。

第三,要求中国侨联及各省区市侨联要把侨联干部直接联系一定数量的归侨侨眷和海外侨胞作为一项重要制度,与归侨侨眷和海外侨胞交朋友,及时倾听意见、反映诉求,帮助解决现实困难,以利于各项工作的展开与进行。

第四,强调引导国内侨资企业走出去,并帮助和鼓励更多的海外侨胞向所在国传播我国和平发展理念以及更多的中国文化。

第五,在侨联工作改革方面,加快建设"网上侨联",大力建设"网上侨胞之家",在各项工作中强调运用互联网思维和技术开展联系、引导、服务侨社和侨胞工作。

（三）2018年《深化党和国家机构改革方案》对侨联的规制

2018年3月，中共中央印发《深化党和国家机构改革方案》，规定由中央统战部统一管理侨务工作。

第一，将国务院侨务办公室并入中央统战部，不再保留单设的国务院侨务办公室，中央统战部对外保留国务院侨务办公室牌子。调整后，中央统战部在侨务方面的主要职责是，统一领导海外统战工作，管理侨务行政事务，负责拟订侨务工作政策和规划，调查研究国内外侨情和侨务工作情况，统筹协调有关部门和社会团体涉侨工作，联系中国香港、澳门和海外有关社团及代表人士，指导推动涉侨宣传、文化交流和华文教育工作等。

第二，国务院侨务办公室海外华人华侨社团联谊等职责划归中国侨联行使，发挥中国侨联作为党和政府联系广大归侨侨眷和海外侨胞的桥梁纽带作用。依据2023年《中华全国归国华侨联合会章程》"第一章任务"规定，中国侨联的职责包括：一是做好归侨侨眷的思想政治工作，最大限度把广大归侨侨眷和海外侨胞团结起来，最大限度把他们爱国爱乡的积极性调动起来，最大限度把他们促进改革开放和社会主义现代化建设的独特优势发挥出来，广泛团结和动员归侨侨眷和海外侨胞投身改革开放和社会主义现代化建设（第1条、第2条）；二是发挥归侨侨眷在促进社会主义民主政治建设中的作用（第3条）；三是推动涉侨法律法规的制定和实施（第4条）；四是促进海外侨胞关系及社团和谐健康发展，鼓励他们为居住地的繁荣和发展作出贡献，为促进我国人民同各国人民的相互了解和友谊，推动构建人类命运共同体贡献力量（第5条第1句）；五是加强同香港、澳门特别行政区归侨侨眷及其社团的联系，支持他们为香港、澳门长期繁荣稳定发挥积极作用，密切与台湾地区归侨侨眷及其社团的联系，为实现祖国完全统一贡献力量（第5条第2句）；六是弘扬中华优秀传统文化，推进海外华文教育，传播中国声音，讲好中国故事（第6条）；七是加强侨联自身建设，面向基层，面向群众，全心全意为归侨侨眷和海外侨胞服务,把侨联建设成为归侨侨眷和海外侨胞之家,使侨联干部成为归侨侨眷、海外侨胞的贴心人和侨务工作的实干家。

四、充分发挥侨联职能应注意的问题

充分发挥侨联在华侨权益保护方面的职能优势,就要理清侨联的双重地位与双重职能,并与其他涉侨工作机构衔接好彼此工作。

(一)发挥好侨联的双重职能

中国侨联是全国性的一级人民团体,是全国政协的组成单位,各级侨联与同级工会、青年团、妇联等人民团体享有同等待遇。

一是侨联具有政治属性。自侨联设立以来,其一直就是中国共产党领导的人民团体,党对侨联不仅实行政治上、思想上的领导,而且实行组织上的领导。具体体现在:根据党和国家事业发展的新要求和侨联工作的实践需要,历届全国归侨侨眷代表大会都对章程做不同程度的修改;历届中国侨联领导成员的人事安排必须经过党中央的同意;各级侨联领导的人事安排同样也必须经过当地党委的同意;侨联的机构、人员编制列入人民团体序列;侨联的干部参照国家公务员制度管理。2018年国家机构改革之后,国务院侨务办公室并入中央统战部,国务院侨务办公室海外华人华侨社团联谊等职责划归中国侨联行使,中央统战部统一管理侨务工作,这更说明中国侨联是执政党赋予一定职责的人民团体,是国家建制的组成部分。

二是侨联具有公益属性。党的十八大以来,在保持和增强群众性方面,群团组织围绕组织机构、干部来源、运行机制、基层基础等方面,进行了系统改革,通过编制"减上补下"、干部来源多元化、增加基层代表比例、运行机制扁平化等举措,有效激发了自身活力,重塑了群团组织与所联系服务群众的工作界面,有效增强了群团组织对群众的吸引力和凝聚力。按照大陆法系社团法人与财团法人的一般理论,侨联属于社团法人,在组

织结构上一律设置由会员组成的会员大会作为权力机关,会员大会有权依据法律和章程的双重规定进行决策。

三是侨联是具有"侨"界别的公益组织。侨联是由归侨、侨眷这一特定身份的群体组成的人民团体,是具有"侨"特色的社会组织,侨联的性质决定了为侨服务是根本宗旨。作为"侨"的社会组织,全心全意为归侨侨眷和海外侨胞服务,把侨联建设成为归侨侨眷和海外侨胞之家,使侨联干部成为归侨侨眷、海外侨胞的贴心人和侨务工作的实干家是侨联的主要工作。

(二)提升侨联履行职责的能力

履行好侨联的职能,是侨联组织服务党和国家工作大局、服务海外侨胞和归侨侨眷的根本途径。

第一,履行好侨联在服务经济发展方面的职能。一是指导协调各级侨联开展引才引智、引资引技等工作;二是加强与海外科技、工商界社团、重要人士的联系,做好新侨人才和留学人员联谊工作,推动对外经济科技交流合作,服务华侨华人回国创新创业;三是加强新侨创新创业基地建设;四是牵头搭建侨界创新创业发展平台,帮助国内企业"走出去";五是建立健全与海外侨商、专业人士的联系网络,服务"一带一路"倡议。

第二,履行好侨联在依法维护侨益方面的职能。一是组织开展侨界法治宣传教育活动。监督涉侨法律法规的实施,推动有关部门落实政策,参与涉侨法律法规的研究和拟订;二是做好全国人大归侨代表、全国政协侨联界委员的联络服务,协助做好参政议政工作;三是开展与海外华侨华人法律从业人员的联谊、合作和交流;四是指导侨联系统参与社会治理创新,开展维护侨益工作;五是接受归侨侨眷和海外侨胞的申诉,提供法律和政策咨询,接待侨界群众来信来访,帮助新侨维权;六是负责中国侨联法律顾问、公职律师遴选和管理;七是推动各级侨联建立公职律师及侨界人民调解员、人民陪审员、人民监督员等维权队伍,建立健全涉侨纠纷多元化解机制。

第三,履行好侨联在拓展海外联谊方面的职能。一是做好对侨胞及其社团(包括港澳台地区)联谊和服务工作,指导地方侨联开展海外联谊联络;二是了解掌握海外侨情并提出工作建议;三是加强同中国侨联海外顾问、委员、青年委员和海外华侨华人社团及代表人士的联络;四是组织或协调海外侨胞及重要华侨华人社团代表回国参访、举办活动、研修培训和出席重大节庆活动等工作;五是积极做好新侨代表人士和新侨团的联谊、服务和培育工作,加强同华裔新生代的联系;负责中国侨联港澳地区顾问、委员和港澳台地区社团及重点人士的联络工作。

第四,履行好侨联在积极参政议政方面的职能。侨联应在"鼓励和协助归侨、侨眷和国外华侨参加祖国建设""为实现祖国的社会主义现代化、促进祖国统一和维护世界和平作出贡献""密切与海外侨胞的联系""引进海外人才和智力服务"等方面更充分地发挥参政议政职能,以为推动国家经济、社会发展和祖国统一大业发挥侨联的独特作用。

第五,更有效发挥侨联在弘扬中华文化方面的作用。一是组织协调各级侨联充分挖掘地方文化资源,推动中华优秀文化代表性项目走出去,讲好中国故事,传播好中国声音;二是组织实施有关华文教育项目;三是联系和服务海外文化类华侨华人社团、有关海外华文媒体;四是搭建海外华侨华人文化交流平台,做好中国华侨国际文化交流基地的创建和管理工作,发挥新侨在文化交流中的作用。

第六,更有效发挥侨联在参与社会建设方面的作用。一是引导侨界群众参与和谐侨乡建设;二是联系、指导和管理涉侨捐赠事务;三是指导侨联系统所属社团组织建设与管理;四是做好侨联系统先进集体和个人评比表彰。

(三)衔接好侨联与其他涉侨机关的工作

其他涉侨机关,包括中共中央统战部、全国人大华侨委员会、外交部领事司等。在海外护侨体系方面,要做好以下工作。

1. 与中共中央统战部衔接好工作

统战部是党委主管统一战线工作的职能部门,是党委在统一战线工作方面的参谋机构、组织协调机构、具体执行机构、督促检查机构。在海外统一战线工作和侨务工作领域,统战部主要承担以下四个方面的职责。

第一,统战部承担海外统一战线工作。一是加强思想政治引领,增进华侨和出国留学人员等对祖国的热爱和对中国共产党、中国特色社会主义的理解认同;二是传承和弘扬中华优秀文化,促进中外文化交流;三是鼓励华侨参与我国改革开放和社会主义现代化建设,融入民族复兴伟业;四是遏制"台独"等分裂势力,维护国家核心利益;五是发挥促进中外友好的桥梁纽带作用,营造良好国际环境。

第二,侨务工作的主要任务。一是加强华侨、归侨、侨眷代表人士工作,凝聚侨心、汇集侨智、发挥侨力、维护侨益,为侨服务;二是统筹国内侨务和国外侨务工作,着力涵养侨务资源,引导华侨、归侨、侨眷致力于祖国现代化建设,维护和促进中国统一,实现中华民族伟大复兴,致力于增进中国人民与世界人民的友好合作交流,推动构建人类命运共同体。

第三,保护华侨正当权利和利益。关心华侨的生存和发展,推动和谐侨社建设,教育引导华侨遵守住在国法律,尊重当地文化习俗,更好融入主流社会,为住在国经济社会发展贡献智慧和力量,充分展现守法诚信、举止文明、关爱社会、团结和谐的大国侨民形象。

第四,保护归侨、侨眷合法权利和利益。积极发挥归侨、侨眷与海外联系广泛的优势。

侨联是全国统战部的组成单位。作为群团组织,更好发挥侨联功能,就需衔接好统战部门的工作要求。

2. 与全国人大华侨委员会衔接好工作

制定《华侨权益保护法》已列入《十四届全国人大常委会立法规划》,作为提请审议机关和牵头起草单位,全国人大华侨委员会为扎实做好立

法工作。根据宪法和法律赋予的职责,全国人大华侨委员会主要行使以下权力:

第一,审议全国人民代表大会主席团或全国人大常委会交付审议的有关侨务方面的议案,并提出审议结果的报告;向全国人大主席团或全国人大常委会提出同侨务有关的议案或法律草案;审议全国人大主席团或全国人大常委会交付的质询案,听取受质询机关对质询的答复,并向全国人大常委会提出报告。

第二,对涉及侨务方面的法律、法规的执行情况进行监督检查,并向全国人大常委会提出报告;听取国家行政机关、司法机关对有关涉侨法律、法规执行情况的汇报,必要时向全国人大常委会报告。

第三,调查研究有关侨务方面的新情况和重大问题,向有关部门,特别是涉侨部门提出建议;接待和处理华侨、归侨和侨眷的来访和来信;联系地方人大的侨务部门和全国人大归侨代表。

第四,开展与全国人大华侨委员会有关的侨务外事活动,如参加全国人大和全国人大常委会领导和组织的议会外交活动;组织全国人大华侨委员会代表团到侨胞居住国,了解和考察侨胞正当权益受保护的情况,听取侨胞对祖国社会主义民主和法制建设的意见,特别是侨务法制建设的意见,同时与侨胞居住国议会、政府有关部门加强联系,为侨胞在当地谋求更好的生存与发展创造良好的条件。

侨联作为群团组织,就需在全国人大华侨委员会立法起草及执法检查中维护好华侨的权益。

3. 与外交部领事司衔接好工作

外交部领事司负责领事工作。外交部辖下的各领事机构具体负责以下事项:一是办理中外领事关系事宜;二是负责颁发外交、公务、公务普通护照;三是负责领事公证认证、签证工作;四是办理和参与外国人在中国境内发生的有关案件的相关对外交涉;五是承担海外侨务工作;六是会同处理移民事务;七是承担领事保护和协助工作,拟订领事保护和协助政策规定,发布领事保护和协助预警信息;八是指导驻外外交机构和地方外事部门相关业务。

侨联衔接好与外交部的相关工作,才能做实华侨海外权益的保护工作。

4. 与国家移民管理局衔接好工作

国家移民管理局,即出入境管理局,于 2018 年 4 月组建成立,是公安部管理的国家局。①主要职责包括:一是负责全国移民管理工作;二是负责协调拟订移民和出入境管理政策与规划并协调组织实施,起草相关法律法规草案;三是负责建立健全签证管理协调机制,组织实施外国人来华口岸签证、入境许可签发管理和签证延期换发;四是负责外国人来华留学管理、工作有关管理、停留居留和永久居留管理、国籍管理、难民管理;五是负责出入境边防检查、边民往来管理、边境地区边防管理;六是负责中国公民因私出入境管理、港澳台居民回内地(大陆)定居审批管理;七是牵头协调非法入境、非法居留、非法就业外国人治理和非法移民遣返,查处妨害国(边)境管理等违法犯罪行为;八是承担移民领域国际合作等。

国家移民管理局领导管理全国出入境边防检查机构、边境管理机构各项工作。侨联衔接好与国家移民管理局的相关工作,才能更好识别华人及华人企业,更好推进华侨海外权益的保护工作。

第三节　慈善组织法的文本与实践

改革开放以来,我国慈善组织立法可以分为三个阶段,分散立法阶

---

① "国家移民管理局基本概况信息",https://www.nia.gov.cn/n741430/n741506/index.html,访问日期:2024 年 9 月 14 日。

段、集中立法阶段、立法完善阶段。推进我国慈善立法的全面落实，除了需要理解慈善立法的新定位以及对慈善组织的新要求外，还应随着社会组织法的发展，对慈善立法进行相应的修改完善。

一、分散立法阶段的慈善法

改革开放之初，我国的慈善立法带有专门性，以特定的内容为对象展开立法。1998 年通过、2016 年修订的《社会团体登记管理条例》①、1998 年的《民办非企业单位登记管理暂行条例》②、2004 年的《基金会管理条例》③针对组织形式立法；1999 年的《中华人民共和国公益事业捐赠法》④则是针对捐赠活动专门立法。这些专门立法，为我国的慈善立法奠定了基础。

（一）针对组织形式立法

第一，确立了社会组织的双重管理体制。所谓双重管理体制，是指一个社会团体同时要接受两个机构的管理，一个是登记管理机关，另一个是业务主管单位。1998 年通过的《社会团体登记管理条例》第 3 条规定："成立社会团体，应当经其业务主管单位审查同意，并依照本条例的规定进行登记。社会团体应当具备法人条件。下列团体不属于本条例规定登记的范围：（一）参加中国人民政治协商会议的人民团体；（二）由国务院机构编制管理机关核定，并经国务院批准免于登记的团体；（三）机关、团体、企业事业单位内部经本单位批准成立、在本单位内部活动的团体。"1998

---

①　1998 年 9 月国务院第 8 次常务会议通过《社会团体登记管理条例》共 7 章 48 条，该条例已于 2016 年 2 月修订为 7 章 37 条。

②　1998 年 9 月国务院第 8 次常务会议通过《民办非企业单位登记管理暂行条例》，共 6 章 32 条，该行政法规至今未修改，现仍有效。

③　2004 年 2 月国务院第 39 次常务会议通过《基金会管理条例》共 7 章 48 条，该行政法规至今未修改，现仍有效。

④　1999 年 6 月，第九届全国人民代表大会常务委员会第十次会议通过《中华人民共和国公益事业捐赠法》共 6 章 32 条，该法律至今未修改，现仍有效。

年通过的《民办非企业单位登记管理暂行条例》第 3 条规定:"成立民办非企业单位,应当经其业务主管单位审查同意,并依照本条例的规定登记。"2004 年《基金会管理条例》第 7 条规定:"国务院有关部门或者国务院授权的组织,是国务院民政部门登记的基金会、境外基金会代表机构的业务主管单位。省、自治区、直辖市人民政府有关部门或者省、自治区、直辖市人民政府授权的组织,是省、自治区、直辖市人民政府民政部门登记的基金会的业务主管单位。"

第二,规定了社会组织的设立条件。如基金会条件。2004 年《基金会管理条例》第 8 条规定的基金会设立条件包括全国性公募基金会的原始基金不低于 800 万元人民币,地方性公募基金会的原始基金不低于 400 万元人民币,非公募基金会的原始基金不低于 200 万元人民币,且原始基金必须为到账货币资金。

第三,规定了社会组织的财产管理和使用。如 2004 年《基金会管理条例》第 29 条规定:"公募基金会每年用于从事章程规定的公益事业支出,不得低于上一年总收入的 70%;非公募基金会每年用于从事章程规定的公益事业支出,不得低于上一年基金余额的 8%。基金会工作人员工资福利和行政办公支出不得超过当年总支出的 10%。"第 30 条规定:"基金会开展公益资助项目,应当向社会公布所开展的公益资助项目种类以及申请、评审程序。"

(二)针对捐赠行为专门立法

第一,确定了受益事项。《公益事业捐赠法》第 3 条规定:"本法所称公益事业是指非营利的下列事项:(一)救助灾害、救济贫困、扶助残疾人等困难的社会群体和个人的活动;(二)教育、科学、文化、卫生、体育事业;(三)环境保护、社会公共设施建设;(四)促进社会发展和进步的其他社会公共和福利事业。"

第二,规定了两类受赠人,分别为公益性社会团体和公益性非营利的事业单位。《公益事业捐赠法》第 10 条规定："公益性社会团体和公益性非营利的事业单位可以依照本法接受捐赠。本法所称公益性社会团体是指依法成立的，以发展公益事业为宗旨的基金会、慈善组织等社会团体。本法所称公益性非营利的事业单位是指依法成立的，从事公益事业的不以营利为目的的教育机构、科学研究机构、医疗卫生机构、社会公共文化机构、社会公共体育机构和社会福利机构等。"

第三，针对捐赠财产的使用和管理提出了原则性要求。如该法第 17 条规定："公益性社会团体应当将受赠财产用于资助符合其宗旨的活动和事业。对于接受的救助灾害的捐赠财产，应当及时用于救助活动。基金会每年用于资助公益事业的资金数额，不得低于国家规定的比例。公益性社会团体应当严格遵守国家的有关规定，按照合法、安全、有效的原则，积极实现捐赠财产的保值增值。公益性非营利的事业单位应当将受赠财产用于发展本单位的公益事业，不得挪作他用。对于不易储存、运输和超过实际需要的受赠财产，受赠人可以变卖，所取得的全部收入，应当用于捐赠目的。"第 20 条规定："受赠人每年度应当向政府有关部门报告受赠财产的使用、管理情况，接受监督。必要时，政府有关部门可以对其财务进行审计。海关对减免关税的捐赠物品依法实施监督和管理。县级以上人民政府侨务部门可以参与对华侨向境内捐赠财产使用与管理的监督。"第 22 条规定："受赠人应当公开接受捐赠的情况和受赠财产的使用、管理情况，接受社会监督。"第 23 条规定："公益性社会团体应当厉行节约，降低管理成本，工作人员的工资和办公费用从利息等收入中按照国家规定的标准开支。"

二、集中立法阶段的慈善法

1994 年中华慈善总会成立。2011 年"郭美美事件"是中国慈善事业发展中的重大负面事件，加速了慈善立法的进程。2016 年 3 月，第十二届全国人民代表大会第四次会议通过《中华人民共和国慈善法》（以下简称"《慈善法》"），该法共 12 章 112 条，是我国慈善领域首部基础性、综合性法律。

（一）2016 年《慈善法》的主要内容

1. 采行"大慈善"理念

《慈善法》采行"大慈善"理念，不仅包括扶贫济困内容，而且包括促进科教文体事业发展、保护生态环境等内容。该法第 3 条规定："本法所称慈善活动，是指自然人、法人和其他组织以捐赠财产或者提供服务等方式，自愿开展的下列公益活动：（一）扶贫、济困；（二）扶老、救孤、恤病、助残、优抚；（三）救助自然灾害、事故灾难和公共卫生事件等突发事件造成的损害；（四）促进教育、科学、文化、卫生、体育等事业的发展；（五）防治污染和其他公害，保护和改善生态环境；（六）符合本法规定的其他公益活动。"

2. 确立了促进慈善组织发展的制度

第一，建立健全慈善组织内部治理机制。《慈善法》第 8 条第 2 款规定："慈善组织可以采取基金会、社会团体、社会服务机构等组织形式。"第 12 条规定："慈善组织应当根据法律法规以及章程的规定，建立健全内部治理结构，明确决策、执行、监督等方面的职责权限，开展慈善活动。慈善组织应当执行国家统一的会计制度，依法进行会计核算，建立健全会计监督制度，并接受政府有关部门的监督管理。"

第二，建立健全财务会计制度。《慈善法》第 13 条规定："慈善组织应当每年向其登记的民政部门报送年度工作报告和财务会计报告。报告应当包括年度开展募捐和接受捐赠情况、慈善财产的管理使用情况、慈善项目实施情况以及慈善组织工作人员的工资福利情况。"

第三，建立健全关联交易的限制及禁止规则。《慈善法》第 14 条规定："慈善组织的发起人、主要捐赠人以及管理人员，不得利用其关联关系损害慈善组织、受益人的利益和社会公共利益。慈善组织的发起人、主要捐赠人以及管理人员与慈善组织发生交易行为的,不得参与慈善组织有关该交易行为的决策,有关交易情况应当向社会公开。慈善组织和慈善信托的受托人应当在前款规定的平台发布慈善信息,并对信息的真实性负责。"第40条规定:"捐赠人与慈善组织约定捐赠财产的用途和受益人时,不得指定捐赠人的利害关系人作为受益人。任何组织和个人不得利用慈善捐赠违反法律规定宣传烟草制品,不得利用慈善捐赠以任何方式宣传法律禁止宣传的产品和事项。"

3. 规范了慈善捐赠行为

慈善募捐,包括面向社会公众的公开募捐和面向特定对象的定向募捐。

第一,明确了公开募捐的要求。《慈善法》第22条、第23条、第26条、第27条规定了公开募捐的要求:一是慈善组织开展公开募捐,应当取得公开募捐资格。依法登记满二年的慈善组织,可以向其登记的民政部门申请公开募捐资格。民政部门应当自受理申请之日起20日内作出决定。二是慈善组织公开募捐的应当在其登记的民政部门管辖区域内进行,确有必要在其登记的民政部门管辖区域外进行的,应当报其开展募捐活动所在地的县级以上人民政府民政部门备案。三是广播、电视、报刊以及网络服务提供者、电信运营商,应当对利用其平台开展公开募捐的慈善组织的登记证书、公开募捐资格证书进行验证。四是慈善组织通过互联网开展公开募捐的,应当在国务院民政部门统一或者指定的慈善信息平台发布募捐信息,并可以同时在其网站发布募捐信息。五是不具有公开募捐资格的组织或者个人基于慈善目的,可以与具有公开募捐资格的慈善组织合作,由该慈善组织开展公开募捐并管理募得款物。

第二,明确了定向募捐的要求。《慈善法》第28条规定了定向募捐的要求:"慈善组织自登记之日起可以开展定向募捐。慈善组织开展定向募捐,应当在发起人、理事会成员和会员等特定对象的范围内进行,并向募捐对象说明募捐目的、募得款物用途等事项。"

第三,明确了捐赠人履行捐赠义务的要求。《慈善法》第41条规定:"捐赠人应当按照捐赠协议履行捐赠义务。捐赠人违反捐赠协议逾期未交付捐赠财产,有下列情形之一的,慈善组织或者其他接受捐赠的人可以要求交付;捐赠人拒不交付的,慈善组织和其他接受捐赠的人可以依法向人民法院申请支付令或者提起诉讼:(一)捐赠人通过广播、电视、报刊、互联网等媒体公开承诺捐赠的;(二)捐赠财产用于本法第三条第一项至第三项规定的慈善活动,并签订书面捐赠协议的。捐赠人公开承诺捐赠或者签订书面捐赠协议后经济状况显著恶化,严重影响其生产经营或者家庭生活的,经向公开承诺捐赠地或者书面捐赠协议签订地的民政部门报告并向社会公开说明情况后,可以不再履行捐赠义务。"

第四,规范了慈善财产的管理。《慈善法》第54条规定:"慈善组织为实现财产保值、增值进行投资的,应当遵循合法、安全、有效的原则,投资取得的收益应当全部用于慈善目的。慈善组织的重大投资方案应当经决策机构组成人员三分之二以上同意。政府资助的财产和捐赠协议约定不得投资的财产,不得用于投资。慈善组织的负责人和工作人员不得在慈善组织投资的企业兼职或者领取报酬。"第60条规定:"慈善组织应当积极开展慈善活动,充分、高效运用慈善财产,并遵循管理费用最必要原则,厉行节约,减少不必要的开支。慈善组织中具有公开募捐资格的基金会开展慈善活动的年度支出,不得低于上一年总收入的百分之七十或者前三年收入平均数额的百分之七十;年度管理费用不得超过当年总支出的百分之十①,特殊情况下,年度管理费用难以符合前述规定的,应当报告

---

① 2016年春"人大"审议表决《慈善法》时,提交审议的草案原本拟将《条例》中规定的管理费比例限制,从占年度总支出的比例上限10%提高为15%,结果遭到人大代表和社会公众的强烈质疑,最终通过的法案不得不维持现状,仍然规定为10%。转引自罗昆:《我国基金会立法的理论辩正与制度完善——兼评〈基金会管理条例〉及其〈修订征求意见稿〉》,载《法学评论》2016年第5期。

其登记的民政部门并向社会公开说明情况。"

4. 建立了慈善信托制度

第一，规定了慈善信托的含义。《慈善法》第44条规定："本法所称慈善信托属于公益信托，是指委托人基于慈善目的，依法将其财产委托给受托人，由受托人按照委托人意愿以受托人名义进行管理和处分，开展慈善活动的行为。"

第二，规定了慈善信托的书面形式要求。《慈善法》第45条规定："设立慈善信托、确定受托人和监察人，应当采取书面形式。受托人应当在慈善信托文件签订之日起七日内，将相关文件向受托人所在地县级以上人民政府民政部门备案。"

第三，规定了慈善组织或信托组织均可担任受托人。《慈善法》第46条规定："慈善信托的受托人，可以由委托人确定其信赖的慈善组织或者信托公司担任。"

5. 增设专章规制信息公开

2016年《慈善法》第八章专章规定了信息公开制度。

第一，要求县级以上政府履行信息公开义务。《慈善法》第69条、第70条规定：一是县级以上人民政府建立健全慈善信息统计和发布制度。二是县级以上人民政府民政部门应当在统一的信息平台，及时向社会公开慈善信息，并免费提供慈善信息发布服务。三是县级以上人民政府民政部门应当及时向社会公开对慈善活动的税收优惠、资助补贴等促进措施，向慈善组织购买服务的信息，对慈善组织、慈善信托开展检查、评估的结果，对慈善组织和其他组织以及个人的表彰、处罚结果等信息。

第二，要求慈善组织履行信息公开义务。《慈善法》第69条、第71至75条规定：一是慈善组织和慈善信托的受托人应当在规定的平台发布慈善信息，信息公开应当真实、完整、及时；二是慈善组织应当向社会公开组织章程和决策、执行、监督机构成员信息以及国务院民政部门要求公开的其他信息,上述信息有重大变更的,慈善组织应当及时向社会公开;三是慈善组织应当每年向社会公开其年度工作报告和财务会计报告,具有公开募捐资格的慈善组织的财务会计报告须经审计;四是具有公开募捐资格的慈善组织应当定期向社会公开其募捐情况和慈善项目实施情况;五是慈善组织开展定向募捐的,应当及时向捐赠人告知募捐情况、募得款物的管理使用情况;六是慈善组织、慈善信托的受托人应当向受益人告知其资助标准、工作流程和工作规范等信息。

6. 规定了慈善促进措施

第一,规定了税收优惠措施。《慈善法》第 79 条规定:"慈善组织及其取得的收入依法享受税收优惠。"第 80 条规定:"自然人、法人和其他组织捐赠财产用于慈善活动的,依法享受税收优惠。企业慈善捐赠支出超过法律规定的准予在计算企业所得税应纳税所得额时当年扣除的部分,允许结转以后三年内在计算应纳税所得额时扣除。境外捐赠用于慈善活动的物资,依法减征或者免征进口关税和进口环节增值税。"第 81 条规定:"受益人接受慈善捐赠,依法享受税收优惠。"第 82 条规定:"慈善组织、捐赠人、受益人依法享受税收优惠的,有关部门应当及时办理相关手续。"

第二,规定慈善活动政府支持用地措施。《慈善法》第 84 条规定,慈善组织开展慈善活动需要慈善服务设施用地符合规定条件的,"可以依法申请使用国有划拨土地或者农村集体建设用地。慈善服务设施用地非经法定程序不得改变用途"。

第三,规定了慈善行为的表彰制度。《慈善法》第 91 条规定:"国家建立慈善表彰制度,对在慈善事业发展中做出突出贡献的自然人、法人和其他组织,由县级以上人民政府或者有关部门予以表彰。"

7. 规定了对慈善组织的监管措施

第一,规定了县级以上政府民政部门的监督职责及相应措施。《慈善法》第 92 条规定:"县级以上人民政府民政部门应当依法履行职责,对慈善活动进行监督检查,对慈善行业组织进行指导。"第 93 条规定:"县级以上人民政府民政部门对涉嫌违反本法规定的慈善组织,有权采取下列措施:(一)对慈善组织的住所和慈善活动发生地进行现场检查;(二)要求慈善组织作出说明,查阅、复制有关资料;(三)向与慈善活动有关的单位和个人调查与监督管理有关的情况;(四)经本级人民政府批准,可以查询慈善组织的金融账户;(五)法律、行政法规规定的其他措施。"

第二,规定了对慈善组织的社会监督。《慈善法》第 95 条规定:县级以上人民政府民政部门应当建立慈善组织及其负责人信用记录制度并向社会公布,民政部门应当建立慈善组织评估制度并向社会公布评估结果。民政部从 2007 年开始推行社会组织评估工作,《慈善法》从法律层面为慈善组织的评估提供了法律保障。第 97 条规定:"任何单位和个人发现慈善组织、慈善信托有违法行为的,可以向民政部门、其他有关部门或者慈善行业组织投诉、举报。民政部门、其他有关部门或者慈善行业组织接到投诉、举报后,应当及时调查处理。国家鼓励公众、媒体对慈善活动进行监督,对假借慈善名义或者假冒慈善组织骗取财产以及慈善组织、慈善信托的违法违规行为予以曝光,发挥舆论和社会监督作用。"

(二)实施中存在的问题

2016 年《慈善法》是我国首部慈善法,确立了每年 9 月 5 日为"中华慈善日"①,对我国的慈善立法具有奠基性作用,但新法亦存在立法经验不足的问题。2020 年 10 月,全国人大常委会副委员长张春贤在第十三届全国人民代表大会常务委员会第二十二次会议上做了《全国人民代表

---

① 2016 年《慈善法》第 5 条。

大会常务委员会执法检查组关于检查〈中华人民共和国慈善法〉实施情况的报告》①,指出 2016 年《慈善法》实施中存在的如下问题。

1. 慈善组织对于突发事件造成损害的救助不到位

第一,政府部门与慈善力量缺乏应急协调机制。在应急状态下,慈善组织缺乏信息共享和管理平台、物资储备和资源调度机制,导致运行效率低,信息披露不及时、捐赠款物处置迟缓、志愿服务统筹不够等情况。

第二,信息公开不及时、不完整。《慈善法》第 8 章共 8 条,详细规范信息公开,提出"真实、完整、及时"的信息公开标准。但在"慈善中国"平台上,很多慈善组织并未按要求公布机构章程、成员、年报、等级评估等信息。《慈善法》第 42 条规定,慈善组织应当及时主动向捐赠人反馈捐赠财产管理使用情况。很多慈善组织亦未按要求及时主动向捐赠人反馈。另外,国家层面缺乏集中统一的慈善信息统计和发布体系。

第三,没有将志愿服务纳入重大公共事件应急机制。《慈善法》第 68 条规定,慈善组织应当为志愿者参与慈善服务提供必要条件,保障志愿者的合法权益。但对志愿服务缺乏统筹协调,志愿服务组织和个人大多是自发地、分散地、随机性地参与应急工作,既无必要的物资保障和安全防护,也无规范系统的指导和统筹协调,志愿服务的应有作用没有最大化。另外,常态下的志愿服务,也缺少国家层面的表彰奖励,制度性激励不足。

第四,法律宣传不到位。《慈善法》明确规定,捐赠的实物不易储存、运输或者难以直接用于慈善目的的,可以依法拍卖或者变卖。同时,部分行政部门和慈善组织,对法律制度的理解和掌握也有偏差,知慈善而不知慈善法、依法行善、依法治善的问题亟待解决。

---

① 2016 年《慈善法》修改的主要目的在于回应全国人大常委会在 2020 年《慈善法》执法检查报告中所提出的问题,http://www.npc.gov.cn/npc/c1773/c1849/c6680/csfzfjc/csfzfjc009/202010/t20201016_308157.html,访问日期:2024 年 7 月 31 日。

2. 促进措施落实不到位不彻底

《慈善法》第 9 章规定的信息提供、活动指导、税费优惠、建设用地、金融政策、购买服务、人才培养、文化宣传等促进措施，需要配套制度的有效衔接。

第一，精神激励不到位、不彻底。虽然社会整体慈善意识提高，但是对部分慈善家、慈善项目，社会上普遍存在期望值高、宽容度低的问题；对慈善行为的表彰力度不够，大多数慈善组织、捐赠人、志愿者等只能通过感谢信等方式予以答谢，《慈善法》规定的国家层面的表彰制度尚未完全落实，其他层级的表彰激励也不够完善。

第二，物质优惠不到位、不彻底。虽然民政、财政、税务等部门出台一些激励优惠政策，明确了延长公益性捐赠税前扣除资格有效期限，改进了慈善组织获得资格的条件和程序，实行了个人所得税对个人捐赠的鼓励，放宽了公益性捐赠税前扣除资格的条件等，但是，《慈善法》规定的金融、土地等方面的优惠政策尚未进一步明确。

3. 慈善组织发展不平衡不充分

数据显示，近年来，我国每年慈善捐赠款物总额徘徊在 1 400 亿元至 1 500 亿元的水平，增幅不明显，占 GDP 总量不足 0.2％，人均慈善捐赠额刚过百元，且慈善捐赠来源以企业为主，备案慈善信托不足 800 单，总额仅为 39.35 亿元，与西方发达国家相比有较大差距。[①]有的慈善组织就是靠政府购买服务生存，有的慈善组织基本靠发起人支撑。

作为世界第一人口大国、世界第二大经济体，我国人均 GDP 已超过1.2 万美元，但从社会捐赠总量、人均捐赠额、慈善组织数量、慈善信托规模等慈善事业发展基础指标来看，我国慈善事业与经济社会发展还不同步，以慈善事业为主要形式的第三次分配在国民收入中占比偏低，尚不能

---

① 宫蒲光：《以良法善治推进新时代慈善事业高质量发展——〈慈善法〉修法历程回顾及展望》，载《社会政策研究》2024 年第 3 期，第 3 页。

满足改善收入分配格局、推进共同富裕的需要。

4. 监管不足与监管过度并存

《慈善法》第10章对主管部门、行业组织、社会公众在监督、检查、指导慈善活动方面的权利和责任作出规范,但存在以下问题。

第一,监督力度不足。法律实施后,全国31个省(区、市)很少依据《慈善法》实施行政处罚,大部分设区的市一直是"零处罚"。2020年,在抗击新冠疫情中,湖北省红十字会被卷入舆论风暴,为社会舆论所谴责。

第二,监管制约过度。在监管工作中,对大型慈善组织监管偏严,对小型慈善组织监管较为宽松;存在要求偏多,指导服务不够问题。慈善组织的章程、负责人任期年龄以70岁为上限等方面规定,与慈善组织自治要求不相一致,影响了社会力量参与的灵活性和积极性。

第三,行业自律薄弱。慈善行业组织自律亟待加强,行业组织自律措施有限,行业标准制定工作落后于实践需要,存在调整范围窄、内容规定粗、制约机制少等问题;行业评估范围和规模依然较小,尚未有效发挥以评促建、以评促改、以评促规范的效能。

5. 互联网慈善衍生的新挑战

《慈善法》对以网络为平台和媒介的募捐、捐赠和宣传进行了规范,主要是将网络与广播、电视、报刊、电信并列作为一种信息传输渠道,没有将其作为一种支付场所和生活场景,对新问题的规范不足。

第一,个人网上求助需要规制。个人求助不在《慈善法》规制范围,相关的管理规定不够完善,存在管理漏洞,个别案例造成不良社会影响,《慈善法》有必要填补空白。

第二,网络募捐需要规制。网络筹款已成为公开募捐的主要途径。有慈善组织反映,互联网公开募捐信息平台对慈善项目的执行成本、管理费用等要求比法律法规更加严格,限制了募捐渠道;个别互联网平台收取委托费用且比例过高,影响了实际筹款效果。

三、立法完善阶段的慈善法

2023 年 12 月,第十四届全国人大常委会第七次会议表决通过了关于修改《慈善法》的决定。2023 年修改的《慈善法》共 13 章 125 条。2024年 7 月,民政部在新修改《慈善法》的基础上通过《慈善组织认定办法》①《慈善组织公开募捐管理办法》②。上述法律及规章共同构成立法完善阶段的《慈善法》。

（一）2023 年修改的《慈善法》

2023 年修改的《慈善法》新增 1 章,原 112 个条款修改了 31 个。主要修改内容包括以下方面。

1. 完善了监督管理制度

2023 年《慈善法》规定县级以上人民政府统筹、协调、督促和指导有关部门在各自职责范围内做好慈善事业的规范管理工作,要求有关部门加强对慈善活动的监督、管理和服务。第 6 条增加了第 1 款“县级以上人民政府应当统筹、协调、督促和指导有关部门在各自职责范围内做好慈善事业的扶持发展和规范管理工作”,在第 2 款原有规定基础上增补了“加强对慈善活动的监督、管理和服务;慈善组织有业务主管单位的,业务主管单位应当对其进行指导、监督”内容。

2. 进一步规范慈善行为

第一,完善了合作募捐制度。2023 年《慈善法》第 26 条修改为:“不具有公开募捐资格的组织或者个人基于慈善目的,可以与具有公开募捐资格的慈善组织合作,由该慈善组织开展公开募捐,合作方不得以任何形式自行开展公开募捐。具有公开募捐资格的慈善组织应当对合作方进行评估,依法签订书面协议,在募捐方案中载明合作方的相关信息,并对合

---

① 2024 年 7 月,民政部部务会议通过《慈善组织认定办法》,不分章节共 12 条。

② 2024 年 7 月,民政部部务会议通过《慈善组织公开募捐管理办法》,不分章节共 28 条。

作方的相关行为进行指导和监督。具有公开募捐资格的慈善组织负责对合作募得的款物进行管理和会计核算,将全部收支纳入其账户。"

第二,强化了信息公开要求。2023年《慈善法》第27条第1款修改为:"慈善组织通过互联网开展公开募捐的,应当在国务院民政部门指定的互联网公开募捐服务平台进行,并可以同时在其网站进行。"第27条增加了第2款规定:"国务院民政部门指定的互联网公开募捐服务平台,提供公开募捐信息展示、捐赠支付、捐赠财产使用情况查询等服务;无正当理由不得拒绝为具有公开募捐资格的慈善组织提供服务,不得向其收费,不得在公开募捐信息页面插入商业广告和商业活动链接。"第75条增加第2款规定:"国务院民政部门建立健全统一的慈善信息平台,免费提供慈善信息发布服务。"

第三,明确慈善信托受益人的确定原则。2023年《慈善法》第46条第1款修改为:"慈善信托的委托人不得指定或者变相指定其利害关系人作为受益人。"增加了第46条第2款规定:"慈善信托的受托人确定受益人,应当坚持公开、公平、公正的原则,不得指定或者变相指定受托人及其工作人员的利害关系人作为受益人。"

第四,授权国务院有关部门制定慈善组织的募捐成本以及慈善信托的年度支出和管理费用等标准。2023年《慈善法》增加了第64条第4款规定:"慈善信托的年度支出和管理费用标准,由国务院民政部门会同财政、税务和金融监督管理等部门制定。"

3. 增设应急慈善专章

第一,增加规定慈善组织、慈善行业组织建立应急机制。新增第71条规定:"国家鼓励慈善组织、慈善行业组织建立应急机制,加强信息共享、协商合作,提高慈善组织运行和慈善资源使用的效率。在发生重大突发事件时,鼓励慈善组织、志愿者等在有关人民政府的协调引导下依法开展或者参与慈善活动。"

第二,增加规定重大突发事件下的特殊信息公开及备案制度。新增第 72 条规定:"为应对重大突发事件开展公开募捐的,应当及时分配或者使用募得款物,在应急处置与救援阶段至少每五日公开一次募得款物的接收情况,及时公开分配、使用情况。"第 73 条规定:"为应对重大突发事件开展公开募捐,无法在募捐活动前办理募捐方案备案的,应当在活动开始后十日内补办备案手续。"

第三,增加规定重大突发事件下的基层政府及村居职责。新增第 74 条规定:"县级以上人民政府及其有关部门应当为捐赠款物分配送达提供便利条件。乡级人民政府、街道办事处和村民委员会、居民委员会,应当为捐赠款物分配送达、信息统计等提供力所能及的帮助。"

4. 促进措施的重大修改

第一,删除了用地支持的优惠措施。删除了原第 85 条规定"慈善组织开展本法第三条第一项、第二项规定的慈善活动需要慈善服务设施用地的,可以依法申请使用国有划拨土地或者农村集体建设用地。慈善服务设施用地非经法定程序不得改变用途"。

第二,完善了税收优惠的激励措施。该条款修改为新第 85 条规定:"国家鼓励、引导、支持有意愿有能力的自然人、法人和非法人组织积极参与慈善事业。国家对慈善事业实施税收优惠政策,具体办法由国务院财政、税务部门会同民政部门依照税收法律、行政法规的规定制定。"并新增第 88 条规定:"自然人、法人和非法人组织设立慈善信托开展慈善活动的,依法享受税收优惠。"

第三,新增了荣誉激励制度。新增第 101 条规定:"县级以上人民政府民政等有关部门将慈善捐赠、志愿服务记录等信息纳入相关主体信用记录,健全信用激励制度。"

5. 健全了监督管理措施

第一,新增慈善组织、慈善信托的受托人的法律责任。第 104 条新增第2款:"慈善组织、慈善信托的受托人涉嫌违反本法规定的,县级以上人民政府民政部门可以对有关负责人进行约谈,要求其说明情况、提出改进措施。"

第二,新增慈善活动参与者的法律责任。第104条新增第3款:"其他慈善活动参与者涉嫌违反本法规定的,县级以上人民政府民政部门可以会同有关部门调查和处理。"

6. 健全了慈善组织的法律责任

第一,新增了违法主体。一是新增互联网公开募捐服务平台的法律责任。2023年《慈善法》第114条新增第1款、第2款规定:"互联网公开募捐服务平台违反本法第二十七条规定的,由省级以上人民政府民政部门责令限期改正;逾期不改正的,由国务院民政部门取消指定。未经指定的互联网信息服务提供者擅自提供互联网公开募捐服务的,由县级以上人民政府民政部门责令限期改正;逾期不改正的,由县级以上人民政府民政部门会同网信、工业和信息化部门依法进行处理。"二是新增慈善信托的委托人的法律责任。第118条新增慈善信托的委托人的法律责任。

第二,新增慈善组织的违法行为类型。一是指定或者变相指定捐赠人、慈善组织管理人员的利害关系人作为受益人的;二是因管理不善造成慈善财产重大损失的;三是通过互联网开展公开募捐违反规定的;四是为应对重大突发事件开展公开募捐,不及时分配、使用募得款物的。①

第三,提高了违法成本。2023年《慈善法》第112条规定,慈善组织有违法情形的,由县级以上人民政府民政部门对直接负责的主管人员和其他直接责任人员处以罚款外,还增加了"并没收违法所得;情节严重的,禁止其一年至五年内担任慈善组织的管理人员"的内容。

---

① 参见2023年《慈善法》第110条、第111条,原2016年《慈善法》第99条、第100条。

7. 将个人网络求助纳入法律规制

在附则中新增 124 条规定:"个人因疾病等原因导致家庭经济困难,向社会发布求助信息的,求助人和信息发布人应当对信息真实性负责,不得通过虚构、隐瞒事实等方式骗取救助。从事个人求助网络服务的平台应当经国务院民政部门指定,对通过其发布的求助信息真实性进行查验,并及时、全面向社会公开相关信息。具体管理办法由国务院民政部门会同网信、工业和信息化等部门另行制定。"根据此条款规定,求助人和信息发布人应当对信息真实性负责,不得通过虚构、隐瞒事实等方式骗取救助,平台经国务院民政部门指定,对通过其发布的求助信息真实性进行查验。

(二) 配套规章的主要内容

《慈善组织认定办法》《慈善组织公开募捐管理办法》进一步细化了 2023 年《慈善法》的相关制度。

第一,完善了申请公开募捐资格的条件。《慈善组织公开募捐管理办法》第 5 条规定,一是建立规范的内部治理结构。包括理事会成员来自同一组织以及相互间存在关联关系组织的不超过三分之一,理事会成员中非内地居民不超过三分之一,法定代表人由内地居民担任,秘书长为专职,有与本慈善组织开展活动相适应的专职工作人员,在省级以上人民政府民政部门登记或者认定的慈善组织有三名以上监事组成的监事会等;二是有健全的内部制度且能够规范执行。包括财务管理制度、项目管理制度、采购管理制度、资产管理制度、人事管理制度、档案管理制度、会计监督制度、信息公开制度等内部管理和风险控制制度。

第二,完善了募捐信息公开渠道。《慈善组织公开募捐管理办法》第 16 条、第 17 条规定,一是慈善组织开展公开募捐活动,应当在募捐活动现场或者募捐活动载体的显著位置公布本组织名称、公开募捐资格证书、募捐方案、联系方式、募捐信息查询方法等;二是慈善组织通过互联网开展公开募捐活动的,应当在国务院民政部门指定的互联网公开募捐服务平台进行,并可以同时在以本慈善组织名义开通的门户网站、官方微博、官方微信、移动客户端等网络平台发布公开募捐信息;三是慈善组织发布的公开募捐活动名称等信息应当与备案的募捐方案载明的信息保持一致,不得随意变更。

第三,完善了公开募捐的合作制度。《慈善组织公开募捐管理办法》第18条规定,一是具有公开募捐资格的慈善组织应当负责对合作募得的款物进行管理和会计核算,将全部收支纳入其账户;二是具有公开募捐资格的慈善组织应当对合作方的相关行为进行指导和监督,可以采取培训、督导、评估、审计等方式。

第四,规定了公开期限。《慈善组织公开募捐管理办法》第22条规定:"公开募捐周期或慈善项目实施周期超过六个月的,至少每三个月公开一次,公开募捐结束后三个月内应当全面、详细公开募捐情况。"第24条规定:"慈善组织有下列情形之一的,办理其登记的民政部门可以予以警告、责令限期改正:……(四)其他违反本办法情形的。"

四、慈善法制建设应注意的问题

慈善实践是慈善立法的基础,未来的慈善法制建设,必将随着社会组织实践的发展,不断健全相关的制度。

(一)慈善法制建设应区分公营与私营慈善组织

我国的慈善组织包括基金会、社会团体、社会服务机构等组织形式。而基金会、社会团体、社会服务机构均可分为公营与私营两种情形。为此,应以设立人为标准对慈善组织进行公营法人与私营法人的区分。

1. 准入时应区分慈善组织是公营还是私营

《慈善法》第10条规定:"设立慈善组织,应当向县级以上人民政府民政部门申请登记,民政部门应当自受理申请之日起三十日内作出决定。"

根据这一规定,设立慈善组织,不再要求事先取得业务主管单位的同意。

但这并不意味所有慈善组织均可免于取得业务主管单位的同意。中共中央办公厅、国务院办公厅于 2016 年 8 月印发的《关于改革社会组织管理制度促进社会组织健康有序发展的意见》第 5 条规定:"稳妥推进直接登记……成立行业协会商会,按照《行业协会商会与行政机关脱钩总体方案》的精神,直接向民政部门依法申请登记。在自然科学和工程技术领域内从事学术研究和交流活动的科技类社会组织,以及提供扶贫、济困、扶老、救孤、恤病、助残、救灾、助医、助学服务的公益慈善类社会组织,直接向民政部门依法申请登记。为满足城乡社区居民生活需求,在社区内活动的城乡社区服务类社会组织,直接向县级民政部门依法申请登记……对直接登记范围之外的其他社会组织,继续实行登记管理机关和业务主管单位双重负责的管理体制。"

笔者认为,对于私营慈善组织,应落实一元的管理制度,准入实行登记制度;而对于公营慈善组织,则继续采行双重管理体制,转入需经主管机关的同意再进行登记。

2. 问责机制应区分慈善组织是公营还是私营

《慈善法》《基金会管理条例》关于信义义务的规定存在畸轻畸重问题,应予以修改。并且,公营慈善组织管理人员的信义义务责任,应严于私营慈善组织。笔者认为,将来的慈善法制建设,私营慈善组织管理人员的信义义务责任应考虑以下几方面内容。

第一,私营慈善组织内外事务的决策者自当负有信义义务。我国法律规定,对于其决策权限内的事项,私营慈善组织的管理人员必须为最优化实现该法人的公益目的而进行决策、监督理事、参与相关活动。一旦管理人员自身利益与法人公益目的产生冲突,则应负有与理事相似的信义义务,优先为公益目的服务,并通过信息公开、决策回避等方式实现。

第二,借鉴公司治理中的相关规定,在完善各类私营慈善组织会员、理事、监事等内部机构组成人员信义义务体系的同时,明确其信义责任。2023年修订的《公司法》第186条、第188条规定了董事、监事、高管违反忠实义务所得的收入归入公司以及赔偿损失等责任类型。这些皆可被吸收借鉴并纳入各类私营慈善组织内部机构组成人员的信义责任范畴,从而匹配权责,有效防控道德风险。

第三,为兼顾法人自治、弘扬利他精神,在私营慈善组织受信人不存在故意或重大过失时,不宜一刀切地施加信义责任。

(二)慈善法制建设应完善相关配套制度

1. 合作公开募捐制度仍需完善

"阳光是最好的防腐剂。""慈善事业要用玻璃做的口袋。"《慈善法》第26条规定:"具有公开募捐资格的慈善组织应当对合作方进行评估,依法签订书面协议,在募捐方案中载明合作方的相关信息,并对合作方的相关行为进行指导和监督。具有公开募捐资格的慈善组织负责对合作募得的款物进行管理和会计核算,将全部收支纳入其账户。"具有公开募捐资格的慈善组织对合作方评估的科学性和有效性,亟须配套制度完善。

2. 慈善财物管理制度仍需完善

《慈善法》第54条规定:"慈善组织为实现财产保值、增值进行投资的,应当遵循合法、安全、有效的原则,投资取得的收益应当全部用于慈善目的。慈善组织的重大投资方案应当经决策机构组成人员三分之二以上同意。政府资助的财产和捐赠协议约定不得投资的财产,不得用于投资。慈善组织的负责人和工作人员不得在慈善组织投资的企业兼职或者领取报酬。""这些事项的具体办法,由国务院民政部门制定。"

《慈善法》第60条第2款规定:"具有公开募捐资格的基金会以外的慈善组织开展慈善活动的年度支出和管理费用的标准,由国务院民政部门会同国务院财政、税务等部门依照前款规定的原则制定。"但国务院民政、财政、税务等部门何时才会制定"具体办法"和"标准"?是否能与《慈善法》实施的时间接轨？这些都是不确定的,必然影响《慈善法》相关事项的落实,影响《慈善法》的有效执行。

3. 慈善激励制度应需完善

第一,落实税收优惠激励制度。如捐赠人的税前扣除办理,也应借鉴收入的自动归集模式,通过民政、财政、税务联动,将捐赠信息接入个人纳税申报系统,实现办理自动化。

第二,完善荣誉激励制度。民政部门将慈善捐赠、志愿服务记录等信息纳入相关主体信用记录,健全信用激励制度。笔者认为,还可以对信用激励制度进行分类管理,激励慈善捐赠者、志愿服务者持续从善。

第四节　私营财团法人章程研究

按照大陆法系社团法人与财团法人的一般理论,私营慈善基金会属于私营财团法人。[1]科学合理设计的组织章程,是解决私营财团法人法治化的必由之路。下文以《慈善法》《基金会管理条例》规定的章程必备条款为主线,以私营基金会章程条款的设计要点为研究对象,以《汕头市潮阳×慈善基金会章程》(以下简称"《×慈善基金会章程》")为研究样本,希冀能够为私营公益法人的制度建设节约更多成本,并专注于以公益目的为导向的制度建设。

一、章程总则的设计

章程的总则部分主要涉及慈善组织的名称、住所、设立宗旨、业务范

---

[1]　在大陆法系,基金会属于财团的一种典型类型,甚至是财团的别称。如郑冲、贾红梅翻译的《德国民法典(修订本)》(法律出版社 2001 年版)就直接把"Stiftung"(财团)翻译成了"基金会"。

围、原始基金数额、主管机关等内容。

（一）名称及住所

《社会组织名称管理办法》对社会组织的名称及住所进行了如下规定：一是名称中的组织形式。第2条第2款规定："本办法所称的社会组织，包括社会团体、基金会和民办非企业单位。"二是规范性要求。第6条规定："社会组织名称应当符合法律、行政法规、规章和国家有关规定，准确反映其特征，具有显著识别性。社会团体的名称应当与其业务范围、会员分布、活动地域相一致。基金会、民办非企业单位的名称应当与其业务范围、公益目的相一致。"三是禁止性要求。第7条规定："社会组织命名应当遵循含义明确健康、文字规范简洁的原则。民族自治地方的社会组织名称可以同时使用本民族自治地方通用的民族文字。社会组织名称需要翻译成外文使用的，应当按照文字翻译的原则翻译使用。"

可见，社会组织名称应符合组织形式、规范性要求且不属于禁止性规定，住所与社会组织的主管机关及受送达地址息息相关。

比如，《×慈善基金会章程》第1条规定，本基金会的名称是汕头市潮阳某慈善基金会。第8条规定，本基金会的住所是汕头市潮阳某地。

（二）设立宗旨和业务范围

《基金会管理条例》第10条规定，设立宗旨和公益活动的业务范围是基金会的必备条款。设立宗旨一般包括党的领导、愿景、核心价值观、目标与使命等内容。公益活动的业务范围围绕基金会的业务宗旨展开。

《×慈善基金会章程》第4条规定："本基金会的宗旨：遵守宪法、法律、法规和国家政策，践行社会主义核心价值观，遵守社会道德风尚，弘扬爱国主义精神。以仁慈济世为本，开展扶贫济困、奖教奖学等公益慈善活动，为建设和谐社会作贡献。"第5条规定："本基金会坚持中国共产党的全面领导，根据中国共产党章程的规定，设立中国共产党的组织，开展党的活动，为党组织的活动提供必要条件。"第9条规定："本基金会的业务范围:(一)扶贫济困,恤孤助残等社会公益慈善活动;(二)赈灾救援,抗击疫情等重大突发性灾害的紧急捐助;(三)奖教、奖学、助学等支持教育事业发展的公益活动。业务范围中属于法律、法规、规章规定须经批准的事项,依法经批准后方可开展。本基金会严格按照法律规定和章程开展活动,不超出章程规定的业务范围。"

搜索企查查,×慈善基金会登记的经营范围与其章程规定的经营范围一致。

(三)原始基金数额及来源

《慈善法》第 11 条规定:"慈善组织的章程应当列明财产来源及构成。"《基金会管理条例》第 10 条规定:"基金会的章程应当列明原始基金的数额。"第 8 条规定:"全国性公募基金会的原始基金不低于 800 万元人民币,地方性公募基金会的原始基金不低于 400 万元人民币,非公募基金会的原始基金不低于 200 万元人民币;原始基金必须为到账货币资金。"

《×慈善基金会章程》第 7 条:"本基金会的发起人(单位)是棉北街道平北社区居民委员会和(老)郑某、(小)郑某、黄某三位先生共同发起,注册资金数额为人民币贰佰万元,来源于潮阳实验学校董事长(老)郑先生个人捐赠,均为合法的捐赠财产。"

(四)基金会的公益性质

《基金会管理条例》第 10 条规定:"基金会章程应当明确基金会的公益性质。"笔者建议应将"基金会的公益性质"理解为"基金会的类型"更为科学合理,建议章程明确基金会属于公募基金会还是非公募基金会。

《×慈善基金会章程》第 3 条:"本基金会通过定向募捐筹集资金,本基金会未取得公开募捐资格,不开展公开募捐活动。"

(五)登记机关及业务主管单位

《慈善法》《基金会管理条例》均未规定登记机关及业务主管单位系章程的必备条款,但按照《基金会管理条例》的规定,设立基金会必须要取得主管单位的同意,才可以办理设立登记。因此实践中,登记机关及业务主管单位属于章程必备条款。笔者建议,对于私营慈善组织,将来立法修改中应将经主管机关同意改为向主管机关备案即可。

《×慈善基金会章程》第6条:"本基金会的登记管理机关是汕头市民政局,本基金会接受登记管理机关的监督管理和有关行业管理部门的业务指导。"

二、理事会职权的设计要点

财团法人在组织结构上不设会员大会组成的权力机关,理事会是其执行机关。财团法人不设类似股东大会的权力机关,也就排除了修改财团章程包括变更财团的目的事业范围、分立或与其他机构合并、终止解散的一般决策渠道。在财团法人权力机关缺位的情况下,理事会作为执行机关不得行使本属权力机关的职权,只能按照既定的财团章程行使职权并接受监督。

(一)理事的资格与职权

1.理事的资格

目前,法律对理事资格并无明确规定,《基金会管理条例》仅是从近亲属关系方面对理事资格从否定条件方面做了规定,基金会可以通过章程自行确定理事的任职资格。《基金会管理条例》规定用私人财产设立的非公募基金会,相互间有近亲属关系的基金会理事,总数不得超过理事总人数的1/3;其他基金会,具有近亲属关系的不得同时在理事会任职。

《×慈善基金会章程》分别从积极方面、消极方面规定了理事的资格要求。第11条规定:"理事的资格:(一)遵守宪法法律法规,拥护本章程;(二)廉洁奉公、勤勉尽职、诚实守信;(三)具有完全民事行为能力;(四)能够履职尽责,保障捐赠财产的使用符合捐赠人的意愿和基金会的公益目的,保障基金会财产的安全及保障增值;(五)具有在本基金会从事的公益慈善领域相应的工作经验,拥有良好的个人声望;(六)热心公益事业,自愿为本基金会服务;(七)具有较强的公益责任意识,能够遵循公平、公正、公开的原则,独立、客观、谨慎地参与议事决策;(八)具有较强的议事决策能力、人际沟通能力;(九)具有本基金会筹划、捐款、管理的能力。"第12条规定:"具有下列情形之一的,不得担任本基金会的理事:(一)曾因故意犯罪被判处有期徒刑以上刑罚,不得担任本基金会理事;(二)曾在破产清算的组织担任董事(理事)、监事或者高级管理人员,对该组织破产负有个人责任,自该组织破产清算完结之日起未逾2年的;(三)曾在依法被撤销、解散、取缔的组织担任法定代表人或者负责人,并负有个人责任,自该组织被撤销、解散之日起未逾2年的;(四)年龄超过70周岁的。"第14条规定:"本基金会的理事会成员相互间具有近亲属关系的不得同时在理事会任职。"

2. 理事的权利与义务

《基金会管理条例》规定,理事有权出席理事会,有权表决,有权审阅、签署会议记录,专职理事有权领取报酬。目前,法律对理事的权利义务并无明确规定,实践中,各基金会章程在规定理事的权利时基本是围绕着选举权、被选举权、表决权、知情权、监督权等方面展开,在规定理事的义务时基本是围绕着遵守基金会章程、勤勉尽责、筹集资金、介绍资源、保守秘密等方面展开。

《×慈善基金会章程》第15条规定:"理事的权利和义务:(一)选举权、被选举权和表决权;(二)知情权、建议权和监督权;(三)参与基金会内部事务管理;(四)贯彻基金会章程,执行理事会决议;(五)遵守基金会章程,维护基金会的合法权益。"

3. 理事的提名和罢免

《基金会管理条例》规定,基金会章程应当载明理事会的组成、职权和议事规则,理事的资格、产生程序和任期。理事的产生和罢免,必须经业务主管单位同意,并报登记机关备案。

《×慈善基金会章程》第 13 条规定:"理事的产生和罢免:(一)主要发起人应当担任第一届理事会负责人。(二)理事会换届改选时,由理事会、主要捐赠人共同提名新一届理事,经理事会表决通过。新一届理事会负责人由新一届理事选举产生。报登记管理机关备案。(三)罢免、增补理事应当经理事会表决通过,理事的选举和罢免结果报登记管理机关备案。理事可以在任期届满前提出辞职,理事辞职应当提前 30 日书面通知理事会。"

（二）理事会的职权

1. 理事会的组成

《基金会管理条例》第 20 条规定:"基金会设理事会,理事为 5 人至 25 人,理事任期由章程规定,但每届任期不得超过 5 年。理事任期届满,连选可以连任。理事会设理事长、副理事长和秘书长,从理事中选举产生,理事长是基金会的法定代表人。"理事会是基金会的必设法人机关,本条规定了理事会的组成、人数、任期问题。

《×慈善基金会章程》第 10 条规定:"本基金会由 7 名理事组成理事会。本基金会理事每届任期为 5 年,任期届满,连选可以连任。"

2. 理事会的职权

《基金会管理条例》第 21 条规定,理事会是基金会的决策机构,依法行使章程规定的职权。法律并未就理事会职权作出具体规定,基金会可以根据自身实际需要设计,如在基金会办事机构、分支机构、代表机构的设立、变更和终止等方面作出规定。理事会作为决策机构,需要被捐赠人及社会有效监督。

《×慈善基金会章程》第 17 条规定:"本基金会的决策机构是理事会。理事会行使下列职权:(一)制定、修改章程;(二)选举、罢免理事长、副理事长、秘书长;(三)决定重大业务活动计划,包括资金的募集、管理和使用计划;(四)年度收支预算及决算审定;(五)按照国家、省相关规定,制定本基金会的决策程序和管理规程;(六)制定内部管理制度;(七)决定办事机构、分支机构、代表机构的设立、变更和注销;(八)决定由秘书长提名的副秘书长和各机构主要负责人的聘任;(九)听取、审议秘书长的工作报告,检查秘书长的工作;(十)决定基金会的分立、合并或终止;(十一)决定其他重大事项。"

3. 理事会会议规则

第一,会议召开次数。《基金会管理条例》规定理事会每年至少召开2次会议,理事会会议须有 2/3 以上理事出席方能召开,并未规定理事会会议的召集、通知等程序。笔者认为,基金会在章程中应补充设计会议的召集人、召集程序,并就特殊情况下有 1/3 理事提议的,也应当召开理事会会议。

《×慈善基金会章程》第 18 条规定:"理事会每年召开 2 次会议。理事会会议由理事长负责召集和主持。有 1/3 理事提议,必须召开理事会会议。如理事长不能履行或者不履行召集理事会议职责的,提议理事可推选召集人。召开理事会会议,理事长或召集人提前 5 日通知全体理事、监事。"

第二,议事规则。《基金会管理条例》理事会决议须经出席理事过半数通过方为有效。下列重要事项的决议,须经出席理事表决,2/3 以上通过方为有效:(一)章程的修改;(二)选举或者罢免理事长、副理事长、秘书长;(三)章程规定的重大募捐、投资活动;(四)基金会的分立、合并。按照条例规定,理事会会议按照一人一票制表决,除明确列明的四大事项外,全部实行过半数通过即有效。但各基金会在设立过程中,对于需要经过2/3 以上表决通过的事项均存在不同程度的调整或增删。

《×慈善基金会章程》第 19 条规定:"理事会会议须有 2/3 以上理事出席方能召开;理事会决议须经出席理事过半数通过方为有效。下列重要事项的决议,须经出席理事表决,2/3 以上通过方为有效:(一)章程的修改;(二)选举或者罢免理事长、副理事长、秘书长;(三)章程规定的重大募捐活动;(四)基金会的分立、合并。本章程另有规定的,从其规定。召开决议重要事项的理事会会议,召集人原则上需以书面形式,提前不少于7 日通知或公告全体理事、监事,会议通知中应列明决议事项,原则上不增加临时议题。"

第三,会议记录。《基金会管理条例》理事会会议应当制作会议记录,并由出席理事审阅、签名。在基金会章程制定过程中,大部分基金会均在条例的基础上创设了记载会议决议的会议纪要,并就决策导致基金会遭受损失的赔偿责任做了原则性规定。但是,条例和章程均没有设置相应的制度来确保追究违规决议的理事的法律责任。笔者认为,可以借鉴《公司法》股东代表之诉的相关规定,从而实现避免个别理事损害基金会利益的情形发生,或者提供挽回基金会损失的救济渠道。

《×慈善基金会章程》第 20 条规定:"理事会会议应当制作会议记录,并由出席理事审阅、签名,字迹应工整可辨认。理事会决议违反法律、法规或章程规定,致使基金会遭受损失的,参与决议的理事应当承担责任。但经证明在表决时反对并记载于会议记录的,该理事可免除责任。"

理事会会议按照一人一票制表决,除明确列明的四大事项外,全部实行过半数通过即有效,具体规则都是为了确保民主集中制原则的落实。

(三)理事长的资格与职权

1. 理事长的资格

《基金会管理条例》规定,理事会设理事长、副理事长和秘书长,从理事中选举产生,理事长是基金会的法定代表人;担任基金会理事长、副理事长或者秘书长的香港居民、澳门居民、台湾居民、外国人以及境外基金会代表机构的负责人,每年在中国内地居留时间不得少于 3 个月。《基金会管理条例》还规定,基金会理事长、副理事长和秘书长不得由现职国家工作人员兼任；基金会的法定代表人，不得同时担任其他组织的法定代表人；公募基金会和原始基金来自中国内地的非公募基金会的法定代表人，应当由内地居民担任；因犯罪被判处管制、拘役或者有期徒刑，刑期执行完毕之日起未逾5年的，因犯罪被判处剥夺政治权利正在执行期间或者曾经被判处剥夺政治权利的，以及曾在因违法被撤销登记的基金会担任理事长、副理事长或者秘书长，且对该基金会的违法行为负有个人责任，自该基金会被撤销之日起未逾5年的，不得担任基金会的理事长、副理事长或者秘书长。

《×慈善基金会章程》第23条规定："本基金会理事长、副理事长、秘书长必须符合以下条件：（一）在本基金会业务领域内有较大影响；（二）理事长、副理事长、秘书长最高任职年龄不超过70周岁，秘书长为专职；（三）身体健康，能坚持正常工作；（四）具有完全民事行为能力。"第24条规定："有下列情形之一的人员，不能担任本基金会的理事长、副理事长、秘书长：（一）属于现职国家工作人员的；（二）无民事行为能力或者限制民事行为能力的；（三）因故意犯罪被判处刑罚，自刑罚执行完毕之日起未逾5年的；（四）因犯罪被判处剥夺政治权利正在执行期间或者曾经被判处剥夺政治权利的；（五）曾在因违法被撤销登记的基金会担任理事长、副理事长或者秘书长，且对该基金会的违法行为负有个人责任，自该基金会被撤销之日起未逾5年的；（六）在被吊销登记证书或者被取缔的组织担任负责人，自该组织被吊销登记证书或者被取缔之日起未逾5年的；（七）列入失信被执行人名单的；（八）其他不符合国家有关规定的情形的。"

2. 理事长职权

《基金会管理条例》第9条规定，申请设立基金会，申请人应当向登记管理机关提交拟任理事长、副理事长、秘书长简历等文件。各基金会可根据自身需要设置理事长、副理事长、秘书长的职权。

《×慈善基金会章程》第26条规定："本基金会理事长行使下列职权：

（一）召集和主持理事会会议；（二）检查理事会决议的落实情况；（三）代表基金会签署重要文件。本基金会副理事长、秘书长在理事长领导下开展工作，秘书长行使下列职权：（一）主持开展日常工作，组织实施理事会决议；（二）组织实施基金会年度公益活动计划；（三）拟订资金的筹集、管理和使用计划；（四）拟订基金会的内部管理规章制度，报理事会审批；（五）协调各机构开展工作；（六）提议聘任或解聘副秘书长以及财务负责人，由理事会决定；（七）提议聘任或解聘各机构主要负责人，由理事会决定；（八）决定各机构专职工作人员聘用；（九）章程和理事会赋予的其他职权。"

（四）法定代表人

《基金会管理条例》规定，理事长是基金会的法定代表人，不得同时担任其他组织的法定代表人；公募基金会和原始基金来自中国内地的非公募基金会的法定代表人，应当由内地居民担任；拟由非内地居民担任法定代表人的基金会向民政部门办理登记。

《×慈善基金会章程》第 25 条规定："本基金会理事长为基金会法定代表人。本基金会法定代表人不兼任其他组织的法定代表人。本基金会法定代表人应当由中国内地居民担任。本基金会法定代表人在任期间，基金会发生违反《中华人民共和国慈善法》《基金会管理条例》和本章程的行为，法定代表人应当承担相关责任。"

三、监事职权的设计要点

监事是财团法人的监督机关，对理事会进行内部监督。但是，在权力机关缺位的情况下，财团法人监督机关的监督往往不力。

（一）监事职权条款的设计

1. 监事的资格

《基金会管理条例》第 22 条规定，基金会设监事。监事任期与理事任期相同。理事、理事的近亲属和基金会财会人员不得兼任监事。在实践中,部分基金会设置了监事会,对监事的资格做了适当扩充,但大部分基金会对监事资格的规定都是照搬条例原文,这一点可能与监事或监事会长期不能发挥其监督效用有关。2024 年 7 月 1 日起施行的《公司法》最大的修订亮点之一,是允许公司根据股东会合意设置单层治理模式,即允许公司只设立董事会,不设监事会,在董事会中设置审计委员会行使监事会职权。新《公司法》施行后,基金会组织架构可能也会借鉴《公司法》的规定,通过在理事会内部设置审计委员会以代替监事会或监事履行监督职责。

《×慈善基金会章程》第 27 条规定:"本基金会设监事 1 名。监事任期与理事任期相同,期满可以连任。"第 28 条规定:"理事、理事的近亲属和基金会财会人员不得任监事。"

2. 监事的权利和义务

《基金会管理条例》规定,监事依照章程规定的程序检查基金会财务和会计资料,监督理事会遵守法律和章程的情况。监事列席理事会会议,有权向理事会提出质询和建议,并应当向登记管理机关、业务主管单位以及税务、会计主管部门反映情况。大部分基金会照搬了条例关于监事权利义务的规定,部分基金会则在条例规定的范围之外为监事增设了权利义务,一定程度上提高了监事履行监督职责的能力。具体设置,可根据基金会自身需要进行调整。或者借鉴新《公司法》的规定,创设、完善审计委员会的权利义务和责任,以促进基金会更加良性、全面的发展。

《×慈善基金会章程》第 30 条规定:"监事的权利和义务:监事依照章程规定的程序检查基金会财务和会计资料,监督理事会遵守法律和章程的情况。监事列席理事会会议,有权向理事会提出质询和建议,并应当向登记管理机关、相关行业管理部门以及税务、会计主管部门反映情况。监事应当遵守有关法律法规和基金会章程,忠实履行职责。"

3. 监事的产生和罢免

《基金会管理条例》第 22 条:"基金会设监事。监事任期与理事任期相同。理事、理事的近亲属和基金会财会人员不得兼任监事。监事依照章程规定的程序检查基金会财务和会计资料,监督理事会遵守法律和章程的情况。监事列席理事会会议,有权向理事会提出质询和建议,并应当向登记管理机关、业务主管单位以及税务、会计主管部门反映情况。"实践中,监事的产生和罢免基本是由主要捐赠人、业务主管单位、登记管理机关分别选派。各基金会也可根据自身需要参考选举和罢免理事的程序作出特别规定。

《×慈善基金会章程》第 29 条规定:"监事的产生和罢免:(一)监事由主要捐赠人选派;(二)登记管理机关根据工作需要选派;(三)监事的变更依照其产生程序。"

(二)监事制度弱化问题

监事的设置,旨在保障内部组织成员信义责任的落实。但实践中,其存在作用不彰问题。

1. 公司监事的问题亦存在于财团法人监事中

新修订《公司法》允许有限公司不设监督机构,是正视我国公司治理实践中监事会沦为虚设的边缘化机构的结果。[①]监事会制度的运行失灵具体表现为:一是监事会成员由股东代表及职工代表组成,导致其独立性缺失。按资本多数决规则选举的股东代表通常仅代表多数股东利益,因职工代表作为雇员由经理层聘用与管理,其事实上较难发挥对董事、高管的监督作用。二是监事会行权具有财务依赖,进而制约其积极行权。监督工作离不开经费支持,但公司财务通常由被监督对象,即董事、高管控制,导致监事会事实上仰人鼻息,监督权的行使因公司管理层的怠于配合

---

① 李建伟主编:《公司法评注》,法律出版社 2023 年版,第 353 页。

障碍重重。三是监事缺乏监督能力。《公司法》未对监事任职的积极资格提出要求,公司在监事会组成方面具有极大的自治空间。因此,基于重经营、轻监督等因素,公司对监事的选举多流于形式,不注重监督能力的考察及筛选,选任的监事常缺乏履职所需的专业能力和经验,难以胜任监督职责。四是监事会职权规范粗疏,行权缺乏强制性制度保障。《公司法》虽赋予监事多项法定职权,并以公司章程规定的其他职权作为兜底,但并未就行使方式、保障措施及行权受阻时的救济路径进行细化规定。五是缺乏有效的监督考核机制。《公司法》关于董监高信义义务的规定主要体现为禁止性规范,其以董事、高管的经营行为为蓝本,对怠于履行监督职责的消极行为约束力较弱,若非因监督不当引发重大公司治理事故,较难追究监事责任。六是监事会的边缘化导致其难获履职所需信息。监事会在立法层面与治理实践中均处于组织机构的末端,在监事会与公司经营权隔离的背景下,监事无法及时获取履职所需的经营信息,难以对董事、高管的不当行为进行监督。上述公司监事存在的问题,亦完全存在于财团法人监事中,将来《基金会管理条例》修改应重视完善监事有效发挥监督职能的制度。

2. 财团法人欠缺权力机关导致监事监督更难发挥效用

公司的治理架构中,股东大会、董事会、监事会均为必设机构,依次定位为权力机关、执行机关和监督机关。股东大会的职权范围,包括变更经营范围、增减资本、合并分立、终止解散等重大事项。财团在组织结构上不设会员大会组成的权力机关而仅设执行机关和监督机关。在权力机关缺位的情况下,监督机关的监督往往更为不力,更遑论执行机关可能实质上行使权力机关的职权了。

四、财产管理制度的设计要点

作为财团,基金会所提供的是长期稳定的事业运营制度和保守的财产管理制度两项功能。①从基金会的财务管理实践来看,基金会章程应该明确具体可执行的财务运营规范。

（一）财产管理的一般要求

《慈善法》规定,慈善组织对募集的财产,应当登记造册,严格管理,专款专用。捐赠人捐赠的实物不易储存、运输或者难以直接用于慈善目的的,慈善组织可以依法拍卖或者变卖,所得收入扣除必要费用后,应当全部用于慈善目的。《基金会管理条例》规定,接受捐赠的物资无法用于符合其宗旨的用途时,基金会可以依法拍卖或者变卖,所得收入用于捐赠目的。关于基金会财产的管理问题,大部分基金会章程仅照搬了条例有关财产使用的规定,对财产管理并未在章程中做具体规定,而是通过另行制定基金会管理制度、捐赠管理办法等方式对财产管理作出了详细规定。笔者认为,在章程中参考《慈善法》的规定,对基金会财产的管理进行规定有一定的实践价值,各基金会可根据自身情况决定。

《慈善法》第 61 条规定,慈善组织应当积极开展慈善活动,遵循管理费用、募捐成本等最必要原则,厉行节约,减少不必要的开支,充分、高效运用慈善财产。具有公开募捐资格的基金会开展慈善活动的年度支出,不得低于上一年总收入的 70% 或者前三年收入平均数额的 70%；年度管理费用不得超过当年总支出的 10%；特殊情况下,年度支出和管理费用难以符合前述规定的,应当报告办理其登记的民政部门并向社会公开说明情况。慈善组织开展慈善活动的年度支出、管理费用和募捐成本的标准由国务院民政部门会同财政、税务等部门制定。捐赠协议对单项捐赠财产的慈善活动支出和管理费用有约定的,按照其约定。慈善信托的年度支出和管理费用标准,由国务院民政部门会同财政、税务和金融监督管理等部门制定。在我国公益屡遭重创的情形下,法定的、明确的管理费用

---

① 罗昆:《我国基金会立法的理论辩正与制度完善——兼评〈基金会管理条例〉及其〈修订征求意见稿〉》,载《法学评论》2016 年第 5 期,第 95—104 页。

比例是对社会的一份承诺,是提升民众对公益慈善制度和公益慈善组织的信任必不可少的一项重要制度。

《慈善法》在第七章后增加一章,作为第八章"应急慈善"。因"应急慈善"是《慈善法》新增补条款,一些慈善基金会章程还未修订并增补相应条款。

《慈善法》第54条规定,慈善组织为实现财产保值、增值进行投资的,应当遵循合法、安全、有效的原则,投资取得的收益应当全部用于慈善目的。慈善组织的重大投资方案应当经决策机构组成人员三分之二以上同意。政府资助的财产和捐赠协议约定不得投资的财产,不得用于投资。慈善组织的负责人和工作人员不得在慈善组织投资的企业兼职或者领取报酬。前款规定事项的具体办法,由国务院民政部门制定。鉴于投资本身存在亏损的风险,大多数基金会将投资活动列为基金会的重大事项,由理事会按照重大事项的规定表决,可以起到减少个别理事通过投资活动损害基金会财产权益的情形发生。

《×慈善基金会章程》第49至54条规定了基金会财产的管理与使用,主要内容如下:一是本基金会的财产不得在发起人、捐赠人以及理事成员中分配。财产及其孳息不用于分配,但不包括合理的工资薪金支出。投入人对投入该组织的财产不保留或者享有任何财产权利。二是本基金会对募集的财产登记造册,严格管理,专款专用。三是本基金会应当通过合法金融渠道或者以合法方式开展资金交易活动。不得资助危害国家安全、损害社会公共利益等违法活动。本基金会应当保存所有业务活动相关交易记录,交易记录应当充分详细,以确认资金的使用符合其宗旨和业务范围。四是本基金会合理设计慈善项目,优化实施流程,降低运行成本,提高慈善财产使用效益。本基金会加强项目档案管理,保存慈善项目的完整信息。五是本基金会开展慈善活动,应当依照法律法规和章程的规定,按照捐赠协议使用捐赠财产。确需变更捐赠协议约定的捐赠财产用途的,应当征得捐赠人同意。捐赠人有权查询、复制其捐赠财产管理使用的有关资料,本基金会应当及时主动向捐赠人反馈有关情况。六是本基金会按照捐赠协议处理慈善项目终止后剩余的捐赠财产,捐赠协议未约定的,本基金会保证将剩余财产用于目的相同或者相近的其他慈善项目,并向社会公开。

《×慈善基金会章程》第 57 至 59 条规定了投资的要求:一是直接进行股权投资的,被投资方的经营范围应当与本基金会的宗旨和业务范围相关,并应当选择中国境内受金融监督管理部门监管、有资质从事投资管理业务且管理审慎、信誉较高的机构投资。基金会应当为投资活动建立专项档案,完整保存投资的决策、执行、管理等资料。专项档案的保存时间不少于 20 年。二是对于因接受股权捐赠形成的表决权、分红权与股权比例不一致的长期股权投资,本基金会应当根据规定,并结合经济业务实质判断是否对被投资单位具有控制、共同控制或重大影响关系。本基金会对外投资对被投资单位具有控制权的,应当采用权益法核算,并在会计报表附注中披露投资净损益和被投资单位财务状况、经营成果等信息。三是本基金会的重大募捐、投资活动是指单个捐赠人当年累计捐赠超过本基金会当年捐赠总收入的 5% 或者 500 万元以上或股权投资、委托投资。

(二)限制关联交易的要求

《慈善法》第 14 条规定,慈善组织的发起人、主要捐赠人以及管理人员,不得利用其关联关系损害慈善组织、受益人的利益和社会公共利益。慈善组织的发起人、主要捐赠人以及管理人员与慈善组织发生交易行为的,不得参与慈善组织有关该交易行为的决策,有关交易情况应当向社会公开。《基金会管理条例》规定基金会理事遇有个人利益与基金会利益关联时,不得参与相关事宜的决策;基金会理事、监事及其近亲属不得与其所在的基金会有任何交易行为。《慈善法》规定的是"发起人、主要捐赠人以及管理人员"不得利用关联关系损害慈善组织、受益人的利益和社会公共利益,但大部分基金会在章程里规定理事、监事及其近亲属不得与基金会有任何交易行为,虽然全面禁止特定主体实施关联交易行为,但主体上取消了对发起人、主要捐赠人的限制。在发起人、捐赠人利用关联交易或其他方式损害基金会、受益人的利益和社会公共利益的,可适用《民法典》《慈善法》等相关规定追究其责任,即该规定并不能免除发起人、主要捐赠人的相关法律责任。

《×慈善基金会章程》第 37 条规定:"本基金会的发起人、主要捐赠人、负责人、理事、理事来源单位以及其他与基金会之间存在控制、共同控制或者重大影响关系的个人或者组织,当其利益与本基金会投资行为关联时,不得利用关联关系损害基金会利益。本基金会的发起人、主要捐赠人以及负责人、理事与基金会发生交易行为的,不得参与基金会有关该交易行为的决策,有关交易情况应当向社会公开。本基金会的负责人和工作人员不得在基金会投资的企业兼职或者领取报酬。"

(三)年度报告的要求

《基金会管理条例》第 36 条规定:"基金会、境外基金会代表机构应当于每年 3 月 31 日前向登记管理机关报送上一年度工作报告,接受年度检查。年度工作报告在报送登记管理机关前应当经业务主管单位审查同意。年度工作报告应当包括:财务会计报告、注册会计师审计报告,开展募捐、接受捐赠、提供资助等活动的情况以及人员和机构的变动情况等。"第 38 条规定:"基金会、境外基金会代表机构应当在通过登记管理机关的年度检查后,将年度工作报告在登记管理机关指定的媒体上公布,接受社会公众的查询、监督。"

《×慈善基金会章程》第 6 章专章规定"年度报告及信息公开",包括4 个条款(第 66 条至 69 条),主要内容如下:一是本基金会建立年度报告制度,应当于每年 5 月 31 日前,按照登记管理机关要求报送上一年度工作报告,并通过登记管理机关统一的信息平台将年度报告内容向社会公开,接受社会公众的查询、监督;二是本基金会应当聘用会计师事务所对本单位的财务会计报告及相关信息进行审计,并依法披露财务会计报告和审计报告,接受社会公众的监督。

(四)清算要求

《慈善法》规定慈善组织有下列情形之一的,应当终止:(一)出现章程规定的终止情形的;(二)因分立、合并需要终止的;(三)连续二年未从事慈善活动的;(四)依法被撤销登记或者吊销登记证书的;(五)法律、行政法规规定应当终止的其他情形。根据《慈善法》的规定,基金会可以在章程中设定终止情形,各基金会在章程也做了不同程度的删减或增加。笔者认为,×基金会增设的终止情形比较有代表性,在一定程度上赋予了捐赠人通过撤销或解除捐赠协议的方式终止基金会,从而避免基金会的运营、发展不符合捐赠人的目标或理想。需要注意的是,借鉴该条款时,应当对相关捐赠协议的范围作出明确规定,防止该条款被其他捐赠人恶意利用。《慈善法》还规定,慈善组织终止应当清算。慈善组织的决策机构应当在终止情形出现之日起 30 日内成立清算组清算,并向社会公告。不成立清算组或者清算组不履行职责的,民政部门可以申请人民法院指定有关人员组成清算组清算。慈善组织清算结束后,应当向其登记的民政部门办理注销登记,并由民政部门向社会公告。根据《慈善法》规定,基金会终止的,应在 30 日内成立清算组清算,并向社会公告。大部分基金会章程仅就清算组的成立、报批、注销等时限作出了规定,未就公告事宜进行规定。笔者认为,清算公告系法律规定,无论章程是否设定,均应公告。各基金会各根据自身需要,在章程中设计具体的公告流程及规定。

《×慈善基金会章程》第 77 条规定:"本基金会有以下情形之一,应当由理事会表决通过终止动议:(一)完成章程规定的宗旨的;(二)无法按照章程规定的宗旨继续从事公益活动的;(三)因分立、合并需要终止的;

（四）连续两年未从事慈善活动的；（五）依法被撤销登记或吊销登记证书的；（六）法律、行政法规规定应当终止的其他情形。"第78条规定："本基金会终止，应当进行清算。本基金会理事会应当在终止情形出现之日起30日内成立清算组进行清算，清算组应当自成立之日起10日内通知债权人，并于60日内向社会公告。清算组清理债权债务，处理善后事宜。清算期间，不开展清算以外的活动。本基金会未及时清算的，登记管理机关可以申请人民法院指定有关人员组成清算组进行清算。"

（五）剩余财产处理的要求

《基金会管理条例》基金会注销后的剩余财产应当按照章程的规定用于公益目的；无法按照章程规定处理的，由登记管理机关组织捐赠给与该基金会性质、宗旨相同的社会公益组织，并向社会公告。根据条例规定，基金会可在章程中规定终止后剩余财产的处理，大部分基金会将转入其他慈善组织作为第二顺位，而将继续资助本基金会已开展但未结束的项目作为首要选项。笔者认为，该规定值得商榷，基金会终止后主体资格已灭失，无法对已开展但未结束的项目实施管理或者运营，在基金会终止前将项目和剩余财产安排妥当较为适宜。

《×慈善基金会章程》第79条规定："本基金会清算后的剩余财产，在登记管理机关的指导监督下，用于公益性目的，捐赠给以下与本基金会性质、宗旨相同的慈善组织：（一）扶贫济困，恤孤助残等社会公益事业；（二）赈灾救援，抗击疫情等重大突发灾害的紧急捐助；（三）奖教奖学助学等支持教育事业发展的公益活动。并向社会公告。无法按上述方式处理的，由登记管理机关采取转赠给与本基金会性质、宗旨相同的慈善组织等处置方式，并向社会公告。本基金会清算结束后，清算组应当制作清算报告，经理事会确认，并自清算结束之日起15日内向登记管理机关申请办理注销登记，公告基金会终止。"

后　记

本书是广东省普通高校人文社科项目特色创新类《推进汕头城市治理法治化研究》(项目编号：2018GWTSCX069)的研究成果。本书及本项目的顺利完成，得益于领导、前辈、同行、亲友多年来对我的帮助。特此致谢！

首先，得益于汕头职业技术学院让我有机会进修学习。2014年，我年近四十，申请去华东政法大学师从何勤华老师访问学习，请沈民奋院长签名以办理访学手续，沈院长边签名边说，去考个博士回来哈。我又燃起了读博的斗志。访学期间，"考个博士回来哈"成了督促我学习备考的精神力量。2015年，我顺利考取徐永康老师的博士生，幸运地与华政15级师弟师妹们一起师从华政导师团学习，为我专业知识的进步奠定了基础。

其次，得益于本项目成功申报。2018年年底，原科研处处长陈松洲打电话提醒我申报项目时，我自觉能力不足；之后，陈处长百忙中再次致电督促，给予鼓励，我才开始拟写申报书；拟写申报书时，我冒昧地致电在市法制局、市人大工作多年的章领导求助，章领导亲临汕头职业技术学院面授，敏锐指出"如何贯彻和加强地方党委在城市治理法治化中的领导地位"是地方法治研究需要解决的问题；该时，正值汕头市青年博士联合会组建法学文化交流中心，我被拟任为副主任，向会长王宋涛及拟任主任李广辉请示能否予以支持,他们均爽快地答应给予全力支持。

再次,得益于本项目顺利推进。项目进行期间,进度缓慢,疫情发生是外因,自己功力有限是内因,我感到困苦不堪,甚至萌生放弃的念头,科研处处长郭鹏飞的支持与鼓励让我找到了前行的动力,继续向前"爬"行;科研处陈坤林副处长、陈希媛老师、宗涛老师不厌其烦地帮我办理延期手续,项目因而得以顺利推进;项目主管单位广东省教育厅能够体谅有些科研项目需要长周期,批准项目延期。

最后,得益于领导、同事、亲友对我的鼎力支持。感谢学院书记王小辉、院长吴萍、副书记方小铁、副院长林育青及财经商贸学院院长刘汉清、人事处处长潘丽辉等给予我教学科研工作的支持,让我踏实地思考与写作;感谢广东泛尔律师事务所郭锋主任给我提供法律服务工作的机会,让我从实务视角思考地方法治建设;感谢我的法律顾问单位树业爱思开环保材料(汕头)有限公司和驻汕某部,既让我有机会解决具体法律问题,也让我拿到法律顾问费来贴补本项目;感谢我的密友丁欣荣、甘慧磊,在我工作、生活遇到困难时一直在我身边,给足了良性陪伴;感谢上海人民出版社冯静编辑悉心帮我修改书稿;感谢爱人李功军对我的全力支持和女儿李雨萱的自律上进,让我不用操心家务与孩子教育,可以心无旁骛地专注于工作。

图书在版编目(CIP)数据

法治的文本与实践：基于汕头的考察 / 路晓霞著.
上海：上海人民出版社，2025. -- ISBN 978-7-208
-19354-3

Ⅰ. D927.653

中国国家版本馆 CIP 数据核字第 2025Q52U15 号

责任编辑　冯　静
封面设计　一本好书

法治的文本与实践
——基于汕头的考察
路晓霞　著

出　　版　上海人民出版社
　　　　　（201101　上海市闵行区号景路 159 弄 C 座）
发　　行　上海人民出版社发行中心
印　　刷　上海商务联西印刷有限公司
开　　本　720×1000　1/16
印　　张　23.5
插　　页　2
字　　数　299,000
版　　次　2025 年 3 月第 1 版
印　　次　2025 年 3 月第 1 次印刷
ISBN 978 - 7 - 208 - 19354 - 3/D · 4459
定　　价　115.00 元